中国互联网版权
发展报告
（2024）

ANNUAL DEVELOPMENT REPORT ON
CHINA'S INTERNET COPYRIGHT 2024

中国版权保护中心
中文在线集团股份有限公司　编著

人民出版社

前　言

随着世界多极化、经济全球化、文化多样化、社会信息化深入发展，互联网对人类社会进步和可持续发展越来越发挥着巨大的推动作用。互联网引领了社会发展新变革，延伸了生产生活新视界，拓宽了文化科技新领域，显著提高了人类认识世界、改造世界的能力。互联网让人与人、国与国之间突破了地域限制，给人类带来新的发展空间。互联网接入我国 30 年来，我国互联网产业稳步发展，以互联网为基础的新一代信息技术已经成为引领创新和驱动发展的动力源，对我国经济发展方式产生了深远影响，成为推动我国经济社会高质量发展的重要动力。

党的二十大明确提出"实施国家文化数字化战略，健全现代公共文化服务体系，创新实施文化惠民工程"。党的二十届三中全会聚焦建设社会主义文化强国，提出深化文化体制机制改革的重大任务。互联网是现代经济社会的重要基础设施，是文化传承、信息传递、媒介传送、内容传播的核心支撑。版权是文化的内核、是创意的化身，互联网极大赋能文化数字化发展。互联网的健康发展更多依靠包括版权在内的智力成果，更多依靠以版权为基础的数字创意。党的十八大以来，我国版权事业实现突破性进展、取得历史性成就，在推动文化繁荣、科技进步和经济社会高质量发展方面发挥着越来越重要的作用。中共中央办公厅、国务院办公厅印发的《"十四五"文化发展规划》强调"加强数字版权保护，推动数字版权发展和版权业态融合"。国家版权局印发的《版权工作"十四五"规划》提出"将网络领域作为版权保护主阵地，不断提升版权管网治网能力"。互联网是网络的重要组成部分，网络不完全等于互联网。互联互通交互式是互联网的显著特点。当前，互联网版权已成为备受版权业界关注的重要论题，不仅如此，伴随理论研究和实践探索的发展，互联网版权的运用和发展问题也需要进行深入研究探讨。

互联网的普及和发展促使作品的创作主体作用更加凸显，作品的创作方式逐渐多元化，作品的表现形式日趋复杂化，丰富的版权内容为互联网版权的发展奠定了基础。据第 54 次《中国互联网络发展状况统计报告》，截至 2024 年 6 月，我国网民总量达到了 10.9967 亿人，互联网普及率达 78.0%。国家版权局发布的数据显示，2023 年全国著作权登记总量达 8923901 件，同比增长 40.46%，其中计算机软件著作权登记量为 2495213 件，同比增长 35.95%，作品（不包含计算机软件）著作权登记量为 6428277 件，同比增长 42.30%。国家版权局会同相关部门开展的"剑网 2023"专项行动期间，共查办涉网侵权盗版案件 1513 件，关闭侵权盗版网站 2390 个，删除侵权盗版链接 244 万余条，有效地规范了重点领域的版权秩序。

技术是一把双刃剑。随着互联网技术的创新发展和升级迭代，互联网版权的创造、运用、保护、管理和服务依然面临诸多挑战。互联网技术在激发互联网版权创造的同时，互联网版权保护的难度日趋增大，互联网版权内容易复制、传播快的特点使互联网版权侵权、盗版问题屡见不鲜。互联网图片业、网络短视频、网络游戏、网络文学、体育赛事节目、人工智能生成式创作等互联网内容的保护问题始终热度不减，大语言模型的迅速发展使数据确权成为新热点。面对互联网版权的诸多问题，围绕热点、难点、焦点，在持续的实践探索中积极寻找互联网版权发展和保护的新路径，助力构建互联网版权保护新格局，这是需要持续发力的重要领域。

面向互联网版权领域，深入开展互联网版权问题分析研究，中国版权保护中心和中文在线集团股份有限公司联合编著了《中国互联网版权发展报告（2024）》。该报告分为总报告、行业篇、市场篇、技术篇、专题篇五个部分，共包含 18 篇专题文章，由 32 位作者参与撰写。总报告以中国互联网版权发展的历程、挑战和趋势为题，通过全面梳理互联网版权的发展历程，归纳了互联网版权的发展要素，阐述了互联网版权发展中面临的问题，分析了互联网版权的发展趋势并提出相关建议，为推动互联网版权保护与发展提供参考。行业篇选取数字出版、网络短视频、互联网图片业、网络音乐、网络游戏、网络文学、体育赛事节目七类典型行业的版权保护问题进行分析，并提出对策建议。市场篇针对互联网背景下版权授权机制、著作权集体管理组织运营机制、电子商务情景下的数字版权保护等焦点问题进行了分析研究并给出对策建议。技术篇围绕区块链版权产业应用探析、人工智能生成物的权益认定、互联网平台算法推荐的法律规制、下一代互联网的数据确权和版权保护三个热点问题，对技术动态分析并提出必要建议。专题篇选取网络短视频版权保护与发展的典型案例、数字人大量使用带来的版权变革、版权金融赋能数字文化产业高质量发展三个方面专题展开研究，聚焦互联网版权高质量发展，就互联网版权理论研究和产业实践专题展开分析。

《中国互联网版权发展报告（2024）》以社会发展需求为引导，聚焦互联网版权发展中的热点、难点问题，开拓了以互联网版权作为主体内容的研究视野和范畴，用版权理论和实践研究助力构建互联网版权保护新格局，赋能国家版权治理体系和治理能力现代化，努力为文化强国、版权强国建设贡献新的力量。

本书编委会

2024 年 10 月

目 录

I

总　报　告

B.1　中国互联网版权发展的历程、挑战和趋势

孙宝林[*]

经过 30 年的发展，中国互联网从无到有，从"追随""跟跑"渐成"引领"。互联网对我国经济发展方式产生了深远影响，并已成为推动我国数字经济高质量发展的重要动力。中共中央办公厅、国务院办公厅印发的《"十四五"文化发展规划》强调"加强数字版权保护，推动数字版权发展和版权业态融合"。国家版权局印发的《版权工作"十四五"规划》提出"将网络领域作为版权保护主阵地，不断提升版权管网治网能力"。互联网版权研究已成为当务之急。本报告通过梳理互联网版权的发展历程，归纳互联网版权的发展要素，阐述互联网版权发展中面临的问题，分析发展趋势并提出发展建议，为推动互联网版权的保护与发展提供参考。

一、互联网版权的发展历程与涵义

（一）互联网版权的发展历程

版权是技术之子。每一次技术的革新都会带来版权相关利益格局的调整和变化，进一步推动版权制度的变革，版权制度在应对技术挑战的过程中又会对创作者、传播者、使用者等版权相关方的利益产生影响。印刷术的发明和进步，推动了我国古代版权制度的萌芽和进展。迄今可知，宋代《东都事略》一书牌记："眉山

---

* 孙宝林，第十四届全国政协委员，中国科协全国首席科学传播专家，中国版权保护中心（中华版权代理中心）党委书记、主任，兼任中国版权协会副理事长，第二届全国编辑出版学名词审定委员会顾问，河北大学博士生导师。

程舍人宅刊行，已申上司，不许覆板"的申明，标志着出现了以政府禁令形式保护刻印者的利益、以特许出版权的形式体现的中国古代版权保护方式。受中国印刷术和造纸术西传的影响，欧洲印刷业兴起并快速发展，为欧洲文艺复兴奠定了文化基础。随着欧洲文艺复兴和近代资本主义的迅速发展，推动了世界上第一部版权法律——《安娜女王法令》的诞生；复制技术、信息技术和介质载体的革新，催生着电子时代的版权成果；随着互联网技术的产生、发展和迭代，版权领域创作成果更加丰富多样，新形态、新动态、新业态层出不穷，互联网时代的版权业获得蓬勃发展。版权作为一种民事权利，是法律赋予自然人、法人或者其他组织对文学、艺术和科学领域的智力成果享有的人身权利和财产权利的总称。相对于工业时代和电子信息时代，互联网的传输速度快、复制成本低、共享普惠等特点对版权制度的影响和冲击是前所未有的，互联网技术从作品的创作方式、表现形式、传播途径等方面对版权保护带来巨大挑战。

从互联网发展历史看，20 世纪 90 年代，互联网实现商业化走入大众视野，美国和欧洲作为全球最早布局互联网的区域，互联网版权问题最先凸显出来。1994 年 12 月 28 日在美国发生 US vs LaMacchia 一案，一名大学生在互联网上提供秘密的电子公告牌地址，其未经版权人许可并将已出版的、享有版权的商用计算机程序的复制件提供给互联网上的用户。1995 年，瑞典的几名学生将大量享有版权的计算机程序下载后，上传到斯德哥尔摩的皇家技术学院的网络服务器上，供全世界范围的用户下载和复制。上述这些事件都引起了不同程度的互联网版权纠纷。随着互联网技术的发展与普及，互联网版权争议问题大量增加，互联网版权引起了公众的关注和重视，引发国际相关业界的广泛讨论。

为应对互联网环境下版权保护的挑战，1996 年 12 月世界知识产权组织（WIPO）在日内瓦召开了关于版权保护的外交会议，会议签署了《世界知识产权组织版权条约》（WCT）和《世界知识产权组织表演和录音制品条约》（WPPT）。这两个条约分别对《保护文学和艺术作品伯尔尼公约》（简称《伯尔尼公约》）和《保护表演者、音像制品制作者和广播组织罗马公约》（简称《罗马公约》）进行了补充和延伸，进而更适应新的技术环境下版权与邻接权保护的需要。美国信息基础设施工作组在 1995 年 9 月发布了《知识产权和国家信息基础设施工作报告》，该报告扩大了互联网版权中的发行权，同时也扩张了复制权以及对使用作品的豁免范围；1998 年，美国通过了《数字千年版权法》，将 1996 年世界知识产权组织通过的两项版权条约的核心内容纳入该法，为互联网版权的保护提供了法律依据。

我国互联网的发展历程可以追溯到 20 世纪 90 年代。1994 年，我国接入互联网。互联网发展初期，新浪、搜狐、网易等门户网站相继成立。网站为丰富其展示的内容，会将文字作品等传统形式的作品数字化处理后在其网站上发布，或者通过复制等方式直接获取其他网站的网页内容，这引发了严重的版权问题。1999 年，北京市第一中级人民法院首次受理涉及互联网版权保护问题的王某、张某某等 6 位知名作家诉某通讯技术公司案。在当时法无规范的情况下，该案成为司法保护互联网版权的重要案例。同年，由新华社、人民日报社、中央电视台和中国青年报社等倡议，国内 23 家有影响的网络媒体原则上通过了《中国新闻界网络媒体公约》，呼吁重视互联网版权问题。

21 世纪初，随着互联网的普及应用和数字技术的不断发展，互联网创作迎来新的发展机遇。以即时分享、传播互动为目的的博客、微博等社交媒体平台开始出现，网民开始由信息的接收者转变为信息的创造者和传播者，这使互联网上的作品被井喷式地创作出来并得以广泛传播，互联网版权进入发展的高潮期。2001 年，我国首次在《著作权法》中引用《世界知识产权组织版权条约》规定的"向公众传播权"条款，在第十条中增加了关于"信息网络传播权"的规定。互联网的发展改变了作品的复制、传播模式，互联网的开放性使得版权的专有性受到严重冲击，互联网上的盗版现象愈发严重。2005 年，国家版权局联合多部委启动打击网络侵权盗版专项行动"剑网行动"，至 2023 年已持续开展 19 次，有效遏制了重点领域网络侵权盗版活动，有序营造健康的版权保护环境，促进了互联网版权产业健康发展。

2006 年 5 月，我国公布《信息网络传播权保护条例》，并于 2006 年 7 月 1 日起正式施行。2010 年，移动互联网开始迅速发展，移动阅读、移动影视、移动游戏成为互联网版权发展的新生力量。2012 年，最高人民法院出台《关于审理侵害信息网络传播权民事纠纷案件适用法律若干问题的规定》，针对互联网版权领域的信息网络传播权保护问题进行规范。2015 年，国家提出"互联网+"战略，互联网特别是移动互联网赋能传统行业的商业模式被广泛使用，推动形成更广泛的、以互联网为基础设施和创新要素的经济社会发展新形态。近些年，融媒体、互联网直播、短视频等业态蓬勃发展，互联网版权进入了纵深发展时期。

为应对版权保护领域面临的新情况、新问题，2020 年《著作权法》进行了第三次修正，围绕作品类型、加大侵权行为惩治力度、解决维权难等问题完善相关制度条款，此次修法不仅是加强版权保护的需要，更是推进创新型国家建设、促进社会主义文化和科学事业的发展与繁荣的要求。同年，《视听表演北京条约》正式生效，全面提升国际社会对表演者权利保护的水平，尤其提高了作品在互联网创作和传播环境下的保护水平。2021年被业界称为"元宇宙元年"，元宇宙作为虚拟现实、人工智能、大数据、区块链、云计算等新兴技术的融合产物，推动互联网版权进入新的发展阶段。同年，国家版权局印发的《版权工作"十四五"规划》，从完善版权法律制度体系、完善版权行政保护体系、完善使用正版软件工作体系、完善版权社会服务体系、完善版权涉外工作体系、完善版权产业发展体系六个方面提出26项重点任务，在"完善版权行政保护体系"方面的"推动新业态新领域版权保护"部分提到，"将网络领域作为版权保护主阵地，不断提升版权管网治网能力。加强大数据、人工智能、区块链等新技术开发运用，提升传统文化、传统知识等领域的版权保护力度，完善体育赛事、综艺节目、网络直播、电商平台等领域版权保护制度。依托国家版权监管平台，进一步扩大监管范围和监管对象，深入开展对新型传播平台的版权重点监管工作。支持数字版权保护技术研发运用，充分利用新技术创新版权监管手段，提高执法有效性和精准度，提升版权保护水平。加强对版权治理热点难点问题的研究与监管，完善打击网络侵权盗版的快速反应机制。"

"剑网2023"行动由国家版权局会同工业和信息化部、公安部、国家互联网信息办公室联合开展，重点进行三方面集中整治：一是重点领域方面，以点播影院、文博文创、休育赛事为重点，严厉打击各类影院放映传播侵权盗版电影、网络非法传播亚运会等重点赛事违法行为，持续加大对博物馆、美术馆、图书馆等文博单位文化创意产品版权保护力度。二是重点作品方面，以网络视频、网络新闻、有声读物为重点，强化版权细分领域版权监管。三是重点平台方面，以电商平台、浏览器、搜索引擎为重点，压实网站平台主体责任。专项行动期间，共查办涉网侵权盗版案件1513件，关闭侵权盗版网站2390个，删除侵权盗版链接244万余条。2023年生成式人工智能进入大众视野，人工智能生成物的权益问题再次引起各界人士的激烈讨论。2023年底，北京互联网法院对"AI文生图"的侵权纠纷案件作出一审判决，这也是我国首例涉及"AI文生图"版权案。

在版权领域相关法律制度不断完善的保障下，在政府政策的扶持和引导下，我国互联网版权发展与保护取得重大进展，互联网版权产业市场规模不断扩大。数据显示，2022年我国版权产业增加值达到8.97万亿元，同时期的网络版权产业增加达到1.44万亿元。互联网版权领域，技术与文化深度融合，业态模式持续创新；互联网版权保护意识与保护力度不断加强，保护范围逐渐扩大，引导互联网版权秩序规范有序；区块链、人工智能等新技术提高版权的精确溯源和确权能力，互联网版权保护与治理体系更加完善；国际化合作日益密切，我国积极参与国际互联网版权保护规则与标准的制定。

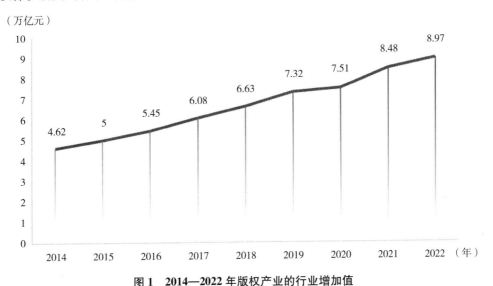

（万亿元）

图1　2014—2022年版权产业的行业增加值

资料来源：历年《中国版权产业经济贡献调研报告》。

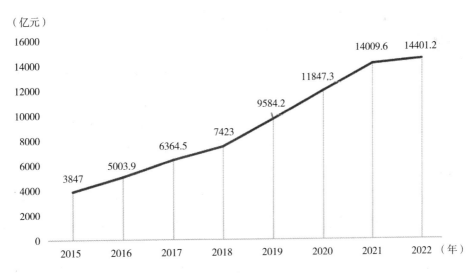

（亿元）

图2　2015—2022年网络版权产业市场规模

资料来源：历年《中国网络版权保护报告》。

根据第 54 次《中国互联网络发展状况统计报告》，2022 年 6 月至 2024 年 6 月期间，网络视频、网络短视频、网络音乐、网络文学、网络游戏的用户规模快速发展，用户规模增长率也体现出各具特色的发展态势。

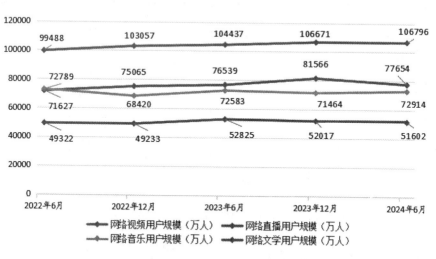

图 3　2022—2024 年不同类型网络应用用户规模

图片来源：根据第 54 次《中国互联网络发展状况统计报告》整理绘制。

（二）互联网版权的涵义

互联网的产生和发展经历了一个特有的过程。1969 年，美国军方建立了 AR-PANET（以下简称"阿帕网"），通过分组交换方式将分布在美国四个不同地点的计算机互相连接，进行信息传输和数据共享，分组交换的设计思想确保了节点间信息传输的安全性和稳定性，阿帕网可视为互联网的前身。1973 年，美国与英国等国家通过卫星技术使局域网实现横跨大西洋的连接，世界范围的互联网初现雏形。1980 年，适用于异构网络环境的传输控制协议/网际协议（TCP/IP）① 研制成功，这是在多个不同网络间实现信息传输的协议簇。1983 年，TCP/IP 协议成为世界各国共同遵循的通用网络传输控制协议，真正意义上的互联网也因此诞生。1984 年，国际标准化组织（ISO）正式承认 TCP/IP 协议与开放式系统互联（OSI）原则相符，TCP/IP 协议成为事实上的国际标准。在 TCP/IP 协议被采用为国际通用标准

---

① 传输控制协议/网际协议（TCP/IP）是在互联网使用中的最基本的通信协议。TCP/IP 传输协议对互联网中各部分进行通信的标准和方法进行了规定，并且 TCP/IP 传输协议是保证网络数据信息及时、完整传输的两个重要的协议。

后，互联网经历从军用到民用再到商用的过程。1989 年，万维网的诞生使互联网开始被普通民众使用；1994 年，雅虎、亚马逊诞生；1995 年，亚马逊开始商业化运作，互联网进入实质性的商用阶段。伴随互联网进入中国，1997—1998 年，网易、搜狐、腾讯、新浪等门户网站随之建立，中国互联网进入商用化阶段。

随着互联网发展进程的纵深推进，互联网上版权内容的多样化，版权市场逐渐活跃，互联网侵权盗版现象引发业界关注，网络和互联网、网络版权和互联网版权的概念开始频繁出现和使用。

就网络与互联网的涵义而言，《现代汉语词典》对网络的解释是：（1）网状物；（2）由若干元器件或设备等连接成的网状的系统；（3）由许多相互交错的分支组成的系统，如销售网络、经济网络；（4）特指计算机网络。而互联网则是特指由若干计算机网络相互连接而形成的网络。网络与互联网是关系密切又有一定区别的两个概念。在内涵方面，网络泛指将地理位置不同的具有独立功能的多个节点、终端及其外部设备，通过线路连接起来实现信息传递和资源共享的系统；而互联网是特指基于计算机而形成的庞大网络体系，是以一组通用的协议相连而形成的单一巨大国际网络。在功能方面，网络的功能主要包括建立联系、信息传递和实现资源共享，如网络包括电信网、广播电视网等；而互联网的功能主要有通讯、社交、媒体、电商、技术研发和应用等。在范围方面，网络是指通过通信手段将多个节点、终端、设备连接起来构成的联系系统，其中包括互联网、局域网、广域网等，范围可大可小、可宽可窄；而互联网就是指 Internet 网，互联网是以一组通用的协议相连所串联成的庞大网络，是全球性的互联互通的网络。应该说，互联网是网络的高级形态。

网络版权与互联网版权也是关系密切又有一定区别的两个概念。郑成思在《知识产权法——新世纪初的若干研究重点》一书指出，"网络版权是指著作权人对其作品在网络环境下所享有的人身权利和财产权利的总称，是传统版权在数字传播领域的扩张，涵盖网络环境下文学、艺术和科学领域内的一切以数字化形式存在或传播的智力成果。"应该说，网络版权是基于一般网络环境下形成的有关版权权利的概念，是一个更为宽泛、更为包容的概念。而互联网版权则是在互联网环境下、基于通用协议由计算机等终端设备通过光缆、卫星及其他远程通信系统相互连接而成的支持声音、数据、文本、图像、视频等多媒体通信资源而形成的版权概念。与传统的版权概念相比，网络版权和互联网版权都包含如下特征：（1）基于网络（包括互联网）环境下；（2）与传统版权的创作主体范围相同；（3）与传统的创作客体类型相同；（4）与传统版权的权利相同。但互联网是网络的高级形态，基于网络版权和互联网版权的差异性，为更好地体现互联网版权的生长性、交互性、先导性和国际性等特征，更具针对性地分析研究互联网环境下的版权问题，本报告采用了互联网版权的概念。具体而言，互联网版权是指自然人、法人或者其他组织对互联网环境下的文学、艺术和科学作品所享有的人身权利和财产权利的总称。

二、中国互联网版权发展的框架体系

（一）互联网环境下的版权法律制度

互联网版权领域法律制度的不断完善与实施，积极回应了互联网环境下新技术的发展，充分发挥了制度体系对互联网版权新业态发展的规范、引导与保障作用，为我国加强互联网版权保护、推动互联网版权产业高质量发展奠定坚实的基础。

在立法层面，我国 1990 年《著作权法》的产生是在内外因的作用下参考国际惯例制定的，因当时的《著作权法》产生于互联网发端兴起之前，因此并没有过多涉及互联网版权保护的相关内容。1991 年，国务院发布《计算机软件保护条例》，明确了软件版权的保护范围，为互联网上的软件作品提供了更加完善的法律保护。同年，国家版权局发布《中华人民共和国著作权法实施条例》，扩大了著作权法的适用范围，将互联网环境下的各类作品纳入著作权法保护范围，进一步完善了版权保护制度。2001 年，我国《著作权法》引用《世界知识产权组织版权条约》的相关内容，增加了"信息网络传播权"的规定。2006 年我国制定了《信息网络传播权保护条例》，明确了信息网络传播权的定义、信息网络传播者的权利义务、设置"避风港原则"等一系列内容。该条例的出台和实施，标志着我国互联网版权保护迈入法治化、规范化的快车道，为我国互联网版权产业的加速发展提供了法律保障和制度支持。此后，我国又陆续出台了一系列法律法规与政策，加强对互联网版权的保护力度。比如，2012 年最高人民法院出台了《最高人民法院关于审理侵害信息网络传播权民事纠纷案件适用法律若干问题的规定》，对侵害信息网络传播权的行为重新进行了解释。2014 年最高人民法院出台了《最高人民法院关于审理利用信息网络侵害人身权益民事纠纷案件适用法律若干问题的规定》，对转载互联网信息的互联网用户或服务提供者的过错及过错程度判定加以明确，对互联网版权保护制度的完善起到了积极促进作用。

产业形态的快速发展、商业模式以及技术变迁的持续影响，新客体、新权利不断涌现，为了能够在既保护好权利人的合法权益，又兼顾社会公众利益的前提下处理好互联网版权问题。适应新形势下版权保护制度建设的需要，2020 年《著作权法》第三次修正积极回应了数字内容领域新技术的应用和新业态的发展，在作品客体、权利内容、技术措施、责任制度等方面进行了调整与完善。同时，2021 年施行的《中华人民共和国民法典》对原《侵权责任法》中关于互联网侵权的规定进行了完善，增加了"反通知"规则，通过较高位阶的法律对互联网服务提供者与用户的权利义务进行了规范。针对版权立法工作，在地方层面也有具体体现，如2023 年 1 月 1 日起，广东省的版权地方法规《广东省版权条例》正式施行，其中对互联网版权新业态、互联网版权服务提供主体等进行了明确规定。

表 1　我国互联网版权遵循的法律法规制度列表（从时间先后顺序）

法律法规名称	修正（修订、公布、通过）年份	制定（发布）机构
《中华人民共和国著作权法》	1990 年通过，2001 年第一次修正，2010 年第二次修正，2020 年第三次修正	全国人大常委会
《计算机软件保护条例》	1991 年公布，2011 年第一次修订，2013 年第二次修订	国务院
《中华人民共和国著作权法实施条例》	1991 年公布，2011 年第一次修订，2013 第二次修订	1991 年版由国家版权局发布（2002 年版已废止），2002 年及此后版本由国务院发布施行
《信息网络传播权保护条例》	2006 年公布，2013 年进行修订	国务院
《最高人民法院关于审理侵害信息网络传播权民事纠纷案件适用法律若干问题的规定》	2012 年公布	最高人民法院
《最高人民法院关于审理利用信息网络侵害人身权益民事纠纷案件适用法律若干问题的规定》	2014 年公布	最高人民法院
《中华人民共和国民法典》	2020 年通过	全国人大

（二）互联网环境下的版权行政保护

我国的版权行政管理部门为国家版权局和地方版权行政管理部门。国家版权局主管全国的著作权管理工作。地方版权行政管理部门主要为地方版权局及相关部门，部分地区还设立了专门将版权行政执法与相关行业执法权力合并组建的地方版权管理执法机构。版权行政保护是版权保护法律救济制度的显著特点和基本优势，版权行政管理部门依法承担打击侵权盗版行为。版权行政执法具有及时、快捷和程序相对简化等特征，在互联网版权保护工作中发挥着不可替代的作用。

为发挥版权行政管理部门的职能，2005 年开始，国家版权局会同信息产业部、公安部开展的打击网络侵权盗版专项行动（"剑网行动"），重点查办在网络文学、网络短视频、电影、网络游戏等领域的互联网版权案件，该行动已持续开展 19 次，是依法治理互联网版权侵权问题的重点工作，有效打击和震慑了互联网侵权盗版行为，规范了互联网版权秩序。

2023 年，为进一步营造良好的版权营商环境，国家版权局会同相关部门对业界关注、群众关心的重点领域和重点问题开展深入治理，相继组织开展了院线电影版权保护专项行动、青少年版权保护季行动、打击网络侵权盗版"剑网 2023"行动和"清朗·杭州亚运会和亚残运会网络环境整治"等专项整治行动，加强对网络视频、音乐、文学等重点领域和直播、电商等传播平台的版权监管监测，压实网站平台主体责任，加强对重点作品的版权预警，全年发布十四批重点作品保护预警名单。据统计，2023 年各级版权行政执法部门删除网络侵权链接 25 万余条、处置侵权账号 4 万余个，删除涉亚运侵权链接 19.16 万条，删除涉院线电影侵权盗版链接 5.3 万余条，关闭非法网站（APP）224 个。执法专项监管行动有效地推动建立良好的互联网版权秩序，对营造互联网版权保护环境发挥了重要作用。

（三）互联网环境下的版权司法保护

司法保护是版权保护体系中最基本、最强有力的手段，各级人民法院依法承担着版权民事、行政和刑事司法审判职能。《最高人民法院关于审理著作权民事纠纷案件适用法律若干问题的解释》第二条规定：著作权民事纠纷案件，由中级以上人民法院管辖，各高级人民法院根据本辖区的实际情况，可以确定若干基层人民法院管辖第一审著作权民事纠纷案件。

根据《中国法院知识产权司法保护状况（2023 年）》显示，2023 年，各级人民法院审结著作权民事一审案件 246013 件。其中审结的酒店提供影视作品点播服务著作权侵权案件、涉"开源软件"著作权侵权案、"自主创建网站"侵害计算机软件版权系列纠纷等典型的新类型互联网版权案件值得关注。

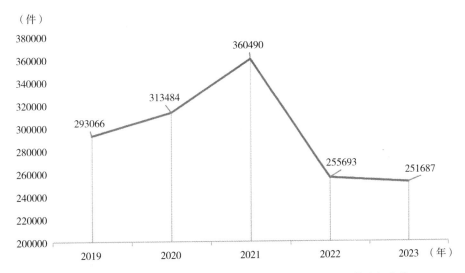

（件）

图 4　2019—2023 年全国地方各级人民法院新收民事一审著作权案件

近年来，我国加快推动司法审判工作体制机制改革，版权司法保护更加坚定有力。截至 2023 年末，我国先后在杭州、北京、广州三地成立了互联网法院，以此来化解互联网产生的各类纠纷，同时我国还在北京、上海、广州、海南自由贸易港四地设立了专门的知识产权法院，2017 年以来，又逐步在成都、武汉、杭州、青岛等二十余个地方设立了知识产权法庭。

互联网法院和知识产权法院的设立，一方面为适应互联网版权发展构建了专业化的司法审判机构，另一方面也培养出了大量的专业型司法人才，对我国互联网版权司法保护具有重大意义。值得关注的是，2023 年 12 月，北京互联网法院审结了"AI 文生图"版权案件，认定利用人工智能生成的内容可构成"作品"，在符合一定条件的情况下可以享有版权。该案虽是个案，但反映了司法机构对业界热点问题的及时回应。AI 大模型技术给创作端带来的新的互联网版权问题，亟待有效的司法回应来进一步指导实践。

（四）互联网环境下的版权保护和服务机构

当前，我国已经形成由中国版权保护中心、著作权集体管理组织以及版权协会等共同组成的多维度、各有侧重的版权保护和服务机构体系，形成了协同治理、多元发力的互联网版权保护新局面。

1. 版权保护中心

中国版权保护中心是中宣部直属事业单位，成立于 1998 年 9 月。作为国家版权保护和服务机构，坚持以学术引领、技术支撑和服务赋能为己任，坚持服务国家经济主战场、服务科技创新创造、服务文化繁荣发展、服务人民美好生活、服务创作人权益的"五个服务"工作理念，承担各类作品和计算机软件版权登记职责，是我国唯一的计算机软件版权登记、版权质权登记机构。主要开展版权鉴定、监测维权、版权文化研究、版权资产管理和版权金融服务、版权技术创新、版权领域标准制定宣贯和版权业务培训等专项服务。

为推进国家文化数字化战略的深入实施，版权中心积极探索以区块链等新技术为支撑，提升互联网版权全链条保护与治理能力。深化推进数字版权链相关标准的研究，拓宽"及时申领 DCI、按需办理数字版权登记"创新服务模式在互联网领域的应用广度和深度，持续推动数字版权链（DCI 体系 3.0）与司法链、中国知识链等跨链协同，支撑版权数据与司法审判等各场景互通、互信、互用。

此外，各省级（自治区、直辖市）版权保护中心也承担着互联网领域的版权登记、保护维权、宣传教育、纠纷调整、咨询、信息交流等多项职能。

2. 著作权集体管理组织

我国《著作权集体管理条例》第三条规定，著作权集体管理组织是指为权利人的利益依法设立，根据权利人授权，对权利人的版权或者与版权有关的权利进行集体管理的社会团体。目前，我国已经成立的著作权集体管理组织有：中国音乐著作权协会、中国音像著作权集体管理协会、中国文字著作权协会、中国摄影著作权协会、中国电影著作权协会等。

互联网环境下，权利人对自己作品进行全时有效控制并不现实，对于广大的互联网用户而言，互联网作品的多样性与互联网版权的复杂性导致——寻求授权难以有效实现，著作权集体管理制度是解决互联网版权授权和管理问题的有效途径。根据《著作权集体管理条例》，著作权集体管理组织经权利人授权，集中行使权利人的有关权利，并以自己名义与使用者订立著作权或者与著作权有关的权利许可使用合同（以下简称许可使用合同）；向使用者收取使用费；向权利人转付使用费；进行涉及著作权或者与著作权有关的权利的诉讼、仲裁等。著作权集体管理组织既搭建起权利人与使用人的桥梁，降低交易成本，还有利于国际间版权的保护与交流。然而，互联网环境下也使著作权集体管理面临一些新的挑战，比如著作权集体管理可能会涉及新的作品类型、新的权利主体等。

3. 版权协会

中国版权协会是中央宣传部（国家版权局）主管的全国性版权专业社会团体。一直以来，在促进版权立法、推动版权法实施、开展国内外有关版权的学术与信息交流、宣传普及版权知识、提高全社会版权保护意识、促进互联网版权产业健康发展方面发挥了重要作用。

版权协会致力于推动互联网版权相关法律法规的实施，通过制定行业标准和规范，积极引导行业自律，规范互联网版权的使用，会同有关部门共同打击互联网侵权行为，聚焦互联网版权热点领域与前沿问题举办研讨会，提供法律咨询服务，为营造健康、有序的互联网版权生态提供了有力支持。

另外，地方性版权协会在互联网版权保护方面也发挥着宣传、规范、交流、数据信息服务等综合作用，为推动本地互联网版权事业的发展发挥重要作用。

（五）互联网环境下的版权运营

近年来，互联网版权产业市场规模持续稳定增长，内外联动发展格局日益凸显，海量平台发展机遇增加，互联网版权运营成为我国版权运营市场中的主要力量。

目前，国内主流的版权运营模式主要有"全版权"运营模式与"微版权"运营模式两种。前者指的是依托以版权资源为核心的全产业链运营模式，充分开发版权产品，实现版权资源价值的最大化。以网络文学为例，"全版权"运营模式是从起初在线阅读发展为网上传播，线下出版，影视、游戏、动漫等各种媒介作品改编制作及一系列衍生产品的运营全链条开发模式。该模式适合依靠自身核心版权资源、拥有具备完善产业链的内容型平台。比如腾讯集团，集团内部掌握着大量文字作品、影视作品、游戏资源等版权资源。腾讯影业依托于内部资源平台，从阅文集团、腾讯游戏、腾讯动漫等板块获得丰富的版权资源，并对其中优质的、迎合读者市场的版权内容进行影视化改编。版权产业链条之间的互动互通、资源共享，给腾讯带来巨大经济收益。

"微版权"模式是大数据时代背景下兴起的新型版权运作模式，是指在互联网环境下，以知识元为最小单位进行信息组织的数字化内容产品的版权，更符合人们利用碎片化时间获取知识和娱乐的新消费需求，内容的生产和传播更加灵活多样，更偏重于对流量的吸引和短时性效益的追求。该模式适合拥有强大互联网技术并以短期实效为目标的媒体，比如抖音、微博、今日头条等平台型媒体就是此模式下较成功的网络新媒体。该模式依托的是大数据等技术，通过算法推荐解决了海量需求与内容之间的精准匹配问题，从而针对性地提供版权内容。鉴于"微版权"运营模式下海量个体也会成为创作者，在整个互联网环境中传播着大量原创、改编或者转载的作品，难以控制作品内容产生的侵权纠纷风险，为避免自身陷入侵权困境，平台需要甄别所需使用的作品类型以便获得充分的授权。

"全版权"与"微版权"运营模式具有其各自的优劣势，运营模式的选择不是唯一的，文化企业要立足版权资源的特点、自身实力以及不同的发展目标等因素选择合适的版权运营模式，充分发挥自身的优势，实现最佳的版权运营效果，使版权资源能够快速有效地转化为企业的市场竞争力与现实经济效益。

随着全球化的加速，海外互联网版权市场呈现出巨大的增长潜力。截至 2023年底，中国互联网企业推出的海外平台或产品已经囊括了长视频、短视频、网络文学、音乐以及游戏等诸多领域，其中不乏受众广泛的佼佼者，如短视频平台 TikTok占据了 2023 年全球应用程序的下载、消费、用户数量排行榜第一。[①] 海外平台的规模化搭建极大地促进了我国优质内容的海外传播，2023 年中国电视剧《偷偷藏不住》前两集在 YouTube 的播放量达 4170 万，《甄嬛传》《琅琊榜》《父母爱情》等电视剧都在海外获得良好口碑和收视率，音乐《一剪梅》《孤勇者》等在 TikTok等短视频平台的加持下迅速火遍海内外。从目前的内容出海情况来看，不同内容输

---

① 刘聆羽、马涛：《中国内容出海：本土化引航，驶向深海》，《国际品牌观察》2023 年第16 期。

出的目标区域存在较大差异：短视频和游戏内容在世界范围内都具有较大的影响力；网络文学主要在亚洲范围内传播；长视频内容主要面向东南亚区域，互联网平台企业也在积极推动其他海外市场的开拓。受政治文化因素等影响，2023 年平台企业和内容的出海并非一帆风顺，TikTok 等软件在一些国家被限制使用，这说明政治文化因素在一定程度上影响着互联网版权的跨地域传播。

（六）互联网环境下的版权保护技术

互联网版权产业能够发展壮大主要得益于技术的发展，大数据、区块链、物联网、元宇宙、人工智能等一系列新技术深刻改变了内容生产和传播方式，在版权的创造、运用、保护、管理和服务等关键环节发挥着日益重要的作用。因此，除了法律政策保护手段，技术保护也是互联网版权保护的重要途径。

数字版权管理（Digital Right Management，DRM）是指对互联网中传播的数字化产品（如音视频节目、电子书等）进行权利保护、使用控制与管理的技术。早在 20 世纪 90 年代，该技术就应用于音乐、图书、影视等各个领域。

近几年来，随着我国对互联网版权的重视及对新技术研究的深入，运用新技术来保护互联网版权的新兴模式已经得到社会各界的广泛关注，尤其是区块链技术已经在版权产业领域得到深度应用。例如，在版权保护环节，区块链基于不可篡改性、易溯源等特点，融合可信时间戳等多种技术，在证据保全方面被广泛运用，并获得了司法部门的认可。在版权管理环节，区块链技术可以有效厘清版权权利及授权状况，避免多头授权或无效授权的风险。区块链在降低互联网版权管理成本、提升版权确权维权效率、减少版权交易风险等方面具有明显优势，在解决纠纷矛盾、维护合法权益等方面也有极大的价值。目前，国内较为成熟的区块链产品，在版权存证、固证、交易等实际应用场景中发挥了重要作用。

目前，中国版权保护中心自主创新的 DCI 体系，其核心是对符合 DCI 标准的数据赋予权利人全网唯一的 DCI 编码和标识，实现原创作品"触网即确权"，实现版权创造、运用、保护、管理、服务全链条生产活动数据的客观记录、智能判定、准确标识、可信查验及跨域流转。2023 年，中国版权保护中心持续深入推进与阿里巴巴集团合作共建的数字版权链（DCI3.0）的研究和应用，探索分类分级的数据确权、定价、交易、流通标准，与蚂蚁集团蚂蚁链合作开展的"即时 DCI 申领，按需办理数字版权登记"的版权权属确认服务试点已公测上线，为互联网平台的海量用户提供便捷、高效的数字版权服务。

三、中国互联网版权发展面临的挑战和重点问题

（一）互联网版权保护形势依然严峻

2023 年 12 月，国际保护知识产权协会（AIPPI）中国分会发布了 2023 年度 AIPPI 中国分会版权十大热点案件，包括 AI 生成图片著作权侵权第一案、数字藏品的转售行为不构成侵犯著作权案、《率土之滨》诉《三国志·战略版》游戏侵权案等，十大热点案件均为涉及互联网版权的案件。2023 年 12 月 28 日，最高人民检察院发布了依法惩治侵犯著作权犯罪典型案例 6 件，其中 4 件与互联网版权密切相关，既覆盖了视听作品、图书等传统领域，又涉及剧本杀等业态。[①]《北京互联网法院审判工作白皮书》显示，从 2018 年 9 月 9 日至 2023 年 8 月 31 日，该法院共受理案件 19.9 万余件，其中著作权纠纷案件占比 71.01%。互联网环境下，技术的迭代突破和产业发展促使创作手法有了跨时代的变革，不断催生新类型作品，作品的管理模式和技术深度融合，给互联网版权行业带来了源源不断的增长动力，同时也导致侵权行为日趋复杂，侵权案件数量呈增长态势、侵权作品样式和侵权行为呈多样化发展态势。

随着互联网技术的发展，高技术应用成了侵犯版权犯罪的主要特征，互联网的传输速度快、复制成本低等特点决定了互联网已经成为版权侵权行为的最主要发生领域。与线下侵权相比，互联网侵权具有四个显著特点，一是侵权形式更加多样化。近年来的互联网版权案件的主要特点是技术性强、涉及作品类型多、传播途径新等，AI 技术、NFT 等热点都在侵权案件中得以体现；新媒体艺术、生成式人工智能（AIGC）等新类型内容层出不穷；新型传播行为引发的侵权行为更为多样化。二是侵权主体更加多元。数字技术的发展为侵权提供了便利，互联网时代作品创作与产生的程序更加精细，版权侵权涉及的主体更加多元化，包括互联网作品的创作者（作者、制作商、出版商、发行商等）、互联网服务提供者（平台技术提供者、平台服务提供者、作品传播者等）、互联网作品消费者等。三是侵权行为更加隐

---

① 《最高检发布检察机关依法惩治侵犯著作权犯罪典型案例 聚焦文化创意产业服务文化强国建设》，见 https://www.spp.gov.cn/spp/xwfbh/wsfbt/202401/t20240105_639347.shtml#1。

蔽、更易实施。随着智能手机、智能穿戴设备等移动载体的广泛应用，在线侵权变得更加容易实施。比如，部分用户并没有侵权的主观动机，但其客观行为已经构成侵权事实。又如，侵权人利用时间差和地域差进行侵权操作，导致有些侵权内容很难被发现，事后也难以追责。四是互联网侵权证据的提取、固定难度更大，影响涉及面更为广泛。侵权主体分散且具有较强的反侦察能力和再组织能力、侵权手段隐蔽等，加大了打击互联网版权侵权行为的难度。此外，互联网版权案件的各环节呈现出深度分散、隐匿的趋势，互联网版权保护形势依然严峻。

（二）互联网版权保护需要多层面同步创新

互联网时代，创新是主题，互联网版权保护应当坚持同步创新的原则。

立法层面，新修正的《著作权法》自 2021 年 6 月 1 日开始实施，《著作权法》配套的法规建设，如《著作权法实施条例》《著作权集体管理条例》《信息网络传播权保护条例》《计算机软件保护条例》等都在加紧修订，《作品自愿登记试行办法》《计算机软件著作权登记办法》《著作权质权登记办法》等部门性规章作为版权保护法律政策体系的重要组成部分也在持续完善中。互联网时代，新创作、新业态的发展都迫切需要完备的制度体系保驾护航。

技术层面，互联网版权确权问题一直是备受关注的问题。随着大数据技术的发展，传统的线下人工审核管理机制已无法应对海量数据涌现，互联网版权从传统的线下人工管理向线上智能化管理转变是大势所趋。例如，美国讨论《数字千年版权法》议题时，就曾建议用"通知屏蔽规则"替代海量数据下难堪重负的"通知删除规则"。近年来，区块链技术被应用于互联网版权的确权存证领域，企业和司法机构也纷纷联合建立起专用版权链，例如，杭州互联网法院的"司法区块链"、广州互联网法院的"网通法链"、北京互联网法院加入的"天平链"、腾讯的"至信链"、中国版权保护中心参与合作开发的数字版权链（DCI3.0）等，区块链通过对互联网版权内容的加密实现确权、上链存证。

国际规则制定话语权层面，随着我国创新驱动发展战略的实施和融入全球化的加深，积极参与全球互联网版权治理成为中国面临的一项重要课题。互联网版权治理不仅是一个法学问题，更是一个涉及政治环境、国际贸易、国际关系、世界经济等诸多领域的问题。2019 年，欧盟通过了《数字化单一市场版权指令》，一些西方国家将版权问题与经贸问题挂钩，通过设定高标准的版权保护制度，企图重塑国际经济科技规则，涉外版权保护问题愈加复杂。面对复杂的国际版权保护形势，2023年 10 月，第三届"一带一路"国际合作高峰论坛开幕式上，我国提出《全球人工智能治理倡议》，为相关国际讨论和规则制定提供了方案。11 月，中国与美国、英国等 28 个与会国共同签署了《布莱切利宣言》，围绕人工智能模型构成人类生存威胁的担忧积极展开研讨。此外，我国已申请加入多个双边或多边关系协定，如《全面与进步跨太平洋伙伴关系协定》《数字经济伙伴关系协定》等。从现实情况看，我国在国际数字规则制定方面的话语权还与发达国家存在较大差距，在互联网版权治理国际规则制定方面，尚未形成同我国综合国力和国际地位相匹配的国际话语权和影响力。

2023 年，平台企业和内容的出海也面临着不同的挑战，如 TikTok 等在一些国家被限制使用，这说明政治文化因素导致互联网版权的跨地域传播也受到了一定限制。美国从 2020 年起便对 TikTok 开展多维度的调查，2023 年 3 月，美国众议院能源及商业委员会举行了针对 TikTok 的听证会，就用户隐私安全、未成年人保护、美国国家安全等问题对 TikTok 进行质询。2023 年 2 月，欧盟委员会以数据保护为由，要求工作人员卸载 TikTok。这些频繁的政治操作使中国科技企业、内容平台的出海之路走得非常艰难，也阻碍了中国互联网版权的跨地域传播和交流。

（三）互联网版权产业业态培育有待提升

在完善的互联网基础设施的推动下，互联网应用生态繁荣度持续提升，内容生产与线上、线下场景结合的应用形式快速发展。作为互联网版权的客体，数字作品包括网络文学、网络音乐、网络视频、网络直播、网络游戏等，这些数字作品大多集中于实力雄厚的互联网平台，平台资源集中现象凸显，特别是对新生竞争者的收购、数据的聚合等，一定程度上会形成产业的集中、集聚现象。2021 年 7 月，国家市场监督管理总局对腾讯收购中国音乐集团股权违法实施经营者集中行为作出行政处罚，该事件打破了国内互联网音乐播放平台市场独家版权和停止高额预付金的版权费用支付方式。同时期，美国发布了一项行政命令，强调将利用反垄断相关法律应对新行业和新技术带来的挑战，包括对占主导地位的互联网平台进行规制，特别是针对它们源于连续的合并、对新生竞争者的收购、数据的聚合、非公平竞争等行为。

表2 2020—2023年我国网络设施发展状况

年份	网民规模（亿）	互联网普及率	手机网民规模（亿）	网民使用手机上网的比例	域名总数（万个）	IPv6地址数量（块/32）
2020	9.89	70.40%	9.86	99.70%	4198	57634
2021	10.32	73.00%	10.29	99.70%	3593	63052
2022	10.67	75.60%	10.65	99.80%	3440	67369
2023	10.92	77.50%	10.91	99.90%	3160	68042

数据来源：根据历次《中国互联网络发展状况统计报告》整理。

从"互联网+版权"的角度看，2023年，国家版权局组织的相关调研成果显示，国内有些地区严重依赖历史上形成的传统性的版权产业，对互联网环境下新技术、新形态、新领域的版权产业业态培育不足，"互联网+版权"等产业发展模式运用力度不强，互联网版权产业发展滞后，互联网版权产品和服务体系建设需要进一步深化。在版权产业较为发达的地区，版权交易机制尚需进一步完善，符合市场需要和期待的版权贸易、版权交易中心（平台）和支撑推动版权交易顺利开展的授权交易模式还需进一步完善。

（四）互联网版权专业化人才储备不足

随着互联网版权新业态的涌现，互联网版权行业从业准入门槛持续提升，行业发展需要专业化、系统化、职业化的人才培养体系。目前，不同程度地存在着互联网版权的前瞻性学科（学术）建设和人才队伍建设滞后等问题。前瞻性学科（学术）建设方面，我国科研院所的学科建设力度不足，多是分散在文化大类中开展版权领域的交叉教学和研究，独立的版权学术体系、话语体系、科研体系、教学体系尚未形成规模效应，版权专业建设多处于谋划和筹建阶段。

人才队伍建设方面，互联网版权工作涉及互联网技术、法律、经济、管理、文化、艺术等各个方面，对人才的综合要求很高，一方面，市场上对既了解互联网又懂版权的人才的需求越来越大，但高素质、高层次的互联网版权人才储备力量不足，领军型人才和专业化人才较为匮乏；另一方面，人才需求与人才供给错位现象显著。高校目前对互联网版权人才的培养需要与产业发展进一步有机结合，产学研用模式建设需要持续深入，对思维知识的体系性、具有解决复杂问题的能力和市场经营管理技能的人才需求更加旺盛，人才的培养应随社会的发展、产业的发展做动态适应性调整。

（五）新业态发展对互联网版权治理提出新要求

1. 人工智能生成物的权益认定问题

2023 年，人工智能技术迅猛发展，人工智能生成物等引发全球关注，随着以 ChatGPT 为代表的大语言模型技术的发展，人工智能生成物的权益认定再次成为热议焦点，与历史上曾经出现的关于人工智能生成物的讨论不同，此次的人工智能生成物已不再局限于实验室，而是进入到商业应用阶段，进入到社会公众的应用范围。按照《北京市人工智能行业大模型创新应用白皮书（2023 年）》公布的数据，截至 2023 年 10 月，我国 10 亿参数规模以上的大模型厂商及高校院所共计 254 家，分布于 20 余个省（区、市）。

随着多模态大语言模型产品的不断迭代，各家都基于其底层大模型的文生图、文生视频的能力推出了商业化产品，以生成式人工智能为代表的新技术，正在改变传统的内容生产方式，人工智能生成物正在给互联网版权保护带来不可规避的挑战，一是人工智能生成物能否构成著作权法意义上的客体——作品；二是人工智能生成物的创造主体资格认定，即人工智能能否获得和人类作者相同的法律主体地位。学界围绕这两个问题展开了热烈讨论，支持人工智能生成物具有可版权性的学者认为，人工智能本质上属于人的创作工具，其生成物是人类作者思想的延伸表达，只要满足版权法要求的独创性和能以一定形式表现的标准，就应该考虑将其认定为作品[1]。反对者认为，人工智能生成物是应用算法、规则和模板的结果，不能体现创作者独特的个性，此外，在判定客体是否具有独创性时，不仅要在客观上满足表达的形式要件，还要通过整体的主观感受判断客体是否贡献了"智力上的创新"。根据知网平台数据检索，2023 年度以"生成式人工智能""生成式 AI""人工智能生成内容"为搜索词的期刊论文共计 376 篇。目前，学界对于人工智能生成物的权益认定尚未达成一致意见。

在产业界，企业积极参与生成式人工智能的治理，2023 年 5 月，抖音发布了

---

[1] 相关观点参见熊琦：《人工智能生成内容的著作权认定》，《知识产权》2017 年第 3 期；丛立先：《人工智能生成内容的可版权性与版权归属》，《中国出版》2019 年第 1 期；王小夏、付强：《人工智能创作物著作权问题探析》，《中国出版》2017 年第 17 期。

11 条《关于人工智能生成内容的平台规范暨行业倡议》，呼吁各生成式人工智能技术的提供者对生成内容进行显著标识，以便公众判断。2023 年 11 月，北京互联网法院就我国首例生成式人工智能——AI 文生图的侵权案作出一审判决，认定被告侵害了原告就涉案图片享有的署名权和信息网络传播权。这是司法紧跟科技发展节奏的一个重要表现。2023 年 3 月，美国版权局针对人工智能生成物发布的版权登记指南明确提出版权只保护人类创造力的产物，对人工智能生成物"输入端"和"输出端"的可版权属性也尚无较为统一的立法和司法态度。目前，理论界与实务界在人工智能生成物是否构成作品这一问题上尚未达成共识。法律制度的建设是技术变革和商业模式创新的结果，但是司法是处于第一线的，行业也有自身的约束性，产业的发展迫切需要从法律制度的规范性、司法案例的统一性、行业标准的自律性层面强化对生成式人工智能生成物的权益认定进行规范和管理。

2. 建立健全数据版权确权机制

2022 年 12 月，中共中央、国务院出台《关于构建数据基础制度更好发挥数据要素作用的意见》（又称《数据二十条》），该意见提出加快构建数据基础制度的目标，强调要"探索建立数据产权制度"。2023 年，ChatGPT 引发大模型的发展浪潮，在各大模型算法趋于同质化的前提下，数据成为影响大模型性能的重要因素，数据要素也成为数字经济发展的强劲引擎。

数字空间一切皆为数据，一切数据皆有权益。按照先授权后使用的原则，数据版权是数据授权使用的前提。因数据版权问题引发的纠纷在 2023 年日渐凸显。同年 6 月，某教培机构被曝出未经授权利用合作伙伴的作文数据进行大模型训练引发纠纷；12 月，《纽约时报》起诉 OpenAI 和微软违规收集其新闻进行训练一事，这再次将大模型开发中涉嫌违规采集数据的问题暴露在公众视野之下。据不完全统计，2023 年仅在美国加州，就有数十起针对大模型开发商违规使用数据的诉讼，一方面是大模型势不可挡的发展趋势，另一方面是企业自身数据和公开数据无法满足训练需求的现实，随着大模型相关技术的发展，数据版权引发的诉讼有愈演愈烈的趋势。

2023 年 6 月，中文在线、同方知网、中国工人出版社等 26 家单位共同发布了国内首份有关训练数据版权的倡议书。学术界、产业界关于数据如何确权、数据的初始权利归属、数据的权利架构形式、先确权后授权的使用机制、数据的合理使用规制等内容展开诸多讨论。数据作为新的生产要素，确权行为是一个复杂的过程，涉及数据所有权和使用权的登记确权。推动数据确权，不仅要加快数据资源法制建设的顶层设计，还要加快构建数据行业标准的制定，应当"能确尽确"，统筹兼顾新产业发展和保障权利合法权益的关系，发挥好权利受让人和被许可人在促进数据使用方面的重要作用，依法保护数据版权，促进新兴业态的规范发展，尽快建立一整套数据确权机制。

3. 网络微短剧保护需要长效治理机制

根据中国互联网络信息中心（CNNIC）数据，截至 2023 年 12 月，我国短视频领域用户规模已经达到 10.53 亿人。随着互联网特别是移动互联网的普及应用，短视频成为普通人记录生活、表达自我的重要形式，同时，职业创作者群体也在不断壮大。2023 年的中国网络微短剧市场异常火爆，火爆的同时也带来盗版、侵权、价值观不良等问题。就市场体量看，10 亿多人做短视频，全部都去拍一手素材做原创显然是不太现实的，更多的是二次创作，但是很多时候二创者不知从何处可以购买到版权，无授权使用在事后又会遭遇版权方追责。根据 iiMedia Research（艾媒咨询）发布的《2023—2024 年中国微短剧市场研究报告》提供的数据，预计2027 年我国微短剧市场规模将超 1000 亿元。蓬勃发展的网络视频业，迫切需要规范化引导与管理，2022 年 11 月，国家广播电视总局印发《关于推动短剧创作繁荣发展的意见》，对推动短剧创作繁荣发展提供指导，促进短剧在丰富人民精神文化生活、满足多样化需求方面发挥积极作用。2023 年，国家版权局联合四部委开展的"剑网 2023"也将网络视频纳入重点整治方向，推动短剧的专项治理活动。从治理效果和行业呼声来看，构建微短视频领域的新型授权机制是应对视频侵权、促进视频创作良性发展的长效机制。

四、中国互联网版权发展趋势和发展建议

（一）中国互联网版权发展趋势

1. 互联网版权的来源形式向多元化发展

互联网版权的产生基于互联网作品的创作，随着新技术的不断推广运用，互联

网作品的创作形式呈现多元化的发展趋势，即互联网版权的来源形式更加多元。

其一，互联网内容形态越来越丰富。随着互联网技术的创新发展，互联网内容所呈现的形态愈加丰富。互联网打破了作品的传播界限，虚实共生技术突破了阅读传统作品的空间界限，互联网内容不仅包括传统的文字、图片、音视频等内容，还通过 VR（Virtual Reality，虚拟现实）、AR（Augmented Reality，增强现实）、MR（Mixed Reality，混合现实）等多种技术创新了内容的创造模式，进而涌现出新内容、新体验和新场景，使与互联网作品相关联的互联网版权保护范围不断扩大。

其二，互联网内容的生产主体多元化。在互联网基础设施不断更新迭代的背景下，互联网内容数据也呈现几何指数级的增长态势。按照生产主体进行划分，当前互联网内容主要包括专业生成内容、用户生产内容、算法生产内容、人工智能生成物等。从创作角度而言，随着人工智能生产能力的大幅度提升，互联网内容越来越多地转向人类创作者创作与人工智能生成相渗透的新的创造阶段。这一内容生产方式的发展趋势使互联网内容来源更加复杂，而当前我国的版权法律法规体系尚未对人工智能生成物的相关权益等进行明确规定，学术界的讨论也并没有达成一致的结论。从国际视角来看，主要国家对人工智能生成物的权益规定也不尽相同。2023年，大模型预训练技术的快速发展使人工智能的学习能力有了质的飞跃，互联网上海量的作品为大模型提供了丰富的学习资源，但也使越来越多的人关注大模型预训练数据的版权问题。可以预见，随着互联网版权生产主体的多元化发展，未来，人工智能生成物的权益认定以及大模型预训练数据版权等问题，依然是讨论的焦点。

其三，互联网内容的生产要素复杂化。不同于传统作品，互联网作品的创作主要依赖新技术和数据要素，如人工智能、云计算、大数据、数字内容生产等。在互联网环境下，基于人工智能的强大学习和输出能力，人工智能技术正在成为作者创作的重要工具；云计算、大数据等技术可以更好地锚定创作内容方向、找准受众范围，为互联网内容的价值实现创造条件；数字内容生产是互联网内容形式越来越多样化的重要支撑。互联网内容的生产要素日益复杂化。

2. 互联网版权的创作主体呈现海量化

互联网创作主体规模庞大，为互联网内容创作奠定基础。据第 54 次《中国互联网络发展状况统计报告》，截至 2024 年 6 月，我国网民总量达到了 10.9967 亿人，互联网普及率达 78.0%，具有较活跃版权创造可能性的 20—59 岁的网民占到总数的 68.5%。综合来看，随着互联网尤其是移动互联网在我国民众间的普及，越来越多的创作主体加入创作大军，而互联网平台给予用户自主创作、自主上传内容的空间也在扩大。因此，这一基数庞大的网民群体或主动、或被动地成为互联网内容的创作者，使互联网版权的创作主体规模进一步扩大。

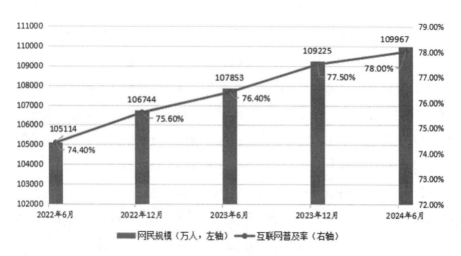

图 5　2022—2024 年中国网民规模和互联网普及率

图片来源：根据第 54 次《中国互联网络发展状况统计报告》整理绘制。

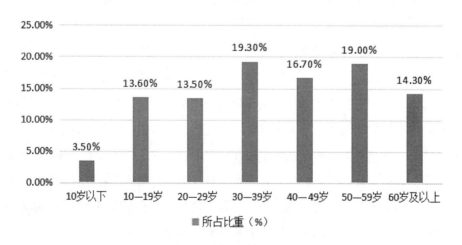

图 6　中国网民年龄结构

图片来源：根据第 54 次《中国互联网络发展状况统计报告》整理绘制。

此外，互联网内容创作日益呈现标准化、批量化的特点，带来持续的互联网内容供给。以网络文学为例，随着网络文学行业持续平稳发展，网络文学版权产业生态日益丰富，一是网络文学平台与视频网站在版权内容方面的合作进一步加深，二是网络文学作品在漫画、游戏等领域的改编已初见成果，体系化、产业化的互联网内容供给和版权流通，将会吸引更多创作主体进入这一领域，进一步壮大互联网版权创作主体队伍。

3. 互联网版权的生产能力具有可持续性

从需求端考虑，民众的互联网文化消费意愿和偏好不断增强。中国旅游研究院与上海创图公共文化和休闲联合实验室发布的《2022 年上半年全国文化消费数据报告》① 显示，95.4%的受访者表示进行了线上文化休闲活动，线上空间成为国内文化休闲和消费的重要场景。居民的线上文化休闲活动内容主要集中在网络影视及视频直播、线上展演、文化场馆云体验、知识充电、在线网课等领域。"Z 世代"对互联网内容的消费意愿尤其强烈。"Z 世代"也被称为"数字原住民"，通常指1995—2009 年出生的一代人，这代人出生就与互联网时代无缝对接，且物质生活水平得到了大幅度提高，因而在互联网上的消费意愿强、消费能力高，为互联网版权内容提供了需求基础。

从供给端考虑，互联网内容产业发展迅速，激发互联网版权创收的新动能。互联网内容的质量不断提高，使版权实现经济效益的基础更加牢固。以网络视频行业为例，头部网络视频平台通过持续探索影视工业化道路，加强优质内容供给。近年来，头部影视剧评分均值有较大上升，涌现出了不少高口碑、高收入的爆款作品，调动了消费者的消费意愿。互联网教育打破了教育资源的时空界限，随着数字教育的不断发展，越来越多的高质量教育产品在互联网上流通，成为互联网版权内容的重要组成部分。

互联网版权产业通过提供就业带动社会经济运转，创造经济价值。互联网版权产业是一种人力资源密集型产业，相较其他产业，集中了更多高知识素养、高创造力的从业人员。与此同时，互联网版权领域具有持续性的就业吸纳能力。以网络文学为例，《2023 年中国网络文学发展研究报告》数据显示，截至 2023 年 6 月，网络文学作者规模达 2405 万人，相较 2017 年增加了 1105 万人，创造了巨大的就业增量。此外，网络文学领域可以依托大型平台吸纳大量灵活从业人员。根据中国音

---

① 《2022 年上半年全国文化消费数据报告》，见 https://www.ctaweb.org.cn/cta/gzdt/202208/a07f12fc72b4466483a5302dbfb82495.shtml。

像与数字出版协会披露的数据，目前兼职从事网络文学写作的作者在整个网络文学签约作者中的占比超过六成，这使得互联网版权产业不仅创造可观的经济效益，更成为重要的就业催化剂。

4. 互联网版权的保护体系提出新要求

互联网版权的快速发展对版权保护的顶层设计提出更高要求。区别于传统版权，互联网版权内容的复制、发行、传播的范围和速度大大加快，面临的盗版侵权风险极大增加。此外，互联网版权的来源多样化、创作主体规模巨大化，因此，保护互联网版权需要建立起高效、完善的保护体系。近年来，接连出台的《关于推进实施国家文化数字化战略的意见》《"十四五"文化发展规划》《版权工作"十四五"规划》等政策措施，从加强版权法律制度建设、强化版权执法监管、版权保护平台等方面为互联网版权保护工作提供指引。但随着互联网版权创作主体多元化发展，顶层设计应进一步关注到人工智能生成物等领域的权益认定、管理等问题，及时完善互联网版权保护架构。

互联网版权的健康发展对平台落实监管责任提出更高要求。在互联网环境中，"技术架构即法律"是一个较为成熟的理论共识[1]，虚拟世界的技术架构如同现实世界的物理架构，也可以约束人们的具体行为。当前，随着开放性内容上传平台的发展，越来越多的普通网民成为互联网内容的创造者，这也往往会导致互联网版权侵权、盗版行为的滋生。与此同时，算法过滤技术得到了长足的发展，平台企业由此具备了对侵权作品进行更广范围和更快速度监测与发现的能力。鉴于此，平台在互联网版权保护的过程中，不应囿于"通知—采取措施"规则和"知道—采取措施"规则，而是应发挥更大的作用，通过平台算法技术提前布局，形成"算法通知—算法删除"模式，降低版权侵权行为的发生概率，减少侵权带来的损失。

互联网版权的高质量发展需要充分发挥版权保护机构的作用。从机制设计角度而言，规范完善的保护体系需要机构协同建设；就互联网平台算法管理而言，算法的应用是否准确和正当，"天平链""蚂蚁链"等多种链式保护体系如何打通信息和构建保护网络，都需要由权威机构按照规则进行设计。因此，在推进互联网版权保护的过程中，应充分挖掘版权保护机构的能力，使其发挥互联网版权保护管理者

---

[1] 吴汉东、李安：《网络版权治理的算法技术与算法规则》，《网络法律评论》2020年第1期。

的关键作用。

（二）中国互联网版权发展建议

1. 多方协同配合，完善互联网版权保护机制

构建互联网版权保护体系，需要在顶层设计层面纵深推进。立足我国互联网领域的实际情况，结合国内国际相关研究和实践经验，协同版权管理部门、互联网管理部门、统计部门等，厘清互联网版权的保护领域，对互联网领域的版权确权、交易授权、纠纷维权、新技术应用、新业态培育等方面加大制度供给，发挥制度的规范引导作用，既灵活激发版权的内在价值和保护权利人利益，又平衡好权利人利益和公共利益之间的关系，为互联网版权保护和发展奠定政策基础。

打造互联网版权保护综合机制，需要立法、司法、执法及社会治理力量协同配合。完善的立法为互联网版权健康发展提供制度指引；执法同向发力，形成互联网版权保护的强力保障；司法保护增效，促进互联网版权案件定分止争；社会协同治理，能够有效汇集多元互联网版权保护力量，从而构建起互联网版权保护的新格局。

统筹互联网版权保护局面，需要积极参与国际交流合作。因互联网具有跨国性，所以保护互联网版权需要统筹推进该领域的国际交流合作。积极参与互联网版权领域国际规则和标准的制定，提出中国方案，贡献中国智慧；积极建立国际版权对话机制，加强与主要国家地区在立法框架、支持市场准入、加强执法实践、全领域版权资源开发等方面开展合作。

2. 强化研发力度，解决互联网版权领域技术应用难题

充分发挥平台企业的技术优势，布局互联网版权保护和运用的技术框架。互联网版权发展面临的新问题是新技术手段的开发和运用带来的影响，因此，互联网版权在技术发展过程中遇到的部分问题和难点，也可以通过优化和完善技术而加以解决。建议进一步引导、鼓励平台企业充分利用自身人力资源和技术优势，通过研发力量搭建技术架构，实现"算法通知—算法删除"的互联网版权保护模式。此外，鼓励在保护信息安全的基础上，充分利用现有大数据和算法技术，为互联网版权的创造、运用、保护、管理和服务等提供信息支持。

强化版权保护机构职能，统筹协调各种保护技术的监管、推广和应用。算法技术和区块链技术是当前受到集中关注的互联网版权保护技术。以区块链为例，截至2023年10月，国家网信办已公布了13批境内区块链信息服务备案清单，备案个数达3647个，其中与互联网版权、数字版权等密切相关的包括天平链、蚂蚁链、长安链、华为花瓣链等。区块链技术可以解决版权拥有者面临的诸多难题，如准确追溯作品起源、快速低成本取证等。由于区块链技术运用层面也存在着一些问题，具体来说，其一，目前国内和国际上针对区块链技术的标准研制还有较大提升空间；其二，区块链的部分技术特性与法律特征存在冲突，如一些不正确的信息被记录在区块链上后难以修改；其三，隐私安全问题没有强有力的保障。鉴于此，为更好地利用技术手段加强互联网版权保护，需要充分发挥版权保护机构在互联网版权保护中的主导作用，在实际运用中构建起监管架构，让区块链等技术在实践应用中趋利避害，促进互联网版权的健康发展。

3. 深挖发展潜力，推动互联网版权产业高质量发展

优化互联网版权交易机制。近年来，网络文学与网络视频、网络游戏之间的内容转化与合作在不断加深，例如许多深受读者喜爱的网络小说被改编为网络影视剧、网络游戏，创造了巨大的经济价值。换言之，互联网版权顺利的交易流转，是更好地实现版权经济效益的重要途径。目前，互联网版权交易规模主要受限于交易双方信息不对称的现实状态。推动国家版权交易平台建设，通过提供便捷的信息查询、交易流程设计，提供相对集中的版权资源池等，降低互联网版权交易的搜索成本，在合理竞争中形成合理的市场价格，提高互联网版权交易活跃度。同时，持续推进以展览、展会等场合推动版权交易、贸易规模，促进实现版权的交易运用和有效转化。

开发运用版权密集型企业的版权资产。对版权密集型企业而言，版权是其最重要的资产，但在外部融资时，此类企业往往会面临缺少实体抵押物的问题，版权资产的估值难、质押难等情况仍不同程度存在。为互联网版权密集型企业提供金融支持，需要在版权评估、版权质押、版权处置、版权投融资、版权咨询等方面创新金融服务模式，搭建企业、版权机构、评估机构和金融机构顺畅的融资合作平台，为充分发挥版权助力版权密集型企业发展提供资金支持。

互联网版权已经成为推动版权产业高质量发展的重要动力，在实施创新驱动战略、推动经济社会发展中发挥了重要作用。互联网版权保护机制正在通过不断完善的法律与政策制度体系、不断健全的行政与司法保护机制、不断创新的版权服务体系、不断迭代的技术创造和转化应用，夯实互联网版权保护的基础支撑，为互联网版权的创造、运用、保护、管理、服务全环节、全链条保驾护航。新时代新征程，互联网版权产业将不断迎来新的发展高潮。

II

行 业 篇

B.2 数字出版发展现状与前景展望

王飚　毛文思[*]

摘　要： 党的十八大以来，以习近平同志为核心的党中央高度重视文化建设，为数字出版高质量发展提供了坚实保障。步入新时代，搭乘数字中国、网络强国建设、大力促进数字经济发展的战略东风，我国出版业加快数字化转型升级步伐，出版融合发展迈向深入。在政策引导、内容建设、技术应用、模式创新、人才建设、国际传播能力、保障机制等方面均取得了长足进展。数字出版迈向高质量发展，已成为新时代我国文化建设的重要生力军，在文化强国建设、发展数字经济中发挥日益重要的作用。本文着重对近年来数字出版发展状况进行梳理总结，并着眼于数字中国、文化强国建设与加快推进国家文化数字化战略，对数字出版发展的前景予以展望，以期对行业发展路径提供有益参考。

关键词： 数字出版；融合发展；高质量发展；文化强国

---

* 王飚，现任中国新闻出版研究院数字出版研究所所长。系国家社科基金项目评审专家，中宣部"原动力"原创动漫出版扶持计划评审专家、数字化转型升级评估工作组专家，国家动漫精品工程暨中国文化艺术政府奖评审专家，北京市宣传文化引导基金项目评审专家，北京市委宣传部新闻出版高级职称评审专家、动漫游戏项目评审专家，入选文化部动漫高端人才库、北京市出版"百人工程"。2008年至今，共主持完成及参与各类科研课题和项目180多项，其中国家级5项，包括国家重大科技创新项目《数字经济背景下的数字版权保护和服务全国协同新模式》；省部级40多项，包括《国家数字出版产业基地发展模式研究》《数字出版产业分类体系与指标研究》等部级重要软课题项目15项；院级70多项，包括《中国动漫游戏出版产业研究报告》（蓝皮书）、《中国数字出版产业年度报告》（蓝皮书）等院内折子工程；企业委托课题70多项。

毛文思，现为中国新闻出版研究院副研究员。从事数字出版研究13年。研究方向为数字出版产业分析、产业发展规划、新闻出版基地（园区）发展规划、产业转型升级和融合发展、网络文学、数字阅读、数字教育等。近五年来，承担参与完成各类课题项目近40项。其中，参与完成省部级课题十余项；作为执行牵头人或主要参与者参与完成的课题超过二十项。

"十四五"已然行进过半，中国经济稳中求进，经济持续高质量发展。在国家大力推动数字中国、网络强国建设，大力实施国家文化数字化战略背景下，数字出版迎来良好发展机遇，持续高质量发展，成为文化强国建设的重要力量。

一、数字出版产业发展现状

2023年，是全面贯彻落实党的二十大精神的开局之年，是实施"十四五"规划承上启下的关键之年。过去一年来，数字出版以党的二十大精神为指引，在内容建设、科技应用、模式创新、渠道建设、国际传播等方面均取得了长足进展，在增强国家文化软实力、传承创新中华优秀传统文化等方面发挥着日益重要的作用。

（一）政策体系日臻完备，指引数字化赋能迈向新高度

党的十八大以来，党和国家把文化建设摆在全局工作中更加重要的位置。相关部署更加全面，顶层设计日趋完善。"建设国家文化大数据体系"正式列入国家"十四五"规划纲要，明确提出"文化+数字"的总体发展思路。2022年，《关于推进实施国家文化数字化战略的意见》出台，制定国家文化数字化战略实施的时间表、路线图和任务书。2023年3月，《数字中国建设整体布局规划》出台，明确数字中国整体框架，为我国中长期数字化建设和发展指明了方向目标和行动纲领。《规划》中明确提出，"打造自信繁荣的数字文化，推进文化数字化发展，深入实施国家文化数字化战略，建设国家文化大数据体系，形成中华文化数据库"的重要部署，为数字出版高质量发展和出版业深度融合发展提供了战略指引和行动纲领。数字出版在数字中国建设中有了更加清晰的定位。2023年，主管部门持续深化实施出版融合发展工程，着重深入实施数字出版精品遴选推荐计划和出版融合发展示范单位遴选推荐计划。其中，数字出版精品遴选推荐计划按照重大类和特色类，推出一批导向正确、内容优质、创新突出、双效俱佳的数字出版精品；出版融合发展示范单位遴选推荐计划分为旗舰单位和特色单位，分类分层遴选出一批技术领先、融合度高、精品聚集、示范性强的出版单位[①]。

[①] 《国家新闻出版署关于组织实施2023年度出版融合发展工程的通知》，见 https://www.nppa.gov.cn/xxfb/tzgs/202303/t20230316_705252.html。

表1 "十四五"时期以来数字出版相关重要指示与政策文件

时间	会议/机构	文件名称	相关表述
2021.3	十三届全国人大四次会议通过	中华人民共和国国民经济和社会发展第十四个五年规划和2035年远景目标纲要	实施文化产业数字化战略,加快发展新型文化企业、文化业态、文化消费模式,壮大数字创意、网络视听、数字出版、数字娱乐、线上演播等产业。
2021.6	文旅部	"十四五"文化产业发展规划	全面推进文化产业内容形式、载体渠道、业态模式等创新;新型文化业态更加丰富,数字化、网络化、智能化特征更加明显。
2021.12	国家新闻出版署	出版业"十四五"时期发展规划	壮大数字出版产业,实施数字化战略,推进出版产业数字化和数字产业化,大力提升行业数字化数据化智能化水平,系统推进出版深度融合发展,壮大出版发展新引擎。
2022.4	中宣部	关于推动出版深度融合发展的实施意见	推出更多广为读者接受、适合网络传播的数字出版产品和服务;促进数字出版内容的多介质、多角度延伸,打造出版融合发展新产品、新服务、新模式。
2022.5	中共中央办公厅、国务院办公厅	关于推进实施国家文化数字化战略的意见	深化供给侧结构性改革,推动文化存量资源转化为生产要素,加快发展新型文化企业、文化业态、文化消费模式。加快文化产业数字化布局。创新文化表达方式,推动图书、报刊、电影、广播电视、演艺等传统业态升级,调整优化文化业态和产品结构。
2022.8	中共中央办公厅、国务院办公厅	"十四五"文化发展规划	加快发展数字出版、数字影视、数字演播、数字艺术、数字印刷、数字创意、数字动漫、数字娱乐、高新视频等新型文化业态,改造提升传统文化业态,促进结构调整和优化升级。
2023.2	中共中央、国务院	数字中国建设整体布局规划	打造自信繁荣的数字文化。大力发展网络文化,加强优质网络文化产品供给。推进文化数字化发展,深入实施国家文化数字化战略,建设国家文化大数据体系。提升数字文化服务能力,加快发展新型文化企业、文化业态、文化消费模式。

(二)文化主阵地地位凸显,社会价值引领作用持续增强

建设具有强大凝聚力和引领力的社会主义意识形态,是推进国家文化数字化战略的基础前提和核心要义。坚持党对出版工作的全面领导,弘扬和践行社会主义核心价值观,坚守中华文化立场,确保出版深度融合发展始终沿着正确方向前进,是出版业深度融合发展遵循的首要原则。随着产业规模的持续增长,产业链条不断延伸,产业价值和社会影响不断扩大,数字出版不仅作为重要的文化发展的重要新生力量,也已成为弘扬社会主义核心价值观、弘扬中华优秀传统文化的重要阵地,意

识形态属性日益显现。自 2019 年起，"数字出版精品遴选推荐计划"作为"出版融合发展工程"的子工程之一，是主管部门引导数字出版精品建设的重要举措。2023 年，《习近平新时代中国特色社会主义思想学生读本》配套教学资源平台等41 个项目入选数字出版精品遴选推荐计划。其中包括《习近平新时代中国特色社会主义思想学生读本》配套教学资源平台、《红途循踪——红军长征在贵州史迹》、《乳娘》融媒体出版项目、《星火燎原全集》融媒书、荣宝斋红色经典书画鉴赏百帧（融合出版）等多个主题出版项目。网络文学、网络游戏等新型出版形态成为弘扬社会主义核心价值观、弘扬中华优秀传统文化的重要载体。2023 年 11 月，国家新闻出版署印发《关于实施网络游戏精品出版工程的通知》，重点围绕传播社会主义核心价值观、传承中华优秀传统文化、展现新时代发展成就和风貌、促进科技创新和新技术应用、具有国际市场潜力等方向，推选一批价值导向正确、富有文化内涵、寓教于乐的网络游戏精品，引导正能量成为网络游戏发展主基调、主旋律[①]。2023 年，非遗成为女频网络文学第一标签，京剧、木雕、造纸技艺、舞狮等非遗项目在网络文学作品中得以呈现，网络文学的审美志趣和艺术内涵显著提升[②]。

表 2　历年"数字出版精品遴选推荐计划"主题出版项目

序号	年份	项目名称	申报单位
1	2019	《马克思主义大辞典》融媒体资源库	崇文书局有限公司
2	2019	延安时期文献档案数据库	陕西人民出版社有限责任公司
3	2019	中国共产党思想理论资源数据库	人民出版社
4	2019	《习近平新时代中国特色社会主义思想三十讲》有声读物	学习出版社
5	2019	抗日战争与近代中日关系文献数据平台	中国社会科学院近代史研究所、北京百度网讯科技有限公司
6	2019	"壮丽 70 年——从红色历史走进新时代"系列有声读物	中版集团数字传媒有限公司
7	2019	新华书店网上商城——数字主题出版物融合推广平台	新华互联电子商务有限责任公司

---

① 《国家新闻出版署关于实施网络游戏精品出版工程的通知》，见 https://www.nppa.gov.cn/xxfb/tzgs/202311/t20231117_779954.html。

② 《上榜年度关键词，"非遗"何以获年轻人偏爱？》，大众新闻客户端，见 https://sghexport.shobserver.com/html/2023/12/31/1221617.html。

序号	年份	项目名称	申报单位
8	2019	浙江省高校大学生理论学习平台——"理想之光"数字阅读服务 APP	咪咕数字传媒有限公司、浙江大学出版社有限责任公司
9	2019	《穿越时空的大运河》数字影像	中国大百科全书出版社
10	2019	七一客户端	中共重庆市委当代党员杂志社
11	2019	《"一带一路"动漫故事》	贵州人民出版社有限公司
12	2020	"讲好中国故事"献礼系列数字阅读专区项目	北京语言大学出版社有限公司
13	2020	《习近平新时代中国特色社会主义思想学习纲要》有声书	学习出版社
14	2020	《习近平用典》系列融媒体出版物	人民日报社
15	2020	《为了共同的健康》——疫情防控全媒体传播项目	浙江教育出版社集团有限公司
16	2020	中央党史和文献研究院快手政务号"黄城根下"党史微纪录片播出平台	中央文献出版社
17	2020	中华先锋人物故事汇《钟南山：生命的卫士》富媒体电子书	央广之声（北京）文化传媒有限公司、接力出版社有限公司
18	2020	方舱之声——抗"疫"立体数字出版平台	人民音乐出版社
19	2020	党建网《理论强党》理论文章栏目	《党建》杂志社
20	2021（入选）	习近平新时代中国特色社会主义思想概论课程精讲	中国人民大学出版社有限公司
21	2021（入选）	"百年党史·青年说"音频传播展示活动	广东人民出版社有限公司
22	2021（入选）	红色记忆·贵州红色文化 公共服务平台	贵州数字出版有限公司
23	2021（入选）	党员教育数据库	人民出版社
24	2021（提名）	《党的十九届五中全会〈建议〉学习辅导百问》有声书	学习出版社
25	2021（提名）	向天而歌——百首誓歌颂党恩	中国盲文出版社
26	2021（提名）	"百年·百部"纪念中国共产党成立 100 周年系列有声读物	中版集团数字传媒有限公司
27	2021（提名）	"血与火"——全网重大主题宣传项目	浙江教育出版社集团有限公司
28	2021（提名）	"美丽中国"儿童主题教育融媒体出版项目	北京师范大学出版社（集团）有限公司
29	2023	《习近平新时代中国特色社会主义思想学生读本》配套教学资源平台	人民教育出版社有限公司
30	2023	中国乡村振兴知识服务项目	中国农业科学技术出版社有限公司

续表

序号	年份	项目名称	申报单位
31	2023	红岩精神学习研究宣传数字服务项目	今日重庆杂志社有限公司
32	2023	红途循踪——红军长征在贵州史迹	贵州人民出版社有限公司
33	2023	《星火燎原全集》融媒书	解放军新闻传播中心出版社
34	2023	《乳娘》融媒体出版项目	安徽人民出版社
35	2023	科学报国——功勋科学家的赤子心	河北冠林数字出版有限公司
36	2023	荣宝斋红色经典书画鉴赏百帧（融合出版）	荣宝斋有限公司

（三）出版融合向纵深推进，规划实践模式持续开拓创新

2023 年，在实施国家文化数字化战略背景下，以《关于推动出版深度融合发展的实施意见》为指引，出版业融合发展迈向更深层次，在流程改造、内容建设、技术应用、平台建设、产品开发、管理机制等方面均取得了积极进展。出版单位融合发展的思路更加开拓，路径更加清晰。2023 年，出版单位普遍加强了融合发展的统筹谋划，把数字化建设和出版融合发展放在更加重要的位置，结合自身优势出版资源和优势业务板块，积极探索适合自身的融合发展模式。2023 年，主管部门从数字出版精品和示范单位两个方面，持续深入实施出版融合发展工程，41 个项目入选数字出版精品遴选推荐计划，30 家单位入选出版融合发展示范单位遴选推荐计划，入选的项目和单位具有较强的典型性和示范性，涵盖专业、大众、少儿、教育和古籍等领域。中国出版集团旗下 5 个项目入选数字出版精品、2 家单位入选示范单位，在入选数量上位居全国第一。其中，中国大百科全书出版社打造的"穿越时空的中国长城"对长城这一中国象征符号，利用数字技术提炼、整合、树立和突出中华文化符号和中华民族形象，通过同名图书、数字影像、相关文创、H5 小程序等产品陆续上线，形成长城 IP 主题矩阵。江苏凤凰出版传媒集团旗下"凤凰职教知识服务项目"，包括"课程资源云+教学云+职业培训云"三大应用体系，面向中职学校提供资源服务、在线测评、智慧教学、线上培训、大数据服务等服务，是江苏职业教育数字化服务的重要平台[①]。

作为地方出版集团的代表，江苏凤凰出版传媒集团在出版融合发展方面表现出

---

① 《"数字凤凰"精彩亮相第十三届中国数字出版博览会》，见 https://www.ppmg.cn/index. php/Article/index?nav_ id=7&id=7342。

积极作为，在发展模式和路径方面不断突破。2023 年，该集团为推动出版融合发展迈向深入，进一步强化顶层设计，制定发布了《推进凤凰出版融合发展实施意见》，具体部署了之后三年融合发展工作的总体要求、重点任务、保障措施，并陆续制定了《融合出版专项考核评价办法》《数字化项目管理创新试点办法》等文件，健全集团融合发展机制①。

（四）网络文学提质创新，成为数实融合重要桥梁纽带

2023 年，网络文学持续高质量发展，精品化、产业化、生态化程度日益加深。网络文学规模进一步增长，作品、作者数量稳步提升。中国网络文学已有超过 2400 万创作者，"90 后""95 后"成为网络文学创作的中坚力量。网络文学作品累计达到 3620 万部，成为数字阅读的重要内容。网络文学作品题材日益丰富，细分类型已超过 200 种，满足人们多元化、多层次阅读需求。截至 2023 年 12 月，我国网络文学用户规模达 5.2 亿人，占网民整体的 47.6%。网络文学作品质量实现显著提高，现实题材和科幻题材成为网络文学两大支柱型题材。现实题材创作热情持续高涨，围绕乡村振兴、中国制造、创新创业、社会百态、中华优秀传统文化传承创新、人类命运共同体等主题，网络文学作品体现出对现实的深切观照。越来越多的网络文学作品将个人成长与国家民族复兴进程相关联，在作品中体现时代变迁的足迹，展示国家社会经济建设的丰硕成果。科幻是网络文学另一热门题材，《三体》《流浪地球》等为代表的科幻题材作品在口碑和市场上取得的佳绩，带动了科幻题材的热潮。在 2023 年颁布的第 34 届中国科幻银河奖中，阅文集团旗下作家的《我的治愈系游戏》和《隐秘死角》分别获得"最佳原创图书奖"和"最佳网络文学奖"。网络文学已成为我国科幻产业的重要发源地②。值得一提的是，科幻题材网文不再仅仅是天马行空，越来越多的科幻作品以科幻的叙事手法映射现实，通过现实与科幻的交互融合，形成新的文学主题。网络文学也成为连接现实世界与虚幻世界的重要纽带桥梁。此外，科幻网络文学在衍生改编方面也呈现出巨大潜力，如由《吞噬星空》改编的动画首季点播超过 10 亿；《全球高武》改编的漫画人气高达 42 亿、收藏量超 50 万，在日本漫画平台的连载中取得了超过 444 万的点赞

---

① 《开辟业态创新赛道，构建融合发展新格局》，见 http://www.cptoday.cn/news/detail/16891。
② 《中国科幻文学 IP 改编价值潜力榜（2023）发布，网络文学成新科幻作品重要发源地》，2023 年 10 月 21 日，见 http://ent.hebei.com.cn/system/2023/10/21/101224765.shtml。

量；《我们生活在南京》《泰坦无人声》《夜的命名术》在内的多部中国科幻银河奖获奖作品也正在进行影视化改编。

网络文学版权系统化运营机制进一步成熟，版权开发周期系统性加强，开发周期明显缩短。以有声改编为例，相当一部分网文作品在连载期间就启动上线有声改编。微短剧成为网络文学版权衍生改编的新方向，数字藏品、沉浸式剧本、虚拟数字人等文化新形态则为网络文学版权衍生开发开拓了新路径。

（五）数字教育加快模式创新，职业教育赛道竞争日益激烈

党的二十大报告提出"推进教育数字化"，数字化成为教育改革发展的重要战略性任务。2023 年教育部年度工作要点中提出"统筹推进教育数字化和学习型社会、学习型大国建设"，要纵深推进教育数字化战略行动，重点做好大数据中心建设、数据充分赋能、有效公共服务、扩大国际合作四件事。主动服务学习型社会、学习型大国建设，树立"大教育"观，加快构建服务全民终身学习的教育体系①。教育部印发《学习型社会建设重点任务》，强调把建设学习型社会、学习型大国作为建设教育强国的战略举措，特别强调把教育数字化作为推进学习型社会建设的"倍增器"②。

"双减"政策落实，对教育市场格局带来深远影响，也加速推动基础教育资源建设和平台服务建设的规范化发展和模式迭代更新。出版单位着力构建教育产品体系和服务体系，实现教育平台多样化和产品多介质。全社会网络化、数字化、个性化、终身化的教育体系加快构建。《关于组织实施新时代中小学学科领军教师示范性培训（2023—2024 年）的通知》中要求"将数字化融入中小学教师培养全过程"。2023 年 5 月，教育部等 18 部门联合下发《关于加强新时代中小学科学教育工作的意见》，提出"优化数字智慧平台，丰富科学教育资源"。

近年来，职业教育得到国家高度重视，一系列重要政策举措和法律法规的出台，为职业教育高质量发展提供了有力保障与重要支撑。党的二十大报告中再次强调要统筹职业教育、高等教育、继续教育协同创新，推进职普融通、产教融合、科

---

① 《2023 年全国教育工作会议召开，重点任务涵盖阅读、"双减"等》，见 https://www.163.com/dy/article/HR08D74P0512D3VJ.html。

② 《教育部印发〈学习型社会建设重点任务〉》，见 http://www.moe.gov.cn/jyb_ xwfb/gzdt_ gzdt/s5987/202309/t20230928_ 1083152.html。

教融汇，优化职业教育类型定位，为新时代职教发展提供了前行指引。国家发展改革委、教育部、人社部等 8 部门联合印发《职业教育产教融合赋能提升行动实施方案（2023—2025 年)》；7 月，教育部发布《关于加快推进现代职业教育体系建设改革重点任务的通知》。同时，职业教育成为教育机构布局的重要领域。根据知乎 2023 年第三季度业绩报告显示，职业教育业务已成为知乎的第二增长曲线，营收达到 1. 45 亿元，同比增长 85. 6%，占总营收的 14. 17%，营收贡献值进一步扩大，知乎研发的中文大模型"知海图 AI"已经开始应用于知乎知学堂多项学习场景①。新业态、新技术日新月异，催生了一批新职业，带动在线职业教育需求日益提升，成为教育机构布局的重要领域，招录类考试培训和职业技能培训均具有良好的发展前景。

（六）线上营销迈向成熟，全媒体渠道建设提速增效

新冠疫情以来，出版传媒业受到了深远的影响，大量线下工作迁至线上，特别是营销环节。直播、短视频等数字营销方式在出版单位销售环节占据日益重要的位置，出版机构持续加快构建全媒体营销体系，经过近三年的探索实践，2023 年出版机构线上营销迈向成熟，逐步建立常态化、专业化机制。如二十一世纪出版社集团将电子商务公司和北京出版中心社群新媒体发行部整合，成立新媒体营销中心，并聚集各出版中心的营销编辑开设个人新媒体账号，采用"三制"机制管理模式，打造营销矩阵②。江西教育出版社打造的助学读物《爆笑作文》，通过与达人合作，以直播、短视频的方式推广，实现上市仅 10 天就卖断货，1 月之内加印 3 次，发货超 10 万套，码洋超 1800 万元③。据抖音电商发布的《2023 抖音电商图书消费数据报告》显示，2023 年抖音电商售出图书超 4 亿单，平均每天售出图书超 200 万本；抖音平台上取得收入的图书商家数量同比提升 17%，近两成图书商家的成交额同比增长超 100%④。除了抖音，快手、B 站、小红书、微信公众号及视频号等

---

① 《知乎职业教育 2023Q3 营收 1. 45 亿元，同比增长 85. 6%，大模型应用驱动业务创新》，见 https://view.inews.qq.com/k/20231130A02MCL00?no-redirect = 1&web_ channel = wap&openAPP = false。
② 《发现新路径　重塑新自我——二十一世纪出版社集团 2023 年发展侧记》，见 https://finance. sina.com.cn/jjxw/2024-01-09/doc-inaawrkm8576439.shtml。
③ 《出版从业者眼中的 2023 年》，见 http://www.cptoday.cn/news/detail/16895。
④ 《2024 出版融合发展大会召开，番茄小说与 30 多家出版单位签订合作协议》，见 https://news. sina.com.cn/sx/2024-01-11/detail-inaccqcz5487965.shtml。

也成为出版机构吸引流量、聚拢流量的重要阵地。特别是微信视频号成为出版机构布局私域流量的重要渠道。如华中科技大学出版社的融媒体中心自 2023 年 3 月起，正式运营"华中出版"视频号自营直播间，在运营第 3 个月时，直播间的 GMV 突破百万①。

由此可见，图书销售渠道经历了实体书店、自营电商两个主要渠道变迁后，逐渐进入到短视频自营直播带货的新阶段。线上出版营销对私域流量的争夺成为出版机构竞争的关键。多家出版机构通过"绑定网络+孵化 IP"颠覆传统图书销售模式，积极开拓私域流量，以任意时间，任意频次，直接触达用户自媒体、用户群等渠道。②

（七）"走出去"迈出稳健步伐，海外传播力影响力持续增强

"走出去"是中华文化与世界文化交融交汇、交流互鉴的客观要求。作为文化"走出去"的重要力量，网络文学、网络游戏等数字内容形态在塑造可信、可爱、可敬的中国形象，推动中华文化更好走向世界发挥日益重要作用。

过去一年来，网络文学在提升中华文化国际传播力和影响力、增进文明交流互鉴方面展现出积极成效。中国网络文学作品的翻译语种达 20 多种，涉及东南亚、北美、欧洲和非洲的 40 多个国家和地区，都市、西方奇幻、东方奇幻、游戏竞技、科幻等是海外读者喜爱的网络文学题材类型。截至 2023 年 10 月，阅文集团旗下海外门户起点国际已上线约 3600 部中国网文的翻译作品。与此同时，网络文学海外创作队伍也在不断壮大。截至 2023 年 12 月，起点国际已培养海外网络作家约 40 万名，上线海外原创作品超过 60 万部，同比 3 年前增长 280%；起点国际的访问用户数突破 2.2 亿，为 3 年前同期 3 倍③。

近年来，出海已成为中国游戏企业寻求发展的重要途径，游戏出海也成为国际传播能力建设的重要力量，在全球经济低迷、部分国家对进口游戏监管加强等诸多不利因素的影响下，中国游戏克服压力，2023 年中国自主研发游戏海外市场实际

---

① 《视频号单场销售从不足百元到 5 万元，这家出版社用了 7 个月》，见 https://www.163.com/dy/article/IK5MJGNL0512DFEN.html。

② 《2023 "阅读 X" 论坛举行，争夺私域流量成出版业复苏关键一战》，见 https://www.bjnews.com.cn/detail/1677227912169641.html。

③ 《〈2023 中国网络文学出海趋势报告〉发布》，见 http://www.njdaily.cn/news/2023/1229/5565507785818071649.html。

销售收入达到 163. 66 亿美元，较上一年下降 5. 65%。2023 年，中国出海移动游戏在日本、韩国游戏市场的收入实现正增长①。

（八）保障体系扎实推进，高质量发展机制更加完善

2023 年，数字出版产业标准建设和版权保护得以进一步健全，为数字出版产业高质量发展提供了更加坚实的保障。

标准化工作有序推进，成效显著，数字出版相关标准体系进一步健全，《出版物二维码应用管理要求》《出版业区块链技术应用标准体系表》《出版物虚拟现实（VR）技术应用要求》等行业标准发布；《数字教材平台接口》《基于移动终端的网络出版物（音频）质量要求》《高等教育和职业教育数字出版产品质量要求》《数字内容自动校对系统功能要求》《智能制造知识体系》《面向智能制造专业领域的多模态内容资源一致化知识标引》《智能制造知识资源建库规范》《智能制造知识服务平台建设》等行业标准实现立项，涵盖知识服务、数字教材、网络音频等领域，推动数字出版规范化、高质量发展。数字科技进步使数字出版领域多学科专业技术相互交织，让出版物的编辑、制作、出版、发行和消费等诸多环节所涉及的标准和规范的范围日趋扩大，内容日益丰富。全国新闻出版标准化技术委员会吸收近年来各出版专业分支的学术和行业实践成果，形成了由基础（通用）标准、产品标准、方法标准和管理标准组成的一级、二级新闻出版标准体系。团体标准研制突飞猛进。2023 年中国音数协团标委先后正式发布《数字出版内容资源管理通则》《数字内容分发与运营指南》《电子竞技标准体系表》《电子图书出口海外数据要求》《网络文学内容自审流程》《专业内容资源聚合服务平台接入规范》《专业内容资源聚合服务元数据》《出版业生成式人工智能技术应用指南》等多项团体标准。

多方力量协同推动数字版权保护工作进一步加强，数字版权健康生态加快构建，为文化数字化高质量发展注入强劲势能。近年来，人民法院信息化建设已从以数据为中心向以知识为中心、智慧法院大脑为内核、司法数据中台为驱动转变。人民法院互联网司法规则业已确立，形成了全业务网上办理、全流程依法公开、全方

---

① 《〈2023 年中国游戏出海研究报告〉发布》，见 https://www. 163. com/dy/article/IM1EDH8R0511D2LM.html。

位智能服务的智慧法院信息系统，实现跨域立案服务全覆盖和跨境网上立案。在行政保护层面，执法力度不断加强。以"剑网2023"专项行动为例，聚焦网络视频、网络新闻、有声读物等重点领域，深入开展对重点视频网站（APP）的版权监管工作，重点整治短视频侵权行为；加强对知识分享、有声读物平台及各类智能终端的版权监管，着力整治未经授权网络传播他人文字、口述等作品的行为；压实网站平台主体责任，以电商平台、浏览器、搜索引擎为重点，强化网站平台版权监管①。

（九）发展机制持续健全，人才队伍建设取得积极成效

2023年，出版业深度融合发展对新型出版人才需求日益提升，从有关部门到出版单位，从人才培育到学科建设，都对数字时代的出版人才队伍建设给予高度重视。

出版人才发展机制持续健全。2022年新修订的《中华人民共和国职业分类大典》中，首次增加"数字职业"标识（标识为S），共标识97个数字职业，为新兴领域、新兴职业的从业人员提供更大职业发展空间。其中，数字出版编辑S被归在2-10-02（GBM 21002）编辑小类中，序号为2-10-02-04，对数字出版编辑的概念和工作范畴做出界定②，标志着数字出版编辑作为职业身份得到了国家认证，数字出版编辑成为国家认可的职业类型，推动数字出版人才队伍建设的提速，并将推动数字出版人才发展机制日益健全。

2023年12月，中宣部、教育部联合印发《关于推进出版学科专业共建工作的实施意见》，该意见聚焦出版学科专业共建工作，对出版学科专业发展中的堵点、难点、痛点，明确了解决思路，强调"优化出版学科专业建设布局，分批次、多层级推进共建工作，加快构建中国特色出版学科专业自主知识体系""引导鼓励有实力的出版单位、数字技术企业，积极参与出版学科专业共建工作"③，为数字出版相关人才培养创造更大空间，注入了新动能。

---

① 《剑网2023｜打击网络侵权盗版！"剑网2023"专项行动正在进行》，见 https://www.thepaper.cn/newsDetail_forward_25080891。

② 《产业·观察｜让数字出版编辑职业吸引更多人才》，见 https://sghexport.shobserver.com/html/baijiahao/2022/07/22/804853.html。

③ 《中宣部、教育部联合印发〈关于推进出版学科专业共建工作的实施意见〉》，见 https://www.nppa.gov.cn/xxfb/ywxx/202312/t20231220_822877.html。

二、数字出版产业发展面临的问题

近年来，虽然数字出版在各方面取得了长足进步，但与高质量发展方面尚存在较大差距。出版业在推进数字化建设和融合发展方面尚面临着一些困难和迫切需要解决的问题。主要包括以下几个方面。

（一）产业政策扶持体系仍待健全

"不敢投""没钱投""收益难"是出版单位数字化转型的普遍现象，数字化建设的投入需要持续的资金保障和多方面的相关支持，依靠出版单位自有资金难以承担项目的前期开发与后期维护。在融合发展过程中由于经验不足，缺少方向感，在探索中难免会走一些弯路，直接影响出版单位融合发展的积极性。同时，地方出版单位与国家相关扶持政策未能实现很好的衔接。此外，在调研中，包括游戏企业在内新兴出版企业提出传统出版单位享有国家税收优惠政策，数字出版企业则没有。目前国家虽然出台了一些针对科技企业、民营企业、文化企业的财政扶持和税收优惠政策，就数字出版企业而言，由于针对性不强，地方相关政策宣传落实不到位，致使很多数字出版企业对国家相关财政扶持、税收优惠政策不甚了解，国家相关优惠政策的落实难以操作，造成很多企业没有及时享受到政策红利。

（二）数字化产品内容质量良莠不齐

现阶段，传统出版单位和新兴出版企业在数字化产品质量方面均存在各自问题。传统出版单位的出版资源具有较强专业性、权威性，内容较为严谨，制作上也比较细致，不足之处在于呈现方式和产品形态较为单一，创新力、感染力不足，在满足用户多元化需求，提供丰富体验方面还存在一定欠缺。对于网络文学、网络游戏企业等新兴出版企业，虽然在作品或产品质量上有明显提升，但是总体而言优质作品占比与高质量发展要求仍有较大差距。部分网络文学平台上仍然以玄幻武侠等虚拟架空题材为主，现实题材占比较少，整体作品格调不高，题材类型较为单一。而编辑素养也是影响网络文学平台作品质量的关键因素，有个别企业提出其编辑不具备筹划现实题材作品的能力，从而也影响了网文平台整体的作品质量。游戏产品方面，则存在虽然功能性游戏具有良好的社会效益，但普遍难以形成经济效益的困境。同时，目前我国游戏产品主要以前置审批为主，但上线后游戏与审批备案时提交游戏在内容上存在一定出入。一些游戏公司在实际开发的过程中，会将提交审核的游戏包体和实际运营上线的游戏包体分别开发，提交审核的游戏尽量满足审核要求，但真正上线时则包含了其他内容，往往存在格调不高、内涵缺失，甚至出现低俗暴力倾向、价值观念有偏差等问题。

（三）科技创新应用水平尚有待提升

出版单位在新技术、新渠道、新模式的运用方面普遍缺乏主动性。出版单位对于新兴技术的敏锐度普遍不足，对新兴技术的认知水平存在较大局限性，造成出版业在科技创新成果的应用转化方面存在一定的滞后性。技术的推广应用方面，推广应用难度大，进展很少，致使投入和产出严重倒挂。此外，在出版单位中"重开发，轻应用"的现象较为突出，技术创新成果在出版流程和具体业务中的应用成效未达预期，从而挫伤了出版单位科技创新的积极性。出版单位核心环节数控化率仍然偏低，数字技术对出版流程、业务运转的赋能助推作用尚未充分发挥。大部分出版单位对数字技术的应用尚停留在较浅层次或者是探索阶段，尚未能灵活运用数字技术挖掘生产潜力、充分发挥资源优势。特别是对于中小型企业，资金实力还有技术团队都存在较大局限，部分出版单位表示，其技术团队规模较小甚至没有自己的技术团队，难以抵御技术带来的风险，更偏向于采用成熟的技术方案，这就致使出版单位在技术层面受制于人。部分企业在数字资源建设和平台建设过程中引入了自然语言处理、机器深度学习、语义分析、知识图谱等技术，但技术配置和软硬件条件难以支撑技术研发，因此多以外包的形式开展，造成研发成本高，以及在技术需求对接、对技术应用理解等方面认识不到位的情况，与自身融合发展需求并不能完全匹配。

（四）出版业深度融合发展体制机制有待进一步深化健全

当前，传统出版单位普遍存在机构冗余、流程过长、职能分散、部门墙厚重、业务壁垒较高的问题，在部分新型岗位和职能设置方面则存在错位、缺位情况，传统的组织架构和业务流程已无法适应融合发展的新态势与新需求，致使出版单位在面对市场的变化时无法快速作出反应、充分调动各类资源的能力不足，市场快速反应和响应机制不健全。出版单位内部各板块间的资源协同、共享成果机制不健全，在内容生产、技术应用、用户积累、推广运营等方面的统合力度不足，内部优质资源整合力度和"一体化"建设有待加强。有相当一部分出版单位尚未摆脱从传统出版管理模式和经营方式向融合发展过渡转变的"阵痛期"，"改而不革""合而不融"的问题仍然突出。在调研中有部分出版单位提出，现阶段出版企业整体数字化建设氛围仍然不足，一把手工程的要求尚没有真正落实，出版单位融合发展的统筹协调工作不够有力，即使建立了机制在具体实施中也存在职责不清、交叉管理的情况，相关要求也难以落实，致使数字化建设不顺畅，难以形成融合发展的共建共筹合力。同时，出版单位融合出版生产开发机制尚不健全，在出版流程和经营思路方面主要以传统出版的方式管理融合出版，尚未形成面向市场的融合出版物开发与生产的机制，开发与生产的周期过长，流程过于烦琐，融合出版产品的市场化运营水平较低，缺少成熟专业的直面市场的、适合新媒体时代的变现路径与运营团队，内容及呈现形式也较为传统单一，出版单位的数字项目普遍产业转化和市场化运作不理想，产业化营收小、规模化利润低。

（五）出版单位数字化内生动力普遍不足

数字化建设需要长期投入，数字化转型是一个漫长的系统化过程，周期长、投入大、试错成本高、回报慢。这对于多数在资金、技术、资源、人才等方面都有很大局限的中小出版单位而言，都是难以抵御的压力，因此对于新兴出版业务布局和数字化建设方面，不敢轻易尝试探索。目前数字化项目投入产出比总体不理想，资源积累、运营能力都有待提高，离实现商用价值还有一定距离。融合出版的产业链不够完整，产业链的各环节之间存在断裂，内容与数据的技术赋能，难以变现。融合出版的盈利模式还不清晰，可持续发展的动力不足，尚未形成较好的商业模式和经济回报，这也会使出版单位产生倦怠感，缺乏前行动力。而对于部分对教材教辅依赖度较高的出版单位，在享受地方教材教辅经营红利条件下，存在市场竞争意识和危机意识不足的情况。投入和成本不匹配是阻碍出版单位推进数字化建设、融合发展的重要因素。一是缺少长期资金投入的能力，二是短期内没有看到投入为企业带来的收益。而出版单位既然是企业，经营成本和投入产出比是在经营中必须要考虑的现实问题。特别是平台建设需要投入大量资金，但资源积累和运营能力不足的情况下，实现商业价值还有一定距离，因此很多时候只能先作为公共服务或小范围内免费试用。因此，相当一部分出版单位在数字化建设和推进融合发展方面都缺乏主动性和积极性。此外，项目获取对于出版单位在数字化建设持续投入的动力方面有着积极作用，在获得主管部门各类项目方面，地方中小型出版社往往不具备优势，除了资金和技术等方面相当一部分地方出版单位在争取国家重点项目方面机会和名额较少。

（六）新型出版人才储备仍然不足

推进数字化建设和融合发展，需要培养一批基本素质过硬，对新技术、新媒体、产品设计开发、运营等各种技能较为熟悉的复合型人才。与此同时，在出版业迈向深度融合发展的趋势下，行业对数字化人才、专业化人才、创新型人才、跨领域人才的需求大幅增长，对出版人才培养和管理方式也提出了新要求。当前，出版业数字化人才供给难以满足行业高质量发展要求，传统出版人才很难轻易打破自身传统出版的工作观念和企业现存条件限制，传统出版单位的人力资源体系也无法满足现有的需要。出版业数字化及深度融合发展存在较大人才缺口，如数据管理人才、人工智能技术人才、全媒体营销人才、版权运营人才等专业化技能人才紧缺，跨领域、复合型、创新型人才匮乏。数字化人才岗位设置存在体系不科学、配置不完善等情况，部分出版单位数字化人才培养体系尚不完备，对新型人才的培育方法较为陈旧缺乏创新。在生产、营销、运营、管理等环节都缺少数字化人才的支撑。出版单位现有薪酬体系对于数字化人才缺乏足够的吸引力，原有的出版人员需要在理念、思维方面有所转变，同时需要在技术、产品、渠道等方面进行知识更新和技能提升，工作模式也要面临转变，这对于已经适应传统出版工作的人员来说存在较大难度。在调研中部分出版单位提出，目前各单位从事数字出版工作的人员占比较少，且大多是从传统出版转岗而来的，知识储备和思维方式与数字化项目研发、运营要求尚有一定差距；从事数字出版相关工作的高端人才尤其是全媒体型人才和科技人才总体缺乏，人才综合能力较为欠缺，传统编辑不熟悉融合出版的运营，而融合产品运营人员对图书也不够了解。此外，在人才留用方面，由于数字化项目的建设周期长、短期内效益小，传统出版的评估、考核、激励方式已难以有效激励融合出版工作从业人员。现阶段，融合出版方面的考核评价体系还不够健全，考核管理机制创新力度不够，对融合出版人才在考核评价、工资待遇、职业发展等方面的激励措施还有待进一步完善和落实。此外，在新兴出版企业中普遍以技术和产品岗位人员占比居多，内容审核和编辑等内容岗位人员占比较少。同时，新兴出版企业的数字编辑人员来源庞杂，水平良莠不齐。

三、推动数字出版产业高质量发展的对策建议

党的二十大报告中总结了社会主义文化建设的重大成就与宝贵经验，并对新时期文化建设提出了新目标、新任务、新要求。新时期，新征程，出版业要以党的二十大精神为指引，以更高站位更宽视野更大格局推进数字化建设，以数字赋能出版业更高质量、更大动力、更可持续发展，在实施国家文化数字化战略、建设数字中国、网络强国中主动作为，为文化强国建设凝聚强大力量。

（一）强化政策引领

加强推动数字出版产业高质量发展的顶层设计。围绕出版业重点领域和重点环节，针对融合发展中资源整合、技术应用、模式创新、人才建设等关键问题，强化政策指引。加大对出版业数字化和融合发展的项目支持力度和数量，加大对数字精品内容、重点项目的扶持力度。完善文化产业扶持政策，加大对地方出版企业融合出版重大平台、创新项目的扶持和引导力度，支持地方出版单位利用优势地方出版资源，增强发展优势。加强出版业数字化和深度融合发展经验交流，重点加强在京大社、有代表性的行业龙头融合发展的经验成果传授。与财政、教育、科技等部委加强政策衔接，共同构建完善行业政策体系。针对行业发展中的新领域、新技术、新模式，加强研判，纳入管理视野，出台相关管理办法和规范制度。建立健全出版投融资相关配套政策，支持出版单位通过投融资手段，借助社会资本市场力量，延伸产业链条，为融合发展注入更大动能。

（二）健全数字出版质量管理体系

质量是数字出版发展的根本。建立健全数字出版全流程质量管控制度、体系和方法，针对数字出版的特性，从内容及技术等层面加强质量管控，优化审核流程，严格审校制度。加强技术开发过程中的质量监管，严格控制研发各环节的质量监督。出版企业要充分借助新技术，如智能编校系统等，提高质量管控的效率。网络文学、网络游戏、网络视听等企业要进一步强化市场主体责任，履行质量把关职责，健全内容把关流程。网络文学企业严格落实用户实名制度、责任编辑制度、三

审三校等各项制度；强化游戏企业未成年人保护、前置审批，强化网络文学、网络游戏、网络视听等平台企业事中事后监管。鼓励传统出版单位、新兴出版企业、行业组织、智库机构等，研究建立数字出版质量管理规范体系，研究包括但不限于网络文学、游戏、动漫、网络音视频、网络音乐、沉浸式剧本、数字藏品等领域数字内容质量评价标准。健全网络出版服务许可准入机制，提升网络出版许可证的适用性和有效性。

（三）强化科技创新支撑

应鼓励适配技术在出版领域的场景化、产业化应用。充分运用5G、云计算、大数据、人工智能、区块链、物联网、虚拟现实、增强现实等技术，提高出版生产效率和效能。鼓励将大数据、人工智能等技术运用于出版选题策划、内容审核、产品设计、市场营销等环节，加强市场需求洞察能力，提高出版供给水平。如运用人工智能技术，对图书销售数据和用户行为数据进行抓取分析，提高选题策划、组稿、作者选择等环节精准度。通过搭建智能编校排一体化平台，帮助出版单位快速对出版资源进行识别筛查，人工智能可对高敏度信息进行精确定位、修改、删除，对内容中可能存在的问题进行"把关"，可持续高强度地对高敏度信息进行审核，可大幅提升内容审校效率和质量。

要充分发挥重点实验室等科技创新平台作用，推动先进技术在出版领域的产业化应用、场景落地、示范推广。建立科技协同创新机制，促进出版业、科技企业、教育机构等各方合作，共同研发和推广创新技术、产品和服务。值得一提的是，出版业要正确处理好技术与内容之间的关系。加强对虚拟数字人、AIGC、机器算法等新技术领域的研判，在拥抱新技术成果的同时，加强由技术带来的意识形态、版权侵权、信息孤岛、信息安全等方面风险预判，加强政策引导和规范，强化治理手段。

（四）加强数据管理和运用

在数字时代下，随着各类资源的不断积累，强化数据思维对于出版业发展至关重要。出版单位要加强对数据管理的重视程度，充分发挥数据作为关键要素在提高出版生产力中的重要作用，挖掘数据价值。一是加快出版数据资源建设，加强数据资源储备，提高出版数据采集、整合、运用及管理水平，借助国家文化专网建设契机，促进不同出版形态、不同领域的出版数据资源库建设，搭建数据管理平台。二是充分发挥数据生产要素的创新引擎作用，畅通数据使用。在出版单位内部，进一步加强出版数据资源的整合运用水平，加强市场数据采集和分析，以数据打通出版各个流程环节，在选题策划、商业模式、营销策略、产品线建设等方面为出版单位布局决策提供参考依据，以数据连通出版市场供给和需求两侧，提高出版供给服务水平。三是提高数据服务能力，畅通出版数据流动交易链条。以数据打造核心竞争力，促进数据资源形成数据资产。深化行业数据协作，健全数据共享交换机制，加快构建完善文化数据管理服务体系，搭建数据服务平台，健全数据管理、使用、交易机制。四是健全数据治理机制。规范数据使用规则，明确数据的权属、使用原则、使用范围等，确保数据使用安全规范，形成良好的数据服务生态。

（五）提升数字化海外出版传播效能

在"人类命运共同体"理念、"一带一路"倡议提出迈向新的十年，数字出版作为文化建设的重要组成部分，在国家文化软实力、国家传播能力建设方面发挥日益重要作用。搭建"出版'走出去'公共服务平台"，为出版机构和文化企业提供国别政策、市场信息、法律咨询、合作对接等一站式服务，为版权输出和国际交流提供重要平台。大力推动网络文学、网络游戏、网络动漫、电子竞技等数字出版新业态"走出去"，提高讲故事的能力。鼓励数字出版平台国际化发展，积极开拓国际市场，搭建海外出版传播平台，不断探索语言翻译、语音识别等 AI 语言服务技术在助力文化出海的更深度应用，通过分布式在线翻译技术和人机协作体系，提高文化"出海"的效率和质量。出版单位需加强海外市场数据洞察，提升精细化运营水平，充分运用大数据、人工智能等技术，对不同国家地区的市场容量、发展趋势、市场竞争格局等情况进行动态数据监测，结合企业自身优势、产品差异化等方面特点，精准匹配不同国家地区市场需求，为产品定位、设计及营销推广等提供有效的决策支持，实现策划、开发、运营、服务的本土化、精细化、精准化，有效提升出海效果。鼓励出版企业加快数字化转型，充分借助新媒体新模式新渠道拓展国际业务，深度参与国际出版市场分工协作。通过推进数字文化贸易试验区、"丝路电商"合作先行区建设，培育数字文化贸易合作新业态、新模式。与"一带一路"数字经济合作、RCEP 区域合作等积极对接，为我国出版业在国际文化市场提高竞争力提供有力支撑，增强全球配置资源的能力，进一步提升我国出版业在全球文化价值链中的地位。

（六）健全数字出版人才"引用留育"机制

人才是第一资源，产业高质量、创新发展的关键在于人。进一步深化出版融合发展优秀人才遴选培养计划，强化数字化人才的专项培养和推荐使用，鼓励出版企业针对数字化和出版融合人才制定配套支持培养措施。搭建出版产教融合人才信息服务平台，建立出版人才需求库和储备库，系统归纳收集用人单位岗位缺口信息和人才就业需求，实现出版人才供需各环节的有效对接。鼓励优秀人才在出版单位、新兴文化企业、高校、科研院所之间的合理流动。支持出版企业创新人才管理机制，针对人才的引、育、留、用，引入智能化测评工具，为出版企业制定长期有效的人才引进和技能提升方案提供重要依据。建立轮岗机制，为出版企业培育锻造高素质、复合型、创新型人才。推进数字出版相关学科建设，国内不同高校和职业院校出版学专业应加强合作，支持校企共建数字出版人才培育实践基地。在全国范围内推行数字编辑职称考评工作，可以推动先进的数字出版人才评价体系，推动数字出版学科体系的建设，加强对出版融合发展人才的培训和交流，培养一批数字出版行业骨干人才，提升数字出版行业的管理水平和综合素质。

四、中国数字出版产业趋势展望

《数字中国建设整体布局规划》出台，为数字中国建设制定了清晰的行动指南，数字出版作为文化数字化战略的重要着力点，产业地位日益提升，在整体框架指引下，文化数字化战略将加快推进，出版业数字化建设相关政策体系将加快构建，出版业深度融合发展将持续推进，进入品效合一阶段；以 AIGC 为代表的技术迅猛发展，对内容生产范式与商业模式带来深远影响，将引发数字内容产业生态的重大变革；在国家文化大数据体系建设加快推进下，数据正在成为构建出版生产力和竞争力的关键要素；新业态、新模式持续涌现，数字版权产业链条不断延伸，版权价值日益凸显，价值体系正在加快构建；在国家文化数字化战略的总体部署下，数字公共文化服务体系建设将全面提速；国际经济秩序和文化交往的逐步恢复，将为数字出版"走出去"提供更大动力，加快提升国际传播效能；虚拟数字人等元宇宙场景在社交媒体、游戏、数字阅读、娱乐、教育等应用场景前景广阔，数实融合将打造深度沉浸式数字文化新体验。展望新的一年，数字出版在习近平文化思想指引下，持续迈向高质量发展，在数字中国、文化强国建设中将展现更大作为。

（一）产业政策制度体系加快构建完善

高质量发展需要在顶层设计上持续完善。着眼于深入实施国家文化数字化战略，推动数字出版全面高质量发展、加快推进出版业深度融合发展，需要立足新发展阶段、贯彻新发展理念、构建新发展格局，不断健全政策制度体系，为产业发展提供有力保障和有效指引。《数字中国建设整体布局规划》中提出，"打造自信繁荣的数字文化。大力发展网络文化，加强优质网络文化产品供给，引导各类平台和广大网民创作生产积极健康、向上向善的网络文化产品。推进文化数字化发展，深入实施国家文化数字化战略，提升数字文化服务能力，打造若干综合性数字文化展示平台，加快发展新型文化企业、文化业态、文化消费模式"的部署。国家文化数字化战略的深入实施，数字出版高质量发展的指向性更加明确。以"整体框架"为指引，聚焦数字出版重点领域和出版业深度融合发展的重点环节，数字出版高质量发展的政策体系将加快健全。随着出版新形态、新业态、新模式不断涌现，对数字出版行业治理提出了更高要求。特别是 AIGC 技术的快速发展，将对数字内容从创作、传播、营销乃至整个生态都将带来深远影响，对数字出版治理能力提出新挑战，数字藏品、沉浸式剧本、生成式人工智能服务等正逐渐进入管理部门的管理视野，纳入管理范畴。相关部门将加强新领域、新业态的关注研判，把握其发展趋势，围绕资质许可认证、内容建设、版权管理与保护运用等方面，加快制定相关管理办法，加强行业指导，促进健康有序发展。在数字阅读、网络游戏、有声读物、知识服务等领域，把握新时期新形势下的新要求，进一步健全政策体系，为行业确立更加行之有效的方向指引和管理规范。在推动出版业深度融合发展等方面，着眼于数字中国建设及国家文化数字化战略，对出版业深度融合发展提出了新要求和新的着力点，加强不同领域的分类指导，以持续深化出版融合发展工程为主要抓手，在资源整合、科技创新应用、路径模式、平台搭建、渠道拓展、"走出去"、公共服务、人才建设等层面，围绕精品建设、示范单位、示范平台、优秀人才等方面加强支持与引导，健全配套措施。

（二）融合发展进入"品效合一"新阶段

出版业深度融合发展是出版业落实国家文化数字化战略的必然要求。如果说之前出版业融合发展的重点着力在内容储备、平台建设、流程改造、产品开发等方面，经过实践积累，下一阶段出版融合发展的重点将转为出精品、出影响、出效益。在出版融合发展工程等指引下，出版业深度融合发展的路径更加明确。传统出版与新兴出版实现同步谋划、一体策划、统筹推进，在选题策划、项目设计、产品线建设、品牌营销、人才队伍建设等方面逐渐建立一体化发展机制，成为出版业深度融合发展迈向更高质量、更大成效面对的重要课题。

同时，政策、技术、市场等外部环境变化，将对出版融合发展的方向和路径产生较大影响。以数字教育领域为例，随着"双减"政策的逐步落实，数字教育竞争赛道与市场格局发生较大转变。教育服务与知识服务相结合，新型教材教辅、数字课程、打造智慧教育服务平台，提供定制化教学资源与服务，成为教育出版融合发展的重点方向。新形态教材和数字课程的开发，不仅仅是知识点的简单描述与罗列，而是围绕教学目标、课程、教学场景等多个维度进行设计，强调教材内容与数字资源建设一体化、教材编写与课程开发一体化、教学与学习过程一体化，注重实践性和交互性，满足更多场景的泛在教学需求。更加强调教学效果。数字化学情分析在教育服务中将备受重视，通过对学生学习时长、学习习惯、错题率等数据进行收集和分析，并反馈到课程更新和产品优化。凭借出版资源的权威性、专业性、严谨性，开发新形态教材将成为教育出版单位发展重点方向，活页式教材、云教材、数字融媒体教材、数字工作手册等新型教材形态日益多元。值得一提的是，课外自主学习需求和家庭教学的需求日益旺盛，聚焦课外阅读，课后练习、学习效果评测等，围绕自主学习、家庭教育等学习场景，充分整合出版资源，开发可视化、可交互、可评测智能化教辅产品，将成为教育出版单位布局重点。与此同时，学科教育之外，围绕素质提升和技能提升的数字教育服务产品，成为基础教育领域的发展主要方向之一。得益于国家高度重视，在政策层面的大力支持，职业教育步入发展的"黄金期"，成为多家线上教育机构布局的重要领域。围绕职业资格考试、考公、技能等级证书、学历提升等需求，开发可读、可听、可视、可练的数字教学资源，打造职业教育专业教学资源库、开发精品在线课程等将成为出版单位布局职业教育数字化的重要着力点。出版单位、高等院校、互联网企业等围绕搭建职业教育服务平台，职业教育虚拟实训基地等方面将展开深度合作，推动产教结合，教材、课程、服务、实训等多元一体的职业教育出版服务体系正在加快构建。

未来一段时期，出版单位将持续完善数字资源服务平台建设，加强融合出版产品线建设，做大做强融合出版品牌，升级全媒体营销渠道，拓展融合出版产业链。同时，出版单位基于自身优势资源和出版定位，持续开拓融合发展视野和思路，在国家重大战略中寻找切入点。如济南出版社计划围绕国家黄河战略，服务黄河文化的传承与弘扬，建设黄河流域非物质文化遗产数字化传承保护数据库，出版《黄河流域地方语言大典》《话说黄河文化大集》等融合阅读产品。①

（三）AIGC 带来内容产业多重变革

自 2022 年底起，一款名为 ChatGPT 的聊天机器人程序火爆国内外社交网络，ChatGPT 不仅可以实现人机对话，还可以辅助人们写代码、做题、写产品方案、写文章等。该应用程序让 AIGC（人工智能生成物）作为人工智能技术的重要领域引发广泛关注。以 ChatGPT 为代表的生成式 AI 工具，是基于注意力机制的深度学习模型，从网络上获取大量文本数据进行训练，具有超强的学习能力、响应速度和拟人程度。过去一年来，AIGC 快速融入数字内容产业，不仅在写作、编程、翻译、绘画、作曲、视频剪辑等领域已达到"类人"水平，并基于大数据学习呈现出亮眼的创意潜能，在数字阅读、短视频、新闻播报、市场营销等领域都有良好的发展前景，应用场景不断拓展。未来 AIGC 将越来越多地参与数字内容的创意性生成工作，成为数字内容生产的底层技术，数字内容生产的人机协作新范式正在逐步形成。百度、阿里巴巴、科大讯飞、华为、腾讯等国内大型互联网企业相继正式发布了其 AIGC 产品——"文心一言""通义千问""星火""盘古 3.0""混元"等 AI 大模型产品。阅文集团在新一轮组织架构调整中，将成立"智能与平台研发事业部"，该事业部主要负责 AI 大模型等核心技术攻坚，将探索 AIGC 技术及其场景应用。与此同时，阅文集团"将升级 AIGC 赋能原创的多模态多品类内容大平台，构建新的 IP 上下游一体化生态体系"作为其版权生态升级的重点方向②。2023 年 6

---

① 《2023 年，出版融合发展的创新点在哪里？》，见 http://image.chinawriter.com.cn/n1/2023/0129/c403994-32613411.html。

② 《AIGC 引发网文平台变阵：阅文集团架构调整成立四大事业部》，见 https://www.sohu.com/a/687164950_161795。

月，同样作为数字阅读领域领军企业的掌阅科技宣布首款 AI 产品"阅爱聊"进行封闭内测，该产品是基于生成式人工智能的小说版权衍生开发对话交互应用，可用对话系统中既定的角色形象或中外历史名人或虚拟人物，以聊天对话的形式朗读经典作品或网络文学，读者既可以从书中找一个角色进行对话，也可以从某一个角色中找到一部作品去阅读。读者还可以通过与角色的交互式对话生成内容，生成的内容可呈现不同风格，涵盖不同的情感和语境。未来，该产品还将上线小说"聊书"功能，读者可发布自己创建的角色形象[1]。

以 AIGC 为代表的人工智能技术快速发展，不仅将对数字内容生产范式和商业模式带来巨大影响，也将引发数字内容生态的变革。随着 AI 对信息、数据体量日益增加，以及算法迭代和算力提升，生成内容的准确度及合规性将不断提升。将迎接新一轮内容生产力革命。AI 从理解内容，走向了自动生成内容，成为新型内容生产方式，不仅能提高内容生产效率，还将改变传统产业结构和体系。值得一提的是，尽管当前 AIGC 技术得到广泛关注，在数字内容产业多个领域、多个场景均具有良好的应用前景，但在生成内容的准确性和合规性方面还有提升空间，对意识形态、隐私安全、版权等方面带来新挑战，对行业治理能力提出新要求。国家网信办先后印发《互联网信息服务深度合成管理规定》《生成式人工智能服务管理暂行办法》等，对 AIGC 等基于算法的信息服务的规范体系正逐步构建。

（四）数据将成为出版竞争力的关键要素

数字经济时代，数据是产业数字化、网络化、智能化的基础，也是数字产业化的核心，对于生产方式、生活方式和治理方式带来重要影响，在两个市场构建中发挥日益重要的作用。2023 年 10 月，国家数据局挂牌成立，负责协调推进数据基础制度建设，统筹数据资源整合共享和开发利用，统筹推进数字中国、数字经济、数字社会规划和建设等，国家数据局的组建将有力促进数据要素技术创新、开发利用和有效治理，以数据强国支撑数字中国建设。从《关于构建数据基础制度更好发挥数据要素作用的意见》发布，到国家数据局的组建，将数据工作推至战略新高度，夯实数字中国建设底座。

---

① 《掌阅科技：首款 AI 产品"阅爱聊"封闭内测》，见 https://www.163.com/dy/article/I74I2R450511B8LM.html。

伴随数据成为驱动产业发展的关键生产要素和战略性资源。依照国家文化数字化战略的总体部署，随着文化大数据体系建设深入推进，促进文化数据的汇集、整合、流通、交换、交易，文化数据作为文化创新创造的重要动力与源头，将催生新的文化生产体系。随着出版业融合发展的持续深入，数据资源持续积累，数据的使用价值将日益凸显，数据的采集、标注、加工、挖掘与数据服务将成为出版机构的常态化工作，数据管理和运用能力将构建出版单位的关键生产力和核心竞争力。需要加快大数据新型基础建设，着力加强数据资源积累，加强不同形态的出版数据资源库建设。通过数据的交换与整合，将数据转变为新的生产资料和有效资本，实现数据的流通，真正成为可交易的产品形态，进而形成数据资产，数据需求对接、数据质量评估则是实现数据资产化的基础前提。

2024 年 1 月 1 日，《企业数据资源相关会计处理暂行规定》正式实施，为企业数据资产提供了正式的账面确认，推动建立统一的数字资产入账规则，规范数据资源管理，并在开放共享的基础上实现不同行业和企业数据资产的流通应用，为数据资产的定价与交易奠定了坚实的基础，也使得数据资源丰富的企业通过资产证券化等方式获得融资支持的渠道得以畅通。这意味着我国正式步入"数字资产"时代，将对完善数字经济计量体系，激发数据要素活力、推动数字经济的发展产生深远而积极的影响[1]。

随着出版业态、形态、模式、渠道、场景的日益多元，以数据贯穿出版整个流程环节，策划、生产、流通、营销等各个环节的数据共享互通，形成贯穿产品、服务、渠道、场景的数字化体系。数据在促进出版供需匹配，生产端和消费端的高效循环中将发挥更加重要的作用。此外，在品质消费趋势下，基于数据洞察，精准满足读者个性化、多样化需求，供给与需求高效匹配的定制化内容服务将成为趋势。在数据连接下，产业各环节将实现深度协同。

（五）数字版权价值评估体系将加速构建

数字文化新业态、新领域的不断涌现，数字版权持续延伸，数字版权已成为数字内容产业的核心资产，价值日益凸显，行业内对版权价值的重视程度正日益

---

① 《企业数据资产入表规定对数字经济的影响与发展前景》，见 https://news.sina.com.cn/sx/2023-10-25/detail-imzshvcr9069623.shtml。

加深。

数字技术催生了新的出版形态、传播方式和出版业态，技术的叠加、不同领域间的相互融合，内容载体的多样化，对数字版权保护和运用也将提出更多新的挑战。版权资源作为出版业的核心资产，对行业发展的重要性日益凸显。AIGC 等技术发展，让内容的创作生成、传播流通更加便捷高效，对版权确权提出了更高要求，将引发版权使用规则乃至版权治理制度变革。数字音乐、网络文学、有声读物、短视频等领域的版权保护与合规使用在人机交互日益加深中也将涌现出新问题。兼顾版权保护与版权创新，进一步健全网络平台的注意义务和法律责任，成为健全数字版权制度的重点①。立足于知识产权强国建设，围绕数字版权的确权、鉴权、估值、转化、交易等环节，明确数字版权管理流程和数字版权使用规则，健全数字版权管理运用机制，提高数字版权的确权维权能力与授权用权水平，构建数字版权生态体系，充分发挥数字版权价值，成为促进数字版权产业高质量、可持续发展的关键。搭建数字版权资产服务平台，基于区块链等技术，构建包括作品存证、盗版监测、原创性筛查确权、侵权存证、数字版权管理和数字版权交易等数字版权服务体系，成为互联网企业实现社会效益和商业价值的重要着力点。

与此同时，随着数字版权创造的社会价值和商业价值不断提升，数字版权链条的不断延伸，数字版权作为重要的数据资产，建立规范数字版权价值评估流程与评价指标，已成为行业共识，正在加快推进。目前，网络文学、网络动漫、数字音乐、摄影图片、短视频等领域的版权价值评估规范团体标准已正式发布实施。

（六）数字公共文化服务体系建设提速增效

《数字中国建设整体布局规划》中明确提出"提升数字文化服务能力，促进数字公共服务普惠化"。随着国家文化数字化战略深入推进实施，围绕"国家文化专网"、中华文化数据库、公共文化云、文化数据服务平台等相关部署，数字公共文化服务体系将日益完备。

出版业要在国家文化数字化战略中找到切入点，加强文化资源的挖掘与整合，提高文化供给能力。一是加强数字化基础设施建设，构建"信息"和"算力"一

---

① 《数字新生态　版权新价值》，见 http://epaper.iprchn.com/zscqb/html/2023－03/03/content_27594_7392783.htm。

体化的服务体系，推进信息基础设施、融合基础设施和创新基础设施的智能化升级；二是加强对文化资源的采集、分类、整理、保存，借助数字技术的创新运用，打造高质量数字文化产品，提供优质数字文化内容与服务；三是通过对优质文化资源数字化成果的开发、利用，促进文化资源的创造性转化，创新性发展。

2023 年 9 月 1 日起实施的《中华人民共和国无障碍环境建设法》，明确"国家鼓励公开出版发行的图书、报刊配备有声、大字、盲文、电子等无障碍格式版本，方便残疾人、老年人阅读"。由此，我国盲人、老年人等视力阅读障碍人群的阅读权益将得到更为有力的保障，以有声读物为代表的盲文融合出版将在公共文化服务体系建设中发挥更加重要作用，将带动相关内容资源与产品开发及基础设施建设。①

伴随 5G、大数据、云计算、人工智能、物联网、区块链、虚拟现实、增强现实等技术与文化的深度融合，促进文化数据的开放与共享，不断提升文化数据的挖掘、运用水平，提高文化资源的智能调度和精准供给能力，将出版资源转化为公共文化服务产品。云阅读、云视听、云娱乐等模式将丰富公共文化服务场景，数字藏品、虚拟数字人等新业态、新形态将拓展公共文化服务新模式。数字出版在推进公共文化数字化建设、构建公共文化服务体系、满足人民日益增长的精神文化需求中的作用日益凸显。②

（七）国际传播能力建设加快推进

《数字中国建设整体布局规划》中明确"构建开放共赢的数字领域国际合作格局"，"高质量共建'数字丝绸之路'，积极发展'丝路电商'"。

受新冠疫情影响以及各国对文化引进的政策调整，数字出版"走出去"面临压力和挑战增加。随着全球新冠疫情政策的调整，国际文化传播渠道得以畅通，国际间的交流合作将进一步增强，数字出版"走出去"形势仍将长期向好，在市场开拓和路径开拓方面将实现更大突破。通过打造精品内容、拓展国际传播渠道、创新话语表达和传播手段，进一步加强"走出去"作品的策划统筹，提高用全球话

---

① 《开设阅读空间、添加浏览辅助工具……无障碍服务建设让书香无界飘洒》，见 https://new.qq.com/rain/a/20230424A08RJD00。

② 中国数字文化集团：《文化数字化建设实践、经验总结》，见 https://www.d-arts.cn/article/article_info/key/MTIwMzYwNDg4OTTSD33ljr3a0cw.html。

语讲好中国故事、传播中国声音的本领，切实增强跨文化沟通力、表达力、感染力，向世界讲好中国故事、传播中国声音，展现可信、可爱、可敬的中国形象。

5G、AI 等新技术新应用，将为国际传播能力建设、增强国际传播效能提供有力支撑。洞察海外市场用户偏好变化趋势，加强赛道研判和精细化运营成为数字出版企业"走出去"的重要着力点，将推动数字出版"走出去"在内容、产品、模式、渠道等方面的不断创新升级。

着眼于构建人类命运共同体，推进中华民族现代化文明建设，实现中华文明在与其他文明交流互鉴中焕发新的生命力，数字出版在文化价值输出方面被赋予更加重要的使命。除了欧美、东南亚等地区国家，中东、非洲、拉美等市场呈现良好发展潜力，有望成为数字出版"走出去"新的突破口和增长点。

参考文献

廖秉宜、李姝虹、张晓姚：《高质量发展语境下我国数字出版业创新路径研究》，《中国编辑》2023 年第 7 期。

中国数字出版产业年度报告课题组：《勇毅前行的中国数字出版：2022—2023年中国数字出版产业年度报告》，《出版发行研究》2023 年第 11 期。

华闻传媒产业创新研究院：《系统性推动　多路径进化　高质量发展：出版融合发展工程数字出版精品遴选推荐计划实施成效综述》，《科技与出版》2022 年第6 期。

王飚、毛文思：《2023 年中国数字出版发展态势盘点及 2024 年发展展望》，《科技与出版》2024 年第 3 期。

刘九如、夏诗雨：《我国出版业数字化转型发展路径探究》，《出版广角》2023年第 22 期。

朱小妮、赵玉山：《从"出版大国"到"出版强国"：新时代中国出版业的发展战略与路径规划》，《科技与出版》2022 年第 7 期。

B.3 中国短视频内容产业分析

陈斯华　苏晗　徐婧荣　张洋[*]

摘　要： 短视频是互联网诞生以来的视听文化新形态。对短视频内容产业分析，应从三个方面进行思考，一是要明晰短视频作为文化产品所具有的双重属性，它既具有鲜明的意识形态属性，也具有通过市场交换获取经济利益，实现再生产的商品属性。短视频内容的特征是社会效益大于经济效益。二是要有行业认知，认识到用户是短视频内容的消费者也是生产者，用户规模是短视频内容产业的基础。三是要辨析短视频内容产业版权保护的特殊复杂性，梳理分析短视频内容产业版权保护面临的问题，提出相应的对策建议。

关键词： 短视频；内容产业；版权保护

用户规模是短视频内容产业发展的基础。截至 2022 年 12 月，中国短视频用户规模首次突破 10 亿，达到 10.12 亿，较 2021 年 12 月增长 7770 万，用户使用率达到 94.8%，较 2021 年 12 月增长 4.3%。[①] 短视频平台用户使用的全民化特征凸显，短视频内容渗透率和覆盖率进一步增强。短视频引擎作用日益凸显。

从内容产业分析的角度来看，短视频作为自互联网诞生以来的视听文化新形态，具有文化产品的双重属性，它既具有鲜明的意识形态属性，也具有通过市场交换获取经济利益，实现再生产的商品属性。意识形态属性是文化产品区别于一般产

---

* 陈斯华，中国传媒大学国家重点实验室新媒体研究院教授，研究方向为网络视频；苏晗、徐婧荣、张洋，中国传媒大学国家重点实验室新媒体研究院硕士研究生。

① 国家广播电视总局发展研究中心、国家广播电视总局监管中心、中广联合会微视频短片委员会编著：《中国短视频发展研究报告（2023）》，中国国际广播出版社 2023 年版，第 117 页。

品的特殊属性，商品属性是文化产品的一般属性。① 短视频作为视听类文化产品，承载着正向价值导向的文化内涵，对人的精神思想和价值观的树立产生积极的重大影响，由此，短视频内容的社会效益是第一位。短视频内容的社会效益大于经济效益，这是短视频内容产业的特征，也是短视频内容产业发展的根本。同时，亦应看到短视频平台作为媒介的工具属性。短视频平台既是短视频内容的生产工具也是消费工具，更是赋能社会经济文化发展所产生经济价值的新工具。因此，分析总结2023 年中国短视频内容产业发展的阶段性特点，从短视频作为文化产品所具有的双重属性入手，观照短视频内容具有融合性文化产品的特征，并梳理分析短视频内容产业在版权保护方面面临的问题，提出相应的对策建议。

一、短视频内容产业发展新格局

2023 年，短视频内容进入高质量发展新阶段，短视频内容产业深度融合实体经济，呈现出新格局。

（一）短视频内容进入高质量发展新阶段

短视频作为视听类文化产品所具有的意识形态属性，要求其内容导向正向，能够更好地满足人民群众对美好视听生活的需求和期待。

1. 主流媒体全面入局短视频

2023 年 6 月 2 日，习近平总书记在北京出席文化传承发展座谈会，并发表重要讲话，强调在新的起点上继续推动文化繁荣、建设文化强国、建设中华民族现代文明，是我们在新时代新的文化使命。② 2022 年以来，广播电视等主流媒体作为媒体融合的主力军，坚持移动优先战略，以新担当新作为持续不断地挺进短视频领域，成为短视频正向价值的引导者。广电媒体整合内容优势资源，发挥龙头效应，深耕细作，在短视频内容领域创新举措不断，精品力作迭出，持续增强主流媒体传播力、引导力、影响力、公信力，改变并影响着短视频行业内容生态，提升短视频

---

① 陈斯华、孙彩宇、赵恩芮：《网络微短剧比较优势转化为竞争优势的路径简析》，《互联网天地》2023 年第 11 期。

② 《在新的起点上继续推动文化繁荣》，《中国纪检监察报》2023 年 6 月 8 日。

内容质量。

表 1 部分主流媒体短视频相关文章

文章题目	作者
《人民日报》：推进视频化转型 做强舆论主阵地	人民日报社新闻协调部
新华社：拓展主渠道 占领主战场 发出主流舆论最强音	孙志平
中央广播电视总台：加速推进短视频全链条、全方位、全领域创新	周滢 徐廷廷
上海台："六感"驱动实现短视频传播破圈	上海广播电视台融媒体中心
江苏台：坚持正能量、精品化、开放态，大力推进高品质短视频创作	葛莱
浙江广电：创新升级短视频主题宣传和精品创作	鲍雯君 张易哲 袁筱华
山东台：发力短视频创作传播，让正能量产生大流量	吕芃
河南台：短视频成为挺进互联网主战场的主力内容支撑	张俊林 李艺锦
湖南广电：探索"小而美"的内容生态	梁德平 盘剑
广东台：长短视频融合互动打出全媒体"组合拳"	李捷思
四川台：借短视频之势打造畅游大小屏间的融媒旗舰	程昕

信息整合来源：《中国短视频发展研究报告（2023）》，中国国际广播出版社2023年版，第2—3页。

在广电主流媒体短视频经典案例中，央视新闻的独家素材成为时政新闻领域的"主流头部"，成为新闻短视频传播领域的引领者。2022年，央视新闻在抖音、快手两大短视频平台，其粉丝总量达到2.2亿，获赞超140亿。四川观察凭借"四处观察"，成功出圈，打响了品牌，提高了辨识度，成为新闻类短视频的"领头羊"。2022年，四川观察在抖音、快手两大短视频平台的粉丝总量达到5800万，获赞超过40亿。2021—2022年，河南广电旗下短视频账号继续强化对河南台"中国节日"系列的重点宣推，盘活台内优质资源，整合人象新闻、河南民生频道、河南都市频道、猛犸新闻、小莉帮忙等民生新闻短视频账号形成矩阵，旗下短视频账号粉丝总量超3亿，占全国各省总量的8.19%。河南广电以文化组合拳、品牌化矩阵打响地域品牌。2022年河南广电"中国节日"系列节目更加精益求精，对节庆文化、情感意蕴进行深度挖掘和新潮演绎，为网友带来奇妙体验和文化盛宴。[①] 2023年，由中央广播电视总台、中共浙江省委宣传部和杭州市人民政府共同推出的大型

---

① 国家广播电视总局发展研究中心、国家广播电视总局监管中心、中广联合会微视频短片委员会编著：《中国短视频发展研究报告（2023）》，中国国际广播出版社2023年版，第65—66页。

融媒体节目《中国短视频大会》，通过短视频小切口叙事和接地气的表达，讲述中国故事，激发共鸣，并且其内容反哺大屏。《中国短视频大会》首期节目播出以来，揽获全网热搜 80 个，节目相关话题微博阅读量近 6 亿，全网视频播放量超7.8 亿。① 融媒体节目《中国短视频大会》为中国故事的创新讲述，开辟新的空间，新的艺术呈现方式，新的感受体验。

短视频已经成为主流媒体进行内容宣传和传播的新载体。

2. 网络视听节目推优示范活动全面提升

为落实习近平总书记关于宣传思想工作、文艺工作和互联网工作的重要论述要求，发挥网络视听作品的示范引领作用，2022 年以来，国家广播电视总局继续开展季度和年度优秀网络视听作品推选活动评审工作。2022 年第一季度推选短视频优秀作品 9 部，2023 年第一季度推选短视频优秀作品 28 部。②

广电总局从 2014 年开始已经连续十年组织开展"弘扬社会主义核心价值观 共筑中国梦"主题原创网络视听节目征集推选和展播活动，总计入选优秀作品和展播的节目数量为 874 部。为进一步宣传贯彻落实党的二十大精神，同心共筑中国梦，广电总局决定从 2023 年展播阶段起将活动名称更改为"'中国梦 新征程'原创网络视听节目征集展播活动"。"中国梦 新征程"原创优秀网络视听节目短视频作品展出 2022 年 26 部，2023 年 40 部。③

第三届中国短视频大会年度短视频优秀案例项目 17 个，其中创新案例项目 12 个，创新案例入围项目 5 个，如表 2 所示。

表 2　第三届中国短视频大会年度短视频优秀案例项目

	单位	项目名称	备注
1	中央广播电视总台	庆祝建党 100 周年微记录《收到，请回复!》	
2	人民网	《2021 领袖的足迹》	

① 索福瑞公众号《象舞中国》:《短视频里看中国:〈中国短视频大会〉如何讲好中国故事》，2023 年 12 月 15 日发布。
② 国家广播电视总局发展研究中心、国家广播电视总局监管中心、中广联合会微视频短片委员会编著:《中国短视频发展研究报告（2023）》，中国国际广播出版社 2023 年版，第 388—393 页。
③ 国家广播电视总局发展研究中心、国家广播电视总局监管中心、中广联合会微视频短片委员会编著:《中国短视频发展研究报告（2023）》，中国国际广播出版社 2023 年版，第 394—398 页。

	单位	项目名称	备注
3	江苏省广播电视总台	《百炼成钢：中国共产党的100年》	
4	新华社	《家书中的百年：这盛世，如你所愿——革命家的浪漫如此硬核》	
5	福建省广播影视集团卫视中心	《沙县小吃史上第一条广告》	
6	央视网	英雄回家丨中国人民志愿军版《错位时空》MV	
7	河南广播电视台	"中国节日"系列短视频	
8	东方卫视	《时间的答卷》（胡歌篇）短视频	
9	山东广播电视台齐鲁频道	系列短视频《山东好汉防疫宝典》	
10	北京微播视界科技有限公司	《笑甜甜》	
11	腾讯科技（北京）有限公司	《中国美好生活大调查》VR互动视频	
12	快手	快手科普创作者同济退休教授"吴姥姥"硬核科普物理，收获百万粉丝	
13	芒果TV	《闪耀的平凡：青春接力》（传播案例）	入围项目
14	四川卫视	《好味知时节》系列短视频	入围项目
15	南方财经全媒体集团经济科教频道	《咪兔奥运课堂丨中国代表团最小成员——14岁跳水天才全红婵逐梦东京》	入围项目
16	咪咕音乐有限公司	奥运短视频元年5G视频彩铃布局赛事传播新赛道	入围项目
17	福州天之谷网络科技有限公司	原创动画IP《土豆侠系列公益短视频》	入围项目

信息整合来源：《中国短视频发展研究报告（2023）》，中国国际广播出版社2023年版，第399—400页。

全国各省、区、市、县，以及协会组织举办的短视频形式各类大赛主题活动精彩纷呈。短视频已经成为宣传思想、记录生活、表达美好情感的载体，深受大众喜爱。

3. 微短剧创作赋能文旅经济发展

微短剧在满足人民群众文化生活多样化需求，与文旅产业深度融合，赋能文旅经济发展方面具有独特优势。2024年1月12日，国家广播电视总局发布"跟着微短剧去旅行"创作计划。为深入贯彻落实全国宣传思想文化工作会议、中央经济工作会议和全国宣传部长会议精神，积极探索微短剧创作与文化和旅游产业跨界融合，推动文化挖掘、传承和经济发展，提出微短剧创作的目标和任务：2024年创作播出100部"跟着微短剧去旅行"主题优秀微短剧。微短剧创作指导思想，坚持以人民为中心的创作方向，坚持以社会主义核心价值观为引领，积极引导微短剧内容创作质量提升，促进微短剧与传统文化、地域特色文化、旅游资源交融，以新技术、新业态打通和连接实地消费场景，推动一批实体取景地借助微短剧的热播"出圈"，通过创新赋能消费体验，挖掘、塑造一批古今辉映、联通中外的文化标识和文化符号，讲好中国故事，通过微短剧的方式进行全球传播。[①]

2021年4月，文化和旅游部印发了《"十四五"文化和旅游发展规划》，提出要完善现代旅游业体系以及深入推进大众旅游。2022年8月，《"十四五"文化发展规划》发布，提出推动文化和旅游融合发展，坚持以文塑旅，以旅彰文，推动文化和旅游在更广范围、更深层次、更高水平上融合发展，打造独具魅力的中华文化旅游体验。"跟着微短剧去旅行"的微短剧创作目标和任务，顺应科技+文艺融合背景下行业深度融合发展的诉求和趋势，是文化广电和旅游行业融合性的技术、产品、业务，是文化广电和旅游行业通过融合互动所产生的经济发展新动能，是基于产业融合理论应用的实践尝试和探索，具有行业指导意义与示范作用。

2024年3月15日，北京市广播电视局在京举办跟着微短剧去旅行"短剧游北京"创作计划发布活动。国家广播电视总局领导和北京市广播电视局、北京市文化和旅游局、北京市文物局领导参加了此次活动，重点网络视听平台和影视制作企业共计200人参加活动发布仪式。"短剧游北京"将进一步发挥"北京大视听"资源优势，推动"微短剧+旅游"融合模式创新，进一步延伸微短剧产业价值链，促进微短剧供需结构优化升级，推动"微短剧+北京文旅"的产业融合，促成"市区+平台、制作机构"的主体联合，实现"精品创作+北京服务"的力量聚合，助力微短剧在影视新赛道上成为高质量发展的新质生产力。[②] 四川广电局有力推动网络微短剧繁荣发展。一是政策环境宽优，开展重大文艺扶持项目评选、优秀网络视听作品征集展播活动，评选弘扬巴蜀文化、展现四川文旅的微短剧，在资金、创作、播出、宣推等方面给予支持，并向国家广播电视总局推介；二是规范引导到位，开展调查研究，研究制定推进"微而不弱、短而不浅"的具体措施，引导精品化发展，开展专项整治，清理"小程序"类微短剧播出平台，遏制"三俗类"微短剧野蛮生长，并将治理工作转入常态化；三是内容创作出彩，微短剧《逃出

---

① 网络视听节目管理司：《国家广播电视总局办公厅关于开展"跟着微短剧去旅行"创作计划的通知》，国家广播电视总局网站，见 https://www.nrta.gov.cn/art/2024/1/12/art_113_66599.html，2024年1月12日。

② 首都广电公众号：《北京市广电局跟着微短剧去旅行·"短剧游北京"创作计划发布活动在北京召开》，2024年3月15日。

大英博物馆》点击量超 10 亿次，被广电总局评为年度优秀微短剧，《婚礼倒计时》《撑抖先生》等 16 部微短剧点击量超 50 亿次，收益达 3.045 亿元。① 各地积极贯彻落实国家广电总局发布的《关于开展"跟着微短剧去旅行"创作计划的通知》，2024 年 1 月，7 部文旅主题微短剧选入"跟着微短剧去旅行"创作计划第一批推荐片目。湖北长江垄上传媒有限公司摄制的网络微短剧《落花生（第一季）》、之江电影集团出品的微短剧《带你去个好地方》、西安曲江影视投资（集团）有限公司制作的当代都市题材网络微短剧《恋恋小食光》等入选。不少"跟着微短剧去旅行"的主题微短剧正在拍摄过程中。② 期待以微短剧的流量优势推动文旅出圈，使微短剧创作赋能文旅经济发展。

（二）短视频内容产业深度融合实体经济

短视频作为视听类文化产品所具有的商品属性，以其更加智能的媒介工具性能，深度融合实体经济的发展，创造出巨大的商业价值。

1. 直播+短视频助力电商产业升级

电商通过直播+短视频的方式，将传统电商的图文模式转化提升为短视频模式，使得购物者对所购物品观看得更直接更真实，激发购物者的消费热情。截至2022 年 12 月，网络视频直播的用户规模达到 7.51 亿，相比 2021 年增长 4728 万，其中电商视频直播用户最多，占总体网民的 48.2%。2022 年短视频平台与电商直播业态深度融合，如抖音电商直播日均观看量超过 29 亿次，日均电商意图搜索超过 4 亿次；快手电商的月活用户数突破 1 亿，复购率超过 70%。③

直播+短视频电商模式助力电商产业升级。传统电商平台发力增加短视频板块，比如，淘宝、京东、拼多多三家电商平台分别在首页推出短视频界面，并将短视频商品播放页面嵌入商家店铺，通过图文、视频方式增加商品信息展示的丰富性和立体感，建立购物者对所购物品的友好度和信任感。并且，传统电商通过购物链接、自有短视频账号好物推荐等方式，纷纷接入抖音、快手等短视频平台，使其在

---

① 四川广电局：《四川局有力推动网络微短剧繁荣发展》，国家广播电视总局网站，见 https://www.nrta.gov.cn/art/2024/4/10/art_114_67107.html，2024 年 4 月 10 日。

② 国家广电智库公众号：《"跟着微短剧去旅行"以流量推动文旅出圈》，2024 年 3 月 26 日。

③ 国家广播电视总局发展研究中心、国家广播电视总局监管中心、中广联合会微视频短片委员会编著：《中国短视频发展研究报告（2023）》，中国国际广播出版社 2023 年版，第 118 页。

原有电商销售网络基础上，建设跨平台嵌入式销售网络体系。同时，短视频头部平台抖音通过布局"兴趣电商"，挖掘消费者潜在需求，采取流量投放等激励措施激发电商创作优质内容，增加商品对购物者的吸引力和黏着力。快手通过布局"信任电商"，在商家、主播与购物者之间，通过直播互动和其平台不断完善的客户服务系统建立强信任关系。抖音、快手直播+短视频电商模式，各自通过核心优势的建设，正在形成差异化的竞争战略。

2022 年以来，多地政府在促进消费系列措施中提出，鼓励餐饮等企业通过直播+短视频方式，直播带货、探店引流开展促消费活动。抖音百万商户，千万生活服务达人共超 11 亿个探店视频，获 989 亿个点赞。其中，重庆达人最为活跃，美食商家对探店达人的需求最大。抖音生活服务覆盖城市超 370 个，合作门店超 100 万家。有 16.7 亿个"种草"短视频、235 万个"种草"直播间给大家提供 219 万种美食选择以及 71 万个放松休闲的好去处。2022 年探店为商家增收 295 亿元，同比增长 7 倍。获得收入的达人数量同比增长 7 倍。潍坊、绵阳、遵义等城市达人收入同比增长最快。①

快手直播+短视频电商模式，在推动深度融合实体经济方向上，不断创新消费场景，打造消费品牌，并且通过技术创新提升消费体验，推出特色化助农新模式，将原产地的特色农产品与全国各地的消费者连接起来，推动农民增收，助力乡村振兴发展。并且，快手在促进大宗消费方面，探索"云卖车""直播卖房"服务。快手在"云卖车"方面做到了汽车的"看、选、买、用、换"一体化，所有需求场景都能满足。2022 年，快手推出"616 快 SHOW 车品节"，一个月时间直接带来超 189 万订单量，总销售额（GMV）突破 2.6 亿元。快手在"直播卖房"方面，推出"理想家"房产业务新品牌，截至 2023 年第一季度末，"理想家"业务覆盖全国 70 多个城市，2023 年第一季度累计交易额超过 80 亿元。②

直播+短视频电商在营销产品过程中，在视频内容方面存在一些问题。比如有商家向消费者进行虚假营销，贩卖焦虑，制造需求，诱导消费。短视频平台内容中充斥过多的购物链接，对用户浏览短视频形成干扰。直播+短视频电商内容存在粗

---

① 国家广播电视总局发展研究中心、国家广播电视总局监管中心、中广联合会微视频短片委员会编著：《中国短视频发展研究报告（2023）》，中国国际广播出版社 2023 年版，第 343 页。

② 国家广播电视总局发展研究中心、国家广播电视总局监管中心、中广联合会微视频短片委员会编著：《中国短视频发展研究报告（2023）》，中国国际广播出版社 2023 年版，第 347—348 页。

制滥造，重复雷同等现象。以上问题会对短视频发展造成不利影响。因此，应加强对直播+短视频电商内容和用户的监管，强化短视频平台在内容监管中的主体意识和责任，促进短视频电商健康发展，助力传统电商升级。

2. 短视频+小程序短剧提速微短剧行业发展

近年来，微短剧的发展成为网络大视听的新焦点。微短剧作为新兴的网络文艺形态，其独特的艺术表现形式是网络短片和短视频内容表达经验积累的创新成果，是短视频平台流量运营价值变现的驱动，是小程序应用轻便快捷的链入方式，借助投流营销，助推微短剧成为短视频内容产业的新增量。2023 年 5 月 29 日，微信公众平台运营中心，根据《国家广播电视总局办公厅关于进一步加强网络微短剧管理实施创作提升计划有关工作的通知》，发布《微信公众平台微短剧小程序运营指引》，分别对微短剧和微短剧小程序作出定义：微短剧是指单集时长在数十秒到 15 分钟左右、真人出演、有相对明确主题以及完整故事情节的网络电视剧；涉及提供微短剧播出服务的小程序统一划归为"微短剧小程序"。短视频平台、短视频+小程序短剧的流量营销方式提速了微短剧行业的发展。

2022 年微短剧备案数量显著提升，全年备案数量从 2021 年的 398 部上升至 2775 部；2022 年上线的重点网络微短剧从 2021 年的 58 部上升至 172 部。在内容题材类型方面，爱情、古装题材一直是微短剧的主流。据统计，2022 年都市爱情题材反超古代爱情题材，以 105 部占据首位，古代爱情题材以 61 部占据第二位。现代题材是微短剧近年来创作的主流类型，都市、职场、校园等类型题材与观众所处的现实环境相契合，始终面向年轻女性这一核心用户群，"甜宠"是微短剧题材的关键词之 。[①]

微短剧成为短视频内容产业新增量的原因，来源于微短剧的比较优势。微短剧独特的艺术表现形式、相对较低的制作成本、价值变现的渠道多样化、定价策略和营销模式的创新，成为微短剧相较于长视频网络电视剧的优势。并且，网络微短剧作为短视频服务的新品，在短视频平台用户规模化的基础上一经推出，便广受欢迎。短视频平台观看微短剧的用户快速增长。短视频平台流量曝光、千万级粉丝大

① 国家广播电视总局发展研究中心、国家广播电视总局监管中心、中广联合会微视频短片委员会编著：《中国短视频发展研究报告（2023）》，中国国际广播出版社 2023 年版，第 184—185 页。

号助力宣推、站内热搜及微短剧首屏曝光等特色功能优势和资源，也使得短视频平台成为小程序短剧争相进行导流和宣推的工具。

但目前微短剧内容现状存在创作题材失衡、内容套路重复、质量普遍不佳的问题，亟待解决。提升网络微短剧内容的创新能力和内容质量，是微短剧发展的根本，也是微短剧的核心竞争力和版权价值所在。基于此提出建议，一是将"陌生化"创新和人民性相统一；二是以人为本，提升微短剧内容品质；三是增强政府调控职能，助推微短剧内容质量提升。近期由政府牵头，多方联动，助推网络微短剧内容品质提升的计划进入落实实施阶段。①

3. 主播内容由泛娱乐类向泛知识类转型

相比较传统电商，直播+短视频电商的特点是所售卖产品与网红主播个人品牌深度融合、深度绑定。短视频平台覆盖用户的广泛性，使得优秀的网红主播因其丰富的知识储备和较强的口语传播能力，成为短视频平台的超级版权品牌。比如，东方甄选董宇辉的"小作文"，促进了主播内容由泛娱乐类向泛知识类的转型，使得短视频网红主播纷纷深耕内容创作，提高主播内容的品质，用文化和知识赋能电商产品的售卖，打造丰富多彩的主播个性化品牌。

短视频知识付费的电商化，成就了大批具有专业知识技能的网红主播。短视频知识付费迅速成为消费的主流。数据显示，短视频因其碎片化消费的方便性，已成为用户最为常用的知识获取渠道的类型。2022 年，短视频付费内容学习人次在各种知识付费渠道中，占比 75.7%。而且，知识付费用户逐年扩大。直播+短视频助推文旅产业发展的同时，激发推动了短视频非遗内容的涌现。在各地政府的支持下，非遗传承人纷纷开设个人短视频账号，主播非遗传承工艺，传授非遗制作技能，传播非遗文化。2020 年以来，抖音非遗短视频的播放量从 2000 亿跃升至 3726 亿，获赞总数从 64.8 亿增长至 94 亿。2022 年非遗在抖音平台的日均搜索量已超 2019 年三倍。据文旅产业指数实验室发布的《2022 年非物质文化遗产在海外短视频平台上的影响力报告》，TikTok 上非遗相关内容视频播放总量逾 308 亿次，其中遴选出 10 项最具热度的中国非遗文化项目，分别是武术、春节、木兰传说、中医

---

① 陈斯华、孙彩宇、赵恩芮：《网络微短剧比较优势转化为竞争优势的路径简析》，《互联网天地》2023 年第 11 期。

针灸、京剧、景德镇手工制瓷技艺、中国传统木结构营造技艺、竹编、皮影戏、二胡艺术。2022 年，抖音陆续推出"优质主播激励计划""DOU 有好戏""焕新非遗"等专项扶持计划，快手通过"走进百年老店"直播、非遗课堂等形式，开启"新市井匠人"文化传承之旅，吸引非遗传承人和非遗文化资源入驻短视频平台，[①]从而提升短视频泛知识类内容的覆盖率。

4. 游戏+短视频塑造数字娱乐新业态

游戏与短视频的融合已成为数字娱乐领域的一大亮点。短视频小游戏、短视频游戏直播和游戏达人主播，不仅重塑了用户的游戏体验方式，也为游戏产业的推广和变现开辟了全新的通道。在 2023 年，抖音小游戏依托短视频平台的庞大用户基础与高度社交化特性，实现了游戏内容视频的井喷式增长，总数突破 1300 万个，直播场次超过 30 万次，总播放量达到 850 亿次，直播观看量则高达 75 亿次。[②] 这不仅反映了短视频用户对游戏内容的强烈需求，也验证了短视频作为游戏内容传播媒介的强大效能。

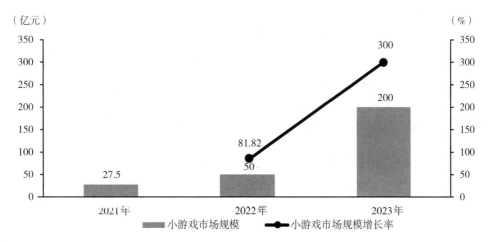

图 1 2021—2023 年小游戏市场产业图

资料来源：《2023 年中国游戏产业报告》。

---

① 国家广播电视总局发展研究中心、国家广播电视总局监管中心、中广联合会微视频短片委员会编著：《中国短视频发展研究报告（2023）》，中国国际广播出版社 2023 年版，第 179—181 页。

② 抖音：《2023 小游戏发展趋势与买量投放情况》，中国游戏产业年会游戏增长趋势论坛，2023 年 12 月 14 日。

据《2023 年中国游戏产业报告》① 显示，国内小游戏市场收入实现了 200 亿元的飞跃，同比增长 300%，这一高增长率凸显了短视频平台在游戏商业化进程中的强大动能，短视频平台特有的内容分发优势与强大的竞价广告系统相结合，为小游戏提供了全生命周期的运营支持和多渠道展示机会，实现了用户群体的精准定位与高效互动。无需下载、即点即玩的特性，使短视频小游戏能够无缝融入用户的日常娱乐习惯，与短视频的即时消费模式相辅相成，创造了更加便捷、快速的游戏体验环境。开发者通过结合短视频的创意内容分发与传统广告投放，不仅能够有效地推广游戏，还能挖掘更多元化的盈利模式，为自身及平台带来双赢的商业成果。

根据中国演出行业协会网络表演（直播）分会的数据，网络直播行业整体市场营收在持续增长，特别是在游戏直播领域，游戏直播赛道增长迅猛。随着用户基数的扩大和付费习惯的养成，短视频产业多元化的发展正在塑造全新的游戏直播行业。游戏直播市场规模不断扩大，手游直播间的增长尤为显著，2023 年手游直播间的增长环比超过 303%。②

2023 年中国游戏直播行业趋势显示，游戏直播中 82.7% 的用户会因为游戏直播的内容而关注主播；而 64.1% 的用户会因为主页直播推荐而选择观看直播。由此可见，内容已经成为吸引用户观看游戏直播的主要原因。2023 年中国游戏直播短视频涵盖了多种游戏类型，从传统的电子竞技游戏到新兴的休闲游戏，以及各类手游和主机游戏，其中和平精英手游版、蛋仔派对、羊了个羊这三个风格迥异的游戏，居于游戏类直播热度榜前三。这种多元化的内容满足了不同观众群体的需求。这些特点表明，短视频直播与游戏行业在 2023 年正经历着快速的融合和发展，平台、内容创作者和用户之间的互动更加紧密，商业模式也在不断创新和演进。

短视频平台的游戏直播为用户带来了不同的消费体验，促进用户黏性的提升。用户对于游戏主播的忠诚度，也大大强化了用户对短视频平台的忠诚度，数据表明，有 71.0% 的用户对于其长期关注主播未开播时，仍会在原平台观看其直播剪辑以及其他的视频内容。③ 而且许多短视频平台的端游游戏主播都会在直播中推出

---

① 游戏工委：《2023 年中国游戏产业报告》，新华网，见 http://www.xinhuanet.com/ent/20231215/f670a4330eac41d6859e9f11d9226d5b/c.html，2023 年 12 月 15 日。

② 《2023 年短视频直播与电商生态报告》，飞瓜官网，见 https://www.feigua.cn/article/detail/811.html，2024 年 1 月 31 日。

③ 《2022 年中国游戏直播行业白皮书》，TalkingData 官网，见 https://mi.talkingdata.com/report-detail.html?id=1115，2022 年 7 月 14 日。

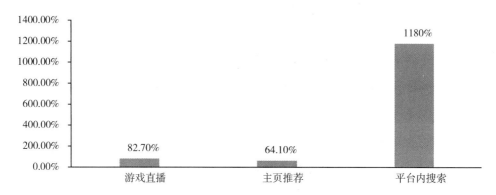

图2 2022年中国游戏直播用户选择进入直播间的方式

资料来源：TalkingData前瞻产业研究院。

观众投票环节，观众可以通过弹幕、评论、打赏等方式与主播进行互动，让观众决定游戏的走向和结局，增强了观看的趣味性和参与感，极大地提高了观众的参与度。此外，观众也可以成为内容创作者，分享自己的游戏经验和见解。例如抖音上的"游戏达人"计划，鼓励用户上传自己的游戏短视频，并提供流量扶持和现金奖励。

打赏、送礼物是观看游戏直播时占比最高的付费行为，有这一类行为的用户大多有一定消费能力，且注重游戏体验，同时由于短视频平台更便于"种草""带货"，大大提升了通过观看游戏直播打赏的变现率。此外，短视频平台的商业模式也出现了多元化的创新。在抖音平台上，游戏主播可以通过直播带玩榜吸引观众下载游戏并充值。抖音还推出了"小风车"功能，允许观众通过点击直接下载主播正在直播的游戏，从而为主播带来收入。快手还大力推动直播电商业务，通过直播带货的方式，将游戏直播与电商结合，开拓了新的变现渠道。

目前，短视频平台格局已形成抖音、快手、微信视频号三足鼎立之势。2020年开始内测上线的微信视频号，借助微信庞大的用户群体及其朋友圈资源，发挥公域私域高效联动，视频号与公众号等微信其他产品相结合的平台特色优势，以深度融合助力视听产业高质量发展为定位，成为主流媒体重要发声地，推动数字文化消费升级，并为创作者带来新机遇。特别是微信视频号演唱会直播，将微信内部生态全链路整合传播，在短时间内形成强大的传播影响力。2022年4月15日，摇滚歌手崔健在视频号上举办首场线上演唱会"继续撒点野"，共有超4500万用户观看，直播间点赞量超1.1亿次。2021年12月至2022年6月，视频号大型线上演唱会直播活动进行了 7 场。① 视频号演唱会直播通过将用户、内容、服务、营销整合起来，已经形成完整的商业化链路。

随着 5G 商用，中国移动咪咕公司积极开展"5G+短视频"创新探索，聚焦"内容+科技+融合创新"，打造差异化短视频内容生态。视频彩铃作为短视频时代运营商特色业务形态，赋予彩铃观看属性，创新用户短视频通话社交新应用，使用户感受等待的新体验。视频彩铃具有广覆盖、高触达的传播特性，在乡村振兴、政务传播、体育赛事、文旅宣传等不同场景中发挥积极作用。

近年来，短视频内容产业作为"注意力经济"的一方面，使得短视频广告市场持续增长。2022 年，全年广告市场同比减少 11.8%。一向保持增长的互联网广告市场也出现回调，2022 年，中国互联网广告市场总收入为 5088 亿元，较 2021 年同比下降 6.38%，为 7 年来首次负增长，而短视频广告规模却同比增长 5.86%。②

二、短视频内容产业版权保护面临的问题

短视频用户规模宏大，短视频内容产业蓬勃发展的同时，伴随着版权侵权问题的频发。

（一）数字版权保护协同治理体系亟待创新升级

短视频作为新兴的数字视听作品，其版权保护纳入数字产品版权保护范围，综合运用法律、行政、技术、社会治理等多种手段，多方参与，协同治理。

2020 年 11 月 11 日，第十三届全国人民代表大会常务委员会第二十三次会议对《中华人民共和国著作权法》作出第三次修正。《著作权法》明文规定"本法所称的作品，是指文学、艺术和科学领域内具有独创性并能以一定形式表现的智力成果"，并在其包括的作品类项中，明确具名"视听作品"和"符合作品特征的其他智力成果"的作品类别。这样，通过法律制度明确对"视听作品"及"符合作品特征的其他智力成果"作品的版权保护，使得不断创新的短视频内容版权保护有

① 国家广播电视总局发展研究中心、国家广播电视总局监管中心、中广联合会微视频短片委员会编著：《中国短视频发展研究报告（2023）》，中国国际广播出版社 2023 年版，第 332—336 页。
② 国家广播电视总局发展研究中心、国家广播电视总局监管中心、中广联合会微视频短片委员会编著：《中国短视频发展研究报告（2023）》，中国国际广播出版社 2023 年版，第 203 页。

法可依，有利于为新型视听及符合作品特征的其他智力成果作品的创作，提供更有效的激励措施和法律保障。

数字产品版权保护协同治理体系已经由初步形成，发展到智能体系建设阶段。[①] 由国家版权局联合国家互联网信息办公室、工业和信息化部、公安部开展的"打击网络侵权盗版剑网专项行动"，即是数字版权保护协同治理的经典案例。"剑网行动"始于 2005 年一直延续至今，并且历年"剑网行动"都会根据数字版权保护过程中出现的侵权盗版新方式、新手段、新问题，采取相应的协同治理和预防措施，进行专项精准打击。短视频作为数字产品视听作品类型，目前其产品形态兼具信息深度合成和信息场景化的特征。2022 年 1 月 28 日，国家互联网信息办公室发布的《互联网信息服务深度合成管理规定（征求意见稿）》和《关于〈互联网信息服务深度合成管理规定（征求意见稿）〉的说明》中，进一步明确深度合成信息服务提供者的主体责任，并要求深度合成信息服务提供者，对生成或者显著改变信息内容的深度信息合成内容，使用显著方式进行标识，并强调任何组织和个人不得利用深度信息合成服务侵害他人名誉权、肖像权、隐私权、知识产权和其他合法权益等法律法规禁止的内容信息，从多方面多维度，强调要求深度合成服务提供者建立健全算法机制机理，要具有与新技术新应用发展相适应的安全可控的技术保障措施。[②] 这表明网络媒体平台（包括但不仅限于短视频平台）已经进入智能媒体时代，与之相适应的数字版权保护智能体系正在形成。

2023 年 7 月 10 日，中央网信办发布《关于加强"自媒体"管理的通知》，提出严防假冒仿冒行为、强化资质认证展示、规范信息来源标注、加强信息真实性管理、加注虚构内容或争议信息标签、完善谣言标签功能、规范账号运营行为、明确盈利权限开通条件、限制违规行为获利、完善粉丝数量管理措施、加大对"自媒体"所属 MCN 机构管理力度、严格违规行为处置，强化典型案例处置曝光 13 条相关工作要求。自 2023 年 8 月 15 日起施行的《生成式人工智能服务管理暂行办法》成为短视频内容版权保护的新课题新任务。2023 年 8 月 25 日，中国网络视听节目服务协会成立"短视频和直播工作委员会（短直工委）"。[③] 短直工委将在短视频

---

① 陈斯华、章乐：《元宇宙语境下数字版权保护发展状况分析》，《传媒》2022 年第 19 期。
② 陈斯华、章乐：《元宇宙语境下数字版权保护发展状况分析》，《传媒》2022 年第 19 期。
③ 国家广播电视总局发展研究中心、国家广播电视总局监管中心、中广联合会微视频短片委员会编著：《中国短视频发展研究报告（2023）》，中国国际广播出版社 2023 年版，第 379、384 页。

和直播行业自律、内容创作、行业研究、推广交流、人才培养和版权保护等方面开展工作，推动短视频和直播行业健康繁荣发展。但短视频版权问题的特殊复杂性，使短视频版权保护成为数字产品版权协同治理的重点和难点。数字产品版权保护协同治理体系亟待创新升级。

（二）短视频版权治理的特殊复杂性

短视频平台内容来源由两类组成，一类是线下制作的版权归属清晰的视频作品，包括但不仅限于影视剧、微短剧、纪录片等；另一类是来自于短视频平台版权归属需要确权的网生视频，包括但不仅限于直播短视频、深度合成短视频、二次创作短视频等。短视频版权治理的特殊复杂性主要集中于网生短视频内容。

1. 版权意识淡薄，版权保护难度加大

短视频用户大多数不具备版权保护专业知识，版权意识淡薄。这种状况，在用户使用直播短视频服务和注册短视频平台账号忽略阅读《用户协议》方面体现明显。

直播短视频。直播短视频分为实时直播的视频和通过直播方式转成的点播视频。直播短视频作为短视频平台提供的一项功能服务，在短视频用户呈现全民化趋势的情况下，由用户使用直播短视频功能产生的视频内容量巨大，并且直播短视频功能服务已经深度渗透进用户的个人生活和社会经济文化生活的方方面面。在使用直播短视频功能服务的过程中，用户更多关注的是如何用好直播短视频服务好自己所需，忽视了直播短视频作为视听作品的著作权问题。大多数用户版权意识淡薄主要体现在两个方面，一方面是对自己直播的短视频认知没有上升到视听作品需要版权保护的专业高度；另一方面是在直播过程中，未经他人授权，出现随意使用他人著作权作品作为视频直播的内容元素，造成侵权行为而不自知。例如，电商在进行直播时为了营造氛围情调，丰富直播内容，调动粉丝家人们下单购物的积极性，在未经音乐著作权利人授权的条件下，时常会选择匹配其所售卖商品特性的音乐进行播放。而面对短视频规模化用户海量、随机使用未经音乐著作权利人授权的音乐所呈现的广泛性和难确认的难点，如何采取版权保护措施保障音乐作品权利人的利益，是个难题。

短视频平台《用户协议》。用户在注册短视频平台账号时，要对短视频平台"用户协议"里有关知识产权部分进行关注并详细阅读、知晓。例如，抖音短视频

平台"用户协议"里知识产权部分，明确规定了用户在抖音短视频平台上发布的内容知识产权的归属。根据协议规定，用户在抖音上发布的短视频、评论、图片等原创内容的知识产权归属于用户本人。同时协议也规定了用户发布的内容不得侵犯他人的知识产权，如他人的著作权、商标权、肖像权等。并且，抖音"用户协议"中也明确规定了用户对抖音平台的授权范围。用户通过注册抖音账号并使用抖音平台，即视为授权抖音平台对用户发布的内容进行展示、传播和推广。用户在注册短视频平台账号时，往往以为短视频平台的"用户协议"是普遍适用的，便常有忽略。一旦发生短视频侵权问题时，如对短视频平台的《用户协议》内容不知情，便会增加解决问题的复杂性。

2. 内容素材元素使用量大，版权治理问题复杂

当下，内容素材元素版权保护体系未形成，版权保护不规范。短视频新技术应用、产品新服务的增强，加大了对内容素材元素的需求。

深度合成短视频。深度信息合成技术、文生视频技术的应用，显著提升了短视频内容生产的效率，丰富了短视频呈现的内容元素。但同时应该看到另一面，新技术应用的出现，使得深度伪造短视频泛滥，虚假短视频数量显著增加，例如，通过伪造演播室场景、滥用 AI 虚拟主播，伪造权威新闻媒体误导公众；违法使用他人肖像和声音进行人脸替换或人声合成，导致数据安全问题和隐私问题频现，而且未经作品著作权利人授权，大量盗版使用文字、图片、音乐、影视等作品素材合成视频、生成视频的短视频大量出现，使作品著作权利人利益受损，严重影响原创者权益和市场秩序，严重影响短视频内容产业健康发展，亟须高度重视和加强对内容素材版权的保护管理，营造短视频内容产业高质量发展的清朗空间。

二次创作短视频。通过剪辑、配音解说等方式将版权清晰的电视剧、电影、电视节目等进行二次创作，制作成短视频在平台上播放，深受短视频用户喜爱，也给短视频平台注入高水平、高质量的内容。但是，二次创作短视频制作者有的并未获得原作品著作权利人授权二次创作，由此造成二次创作短视频版权侵权案件频发。弹幕短视频也存在二次创作引发的侵权行为，例如，鬼畜视频因为强烈的娱乐属性，引发大量弹幕产生，虽然一方面体现网民二次创作的潜力和热情，但另一方面也因为对原素材的肆意拼接而存在侵权问题。面对二次创作短视频中存在的侵权行为，如何通过版权保护保障原作品著作权利人的利益，是亟待解决的难题。曾有影视公司、视频平台、影视协会和行业人士发布联合声明和倡议书，号召对影视作品内容进行有效的版权保护，打击短视频侵权盗版。①

3. 游戏直播版权问题突出

根据国家版权局的报道，自 2014 年游戏直播行业在中国开始萌芽，它以惊人的速度增长，市场规模迅速扩大。然而，这种快速的发展也带来了一系列版权方面的挑战，特别是，由于各个游戏直播平台之间缺乏统一的行为规范和版权保护的共识，导致了游戏直播版权纠纷的频繁出现。② 在游戏直播中，游戏画面的著作权归属问题涉及多个法律和实际操作层面的考量。在法律上，游戏画面的著作权一般归属于创作者或创作单位。如果游戏画面是由某个个人独立创作的，那么著作权通常归该个人所有。然而，在商业环境中，大多数游戏画面是由游戏公司雇佣的员工或合同工团队共同完成的。此外，游戏画面中的某些元素可能涉及第三方的版权问题。例如，游戏中使用的音乐、照片或其他素材可能是从外部购买或获得授权的，这些素材的版权归属通常仍然归原版权所有者，游戏公司需要在使用时遵守相关的版权法律和许可协议。在"梦幻西游"网络游戏直播侵权案中，广州网易计算机系统有限公司（简称网易公司）发现广州华多网络科技有限公司（简称华多公司）未经许可，在 YY、虎牙等平台上组织主播直播"梦幻西游 2"游戏内容。网易公司认为华多公司的行为构成著作权侵权及不正当竞争，于 2014 年 11 月 24 日提起诉讼。诉讼历时五年，法院于 2019 年 12 月 26 日最终裁定，华多公司构成著作权侵权，判令其停止侵权、赔偿网易公司 2000 万元。③ "梦幻西游"网络游戏直播侵权案，对网络游戏直播行业的著作权保护具有重要的参考价值，明确了网络游戏直播中著作权的归属和保护范围，同时也体现了法院在著作权保护和合理使用之间的平衡。

4. 短视频版权侵权成本低，版权侵权案件高发

短视频在版权侵权方面，主要形式为未经授权直接搬运使用原作品或原作品内

---

① 国家广播电视总局发展研究中心、国家广播电视总局监管中心、中广联合会微视频短片委员会编著：《中国短视频发展研究报告（2023）》，中国国际广播出版社 2023 年版，第 42 页。

② 张维：《游戏直播成版权侵权重灾区　专家：平台放任违规行为》，《法制日报》2019 年 9 月 6 日。

③ 马辉、陈虹伶、陈中山：《国内"网络游戏直播侵权第一案"维持原判，二审法官释疑直播游戏为何被判侵犯著作权？》，《南方都市报》2019 年 12 月 30 日。

容素材元素，侵权行为随意，侵权成本低，由此导致版权侵权案件高发，维权成本高，治理难度大。仅 2022 年 1 月 1 日—2022 年 12 月 31 日，12426 版权监测中心累计监测 636.71 万件视听作品（影视综、含二创短视频/影视解说等），监测发现3380.74 万条疑似侵权链接。①

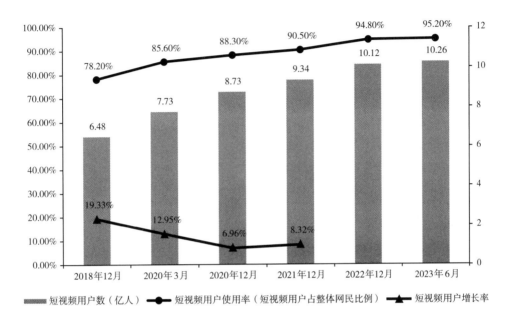

图 3　短视频用户规模、使用率及增长率

资料来源：《中国短视频发展研究报告》②。

短视频用户规模大，短视频版权侵权引发社会关注度高。版权内容是广播电视和网络视听行业核心资产，是知识产权的重要组成部分。解决短视频版权保护难题，对于激发全社会文化创新活力以及短视频内容产业生态建设，具有重要意义。

三、推动短视频内容产业版权保护的对策建议

推动短视频内容产业版权保护的对策建议，分别从创新版权保护协同治理体系建设、激发短视频平台版权管理创新力、先授权后使用三个方面做以下思考。

---

① 国家广播电视总局发展研究中心、国家广播电视总局监管中心、中广联合会微视频短片委员会编著：《中国短视频发展研究报告（2023）》，中国国际广播出版社 2023 年版，第 42 页。

② 国家广播电视总局发展研究中心、国家广播电视总局监管中心、中广联合会微视频短片委员会编著：《中国短视频发展研究报告（2023）》，中国国际广播出版社 2023 年版，第 8 页。

（一）创新版权保护协同治理体系建设

1. 点、线、面相结合，版权保护协同治理体系建设立体化

通过点、线、面相结合的方法，进一步创新短视频版权协同沟通机制，使版权保护协同治理体系形成立体化、网络化的管理系统。在由国家版权局联合国家互联网信息办公室、工业和信息化部、国家广电总局、公安部等形成版权保护协同治理体系建设基础上，进一步发挥行业协会组织在版权保护中的重要作用，推动行业协会在各自专业领域成立短视频专委会，例如，2023 年 8 月 25 日，中国网络视听节目服务协会成立"短视频和直播工作委员会（短直工委）"。这样，在面临传统的单个作品授权模式已经无法满足混剪、合集等影视类短视频创作和传播实际需求的情况下，由行业协会牵头，制定版权保护的行业标准、规范和实施办法，探索建立视听作品著作权集体管理机制，建立相应的视听版权公共服务体系，在视听作品版权确权、授权、维权中发挥作用，为视听作品著作权利人和商业化使用者，提供包括单个作品授权及其内容素材元素在内的多元化授权和维权服务，这样会降低版权交易成本，在维护视听作品著作权利人合法权利的同时，为使用者、平台方合法使用视听作品提供专业化的便利服务。

2. 普及版权知识，版权培训常态化

2020 年，《中华人民共和国著作权法》将原法条中的"电影和以类似摄制电影的方法创作的作品"修改为"视听作品"，保留了"录像制品"的规定，解决了短视频的版权客体认定难题，为短视频版权的行政和司法保护提供了基本的法律依据。面对短视频用户普遍存在的版权知识相对缺乏，版权保护意识淡薄的状况，在通过平台、社交媒体等多种渠道，开展版权知识宣传活动的同时，要利用版权保护协同治理体系立体化、网络化的沟通管理机制，发挥行业协会的组织优势，在版权保护、行业自律、内容创作、行业研究、推广交流和人才培养等方面开展工作，并由行业协会定期开展教育培训，讲解版权法律法规和版权保护技术的应用，使会员单位从业人员具备较高的版权保护意识和专业知识，影响和带动短视频用户行业版权知识的普及和使用，使用户在上传作品时，通过署名、添加水印等方式对个人作品采取基本的保护手段，对使用他人作品养成"先授权后使用"的遵纪守法好习惯，

形成良好的版权保护环境，促进短视频内容产业健康发展。

（二）激发短视频平台版权管理创新力

"避风港原则"是《著作权法》领域的著名原则之一，为了维护我国网络空间的正常秩序，促进互联网产业的健康发展，"避风港原则"被明确规定于我国《信息网络传播权保护条例》第 23 条："网络服务提供者为服务对象提供搜索或者链接服务，在接到权利人的通知书后，根据本条例规定断开与侵权的作品、表演、录音录像制品的链接的，不承担赔偿责任；但是，明知或者应知所链接的作品、表演、录音录像制品侵权的，应当承担共同侵权责任"。[①] 目前，"避风港原则"的适用逐步成为短视频侵权纠纷案中相关侵权责任认定的关键。为此，网络服务提供商平台企业要落实企业主体责任，履行法律义务。在工作中建立健全四项工作机制，即侵权处理机制、版权投诉机制、通知删除机制和上传审核机制。目前，短视频平台企业在建立健全四项工作机制方面的工作成效初显，例如，在其平台用户协议里明确版权政策，利用平台网络，设置在线举报功能，并通过实名注册、显示用户 IP 的方式强化对用户和内容的监督管理。

但"避风港原则"在短视频侵权纠纷案实务中的适用仍存在一定的困境。从权利保护的角度来看，在短视频侵权纠纷中"避风港原则"的滥用使真正权利人的合法权利难以得到法律保障，应采取措施，激发短视频平台版权保护和管理创新力，重塑"通知—必要措施"规则。算法时代，算法和大数据是算法技术的核心要素。"算法推荐是数字时代发展的新兴力量，厘清网络服务提供者的责任边界是算法时代亟待解决的问题。对判决书实证分析的结果表明，算法推荐相关案件主要集中在知识产权领域，进而体现在对信息网络传播权的侵害方面。实务表现在行为性质认定困难、'技术中立'适用存疑、'避风港原则'面临冲击等现实困境。在明确算法推荐司法定性的基础上，衔接版权过滤义务与'避风港原则'，同时强化算法推荐的前置审查，辅以多主体的监督与评估，从而完善责任分担机制，实现算法推荐治理的法制化"。[②] 以技术手段助推短视频平台责任和义务完善，从而完善短视频行业版权保护法律保障体系，在传统版权保护技术基础上，利用人工智能技

---

① 中华人民共和国国务院令第 634 号，见中国政府网。
② 王文松、李金晖：《互联网平台算法推荐的现实困境和完善路径——以 2018—2023 年裁判文书为分析样本》，《大数据时代》2024 年第 1 期。

术和方法，赋能版权保护与版权综合治理，这是短视频版权保护面临的挑战，也是短视频版权保护面临的机遇。

（三）先授权后使用，合作共赢

深度合成短视频、二次创作短视频、游戏直播短视频版权问题是社会各界普遍关注的焦点。"先授权后使用"是版权法的一项基本原则。短视频作为一种新兴的网络视听服务产品，以其特殊的艺术形式以及社交化、移动化、碎片化的灵活传播特点，为长视频、游戏的宣发推广开辟了新的通道，为影视产业、游戏产业价值链的延伸，拓展了新的版权市场交易空间，成为影视产业、游戏产业新的利润增长点，对影视产业和游戏产业的发展具有重要的作用和价值，但深度合成短视频、二次创作短视频、游戏直播短视频中存在未经授权的切条、搬运、直播、快看和合辑行为，无疑属于侵权行为，给长视频、游戏作品著作权利人带来经济损失，应该予以严惩。严惩是版权保护的一种手段，但合作发展才是目的。自古以来，和气生财，合作与沟通是商谈的王道。近年来，长视频、游戏和短视频合作氛围日渐良好，合作交流愈来愈频繁，双方、多方就版权合作展开共赢多赢新模式的探索增多，合力开辟更多市场新空间的信心增强。

短视频内容产业迎来发展的新格局，但对短视频内容进行正向引导、对短视频版权进行保护治理是短视频内容产业发展的保障。面对 AIGC 对短视频内容音视频生成、虚拟主播、影视创作、内容审核、算法推荐的影响，在看到新技术创新应用促进内容产业创新发展的同时，更要看到建设与内容创新相适配的内容监管及版权保护治理体系的必要性、迫切性。这是短视频内容产业发展面临的新形势、新任务。

B.4　音乐产业版权保护问题分析[*]

腾讯音乐娱乐集团

摘　要：我国音乐产业的版权保护是一个复杂的议题。法律法规层面，我国已经出台了一系列法律法规来保护音乐版权，如新实施的《信息网络传播权保护条例》以及2020年新修正的《著作权法》等。这些法律法规为音乐创作者提供了一定的法律保障，但在实际执行过程中仍存在一定的困难和挑战。执法力度层面，尽管政府加大了对音乐版权侵权行为的打击力度，但由于音乐市场的庞大和复杂性，以及技术手段的不断更新，执法部门在打击盗版和侵权行为方面仍然面临一定的困难。公众意识层面，随着音乐版权保护问题的不断曝光和宣传，公众对音乐版权保护的意识逐渐提高，越来越多的人开始支持正版音乐，抵制盗版和侵权行为。然而，仍有部分用户对正版音乐的消费意愿不高，这给音乐产业的版权保护带来了相应的阻力。技术手段层面，音乐平台和唱片公司利用技术手段，如数字水印、DRM（数字版权管理）等，加强对音乐作品的保护。这些技术手段在一定程度上提高了音乐作品的安全性，但仍无法完全杜绝侵权行为。跨境合作方面，为了解决跨境音乐版权保护问题，我国政府与其他国家、地区和国际组织等开展了合作，共同打击跨国音乐侵权行为。这种合作有助于提高音乐版权保护的效果，但仍需要进一步加强。行业自律层面，音乐产业各方应加强自律，共同维护音乐版权。音乐平台、唱片公司、音乐人等应加强合作与沟通，共同推动音乐版权保护工作的开展。此外，行业内部还应加强对侵权行为的监督和管理，减少盗版和侵权行为的发生。总之，我国音乐产业版权保护问题仍然存在一定的困境和挑战。未来，需要政府、企业、公众和国际社会共同努力，进一步完善法律法规，加大执法力度，提高公众

---

[*] 本文作者为腾讯音乐娱乐集团，非个人作品。

意识，推动音乐版权保护工作取得更大的进展。

关键词：版权产业；法律法规；侵权行为；损害赔偿

音乐通过旋律、节奏、和声、力度、速度、调式、曲式、音色等要素书写作品，传递感情。从中国到世界，从民族音乐到流行音乐，音乐的形式变化多样。如今，音乐已经成为人们文化生活中不可或缺的一部分，并形成了产业化的存在。在数字音乐产业发展背景下，音乐作品作为《著作权法》保护的对象，也不断产生着新的问题。例如音乐作品权属问题，需要成为《著作权法》的保护对象。音乐产业著作权保护报告集结了近五年音乐裁判案件的共性和典型争议的个性，力图能够为产业界、实务界及理论界人士提供参考和指引。

一、音乐产业市场概况分析

音乐产业（Music Industry/Music Business），是指以售卖音乐相关产品以获取回报的行业。音乐产业与文化娱乐事业息息相关，近年来，数字化、多元化的商业模式逐渐成为全球音乐产业的主流发展趋势，品牌化和国际化更是成为当前热点。当前中国音乐市场在全球占据何种水平？中国音乐市场格局又在发生何种变化？音乐产业市场的发展概况将为后续音乐著作权法律问题的研究提供初步参考。

（一）全球音乐产业市场概况

1. 全球音乐产业规模及其对全球经济的贡献

2024 年 3 月 21 日，代表全球录制音乐行业的国际唱片业协会（IFPI）发布《全球音乐报告》。报告指出，2023 年全球录制音乐收入增长了 10.2%，总收入达到 286 亿美元，连续第九年实现增长。这主要得益于付费流媒体用户的增长。流媒体收入在收入增长和市场总份额中均占到了大部分。仅订阅流媒体收入就增长了 11.2%，几乎占全球市场的一半（48.9%）。2023 年，音乐流媒体服务的付费订阅用户数量首次突破 5 亿，目前付费订阅账户的用户数量已超过 6.67 亿，不同国家的普及率差异很大。

亚洲录制音乐市场实现两位数的增幅，增长率达到 14.9%，其主要驱动力来

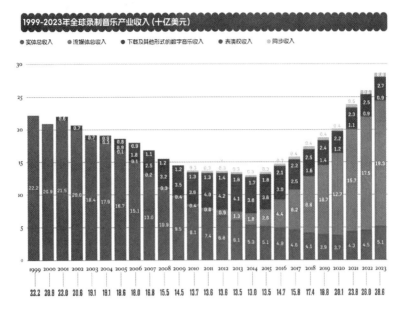

图1　1999—2023年全球录制音乐产业收入

来源：2024《全球音乐报告》。

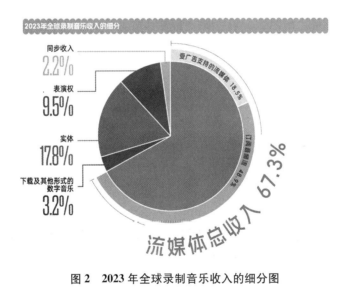

图2　2023年全球录制音乐收入的细分图

来源：2024《全球音乐报告》。

自于实体和数字音乐的强劲增长。其中，排行世界第五的中国大陆市场增长25.9%，是世界前十大市场中增长幅度最大的。

据《全球音乐报告》显示，2023年，全球各地区的录制音乐收入均有所增长：

●亚洲增长14.9%，其中，中国大陆市场增长25.9%，日本增幅为7.6%。

◉美国和加拿大地区是全球录制音乐收入额最大的地区，2023年增长了7.4%。其中，美国增长7.2%，加拿大增长12.2%。

◉欧洲是全球第二大录制音乐地区，收入增长8.9%，其中，英国增长8.1%，德国增长7.0%，法国增长4.4%。

◉拉丁美洲增长19.4%，再次超过全球增长率，其中巴西增长13.4%，墨西哥增长18.2%。流媒体是主要驱动力，占该地区收入的86.3%。

◉大洋洲增长10.8%，这得益于流媒体订阅收入增长了13.5%，其中，澳大利亚增长11.3%，新西兰增长8.4%。

◉中东和北非增长14.4%，流媒体收入再次在中东和北非（MENA）占据主导地位，占该地区市场份额的98.4%。

◉撒哈拉以南非洲增长24.7%，其中南非增长19.9%，贡献了77.0%的地区收入。

音乐对经济的贡献以许多不同的、往往是不可估量的方式形成的，其中可衡量的领域之一即其经济价值。根据IFPI委托牛津经济学院进行的《欧洲音乐对欧洲的经济影响》的深入研究，音乐行业支持了200万个工作岗位，音乐行业的GVA对欧盟和英国的GDP的贡献达819亿欧元，出口到欧盟和英国以外的国家的商品和服务达970万欧元，该部门的税收贡献为310亿欧元，虽然这项研究特别关注欧盟和英国，但它证明了音乐可以为任何国家带来巨大贡献。

2. 中国音乐在全球音乐市场占比及其发展规模

在全球音乐市场中，中国音乐产业保持高速发展，自2015年以来，市场排名不断攀升，中国继2017年首次进入全球前十大音乐市场后，2018年排名全球第10位，2018—2020年均保持在第7位，2022年上升至第5位。2023年保持第5位的同时，缩小了与排名靠前国家的差距。

表1　2023年全球前十大音乐市场

1	美国
2	日本
3	英国
4	德国

5	中国
6	法国
7	韩国
8	加拿大
9	巴西
10	澳大利亚

来源：2024《全球音乐报告》。

就数字音乐市场而言，在经历了 2015 年"最严"版权令《关于责令网络音乐服务商停止未经授权传播音乐作品的通知》后，数字音乐进入一个蓬勃发展阶段，盗版现象得到有效改善，推动了数字音乐规模化和商业化的进程。根据中国音像与数字出版协会的测算，2022 年，包括在线音乐、音乐短视频、音乐直播、在线 K 歌业务在内的中国数字音乐市场总规模约为 1554.9 亿元，相较 2021 年，同比增长 16.8%。我国在线音乐市场规模约为 180.2 亿元，较上一年增长 12.8%；音乐短视频市场规模约为 410.3 亿元，较上一年增长 19.8%；音乐直播市场规模约达 815.2 亿元；在线 K 歌市场规模约达 149.2 亿元，较上一年度略有下滑。

截至 2022 年底，我国数字音乐平台歌曲累计总量约 1.32 亿首。从内容上看，在华语音乐的类型中，流行音乐占比最高，说唱、轻音乐、国风类等小众音乐开始受到关注。

2022 年，独立音乐人数量超 80 万人，共创作超 300 万首音乐作品；其中，24 岁以下的独立音乐人占比 35%，30 岁以下占比达到 67.3%。

截至 2022 年，含在线音乐、音乐短视频、在线 K 歌、音乐直播在内的我国数字音乐用户规模约达 8.48 亿，占网民整体的 79.5%。

（二）中国音乐市场发展状况

1. 音乐产业规模及产业链分析

根据国家统计局对规模以上文化及相关产业统计数据可知，2016—2023 年规模以上文化及相关企业营业收入呈正向增长，2023 年，我国规模以上文化企业实现营业收入近 13 万亿元。2023 年，全国规模以上文化及相关产业企业实现营业收入 129515 亿元，比上年增长 8.2%。分领域看，文化核心领域实现营业收入 83978 亿元，比上年增长 12.2%，对全部规模以上文化企业营业收入增长的贡献率为 93.3%。文化企业实现利润超万亿元。2023 年，规模以上文化企业实现利润 11566 亿元，比上年增长 30.9%，两年平均增长 14.5%；营业收入利润率为 8.93%，比上年提高 1.55 个百分点。43 个行业中类中，有 32 个行业中类利润实现增长、由亏转盈或减亏，占比为 74.4%。其中，互联网信息服务、数字内容服务、互联网文化娱乐平台 3 个行业中类实现利润带动作用明显。2023 年末，规模以上文化企业资产总计 196200 亿元，比上年末增长 7.6%；每百元资产实现营业收入为 68.3 元，增加 0.8 元。文化相关领域实现营业收入 45537 亿元，比上年增长 1.5%。2024 年一季度，文化企业实现营业收入 31057 亿元，按可比口径计算，比上年同期增长 8.5%。其中，文化新业态特征较为明显的 16 个行业小类实现营业收入 12633 亿元，比上年同期增长 11.9%，快于全部规模以上文化企业 3.4 个百分点。

根据腾讯音乐娱乐集团发布的 2024 年第一季度财报显示，在线音乐服务收入表现持续强劲，在总收入占比近七成，业务结构韧性不断增强；在线音乐服务持续强劲增长，在线音乐订阅收入同比增长 39.2% 达 36.2 亿元，在线音乐付费用户数同比增长 20.2% 达 1.135 亿人次，单季度净增长 680 万元创下历史新高。用户的付费意识在逐渐提高，渗透率在逐渐增长。

2. 商业模式多样化现状

表 2　音乐市场商业模式列表

广告付费模式	在线音乐广告付费根据点击量、曝光程度、成交金额等指标向广告商收取服务费用。
会员付费	国家严格控制音乐在线版权，音乐平台由原有的免费音乐转变为收取部分音乐版权服务。 音乐转变为收取部分音乐版权服务。
专辑/单曲正版付费	数字唱片逐渐取代实体唱片，用户可以通过支付单一专辑/单曲的价格方式获取下载权限。
平台联营	版权方与游戏平台/短视频平台联合运营，将音乐植入游戏背景/短视频平台中，由此获取收入。

续表

周边产品	售卖音乐相关的商品，例如耳机、乐器等搭载具有版权的音乐，成为音乐平台盈利手段之一。
线上票务	观众通过线上观看演唱会直播，将原有的线下消费者转化为线上消费。
扶持原创音乐人	从源头挖掘原创音乐，探索其他商业模式。

二、音乐作品权属认定及维权主体

近五年中，音乐著作权案件的情况基本反映了整个音乐产业的发展变化情况。虽然音乐著作权案件属于常规知识产权案件，相关规则和判断思路存在普遍的共识，但随着音乐作品形式多元化、音乐权利人的类型复杂化、音乐使用方式的多样化，以及法律法规等规范性文件的不断调整变化，在音乐作品及录音制品的权属认定、合作作品、网络平台经营者的法律责任、损害赔偿以及 2020 年《著作权法》中的新规定对音乐产业带来的法律问题等都值得研究。

（一）权属认定的基本规则

与商标法、专利法不同，著作权或者邻接权系基于作品或制品的完成而自动产生，且实行自愿登记制度。因此，著作权和邻接权更突显了私权性质，也就是说，著作权和邻接权并非基于行政授权，权利公示制度也无法依托自愿登记。著作权难以通过公示制度明确，随之带来权利归属的问题。在著作权法律制度下，权利归属的判断遵循两个基本规则，一是署名推定规则，二是初步证据规则，其中署名推定规则包含于初步证据规则中。

1. 署名推定规则

音乐作品和录音制品权属的认定，均遵循署名推定规则。署名推定规则，是指在无相反证据的情况下，根据作品上的作者署名，推定著作权归属于该作者。[1]

---

[1] 杨柏勇主编，北京市高级人民法院知识产权庭编著：《著作权法原理解读与审判实务》，法律出版社 2021 年版，第 84 页。

我国司法实践对"署名推定"的理解相较传统理论更重视效率性，传统理论一般将"署名推定"理解为"推定作者"，而当下的司法实践多直接将其用于"推定权利人"。对于署名形式的要求，最高人民法院在 2020 年 11 月 16 日发布的《最高人民法院关于加强著作权和与著作权有关的权利保护的意见》中明确，在作品、表演、录音制品上以通常方式署名的自然人、法人和非法人组织，应当推定为该作品、表演、录音制品的著作权人或者与著作权有关的权利的权利人，但有相反证据足以推翻的除外。

对于署名的争议，应当结合作品、表演、录音制品的性质、类型、表现形式以及行业习惯、公众认知习惯等因素，作出综合判断。根据《最高人民法院关于审理著作权民事纠纷案件适用法律若干问题的解释》（以下简称《著作权民事纠纷司法解释》）第 7 条第 1 款的规定，当事人提供的涉及著作权的底稿、原件、合法出版物、著作权登记证书[1]、认证机构的证明、取得权利的合同等，可以作为证据使用，司法实践中，以上各项证据中的署名都属于适用署名推定规则进行审查的对象，并非仅认可在专辑封面上署名的形式[2]。在优酷信息技术（北京）有限公司与厦门君臣文化传媒有限公司侵害作品信息网络传播权纠纷案[3]和深圳市腾讯计算机系统有限公司与厦门君臣文化传媒有限公司侵害作品信息网络传播权纠纷案[4]中，法院均将作者等的"声明书"作为重要的考量证据，尽管诉讼相对方以"声明书"系出具人自己的声明，在证据种类上属于"当事人的陈述"，不属于法定的作品权属证明文件为由进行了抗辩，但法院认为，"声明书"可以与音乐平台所记载的词曲作者相互印证，结合署名推定规则和初步证据规则，权利人一方已经完成举证责任，在相对方无相反证据进行反驳的情况下足以认定涉案作品的权利归属。法院在该两案中并未明确指出所谓"音乐平台所记载的词曲作者"的具体署名形式，但可以推测的是，互联网音乐平台上的署名形式是多样化的，由于并没有哪一种署名形式成为统一的行业习惯，司法实践中法院在适用署名推定规则时多与初步证据规

---

[1] 我国各类作品版权登记的机构由国家版权局进行认定或指定，如计算机软件的全国统一登记机构为国家版权局认定的中国版权保护中心，计算机软件以外的作品登记机构包括国家版权局认定的中国版权保护中心，还包括国家版权局（负责国外以及港澳台地区的作品登记）和各地版权局（负责所在行政区的作品登记）。除此之外其他机构作出的版权登记证明，在司法实践中多以综合考量的形式进行审查，用以辅助佐证作品的权利归属。

[2] 参见北京市朝阳区人民法院（2020）京 0105 民初 7394 号民事判决书。

[3] 参见福建省厦门市中级人民法院（2021）闽 02 民终 2773 号民事判决书。

[4] 参见福建省高级人民法院（2021）闽民申 1360 号民事裁定书。

则结合对不同证据材料中的署名进行综合考量。

2. 初步证据规则

著作权归属的认定，除署名推定规则之外，从证据的角度上还存在"初步证据规则"，该规则的适用侧重于对证据的审查判断。

（1）概念

所谓著作权权利归属认定的"初步证据规则"是指，在原告提供相关权属证据达到合理可信、而非高度盖然性的证明标准时，即完成了权利归属的举证责任，被告对其证据不予认可时，则应提交反证。在侵犯著作权案件中，原告提供了涉及著作权的底稿、原件、合法出版物、著作权登记证书、认证机构的证明、取得权利的合同等初步证据，就可以认为原告完成了权属举证，从而认定原告享有著作权。如果被告否认，举证责任即转移至被告，由被告提供反证，如果被告仅否认而不能提供反证，或者提供的反证不足以推翻原告提供的初步证据，则被告的否认不能成立，不足以撼动原告已经完成的证明权利归属的事实。当然，初步证据规则不等于对证据无审查。在原告提供初步证据后，法院仍需要根据民事诉讼的相关证据规则对该初步证据进行审查认定。比如，原告提供的出版物是合法出版的还是盗版的、原告提供的专辑封面所载权利主体是否与原告的主张存在冲突、英文权利主体与中文权利主体能否对应、底稿是真实的还是伪造的、取得权利的合同的真实性及实际履行情况等。实质上，署名也可以被看作是证明著作权归属的初步证据。

（2）署名推定规则与初步证据规则的关系

署名推定规则与初步证据规则并行不悖，在实践中应当结合案件具体情况综合运用两个规则对著作权归属进行认定。根据2020年《著作权法》第11条和第12条的规定，不论是著作权还是作为邻接权的录音制作者权，均遵循署名推定规则和初步证据规则。在2020年《著作权法》发布后，国家版权局和最高人民法院分别于2020年11月15日、16日印发《国家版权局关于进一步做好著作权行政执法证据审查和认定工作的通知》和《最高人民法院关于加强著作权和与著作权有关的权利保护的意见》，这两份文件分别从行政和司法领域对著作权侵权案件举证责任作出规定，对涉及署名推定的证明责任进行进一步的补充。二者均明确规定，在适用署名推定原则推定权利归属时，权利人完成初步举证且没有相反证据时，无需再提交权利许可、转让协议或其他书面证明材料。

（二）各类"授权模式"下维权主体资格审查问题

1. 音乐作品从独家授权到非独家授权带来的维权问题

自 2015 年国家版权局下发最严版权令，责令网络音乐服务商停止未经授权传播音乐作品的行为后，各数字音乐平台纷纷下线未经授权的音乐作品，开始争夺数字音乐版权，并以获得独家授权作为首选的授权和竞争模式。后 2017 年国家版权局约谈 20 余家境内外音乐公司，批评当前音乐市场出现"抢夺独家版权""哄抬授权价格"等现象，腾讯、阿里等数字音乐运营商开始探索"转授权"模式，并由此开始了"独家占有+转授权"的新模式。2020 年国家加强了对音乐平台反垄断的监管，独家授权的模式被"叫停"，进入了"非独家授权"的时代。

随着音乐分销市场的不断发展，市场中侵权行为所针对的权利人往往不仅是包括作者在内的原始权利人，更多是被许可人。一般情况下，独占被许可人可以单独起诉维权，排他被许可人在著作权人不起诉的情况下可以单独提起维权诉讼。争议主要发生在原告若是普通被许可人，其提起维权诉讼的原告主体是否适格。

根据 2020 年《著作权法》第 26 条第 2 款第 2 项的规定，著作权许可使用合同分为两大类，即专有使用权和非专有使用权。司法实践中，根据许可的具体内容参考《商标法》的相关规定，还可以将非专有许可使用权细分为排他许可和普通许可。根据《最高人民法院关于审理商标民事纠纷案件适用法律若干问题的解释》第 4 条的规定，《商标法》规定的利害关系人，包括注册商标使用许可合同的被许可人、注册商标财产权利的合法继承人等。在发生注册商标专用权被侵害时，独占使用许可合同的被许可人可以向人民法院提起诉讼；排他使用许可合同的被许可人可以和商标注册人共同起诉，也可以在商标注册人不起诉的情况下，自行提起诉讼；普通使用许可合同的被许可人经商标注册人明确授权，可以提起诉讼。

2. 不同被许可人的主体资格审查

参考商标法司法解释的前述规定，侵害著作权案件中，无论被许可人是专有许可人还是非专有许可人，其以自己名义提起诉讼的情况，可分为以下几种情形。

（1）独占许可合同的被许可人，有权根据著作权许可合同单独提起诉讼。除合同另有约定，被许可人可以在一定期限或者条件下排除包括著作权人在内的其他任何人的使用，此种被许可人即为专有使用被许可人。独占使用被许可人对于发生在独占使用权范围内的侵权行为，有权以自己名义单独提起诉讼。综合天津永联音悦文化传播有限公司与四川又见文化传媒有限公司侵害作品放映权纠纷案①、青岛权信纵拓知识产权代理有限公司与成都麦田星辉娱乐有限公司等侵害作品放映权纠纷案②等案件发现，在司法实践中，以独占被许可人身份起诉的原告主体资格一般审查以下内容：第一，著作权人（许可人）拥有合法且在存续期间内的著作权，具体审查内容同《著作权民事纠纷司法解释》第 7 条第 1 款③的规定；第二，涉案作品的独占许可合同，确保授权链条完整；第三，独占许可的授权地域、时间、使用方式等，以判断被控侵权行为是否落入独占许可使用的授权范围内。

（2）排他许可合同的被许可人，既可以和著作权人共同起诉，也可以在著作权人不起诉的情况下自行提起诉讼。排他被许可人可以根据合同的约定，在一定期限或者条件下，禁止除著作权人以外的其他人的使用。分析天津小岛文化传播有限公司、重庆勇之渝科技有限公司与太原积木宝贝教育信息咨询有限公司侵害作品信息网络传播权纠纷案④、中山市西区志辉文具批发商行与上海淘米动画有限公司侵害著作权纠纷案⑤等案件时，对于排他被许可人的起诉资格，又区分为以下三种情况：一是著作权人和排他被许可人作为共同原告起诉，主体资格审查时，除了提交证明著作权权属的证据外，还须提交著作权排他许可合同。二是在著作权人不起诉的情况下，排他被许可人有权自行提起诉讼，但须提交关于著作权人不起诉的声明或者排他许可合同中有关于著作权人不起诉的明确约定。三是著作权人已单独起诉时，排他被许可人不得就同一被诉行为另行提起诉讼。排他被许可人发现著作权人已经起诉的，可以申请参加诉讼。

（3）普通许可合同的被许可人，在经过著作权人明确授权后，可以以自己名义在被许可的实体权利范围内提起诉讼。此种情形下，法院对于普通许可合同的被许可人主体资格的审查重点，即在于著作权人是否对于其单独提起诉讼进行

---

① 参见成都高新技术产业开发区人民法院（2021）川 0191 民初 17542 号民事判决书。
② 参见成都高新技术产业开发区人民法院（2021）川 0191 民初 10963 号民事判决书。
③ 当事人提供的涉及著作权的底稿、原件、合法出版物、著作权登记证书、认证机构的证明、取得权利的合同等，可以作为证据。
④ 参见重庆自由贸易试验区人民法院（2021）渝 0192 民初 9658 号民事判决书。
⑤ 参见广东省中山市中级人民法院（2021）粤 20 民终 7797 号民事判决书。

了明确授权①。值得注意的是，如果著作权人未将著作权实体权利转让或者许可他人，仅授权他人起诉的权利，此时该被许可人不具有以自己名义提起诉讼的主体资格。上述认定的理由在于：根据民事诉讼法"诉讼担当"理论以及损害赔偿填平损失的基本原则，被授权人如果仅具有维权的诉讼权利而无实体权利的基础，此时其既缺乏获得损害赔偿的权利基础，亦无应予填补的实际损失，且在司法实践中还可能存在被许可人借维权之名、行牟利之实的滥诉情况。

非独家授权，带来的维权问题即为维权激励不足。而著作权人自身也难以对分散的侵权行为逐一进行维权。鉴于此，非独家授权方之一通过与著作权人谈判，获得独家的诉讼维权资格，成为实务中常见的模式，即某一非独家授权方获得独家的、可以以自己的名义提起诉讼的权利。我们认为，考虑到音乐市场目前的授权模式的转变，为了能够更好地对著作权进行保护，非独家被许可人作为普通许可人，在得到著作权人单独授权的情况下，应当认可其系适格诉讼主体。该观点也在司法实践中得到认可，参考案例如上海红纺元意文化发展有限公司与鞍山时代财富广场董丹丹百货店著作权权属纠纷、侵害著作权纠纷案②。

三、涉音乐网络平台经营者及其侵权责任认定

网络平台，是指以互联网为技术基础的各类网络服务支持系统和网络服务活动。与音乐相关的网络平台案件主要涉及三类主体：音乐平台、短视频平台和直播平台。

（一）音乐平台及其经营者的侵权责任

1. 音乐平台

音乐平台的传统定位是以向用户提供音乐作品在线播放及下载服务为核心内容

---

① 理论界对于"任意诉讼担当"扩张的呼声较高，主张应当将诉权的主体范围不断扩大，普通许可合同的被许可人也可以无需明确授权即可以自己名义提起诉讼。但上述观点尚未被立法所吸纳。具体可参见李峣：《诉讼担当人法律地位研究》，对外经济贸易大学博士学位论文，2016年；李凌：《论任意的诉讼担当之法律构造》，《广西政法管理干部学院学报》2013年第5期。
② 辽宁省丹东市中级人民法院（2021）辽06民初935号民事判决书。

（例如 QQ 音乐、网易云音乐等），是典型的网络内容服务提供者；但近年来，各大音乐平台越来越重视社区化建设，重视为大众内容生产者提供平台支持，在这种情况下，平台并非直接向听众用户提供音乐作品，而是作为平台管理者为内容生产者和听众用户提供交互式平台。平台通常采用"免费用户＋收费用户"的运营模式，即用户可免费试听部分标准质量的歌曲，也可通过缴费试听并下载高质量歌曲，以及享受其他增值服务。

近年来，音乐平台在取得音乐授权方面已逐步正规化，包括从大型唱片公司、集体管理组织取得授权许可，以及通过与其他音乐平台交叉许可合作等方式，获得了海量音乐作品授权。尽管如此，曲库中仍不可避免存在"漏网之鱼"，音乐平台仍面临被小权利人（如未授权集体管理组织的网络歌手、小型唱片公司等）起诉的风险。

2. 音乐平台经营者的侵权责任

音乐平台经营者向用户提供未经授权的音乐作品，使用户可以在其选定的时间和地点获得作品的，构成直接侵犯信息网络传播权。目前，音乐平台经营者在诉讼中的抗辩理由包括：（1）音乐平台已与中国音乐著作权协会（以下简称"音著协"）签署"一揽子"授权协议。（2）音乐平台已从其他主体取得授权，对上游授权进行了合理审查。（3）侵权作品系平台签约音乐人上传，假如是对他人作品修改歌名并以自己的名义上传，平台无法对作品进行事先审查。

音乐平台经营者就其签约音乐人上传的作品应承担何种程度的义务以及承担的侵权责任，需根据平台与签约音乐人的具体合作协议进行判断。随着技术的发展，原创音乐人群体逐步壮大，各大音乐平台纷纷发展音乐人计划，通过签订入驻协议的方式，为此类原创音乐人提供传播平台，包括为原创音乐人提供专属主页，提供发布音乐、与粉丝交流的平台等。音乐平台通常会提供不同的签约模式，根据授权范围的不同，签约音乐人获得的收益比例也会有所不同。例如，网易音乐人平台提供两种签约模式，即独家音乐人和非独家音乐人两种类型，签约后音乐人将按歌曲在网易云平台的播放次数和使用次数获得收入，独家音乐人比非独家音乐人享受更多广告分成、推广流量等。平台在其"创作者中心"中规定，"签约音乐人需将完整授权权利的歌曲以及未来上传并拥有完整授权权利的歌曲，在约定期限内成为网易云音乐的（非）独家歌曲"。换言之，音乐平台系基于签约音乐人的授权，在其平台上向公众传播音乐作品，仅为信息存储空间服务的抗辩显然不能成立。此外，除授权许可关系外，音乐平台与签约音乐人还可能存在更紧密的合作关系。在不同合作模式下，音乐平台可能存在多重身份，其通过信息网络传播作品的行为不仅可能与签约音乐人构成分工合作的共同侵权，还有可能被认定直接构成侵权。

（二）短视频平台未经授权使用音乐作品的责任认定

1. 短视频平台

短视频平台是随着移动互联网技术发展而产生的以分享、互动为主要服务内容的社交平台。短视频顾名思义就是"短"，凭借时长短、信息量大、内容多样、传播快、便于操作等特点，短视频自诞生以来迅速崛起，已然成为当前主流的娱乐和信息传播方式之一。截至2023年12月，我国短视频用户规模达10.67亿，占网民整体的95.2%。[①] 在短视频制作中，音乐作品是不可或缺的部分，通常形式包括：直接展现音乐作品、翻唱音乐作品，以及将音乐作品作为背景音乐或舞蹈伴奏等。以抖音、快手为例，用户可以直接将自己制作的短视频上传至平台，也可通过平台自带的APP软件拍摄视频，并配以平台曲库中的音乐，编辑之后发布于平台。同时，用户还可以浏览到他人公开发布的各类短视频。可见，短视频平台存在网络空间服务提供者和内容服务提供者双重身份。

即使用户并未使用平台曲库中的音乐，短视频平台仅作为网络空间服务提供者的情况下，其亦面临着巨大的诉讼风险。目前短视频平台涉音乐作品侵权主要集中在三个方面：一是用户未经授权将音乐作品作为短视频的主要内容或作为背景音乐；二是用户未经授权对音乐作品进行翻唱、改编；三是用户未经许可将其他短视频网站上的作品上传至平台。

2. 短视频平台经营者的侵权责任

（1）提供音乐作品的侵权责任

短视频平台将未经许可的音乐作品存入曲库，供用户作为短视频的背景音乐，其行为构成通过信息网络向公众提供作品的行为，属于直接侵权。这类案件由于行

---

① 数据来自第53次《中国互联网络发展状况统计报告》。

为较为清晰，取证相对容易，往往争议不大。

值得注意的是，并非只有短视频平台主动将未经许可的音乐作品上传至其曲库，才构成直接实施信息网络传播行为。一些平台还会将用户上传的短视频中的音乐存储在曲库中，以供其他用户使用，这种非平台主动上传的行为也有构成直接实施信息网络传播行为的可能。在腾讯音乐（北京）有限公司、腾讯音乐娱乐科技（深圳）有限公司诉北京微播视界科技有限公司《天高地厚》音乐录音制品信息网络传播权纠纷一案①中，法院认定，"抖音短视频"提供的服务明显超出单纯的信息存储功能，涉嫌侵权的录音制品存在于抖音短视频曲库有三种可能的情况，分别是平台自行上传音乐、用户直接上传音乐或用户上传视频中含有该录音制品，在这三种情况下，侵权录音制品都会被保存进入抖音短视频曲库。在其他用户制作新的短视频过程中，其侵权音乐录音制品的获取是从平台的曲库中而非上传用户处获得，涉嫌侵权的录音制品的提取、保存、合成进入新视频均是通过抖音短视频应用程序完成。也即抖音短视频提供的"拍同款"② 等服务，使公众能够在个人选定的时间和地点获得涉案录音制品，并协助其他用户编辑生成新视频，服务性质已不能为《信息网络传播权条例》第 22 条所规范的"提供信息存储空间"所涵盖，因此不能依据该条主张免责。

（2）仅提供信息存储空间的认定及"避风港原则"的适用

短视频平台在诉讼中往往以音乐作品由用户上传，其仅提供信息存储空间服务为由进行抗辩，并主张适用"避风港原则"免除侵权赔偿责任。根据《信息网络传播权保护条例》第 22 条的规定③，判断短视频平台能否适用"避风港"条款，需进行三个层面的分析。

一是短视频平台能否举证证明其行为的性质。总结近年侵害信息网络传播权的

---

① 参见广东省深圳前海合作区人民法院（2018）粤 0391 民初 1094 号民事判决书。

② "拍同款"业务是由抖音 APP 推出的旨在促进用户使用的短视频拍摄功能，用户在抖音 APP 内浏览其他用户的作品时，可以点开右下角的音乐播放图标进入音乐作品信息界面，查看该音乐作品的首发用户等信息，并通过点选"拍同款"按键，使用同款音乐拍摄创作短视频。

③ 《信息网络传播权保护条例》第 22 条规定，网络服务提供者为服务对象提供信息存储空间，供服务对象通过信息网络向公众提供作品、表演、录音录像制品，并具备下列条件的，不承担赔偿责任：（一）明确标示该信息存储空间是为服务对象所提供，并公开网络服务提供者的名称、联系人、网络地址；（二）未改变服务对象所提供的作品、表演、录音录像制品；（三）不知道也没有合理的理由应当知道服务对象提供的作品、表演、录音录像制品侵权；（四）未从服务对象提供作品、表演、录音录像制品中直接获得经济利益；（五）在接到权利人的通知书后，根据本条例规定删除权利人认为侵权的作品、表演、录音录像制品。

典型案件，法院在判断平台是否系提供信息存储空间服务，通常考量以下因素：首先，平台是否具备提供信息存储空间服务的功能，比如有明显的提供用户上传作品的栏目和入口；其次，是否明确标示了为服务对象提供信息存储空间服务，包括通过用户协议或网站声明等方式；最后，能否提供上传者的基本信息，如用户名、IP 地址、注册时间、作品上传时间等。如果平台仅抗辩其为信息存储空间服务提供者，但却无法提供任何上传者信息，则有可能被认定直接提供了被诉侵权作品。

二是短视频平台是否存在主观过错。即使短视频平台能够证明其仅提供了信息存储空间，被诉侵权作品由用户上传，其仍有可能构成间接侵权，即教唆、帮助侵权①。《信息网络传播权司法解释》第 7 条规定，教唆侵权包括"言语、推介技术支持、奖励积分"等方式。由此而产生的问题在于，当前短视频平台的主要营利模式即在于获取流量进而转化成广告收益，而鼓励优质内容输出才能实现持续吸引流量的目的，因此平台为了最大限度地激励用户的创作积极性，通常都会设置各种用户激励计划，如果采取严格标准，即只要平台设置有用户激励计划则认定构成教唆侵权，对于平台而言显然过于严苛。尽管《信息网络传播权司法解释》中将奖励积分方式列举为教唆侵权的方式之一，但也不应机械地理解适用，如果积分奖励未与现金奖励直接挂钩，则不宜一概而论认定构成教唆侵权。而帮助侵权的认定，根据《信息网络传播权司法解释》规定，是指网络服务提供者明知或者应知网络用户利用网络服务侵害信息网络传播权，未采取删除、屏蔽、断开链接等必要措施，或者提供技术支持等帮助行为。"明知"是一种确定的事实状态，相对容易判断，而"应知"的判断则较为困难。特别是相比用户在视频网站中上传完整的影视作品而言，在短视频中使用音乐作品的隐蔽性较强，很难被平台所感知。短视频平台往往抗辩称其信息存储空间中存在海量信息，且呈现持续动态变化过程，其无法明确知晓某一时间点会出现哪些信息，即使其中包括了被诉侵权作品，也无法及时知晓；若要求其对信息存储空间中的每一个文件侵权与否都作主动筛查，则过于严苛且难以实现。关于对短视频平台的"应知"判断标准，需设置在与其技术水

---

① 《最高人民法院关于审理侵害信息网络传播权民事纠纷案件适用法律若干问题的规定》（简称《信息网络传播权司法解释》）第 7 条规定，教唆侵权是指网络服务提供者以言语、推介技术支持、奖励积分等方式诱导、鼓励网络用户实施侵害信息网络传播权行为。

平和能力相适应的合理预见范围内。《北京高院著作权审理指南》① 列举了两种应当认定为"应知"的典型情形：一是涉案作品等位于网站首页、栏目首页等主要页面中，可被明显感知的位置；二是信息存储空间服务提供者主动对涉案作品等内容进行选择、编辑、修改、整理、推荐或设置排行榜。

争议较大的问题在于，如果平台具有相同内容推送功能，是否说明其技术水平和能力可以对内容进行审查？我们认为，平台对短视频内容进行了精准推送或个性化推送的，应由平台就推送的算法逻辑、推送范围、被推送人群等情况、事实予以说明或者举证。不宜将上述推送行为简单等同于平台对侵权短视频进行了"推荐"，还需在具体案件中综合考虑侵权短视频在平台中所处的位置、热度、制作者的知名度，被推送的人群、范围和推送位置的具体情况等因素，进而判断平台是否具有主观过错。

关于直接获得经济利益，根据《信息网络传播权司法解释》规定，网络服务提供者针对特定作品、表演、录音录像制品投放广告获取收益，或者获取与其传播的作品、表演、录音录像制品存在其他特定联系的经济利益，应当认定为直接获得经济利益；因提供网络服务而收取一般性广告费、服务费等，不属于直接获得经济利益。可见，直接获得经济利益是指从被诉侵权作品中直接获得的经济利益，而非平台经营模式中存在获利环节。短视频平台作为经营主体，必然存在自己的盈利模式，需要获取经济利益，如果其在提供侵权作品的网页投放广告，除非有证据证明相关广告是针对侵权作品而投放的，否则作为一般性的网络广告，不属于从侵权作品中直接获得经济利益的情形。

三是短视频平台是否及时删除涉嫌侵权作品。"避风港原则"，通常也被称为"通知—删除"规则。即权利人发出侵权通知，网络服务提供者接到权利人合格通知后及时采取"删除"等措施，在没有过错的情况下可以免除损害赔偿责任。此处的"删除"只是为了指代网络服务提供者所采取的措施，除删除外还可以采取屏蔽、断开链接、阻止分享等措施，只要能实现阻止侵权内容传播的措施都可以认定为是有效的措施。此外，关于"及时删除"，根据《信息网络传播权司法解释》第14条规定，网络服务提供者采取的删除、屏蔽、断开链接等必要措施是否及时，

① 《北京高院著作权审理指南》对信息存储空间服务提供者的"应知"过错作了两步认定：第一步为信息存储空间服务提供者能够合理地认识到涉案作品等在其存储空间传播；第二步为信息存储空间服务提供者能够合理地认识到网络用户未经权利人的许可提供涉案作品。

应当根据权利人提交通知的形式，通知的准确程度，采取措施的难易程度，网络服务的性质，所涉作品、表演、录音录像制品的类型、知名度、数量等因素综合判断。且《民法典》第 1195 至 1197 条①明确规定了"通知—必要措施规则"。可见"通知—删除"规则中的删除、断开链接，不是一个简单的动作，注重的是删除、断开链接的实际效果。也就是说，对于提供信息存储空间、搜索链接服务提供者，即自动接入、自动缓存、自动传输服务提供者，其虽采取了删除、断开链接措施，但在侵权信息依旧存在或者依旧不断上传于其信息存储空间时，在技术和成本允许的条件下，可以按照《民法典》的要求，进一步采取屏蔽内容、关键词过滤、暂停账号服务等必要措施，阻止侵权行为继续发生。因此，《信息网络传播权保护条例》第 15 条规定的网络服务提供者接到权利人的通知书后，应当立即删除涉嫌侵权的作品、表演、录音录像制品，其中"立即删除"应理解为"及时采取必要措施"，而不应理解为接到通知后"马上、立刻删除"。

（三）直播平台内主播未经授权使用音乐作品的责任认定

1. 直播平台使用音乐作品的情况

近年来，网络直播②行业如火如荼地发展。网络直播发布者（即主播）在直播过程中难免会使用未经授权的音乐作品。相比较短视频平台而言，对直播平台行为的定性更为复杂。原因在于，尽管直播平台是互联网直播服务的提供者，但直播内容由主播提供，且存在即时性、随意性等特点。因此，直播平台对主播播放的侵害他人著作权的内容应当负有何种注意义务以及承担何种法律责任，需要结合具体情形判断。

按照目前直播平台的运营模式，主播与直播平台的关系主要有三大类。一是签约主播类，主要指平台与数量有限的职业主播签订雇佣或者合作协议。主播对于平台具有一定的人身依附性，平台对于主播的直播活动的安排和开展具有管理的权力，以一定方式向其支付报酬。二是合作分成类，该种情形下主播与主播平台直接

---

① 《民法典》第 1195 条网络用户利用网络服务实施侵权行为的，权利人有权通知网络服务提供者采取删除、屏蔽、断开链接等必要措施。通知应当包括构成侵权的初步证据及权利人的真实身份信息。

② 按照《互联网直播服务管理规定》，互联网直播是指基于互联网，以视频、音频、图文等形式向公众持续发布实时信息的活动。

的关系不像第一类情形紧密，主播对于自己的直播活动具有更大的自主权，甚至从直播的时间到内容基本不受直播平台的干涉；在收益分配方面，双方存在按照一定比例进行分成的约定，主播的收益往往与直播的内容以及受欢迎程度等直接相关。三是平台服务类，主要指直播平台仅提供直播活动的网络技术和平台品牌，主播自行安排、策划其直播活动，平台按照一定标准向主播收取服务费用，服务费用金额与直播活动的内容、获益缺乏直接关联。

值得注意的是，网络直播不仅仅只存在于专业的直播平台，基于强大的互动性和及时性优势，电商平台、社交平台、视频平台也都从事直播服务。尽管从用户规模上看，真人秀类直播远低于电商直播[①]，但在直播中使用音乐作品的需求更高，故占到涉音乐作品侵权案件中的绝大多数。

2. 直播平台经营者的侵权责任

（1）直播平台侵害著作权权项的认定

目前直播平台涉音乐作品或者制品著作权侵权案件中，被诉侵权行为主要包括：主播在直播中演唱他人作品；主播在直播中播放他人作品或者制品；直播平台提供他人作品或者制品；直播平台存储主播的直播视频供用户观看；直播平台未经许可提供作品或者制品供用户使用，或者对涉案侵权直播内容提供点播、回放等功能，使公众能够在自行选定的时间和地点观看等。

争议较大的问题是，对于主播未经许可通过直播平台直播表演他人作品的行为，应认定构成侵害著作权哪一权项。直播即直接播送，是一种向公众直接提供内容的实时传播行为，被控侵权行为系在直播间中表演并通过网络进行公开播送的行为，在直播的基础上，还体现了对歌曲作品的表演。在观看网络直播时，用户只能被动地接受直播者安排的时间、地点，不能在其"选定的时间和地点"获得作品。可见，这是一种单向传播方式，显然不具备信息网络传播权"交互式"传播的特征，故对于网络直播行为无法落入信息网络传播权所规制的范畴，目前已形成基本共识。此外，2020年《著作权法》修改前，广播权控制的行为包括：①以无线方式传播作品的行为；②以无线或者有线转播的方式传播广播的作品的行为；③通过

---

① 截至2023年12月，我国网络直播用户规模达8.16亿，其中电商直播用户规模为5.97亿，真人秀直播用户规模为2亿。数据来自第53次《中国互联网络发展状况统计报告》。

扩音器等类似工具向公众传播广播的作品的行为。网络直播是以互联网为媒介，以光纤和电缆有线传播方式，因而也无法适用广播权规制。

鉴于此，对于直播平台直播表演他人作品的行为，理论研究和司法实践中主要存在表演权以及其他项权两种意见。主张归入表演权的具体理由为，表演权包括"现场表演"和"机械表演"，其中"现场表演"强调表演行为的公开性和现场性，在网络空间进行直播的场景下，观众通过网络以隔着屏幕的方式实现了与表演者的面对面交流，使得网络直播行为实现了"现场表演"所要求的公开性和现场性，故此种行为属于公开表演作品的行为，可以落入表演权的控制范围。反对观点则认为，适用修改前《著作权法》第 10 条第 1 款第 17 项规定的"其他权利"更为妥当。在北京麒麟童文化传播有限责任公司诉武汉斗鱼网络科技有限公司"小跳蛙"侵害著作权纠纷一案[①]中，法院认为，为协调表演权与其他专有权利的关系，表演权应界定为仅控制面对现场受众的"现场表演"和"机械表演"，而不控制通过网络向不在传播最初发生地的公众传播行为。表演权和信息网络传播权、广播权等属于并列的权利类型，表演权控制的是以"活体表演"或"机械表演"形式进行公开传播的行为，并非只要对作品进行了表演就一定落入表演权的控制范围。如果把在直播间中表演并通过网络直播手段进行公开传播的行为纳入表演权的控制范围，将导致著作权中各项权利的控制范围发生交叉重叠。该项传播途径的关键在于通过网络公开直播，应与定时播放、实时转播等其他网络直播行为在权利类型划归上保持一致。

2020 年《著作权法》中广播权的概念修改为"以有线或者无线方式公开传播或者转播作品，以及通过扩音器或者其他传送符号、声音、图像的类似工具向公众传播广播的作品的权利，但不包括本款第十二项规定的权利"。即不再对起始传播是否有线作出限制。因此，在直播平台直播表演他人作品的行为已经可以落入广播权控制的范畴，无需再适用"其他权利"。

（2）直播平台与主播的合作模式对于平台责任承担的影响

直播平台与主播的合作模式决定了直播平台对主播直播行为的控制能力，合作关系越紧密，直播平台对主播直播内容所负注意义务也就越高。具体而言，对于签约主播类，主播与直播平台类似"雇佣"关系。如果在案证据可以证明直播平台

---

① 参见北京互联网法院（2019）京 0491 民初 23408 号民事判决书。

与主播之间符合相关民事法律规定的用人单位责任或者用工单位责任情形的，则可能认定由直播平台承担侵权责任。对于合作分成类，直播平台与主播虽系相对独立的合作方，但双方的获利与直播活动及内容息息相关。如果在案证据可以证明直播平台对于主播的直播行为有安排或者参与安排等较强的管控关系或者双方具有直播内容提供等方面较紧密的合作关系的，直播平台与涉案主播人员则可能构成分工合作的共同侵权，直播平台需承担连带责任。对于平台服务类，直播平台系较为中立的技术服务提供者，平台是否对侵权行为承担责任，则需要根据具体案件情况判断其是否具有明知或应知的过错。

关于直播平台主观过错的认定，一般不能仅以直播平台与主播约定以一定比例分配收益，或者在格式化、无差别、用户协议式的直播协议中笼统约定直播内容的著作权归属于直播平台，就认定直播平台与涉案主播人员构成分工合作或者直播平台构成直接侵权。但是，直播平台在应当意识到直播行为存在构成侵权较大可能性的情况下，未采取与其获益相匹配的预防侵权措施，其对涉案侵权行为在主观上属于应知，应当承担相应的民事责任。在北京麒麟童文化传播有限责任公司诉武汉斗鱼网络科技有限公司"小跳蛙"侵害著作权纠纷①一案中，法院认为，凡在斗鱼直播平台上进行直播的主播，均需与平台签订《斗鱼直播协议》，约定平台享有主播在其平台直播期间产生的所有成果的知识产权等相关权益，或按照修改后的版本，享有排他性的授权许可。可见，平台就主播的直播行为获取了针对内容的直接经济利益，应负有更高的注意义务。平台不应一方面享受利益，另一方面又以直播注册用户数量庞大及直播难以监管而逃避审核、放弃监管，放任侵权行为的发生，拒绝承担与其所享有的权利相匹配的义务。

除了典型的短视频平台和直播平台，其他社交类视频平台（如哔哩哔哩）以及传统视频平台（如优酷网、腾讯视频）等，也都存在涉音乐作品侵权的情形。传统视频平台目前大多采取"内容为王"的经营理念，通过提供优质内容，获得大量付费会员。除重金购买独播视听作品外，平台还会推出自己制作的综艺节目，其中音乐类综艺节目就不可避免要涉及音乐作品的表演权、改编权、广播权以及信息网络传播权等权利，也就有可能面临侵权的风险。社交类视频平台兼具传统视频平台与短视频平台的特征，以用户上传内容为主，同时又涵盖授权取得的内容以及

---

① 参见北京互联网法院（2019）京0491民初23408号民事判决书。

平台自制内容。这些非典型的音乐或视频平台中涉及侵权使用他人音乐作品或制品，平台经营者的法律责任与前述分析讨论的各类典型平台的经营者侵权责任基本相同，不再赘述。

（四）平台经营者的合法授权抗辩

知识产权法上的合法来源抗辩来自于民法上保护善意第三人的法律精神，本意在于保护商品流通中因不知情而使用或销售侵害权利人知识产权的善意第三人，以平衡知识产权权利人与善意第三人之间的利益，合法保障权利人权益的同时促进有序高效的商品流通。

著作权法中对于合法来源的抗辩，主要体现在 2020 年《著作权法》第 59 条的规定，复制品的出版者、制作者不能证明其出版、制作有合法授权的，复制品的发行者或者视听作品、计算机软件、录音录像制品的复制品的出租者不能证明其发行、出租的复制品有合法来源的，应当承担法律责任。在诉讼程序中，被诉侵权人主张其不承担侵权责任的，应当提供证据证明已经取得权利人的许可，或者具有法律规定的不经权利人许可而可以使用的情形。与 2010 年《著作权法》相比，2020 年《著作权法》增加了第 2 款的内容，即明确了在著作权侵权诉讼中，被诉侵权人提出合法授权抗辩的，若能够举证对此予以证明，则该抗辩成立。

有观点认为，2020 年《著作权法》第 59 条第 2 款的规定承接第 1 款，适用主体应仅限于复制品的出版者、制作者。我们认为该种观点值得商榷，实际上第 1 款是合法来源抗辩，合法来源主要是指向被诉侵权的有形载体；第 2 款是合法授权抗辩。对于合法授权的抗辩，可以适用于所有的著作权侵权案件。因此，2020 年《著作权法》第 59 条第 2 款的规定应当适用于全部的被诉侵权人的抗辩。

根据 2020 年《著作权法》第 59 条第 2 款的规定，对于被诉侵权人合法授权的抗辩，一是明确了举证责任的分配，即由被诉侵权人承担对合法授权抗辩事由的举证证明责任；二是未要求主观要件，即不要求被诉侵权人主观上满足不知道也不可能知道的要件。因此，对于合法授权抗辩事由的审查，主要集中在被诉侵权人能否证明其使用作品获得了权利人的许可。以音乐平台为例，我们认为对于被诉侵权人合法授权的审查，主要需要审查其提供的与权利人之间的许可协议。

根据 2020 年《著作权法》第 26 条的规定，著作权许可使用合同包括下列主要内容：（1）许可使用的权利种类。著作权许可使用合同必须明确约定著作权人授予被许可人使用的权利种类。实践中，根据使用人的不同需要，以及著作权人许可使用的意愿，许可使用的著作权的权利种类是不同的。例如，权利人仅许可在音乐平台的直播间使用，则超出在直播范围使用则可能构成侵权。（2）许可使用的性质。许可使用权可以区分为专有使用权或者非专有使用权。比如，在音乐平台均系非独家授权的背景下，被诉音乐平台也获得了权利人的非独家授权。（3）许可使用的地域范围、期间。许可使用的地域范围是指被许可使用的著作权在地域上的效力。通常表现在作品的复制或发行、播放等范围，也是作品的使用和传播范围。比如，被诉音乐平台获得权利人的授权仅限于旗下的两款 APP，若在另外的 APP 中使用则构成侵权。许可使用的期间，是指使用作品的人享有使用作品的期限，也可以说是使用人享有使用权的存续期间，一般表示为从某年某月某日到某年某月某日，也可以表示为从订立合同的时间起到某年某月某日止。期间长短由当事人根据作品的性质以及许可使用的权利种类等在合同中明确约定。（4）付酬标准和办法。该条款通常也用来判断授权合同是否已经得以实际履行。

总体来说，被诉侵权人合法授权抗辩事由能够成立，需要证明以下内容：第一，权利人授权许可真实、有效。第二，被诉侵权人和权利人之间的许可合同得以实际履行。第三，被诉侵权人使用许可作品未超出许可使用的期限、许可使用的地域范围、许可使用的权利种类、许可使用的方式。另外，还需要特别注意的是，著作权集体管理制度和音乐平台的授权关系。由于音乐平台使用音乐作品是海量的，通过获得著作权集体管理组织的一揽子授权，并向著作权集体管理组织支付许可费用，是行之有效的许可模式。音乐平台在获得著作权集体管理组织授权之后，仍可能面临着被诉的风险，原因在于：第一，著作权集体管理组织也是基于会员的授权取得管理音乐作品的权利。因此其管理的音乐作品是有限的。第二，由于著作权集体管理组织在进行对外授权时，通常不能附全部歌单，而目前集体管理组织没有完善的曲库，导致授权范围不够清晰。第三，著作权集体管理组织在法律并未规定延伸管理的情况下，进行延伸管理的授权。在传统的 KTV 案件中，也出现了上述类似问题。如果音乐平台已经取得了著作权集体管理组织的一揽子授权的情况下，权利人对音乐平台提起诉讼，此时应当参照 KTV 案件的处理方式，应当充分考虑被告是否已经向集体管理组织支付许可费的情形，作为是否履行注意义务以及主观恶意与否的重要考量因素。对于已交费的音乐行业经营者，在非会员起诉的案件中，赔偿数额应明显低于未交费的音乐经营者。

四、音乐作品或制品著作权案件的损害赔偿责任问题

（一）关于损害赔偿的相关规定

2020年《著作权法》第54条规定，侵犯著作权或者与著作权有关的权利的，侵权人应当按照权利人因此受到的实际损失或者侵权人的违法所得给予赔偿；权利人的实际损失或者侵权人的违法所得难以计算的，可以参照该权利使用费给予赔偿。对故意侵犯著作权或者与著作权有关的权利，情节严重的，可以在按照上述方法确定数额的一倍以上五倍以下给予赔偿。权利人的实际损失、侵权人的违法所得、权利使用费难以计算的，由人民法院根据侵权行为的情节，判决给予五百元以上五百万元以下的赔偿。

2020年《著作权法》第54条中引入了惩罚性赔偿的相关规定，最高人民法院于2021年3月3日发布了《关于审理侵害知识产权民事案件适用惩罚性赔偿的解释》（以下简称《知识产权惩罚性赔偿司法解释》），对惩罚性赔偿的适用范围，故意、情节严重的认定，计算基数、倍数的确定等作出了具体规定。

北京市高级人民法院则于2020年4月21日发布了《关于侵害知识产权及不正当竞争案件确定损害赔偿问题的指导意见及法定赔偿的裁判标准》（以下简称《北京高院损害赔偿指导意见及裁判标准》），其中第三章规定了音乐作品法定赔偿的相关标准。对涉及音乐作品侵权案件中适用法定赔偿时的特别考虑因素，相关侵权行为的基本赔偿标准以及酌加和酌减标准作了规定。

（二）音乐作品或制品侵权案件普遍存在的问题及解决方式

1. 问题表现

（1）赔偿标准过低

音乐行业普遍认为目前针对音乐作品或制品的侵权案件频发是侵权成本低、收益高但维权成本高所导致。全国各地法院针对音乐作品或制品的判赔标准存在一定的差异，且判赔标准普遍较低，导致近年来侵权较为严重的部分网络平台在收到权利人的侵权投诉甚至是法院的起诉材料之后，为了追求商业利益，仍不下架、删除

或屏蔽侵权内容。由于权利人通常难以举证证明其实际损失或者侵权人的违法获得，且音乐市场缺乏成熟完善的价格交易体系，法院往往选择法定赔偿方式以较低的赔偿标准作出判决，对侵权打击力度有限，一定程度上助长了恶意侵权之风。

但有学者认为，司法实践倾向于适用法定赔偿的原因并非仅在于法院或法官的保守，实践中当事人往往仅对侵权事实进行了充分举证，而对己方实际损失或对方获利的问题往往并没有积极举证，当事人将此举证责任抛给法院也是造成法院越来越保守的重要原因之一。①

《北京高院损害赔偿指导意见及裁判标准》确定了目前国内法院一般的法定赔偿计算标准，但从权利人角度而言，相关裁判标准还是相对较低的。例如，针对实践中最常见的复制、发行以及在线播放行为，规定的基本赔偿标准为每首音乐作品的赔偿数额一般不少于600元，其中词、曲著作权人赔偿占比为40%、60%；原告为录音制作者的，每首音乐作品的赔偿数额一般不少于2000元；原告为表演者的，每首音乐作品的赔偿数额一般不少于400元。

虽然上述规定属于赔偿数额的低限规定，但往往也是最多案件适用的赔偿标准。某网站侵权传播一首歌曲，如果不存在酌加或酌减特殊情形下，词著作权人仅得240元，曲著作权人仅得360元，表演者可获得400元；录音制作者可以获得2000元赔偿，是词曲作者总和的三倍多。相比较第五章中的摄影作品复制、发行、在线传播的基本赔偿标准，每幅摄影作品法定赔偿的赔偿标准限定在500—2000元。即音乐作品的词、曲、表演者所能获得每首作品的基本赔偿标准均未达到同样使用情形下摄影作品的最低赔偿标准。当然，不同类型作品的赔偿标准不宜直接比较，但若是同一网站同时传播音乐作品和摄影作品，由于音乐作品中的权利人多，反而导致各权利人可获得的赔偿数额较低，一定程度上不利于音乐创作和正版市场的良性发展。

对此，部分音乐行业从业者认为，在加大知识产权保护，提高侵权打击力度的情况下，涉及音乐作品或制品案件的判赔数额有待提高。但同样值得我们关注的是，在互联网的大背景下歌曲创作已经趋于简单化、多样化、广泛化，音乐作品的创作质量因创作人投入成本的不同呈现出较大的差异，未经实证分析就得出现有赔

---

① 北京知识产权司法保护研究会，《音乐产业著作权法律问题调研报告研讨会上的发言》，2022年4月15日。

偿额度下限过低的结论极为不妥，标准的上限及下限都应有详实的调研数据作为参考，否则实难实现法律之公平正义。

（2）赔偿数额高低不一

由于法院在绝大部分音乐作品或制品侵权案件的赔偿计算都适用法定赔偿，全国各地的法院，或者同一家法院确定的法定赔偿标准不一，使原被告双方对于赔偿数额缺乏合理的预期。2020年《著作权法》第54条虽然规定了计算损害赔偿数额可以根据权利人实际损失、侵权人违法所得以及权利使用费等赔偿标准，对权利人的侵权救济提供了参考依据，平台等被许可人可以直接通过版权采买协议作为证据之一提交法院作为参考，然而由于平台获得音乐授权往往是批量采买的方式，且授权时间和具体使用范围、使用方式等均有不同，导致仅通过提交批量采买协议这一证据难以计算某一首具体音乐的许可使用费，侵权损害赔偿的计算在不同法院的认定中亦会存在较大差异。

例如，深圳某区法院在2020年对腾讯叮当智能视听屏中通过腾讯叮当软件在线播放《不舍》等音乐专辑歌曲，按音乐制品6000元/首标准判决赔偿数额。厦门某区法院在2019年对QQ音乐平台中使用26首音乐作品判赔经济损失及合理开支共计21120元。又如，某互联网法院对酷狗公司在其经营的网站上传播《使至塞上》音乐作品认定构成侵权，判决被告赔偿经济损失1500元。另一互联网法院则对东方网侵权使用两首音乐作品认定侵权，判决被告赔偿每首音乐歌曲经济损失800元。

2. 解决方式

法定赔偿方式计算赔偿数额的适用率居高不下，需要回归到产业本身，由于音乐市场缺乏成熟完善的价格交易体系，法官难以获悉音乐作品被侵权的实际损失或侵权所得额，故而难以确定具体的裁判条件及标准。对此音乐作品权利人应当积极向法院举证，提供相对公开、客观、透明、真实的交易价格，结合如歌曲传播情况、歌曲类型、知名度以及平台是否有侵权故意等因素综合判定。为法院提供必要证据参照，即使该证据相对欠缺，不足够完善，也能使得法官对市场行情形成认知，并进而形成更加中肯和公平的计算方式。

至于各地赔偿标准不一，也是法定赔偿方式适用较多产生的结果，法定赔偿即酌定赔偿，酌定必然涉及较多主观因素。即使个案情形不同，但法官个人感知、判断标准的差异，也会导致赔偿标准差异较大。北京高院 2020 年发布《关于侵害知识产权及不正当竞争案件确定损害赔偿问题的指导意见及法定赔偿的裁判标准》，意在规范统一北京法院的法定赔偿数额区间范围，使其相对稳定。总而言之，音乐作品的赔偿标准的统一需要法院、市场和涉案当事人的共同努力，使判赔金额更加具有客观性。

（三）普通被许可人维权的赔偿问题

司法解释及相关的规范性文件仅规定了普通被许可人可以提起维权诉讼，但未进一步明确其可以获得的侵权赔偿标准问题。从目前的司法实践看，原告若是普通被许可人，其在获得著作权人明确授予维权诉讼权利的情况下，可以单独提起诉讼，但所获得的赔偿数额往往较低。

在普通被许可人是否有权向法院获得侵权赔偿的问题上，有观点认为，普通被许可人仅能确保其自己合法行使权利，无权对他人侵权行为进行维权。即使发生侵权行为，所受侵害的权利也是著作权人的，与普通被许可人无关。在著作人明确授予维权权利的情况下，普通被许可人也仅能主张停止侵权，不应获得因财产权受损而获得的损害赔偿。也有观点认为，既然著作权人将维权诉讼的权利授予了普通被许可人，那么普通被许可人作为原告提起维权诉讼显然不能仅限于要求停止侵权，而应获得相应的损害赔偿，至于赔偿标准，还是应考虑其实体权利范围，如果实体权利仅是普通许可，那么判赔数额也仅能考虑普通许可使用费计算。

还有观点提出，如果著作权人不愿意维权诉讼，而将独家维权权利授予了普通被许可人，此时，为了快速打击侵权，鼓励权利人积极行使权利，普通被许可人可以获得全部赔偿，而不应再因其普通被许可人的身份而对其限制赔偿标准。

我们认为，虽然普通被许可人所享有的实体权利仅有使用权，但若是经过著作人明确授权独家维权权利，且没有其他权利人因同一侵权行为向侵权人主张侵权赔偿的情况下，由普通被许可人获得全部赔偿既不会影响其他权利人的利益，也不会使侵权人遭受多次追诉，是可以接受的。有观点认为这符合诉讼担当理论。实践中，此类原告的举证责任相对较重，其不仅要证明其获得的实体权利和维权权利的具体内容，而且还要尽量举证证明著作权人和其他被许可人不会就同样的侵权行为提起维权诉讼。

针对音乐作品，当前市场中版权方较为集中。国家市场监督管理总局于 2021

年 7 月 24 日向腾讯公司作出了行政处罚决定，责令其不得与上游版权方达成或变相达成独家版权协议或排他协议，版权范围包括所有音乐作品及录音制品的信息网络传播权。为此，我国音乐市场一定范围内非独家权利人将成为主要的原告主体，出于打击侵权，净化市场，激励权利人维权的效果，还是有必要对普通被许可人在获得著作权人明确授权的情况下，对判赔标准给予考虑，以注重维权效果。

（四）商业维权相关的赔偿问题

1. 商业维权的现象

现象一：某房地产公司从音乐作品作者取得 3 个月短暂授权后，先后针对腾讯、网易、阿里、爱奇艺、优酷、酷我、酷狗、千千音乐等 10 余家音乐平台发起商业维权诉讼，主张赔偿金额超亿元。

现象二：某些律师以及某些代理律所主动锁定音乐权利人，专门从事于音乐维权诉讼，一般通过法院起诉迫使音乐平台就其囤积的版权进行和解，迅速获得收益后继续寻找其他音乐权利人进行诉讼牟利。

商业维权不是一个严谨的法律概念，其核心要义在于接受权利人委托或授权，通过集中诉讼对版权、商标权等开展维权。商业维权行为模式的出现有其必然性和合理性，是对权利人权利的正当维护，能够降低权利人维权成本，促进社会尊重和保护知识产权氛围的形成[1]。

但是目前商业维权在司法实务中存在不规范之处，存在假借权利之名、行敲诈勒索之实等现象，因此本报告亦将商业维权的定义限缩于由作品非真实传播主体或者由维权代理人主导维权，主要目的是获得赔偿而非传播作品或者与侵权人达成谅解。以上两种情形是典型的商业维权现象。音乐作品领域的商业维权现象比较严重。

2. 商业维权与普通维权的辨别

由于商业维权人也有获得授权的被许可人，如何判断其与普通维权的区别，以

---

[1] 中国质量新闻网、国家市场监督管理总局国市监处：《〔2021〕67 号行政处罚决定书》，见 https://www.cqn.com.cn/zj/content/2021-07/24/content_8716838.htm。

下特点值得注意。

（1）商业维权者获得授权期限短，并无自己行使权利的条件。商业维权者获得的授权期限非常短，往往仅数月，而且部分商业维权者并没有自己行使权利的渠道或条件，例如其虽然获得了某音乐作品信息网络传播权，但未经营网站或网络产品，无法自己行使相关权利。一般情况下，被许可人确实因为自己业务需要才会与权利人达成许可使用协议，而且会考虑业务规模、盈利方式等因素协商合理的授权期限，往往需要数年。

（2）部分商业维权者获得授权后，甚至取得授权之前即进行侵权取证并维权诉讼，获得授权、取证、维权过程非常短。部分商业维权者获得授权的目的就是为了维权，所以在取得授权前后即积极取证并立即向法院起诉维权。一般情况下，权利人发现侵权行为后会与侵权人沟通联系，首先要求对方停止侵权，协商和解事宜，甚至达成之后的合作。商业维权者完全没有意愿与他人合作，其只希望"短、平、快"完成维权的过程并获得经济赔偿。

（3）仅以获得赔偿为目的，不追求其他维权目的。商业维权者一般仅要求获得经济赔偿，不要求停止侵权，更无意与对方合作授权。此原因一方面在于其获得授权期限短，到法院诉讼阶段可能已过授权期限，无权再要求对方停止侵权；另一方面对方及时停止侵权反而不利于其多主张赔偿数额。普通的维权者更多在意自己的作品传播市场，在可以接受合理条件下与对方达成和解甚至进一步合作。

（4）商业维权者以极低的价格获得部分年代久远、传播价值不高或者知名度较低歌曲，一般缺乏单曲的正常许可市场。商业维权者利用法院通常按一单曲一案的分案模式，通过法定赔偿集中获得较高利益。普通维权者往往可以提供正常市场下许可使用费作为参考佐证，法院判赔数额较多能体现歌曲的市场价值。

（5）商业维权者起诉波及范围广。商业维权者往往会囤积版权，在短时间内针对多家知名音乐平台或手机厂商进行大范围起诉，取证数量庞大，并就同样的作品对不同产品反复起诉。

3. 商业维权的赔偿问题

商业维权最大的问题是维权者并非作品真实的传播者，反而严重损害作品传播，本质上损害作者的根本利益。由于有利可图，商业维权者才会不断地通过法院诉讼获取利益。

商业维权现象之所以在音乐领域较为严重，与作品量大、单价较低以及法院通常的分案确定模式以及大部分案件适用于法定赔偿有关。《北京市高级人民法院侵害著作权案件审理指南》第3.11条规定了音乐作品法定赔偿裁判标准中可以酌减的情形，虽然没有明确列明商业维权，但提供了"其他"可以酌减的情形。2020年《著作权法》规定了法定赔偿最低限额500元，正常情况下，单部音乐作品500元的赔偿数额确实不高，但对于某些明显的商业维权情形，500元的赔偿额低限显然过高，建议通过降低赔偿数额，让商业维权者无利可图，以达到有效遏制此种现象的效果。与此同时，构建替代性的纠纷解决机制，在发生音乐著作权案件商业维权时，可以先由版权局调解组织、行业协会予以解决，无法通过调解解决的案件再进入诉讼程序，既可以降低当事人的诉讼成本，也可以在加强司法行政协同方面进行探索。亦建议集体管理组织推动音乐作品一揽子许可使用协议的规范化，在权属方面加大审核力度，减少平台用户侵权行为发生。

音乐在整个文化娱乐产业中的重要性毋庸置疑，加之知识产权保护呼声提高、保护力度加大的趋势，音乐著作权案件属于侵害著作权案件中一类常见且不断出现新类型纠纷的案件。音乐产业在发展过程中，从创作者、传播者，到行政机关、集体管理组织，以及作为纠纷解决机构代表的法院无一不重视音乐知识产权创作、使用以及收益中的行为性质认定和收益分配规则。这些规则既有行业发展所形成的惯例，也有法律规定的基本原则，以及音乐产业不断细分背景下所产生的各种利益平衡原则。本报告通过充分全面分析近五年中的音乐著作权案件，提炼争议焦点问题和司法裁判规则，并前瞻性地对2020年《著作权法》施行后可能涉及的与音乐著作权纠纷相关的问题作了分析讨论，以供产业界、实务界及法律界人士参考理解。

本文的部分内容于2022年4月26日，在北京知识产权司法保护研究会微信公众号发布，有删改。

参考文献

国际唱片业协会（IFPI）：2024《全球音乐报告》，2024年版。

中国互联网络信息中心：第53次《中国互联网络发展状况统计报告》，2024年版。

杨柏勇主编，北京市高级人民法院知识产权庭编著：《著作权法原理解读与审判实务》，法律出版社2021年版。

李峣：《诉讼担当人法律地位研究》，对外经济贸易大学博士学位论文，2016 年。

李凌：《论任意的诉讼担当之法律构造》，《广西政法管理干部学院学报》2013 年第 5 期。

北京市高级人民法院：《北京市高级人民法院侵害著作案件审理指南》，2021 年版。

北京知识产权司法保护研究会：《音乐产业著作权法律问题调研报告研讨会上的发言》，2022 年 4 月 15 日。

B.5 互联网图片行业版权
纠纷要点问题研究

王 磊[*]

摘 要：在新媒体时代，图片作为信息传递的重要载体，因其丰富的内容承载性和便捷的传播性，已成为互联网中的关键元素。然而，互联网图片行业在快速发展的同时，也面临着严重的版权纠纷问题，本文即对此展开了探讨。首先，本文介绍了互联网图片作品的法律定位，明确其在著作权法中的分类及法院的认定标准。接着，分析了互联网图片行业的发展现状，特别是深入探讨了"图片库模式"所存在的困境和问题。此外，通过统计分析，本文总结了互联网图片版权纠纷案件的现状与特点，分析了当前互联网图片版权纠纷中的焦点问题及法院的裁判逻辑。通过对这些问题的讨论，本文强调了互联网图片版权市场逐步规范化的重要性和必然趋势，呼吁在法律、产业模式和技术层面进行综合治理，以实现版权保护和产业健康发展的双赢局面。

关键词：互联网图片版权；图片库平台；侵权纠纷；著作权法

一、引 言

在新媒体时代，"一图抵千言"，凭借丰富的内容承载性和便捷的信息传递性，图片已经跃迁为互联网中表达和传递信息最为重要的载体。无论是媒体领域还是商业领域，图片已经成为加强竞争力的重要因素，市场对图片需求量极大，视觉内容

---

[*] 王磊，北京德恒（杭州）律师事务所知识产权与反垄断专委会主任、高级权益律师，主要从事知识产权与反不正当竞争法研究。

行业呈快速增长态势。

然而,产业端的欣欣向荣却难以掩盖"互联网图片"在版权领域丛生的乱象。根据某图片库公司对于图片行业互联网流量的实时监控数据,目前国内正版图片交易网站流量,只占到行业总流量的 10% 左右。这意味着天量的产业产值,流向了游走于灰色甚至黑色地带的盗版网站和侵权图片,图片作品侵权风险也自不待言。根据中国信通院的统计,在"十三五"期间,以"侵害信息网络传播权纠纷"为案由,在裁判文书网中公开检索的民事判决书,从侵权的作品类型来看,超过40%(占比 42.9%)案件涉及图片作品(包含摄影作品),在所有作品中占比最高。[①] 更重要的是,"互联网图片"版权领域的问题不仅来自泛滥的"侵权方",更在于"维权方"。2019 年视觉中国"黑洞照片"事件的爆发,开始让社会公众关注到作为互联网图片版权维权主力军的图片库公司,已经开始向着"维权获客、维权创收"的畸形方向发展。以上种种情况叠加,使得互联网图片作品应当如何运营和保护,权利的保护与滥用的边界如何划定,引起了理论与实务界的激烈争议和深度反思。

基于前述背景,本文将结合互联网图片版权产业的现状,对当前互联网图片版权纠纷案件中存在的诸多要点问题进行归纳和分析,以期对互联网图片版权行业的从业者提供有益参考。

二、互联网图片作品的著作权法定位

图片作品,顾名思义,即以图片形式呈现和传播的作品类型。但图片作品并非严格意义上的法律概念,也并非我国《著作权法》单独规定的作品类型。根据《著作权法》第 3 条对作品类型的规定,"互联网图片"主要指向的是摄影作品和美术作品这两大作品类型。

《著作权法实施条例》第 4 条进一步明确了摄影作品和美术作品的定义,即"摄影作品,是指借助器械在感光材料或者其他介质上记录客观物体形象的艺术作品;美术作品,是指绘画、书法、雕塑等以线条、色彩或者其他方式构成的有审美意义的平面或者立体的造型艺术作品。"

---

① 参见中国信息通信研究院:《"十三五"中国网络版权治理白皮书》,2021 年版,第 16 页。

在实务中，法院对于前述两类作品的认定都较为灵活，使得绝大部分的"互联网图片"都可以纳入前两类作品范畴而获得保护。比如，在"《小丈夫》电视剧截图著作权侵权纠纷案"中，杭州互联网法院认定电视剧的单帧截图虽不是静态拍摄完成，但也体现了摄录者对构图、光线等创作要素的选择与安排，体现出了独创性，故应当将视听作品中截屏取得的单张作品认定为摄影作品，并给予著作权保护。[①] 再比如，北京互联网法院在 2023 年一起案件的裁判中认为，使用 AI 绘画工具生成的图片属于美术作品，受到著作权法的保护。[②]

三、互联网图片行业发展现状

中国互联网图片行业经历了快速发展，成为数字经济的重要组成部分。随着智能手机普及、社交媒体兴起和用户对视觉内容需求的增加，图片行业在近年来取得了显著的进展。

首先，图片分享平台迅速崛起。像微信、微博、抖音等社交媒体平台的普及，使得图片分享成为用户日常交流的重要方式。微信朋友圈和微博中的图片发布功能，使用户可以方便地分享生活点滴，极大地推动了图片内容的生产和消费。同时，短视频平台如抖音和快手，也在一定程度上促进了图片的传播，因为短视频中的封面图和截图常常被用户二次创作和分享。

其次，图片搜索引擎和图片库的发展也不可忽视。百度、搜狗等搜索引擎提供了强大的图片搜索功能，用户可以通过关键词或图片本身进行搜索，极大地方便了图片的获取和使用。与此同时，像视觉中国、全景网络等专业图片库也不断扩充其图片资源，提供高质量的版权图片服务。这些平台通过与摄影师和图片创作者的合作，建立了庞大的图片数据库，满足了媒体、广告、出版等行业对图片的高需求。

然而，中国互联网图片行业也面临着一些挑战。版权问题是一个长期存在的难题。随着图片的广泛传播，未经授权使用图片的情况时有发生，导致创作者的权益受到侵害。尽管有法律法规和版权保护平台的存在，但实际执行中仍存在诸多困难。为了解决这一问题，相关部门和平台需要加强版权保护意识和技术手段，确保

---

① 参见（2017）浙 8601 民初 2297 号民事判决书。本案中将电视剧截屏作为摄影作品保护的观点，在理论和实践中也存在一些争议。

② 参见（2023）京 0491 民初 11279 号民事判决书。

图片的合法使用。

此外，内容审核也是一个不可忽视的问题。由于图片传播速度快、覆盖面广，平台需要具备强大的内容审核能力，避免不良信息的扩散。人工智能技术在这一领域展现了潜力，通过图像识别技术，可以在一定程度上实现自动化审核，但仍需人工干预以确保审核的准确性和公正性。

总体来看，中国互联网图片行业正处于蓬勃发展的阶段，各类平台和技术的不断创新为行业注入了新的活力。未来，随着技术的进一步进步和用户需求的不断变化，图片行业有望在数字经济中发挥更重要的作用。同时，如何有效应对版权保护和内容审核的挑战，将成为行业健康发展的关键。

四、互联网图片版权产业的运营模式及问题

（一）互联网图片版权产业的市场格局

随着技术的进步和自媒体的蓬勃发展，互联网图片的产量和需求量均出现了指数级增长，然而由于图片著作权自身的特性和一些体制机制的缺陷，在互联网图片交易市场中，图片生产者与图片需求方之间的"直接交易"却十分少见。卖家"卖不出"，买家"买不到"成了双方共同的痛点，也产生了中介撮合交易的巨大市场空间。[①] 因此，当前的互联网图片版权交易形成了三方主体的市场格局，即上游的图片内容生产者、中游的图片库平台和下游的图片内容需求方。其中，图片库平台是整个交易的核心，是交易能够达成的关键环节，占据了市场的中枢地位。由于绝大部分互联网图片版权交易均借由图片库平台完成，因此几乎可以说对图片库平台发展运营状况的分析就等同于对互联网图片版权产业整体的分析。

数字化的图片库平台随着互联网技术的发展最早出现在 20 世纪 90 年代的美国，比较知名的有 Corbis Images（柯比斯图片社）和 Getty Images（盖蒂图片社）等。我国的数字图片库行业虽起步较晚，但发展迅速，目前主要可以分为三大类，即官方图片库、商业图片库以及微利图片库。官方图片库包括新华社等；传统民营商业图片库包括视觉中国、东方 IC、全景视觉等；我国的微利图片库近年来也逐

---

① 王田、高雨薇、王如诗：《信息不对称理论视角下网络图片版权交易的侵权问题研究》，《出版发行研究》2019 年第 11 期。

渐发展起来，主要是以上海为核心的大量中小微利图片公司。目前我国图片市场集中度较高，在 2018 年就有行业研报显示，行业前 5 家企业市场份额超过 70%。其中，视觉中国在创意类图片及编辑类图片两大领域的市占率分别高达 50% 和 30%，综合市场占有率达到 40%，在图片版权市场可谓一家独大。①

（二）"图片库模式"的运行逻辑

本质上，图片库平台就是图片销售推广和代理的机构，其经营运作一般有三个主要环节。

一是图片权益的获取。图片库平台接受上游内容提供方的委托，包括摄影师、设计师、媒体、通讯社、图片社等个人或机构，形成委托与被委托的关系。内容提供方以协议的方式将其作品委托给图片库平台，由图片库平台代理图片的权益，图片权益出售所获得的收益由图片库平台与图片作者共同分享。

二是图片的编辑处理。获得代理权后，图片库平台还需要对图片素材进行管理，在经过编辑、整理以及分类后，原始的图片才会真正成为图片库里的"商品"。因此，对于多数图片库平台而言，图片编辑能力以及利于图片展示和搜索的后台处理能力，往往是图片库平台竞争力的重要体现。比如，视觉中国在 2023 年就上线了全新的 AI 智能搜索引擎，使得用户不仅可以用"关键词"进行检索，还可以使用"自然语言"的方式进行搜索。②

三是图片的销售。商业图片库平台会主动与图片用户接触，主要包括媒体、广告公司、大型企业等，而个人客户的占比通常较低。图片销售多采取一对一服务方式，包括对客户个性化需求的理解、及时接收图片用户反馈的信息，目标是最大限度开发图片市场价值。

图 1　图片库平台产业链示意图

---

① 新时代证券：《相信"小"的力量，解密图片业"独角兽"成长记——视觉中国公司深度报告》，2018 年 5 月 30 日。

② 参见《视觉（中国）文化发展股份有限公司 2022 年年度报告》，2023 年版，第 17 页。

整体来看，图片库平台在图片产业链中的价值主要体现在两个层面：一是作为内容供应方和终端客户之间的代理，体现的是渠道价值；二是作为摄影图片"加工商"，图片库平台将摄影照片转化成可供出售的视觉创意产品，实现了图片商品化过程中的"增值"。

正是由于图片库平台在整个商业图片产业中重要的增值服务角色，也使得其成为图片产业链条中收益最大的主体。以简单的收益分成比例来看，图片库平台在图片收益中的分成也明显高于内容提供方。据统计，就国内市场而言，图片库平台收取图片售价的50%—80%不等的收益，而上游摄影师的分成比例则在20%—50%之间。此外，由于基本不涉及库存及物流费用，该行业企业普遍保持较高的利润率。[①]

（三）"图片库模式"面临的困难与问题

持续多年的蓬勃发展掩盖了我国图片库行业在"野蛮生长"中滋生的诸多问题，在2019年视觉中国平台"黑洞照片"事件爆发后，这些问题方才受到社会公众的普遍关注，而图片库平台的社会声誉也几乎跌至冰点。[②] 具体来说，阻碍"图片库模式"在我国进一步发展的因素既有来自外部环境的困境，也有源自图片库平台自身的问题。

1. 来自外部环境的困难

虽然近年来我国公众的版权意识有很大程度地提升，但和一些西方发达国家相比仍有很大的差距。公众版权意识不强，会导致两个方面的问题：一方面，互联网图片盗版现象猖獗，公众几乎可以以零成本且极为便利的方式随时获取盗版图片；另一方面，公众对于互联网图片是否存在所谓"正版""盗版"，以及使用"盗版"图片的潜在法律风险几乎没有认知，对正版互联网图片的付费意愿也较低。在这样的外部环境下，图片库平台的获客难度极高，很难取得进一步的发展，也正因如此，使得一些图片库平台走上了"维权式推销"的畸形发展路线。

---

① 新时代证券：《相信"小"的力量，解密图片业"独角兽"成长记——视觉中国公司深度报告》，2018年5月30日。

② 参见艾媒咨询：《2019中国企业图片字体版权纠纷专题研究报告》，见 https://www.iimedia.cn/c400/64118.html，2019年4月17日。

2. 图片库平台自身存在的问题

当然相较于外部环境因素，阻碍图片库平台持续且健康发展的因素主要源于其自身。具体而言，主要有以下几点：

（1）图片权属存在瑕疵情形多发

图片库平台中虽存有数量庞大的图片资源，但并不意味着平台就当然如其所声称的那样就库中的所有图片享有权利。事实上，图片库平台中有相当数量的图片存在权利瑕疵，这其中自然有图片供应商方面的原因，但更主要的原因是图片库平台疏于审核甚至是有意放任所造成的。由此使得大量授权链条存在问题，甚至是明显属于公有领域不享有著作权的图片充斥图片库平台，给图片使用者和图片库平台自身都带来了不必要的风险。比如，PRphoto 公司于 2018 年受一汽大众的委托拍摄新车发布会照片，照片被一汽大众作为发稿图片发给到场媒体使用，但一名 PRphoto 公司的摄影师在不具有这些图片版权的情况下，私自将照片上传视觉中国，视觉中国在获得这些"瑕疵"图片版权后，反以"侵权"为由起诉图片真正的版权所有者 PRphoto 公司，最终整个事件以视觉中国方面颇为尴尬地道歉收场。[1]

（2）"商业维权"模式存证畸形化发展风险

"商业维权"本身是一个中性的概念，但当前图片库平台所实施的"商业维权"已经明显开始向"钓鱼维权"和"维权式推销"的方向演变，这显然偏离了正常的版权交易渠道。实践中，图片库平台借助其在技术能力方面的优势，在全网检索侵权线索，并在发现侵权线索后提起诉讼或以诉讼相威胁，使得大量缺乏相关领域知识的末端侵权人最终选择与平台达成付费合作的方式解决版权纠纷。比如，视觉中国于 2017 年率先在行业内研发了图片版权追踪系统"鹰眼"，而视觉中国 2017 年年报显示，"鹰眼"系统上线后，公司通过"鹰眼"发现的潜在客户数量增长超 84%，新增的年度协议客户数量增长超 54%。[2] 由此可见，图片库平台已经形成了"维权—诉讼—和解—签约"的获客链条，商业模式日益向畸形化发展。

（3）用户信任度有待提升

来自北京互联网法院的一份调查曾显示，有 50%的被调研者认为在互联网图

---

① 《视觉中国曾遭维权打脸：发函称取得版权　竟是摄影师盗图上传》，载微信公众号"红星新闻"，2019 年 4 月 13 日。

② 参见《视觉（中国）文化发展股份有限公司 2017 年年度报告》，2018 年版，第 13 页。

片版权交易场景中"对权利人是否就图片享有权利不信任";① 另有艾媒咨询于2019年进行的一份调研显示，有78.8%的受访企业认为互联网图片库平台的"维权式推销"属于敲诈行为;② 而从社会公众的常用语汇中，也开始将图片库平台冠以"版权流氓""版权碰瓷"之名。在这样一种社会认知和舆论环境中，图片库平台很难获得进一步的发展，修复其社会评价任重而道远。

五、互联网图片版权纠纷案件的现状与特点

每年我国法院都会受理数以万计的著作权侵权案件，这其中涉及图片著作权的案件通常会占到很高的比例。根据中国信通院《"十三五"中国网络版权治理白皮书》的统计，"十三五"期间涉及图片作品（包含摄影作品）的案件，占到了侵犯作品信息网络传播权案件的40%以上。③ 如此庞大的案件数量，使得我们能够通过统计分析的方式较为清晰地观察此类案件的趋势与特征。故本部分将结合北京互联网法院④与"小包公"⑤ 实证分析平台发布的两份与互联网图片版权纠纷相关的数据报告，对互联网版权纠纷案件的现状与特点进行总结分析。

（一）原告情况

该类案件起诉主体的集中程度，要远高于其他类型的案件。根据北京互联网法院的调研显示，排名前十位的原告主要集中于国内图片库公司和个别个人权利人，排名前五位的图片库公司的案件数量占全部图片类案件的43%。换言之，实践中至少半数以上的互联网图片版权纠纷系由图片库公司提起的所谓"商业维权"。

---

① 《探究图片版权争议成因 共促纠纷源头治理》，载微信公众号"北京互联网法院"，2020年7月7日。
② 参见艾媒咨询：《2019中国企业图片字体版权纠纷专题研究报告》，2019年4月17日。
③ 参见中国信息通信研究院：《"十三五"中国网络版权治理白皮书》，2021年版，第16页。
④ 《探究图片版权争议成因 共促纠纷源头治理》，载微信公众号"北京互联网法院"，2020年7月7日。该项调研对北京互联网法院2018年9月9日建院至2020年6月30日所审理的2万余件涉图片类著作权案件进行了数据统计分析。对本章节后续来自该调研报告的数据，不再特别注释说明。
⑤ 《摄影作品的网络传播权侵权纠纷的实证分析——"视觉中国"是"碰瓷式维权"吗?》，载微信公众号"小包公"，2023年8月25日。该项调研筛选了自2021年1月4日至2023年5月29日的4694个侵害摄影作品信息网络传播权纠纷案件作为样本，在时间上接续前项北京互联网法院的调研。对本章节后续来自该调研报告的数据，不再特别注释说明。

（二）管辖情况

从趋势上来看，互联网图片版权纠纷案件的一审管辖有向互联网法院集中的趋势，其中以北京互联网法院尤甚。小包公平台的统计显示，在其样本案例中，由互联网法院审理的案件占比55.13%。北京互联网法院也曾在其调研中指出，涉图片类著作权案件在其所有著作权案件中的占比超过一半以上，与前述统计结论相互印证。产生这种现象的原因并非是案件中的直接侵权人多处于互联网法院的管辖范围，而是大量商业化维权平台通过将侵权行为所处的网络服务平台作为共同被告从而"制造"管辖连接点造成的，是当事人基于诉讼成本、诉讼效率、维权便利性、审判专业度等因素作出的主动选择。同时，北京的互联网平台企业数量众多，导致大量案件最终由北京互联网法院管辖。

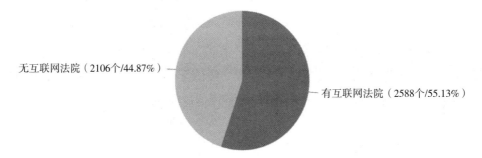

无互联网法院（2106个/44.87%）

有互联网法院（2588个/55.13%）

图2　网络图片版权纠纷管辖情况示意图

（三）涉诉作品形态

该类案件中，摄影作品大多为智能手机、数码相机等设备拍摄，较少以传统胶片相机拍摄，因此原始载体大多为电子形式。同样，美术作品大多利用相关绘图软件创作完成，较少使用传统创作方式后再进行电子化，且随着技术的进步，更是出现了大量由生成式AI直接"创作"的图片。这些特征给实务中作品权属的认定带来了一定的困难。司法实践中，法院通常会对新型图片成果先进行作品及作品类型之认定，例如利用计算机软件合成制作形成的延时摄影、电子相册、动态图片、AI创作图片等。

（四）被告类型与侵权场景

小包公平台的数据统计显示，样本案例中被告为公司的案件数量占全部案件数量的 86.28%，个体工商户或个人作为被告的情形偏少，推测这可能与后者对图片的使用"商业属性"偏弱，可主张的损害赔偿金额较低有关，并不意味着在网络个人用户中不存在普遍性的侵权行为。从被诉侵权主体对涉诉图片的使用方式上来讲，最为常见的就是在其经营网站中，或者在微博、微信公众号作为文字或文章的配图使用。除此之外，使用方式还包括在商业广告中使用、在电商平台中作为商品展示图片使用等。值得关注的是，除互联网企业外，被诉侵权主体以电信、金融、地产领域企业为主，同时地方报业集团或国企、事业单位近年来被诉的情形也逐渐增多。

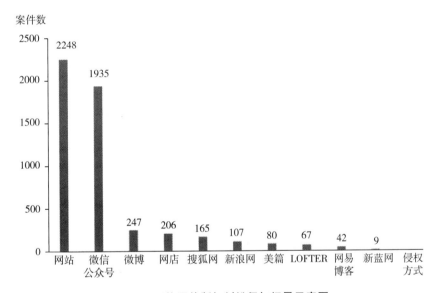

图3 网络图片版权纠纷侵权场景示意图

（五）原告胜诉率

小包公平台的数据统计显示，原告败诉案件仅占一审案件的 2.46%，二审改判率也仅占二审案件总量的 6.14%，加之除通过法院判决结案的案件外，还有相当大比例的案件是通过双方和解撤诉的方式结案（和解结果多为被告向原告付费），足见原告方在此类案件中的胜诉率之高。通过分析发现，在原告败诉的小部分案件中，败诉原因主要有：一是权属证据有瑕疵，原告提交的证据不足以认定其享有涉案图片的相关著作权；二是被告使用行为有合法来源；三是被告属于天猫、微博等网络服务提供者，具备无过错的抗辩事由。

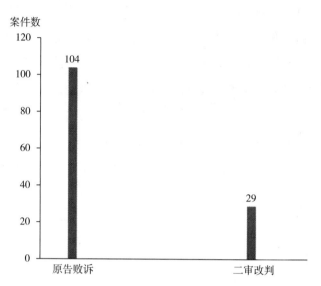

图4　网络图片版权纠纷原告胜诉率示意图

（六）原告举证情况

在互联网图片版权纠纷案件中，原告通常需从权利归属、侵权行为、损害赔偿三个方面进行举证。这其中，被告虽必然会对是否存在侵权行为进行抗辩，但往往对侵权行为证据本身不会产生太大的争议。同时鉴于对损害赔偿的举证难度较高，且即便不进行充分举证，也不影响法院在合理范围内适用法定赔偿判赔，原告对损害赔偿方面的举证通常不会十分重视。而由于图片版权归属普遍存在模糊性的特点，与权利归属有关的证据往往是案件审查的焦点，也是原告举证的重点所在。小包公平台的数据统计显示，原告在诉讼中提交"图片信息"（如图片原图、拍摄方式、设备、时间、拍摄数据底稿等）和"发布信息"（如首次发表链接、截图等）用于证明作品权利归属的比例最高，分别占48.53%和47.99%，这可能与互联网图片原始载体多为电子形式的特点有关。此外，其他的举证内容还包括提交作品登记证书、授权书、转让或委托创作协议等。值得关注的是，有34.06%的案件中，法院不仅要求原告提交授权书，还要求原告提交原始著作权人对其进行授权的声明，以防止原告进行虚假诉讼。由此可见，在互联网图表版权纠纷中，法院对于作品权利归属的审查通常更为严格。

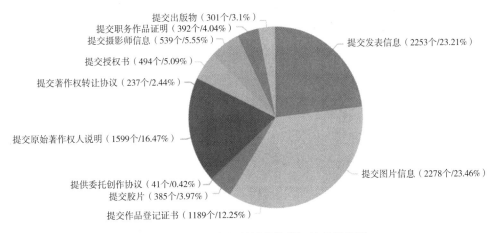

图5 网络图片版权纠纷原告举证情况示意图

（七）被告抗辩情况

实践中，被诉侵权主体的抗辩理由较为集中。主要有以下七点：一是认为涉案图片无独创性、不构成作品，不应受著作权法保护；二是权属抗辩，主张涉案图片的作者另有他人或认为原告的证据不足；三是主张被诉侵权内容为时事新闻等构成合理使用；四是主张有合法来源；五是被诉侵权行为实施者另有他人，其无主观侵权故意；六是提出侵权公证书的公证效力、保全工具、网络环境的清洁性、时效性抗辩等程序上的抗辩；七是抗辩其为信息存储空间，适用"避风港原则"，无过错，此类抗辩基本是第三方平台的主要抗辩理由。当然几乎所有被诉侵权主体都会提出原告主张的赔偿数额过高的抗辩意见。

此外，通过实践案例中被告方面所提出的一些抗辩理由，也能发现一些广泛存在的对侵权风险性的认识误区，比如在相当多案件中被告会提出"没有商业目的"或"已标明来源出处"的抗辩理由来论证其行为不构成侵权。

（八）判赔金额情况

结合统计分析情况，目前互联网图片版权纠纷的判赔情况总体上呈现出以下两个特点。

第一，采取法定赔偿或法院直接酌定赔偿金额。是损害赔偿金额确定方式的绝对主流，小包公平台统计数据显示，占比高达92.86%。

第二，法院最终支持的赔偿金额偏低。小包公平台统计数据显示，最终判赔金额落入1000元至5000元这一区间的案件数量最多，而判赔金额超过1万元的案件仅占全部样本数量的11.05%，法院支持的赔偿金额平均数为4897.01元。而另据北京互联网法院的调研统计显示，单幅摄影作品的最低损害赔偿额为300元，最高为4000元，中位数为800元，平均值为867元；单幅美术作品的最低损害赔偿额为440元，最高为25000元，中位数为800元，平均值为5670元。

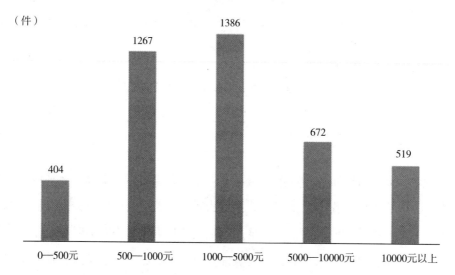

图6　网络图片版权纠纷判赔金额分布情况示意图

值得注意的是，随着图片市场的不断发展以及对知识产权保护力度的不断加大，法院的判赔数额出现了明显的增长趋势，但同时也呈现出判赔数额差异化的特点。即针对不同图片类型及不同使用方式，判赔数额差异化逐渐明显。法院在考量判赔数额时有一个重要因素体现为：被诉侵权主体的使用行为是否与其主营业务相关或是否用于商业目的的宣传，对于涉案图片被直接用于广告宣传等商业活动的情况，法院判赔数额往往更高。此外，被诉侵权行为的影响力、主体的影响力、受众、涉案图片的浏览量等均系法院考量判赔额度的相关因素。以北京市高级人民法院发布的《关于侵害知识产权及不正当竞争案件确定损害赔偿的指导意见及法定赔偿的裁判标准》为例，该标准将美术作品和摄影作品的不同使用方式的赔偿标准进行了不同的设定，如第四章对美术作品的展览的基本赔偿标准、影视性使用的酌加标准、广告使用的酌加标准分别加以规定，第五章对摄影作品的VR全景摄影作品的酌加标准、体育赛事等大型活动现场摄影作品的酌加标准分别加以规定。

六、互联网图片版权纠纷案件的焦点问题及裁判逻辑

(一) 原告的主体资格问题

如前所述，由于互联网图片版权纠纷中由图片库公司发起的商业维权诉讼日趋"泛滥"，使得法院在个案中，尤其是以图片库平台或疑似实施商业维权的主体作为原告的案件中，对原告主体资格的审查越发严格。在很多案件中，原告是否适格成为案件争议的核心焦点，同时也是被告最容易取得突破的抗辩方向。

互联网图片版权纠纷中的原告一般可以分为"著作权人"和"被许可人"两大类，其中"著作权人"又可以进一步细分为"原始取得权利人"和"继受取得权利人"。不同类型的原告主体在诉讼中对主体资格的举证方向各有侧重，法院的审查要点也有所不同。

首先，对于"原始取得的著作权人"而言。原告可以通过提交作品登记证书、摄影作品的底片+底片原始存储介质（如相机）、美术作品的底稿、创作过程记录，以及作品发表时表明自己著作权人的署名信息等证据，来证明自己就是作品的著作权人。如果著作权人为单位的，即存在职务作品或法人作品的情形时，单位则还需要提供其他证据，来证明作品著作权归单位所有，比如：（1）作者签署的《确认书》，证明原图是由其拍摄或制作的，但著作权属于单位，如有可能，让原作者出庭作证；（2）作者与公司签订的《劳动合同》，证明合同中已明确约定著作权人为公司。此外，若图片作品标记有公司水印，原告可以通过提供该水印对应的商标证等，来证明该水印系其专有的权利标识，可以表明作者身份。原告提供上述证据后，如被告无相反证据，就可以初步证明原告享有著作权。

其次，对于"继受取得的著作权人"而言。在绝大多数商业维权情形中，图片库公司会以该种原告身份提起诉讼。一方面考虑到网络图片版权交易市场权利状态普遍不清晰的问题，另一方面也考虑到当事人应当具备的举证能力，法院对于图片库公司作为原告提起诉讼时原告主体资格的审核通常更为严格。比如，广东高院在相关指引中指出："对于以经营图片为业的著作权人，基于该类公司往往系通过委托、购买、许可等正常交易方式获得相应著作权利，其有能力提交相应合同、交易凭证、作者转让声明等证据；作为著作权继受者和经营者，其有审核和证明相关

图片权利来源的义务；故从此类公司行业性质、举证能力和更好引导规范其开展相关业务等方面考虑，此类图片库经营者更应规范审核并留存相关权利来源的证据，故对此类公司的著作权权属举证一般宜作更高要求。"① 在"汉华易美公司诉步步高公司侵害作品信息网络传播权纠纷"一案中，法院也指出对于作者之外的"其他著作权人"，除了证明权利转让或其他情形外，亦须证明转让主体对图片作品享有著作权。②

另外需要特别说明的是，《著作权法》第 12 条第 1 款规定："在作品上署名的自然人、法人或者非法人组织为作者，且该作品上存在相应权利，但有相反证明的除外。"该条款即为"署名推定规则"。在一些案件中，原告会基于该规则主张其在涉案作品上标注的水印或权属声明构成《著作权法》上的"署名"，故应推定其为著作权人。对这一观点，目前司法实践较为一致的认识是，因相关标注易于篡改，随意性大，通常情况下不能仅凭当事人自行标注的可修改的水印和版权声明来认定作品权属。对于图片库公司作为原告的案件，则更没有"署名推定规则"适用的空间，其原因不仅在于"水印"的随意性，更在于"署名推定规则"仅能适用于表明"作者"即"原始取得权利人"身份的情形，其他民事主体（包括"继受取得的权利人"）试图表明自己为权利人的权利声明和标记并不是"署名"。③同样在前述"汉华易美公司诉步步高公司侵害作品信息网络传播权纠纷"一案中，二审法院就认定原告汉华易美公司和其权利来源盖帝公司均是继受取得著作权，其标注水印和权利标记，仅是宣示其享有著作权或专有使用权，均非表明其系作者，不属于著作权法意义上的"署名"，不能适用"署名推定规则"。

最后，对于"被许可人"而言，除了证明许可人享有著作权外，还需结合具体的授权方式，确认被许可人是否获得了诉权。在有些较为极端的"商业维权"情形中，原告可能仅获得了权利人对"诉权"的授权许可，而未获得著作权实体权利的授权许可。对此，《北京市高级人民法院侵害著作权案件审理指南》指出："著作权人未将著作权转让或者许可他人，仅授权他人起诉的，不予支持。"④《湖南省高级人民法院关于审理涉及网络的著作权侵权案件若干问题的指导意见》亦

---

① 《广东省高级人民法院知识产权审判庭关于涉图片类著作权纠纷案件若干问题的解答》问题之一。

② 参见（2019）湘 01 知民初 1765 号民事判决书。

③ 参见王迁：《论著作权法中"署名推定"的适用》，《法学》2023 年第 5 期。

④ 《北京市高级人民法院侵害著作权案件审理指南》第 1.10 条。

指出："著作权人未将实体权利而只是将打击侵权行为的权利许可他人的，因许可行为不涉及实体权利，被许可人不能以自己的名义提起诉讼。"①

（二）数字形式下作品原件的判定问题

如前所述，互联网图片版权纠纷中涉案作品的原始载体大多为电子形式，因此对电子形式图片作品"原件"的真实性判断时常成为案件审理中的难点所在。就摄影作品而言，在现有的技术条件下，一般认为采用 RAW 格式存储的图片为拍摄的原始文件，司法实践中通常会推定其持有者为摄影作品的原始作者。如在"李某诉广东传宝生物科技有限公司等侵害作品信息网络传播权"一案中，原告李某虽未对案涉图片进行版权登记，但广州互联网法院认定"李某提交了案涉摄影作品的 RAW 文件格式的原图截图以及录屏，并提交该 RAW 文件格式的原图供法院核对，因采用此种格式的数码图片一般系拍摄的原始文件，可据此推定持有者为原始作者"。②

在大量的案例中，被告会以原告未提供 RAW 格式文件，或者不能证明原告提供的电子图片是否为真实未修改的"底片"为由，从而对涉案作品的权属进行质疑。然而，此类抗辩通常无法得到支持。理由在于，提供图片的电子"底片"只是用于证明权利归属的方式之一，并非不提供电子"底片"就不能证明涉案作品的权利归属。如《北京市高级人民法院侵害著作权案件审理指南》就针对"数码照片权属的认定"规定："当事人提交原始数字文件、出版物等证据证明其权利归属，对方提出异议的，应当综合考虑如下因素：照片发表情况、照片拍摄器材、照片存储设备、电子文件信息等。"③ 换言之，此类案件中法院审查的焦点并非数码图片有无原件或是否为原件，而是应把焦点集中于涉案作品是否由原告（或其摄影师）完成的。在"北京莫朗公司诉广东太平洋公司、东莞万速公司侵害作品信息网络传播权纠纷"一案中，法院就认为"使用数码相机拍摄照片是技术和市场发展的产物，容易拍摄、编辑、使用是数码相机的特点，但不能以该特点直接否认底稿真实性。"④

---

① 《湖南省高级人民法院关于审理涉及网络的著作权侵权案件若干问题的指导意见》第 8 条。
② 参见（2022）粤 0192 民初 6010 号民事判决书。
③ 《北京市高级人民法院侵害著作权案件审理指南》第 3.5 条。
④ 参见（2019）粤 0192 民初 13174 号民事判决书。

（三）图片作品的独创性问题

与所有作品类型一致，"互联网图片"想要获得著作权保护也必须要满足具有"独创性"这一前提性条件。"独创性"中的"独"是指"独立创作，源于本人"，而"创"指作品能够体现作者的精神劳动和智力判断，而非简单地摹写或复制。可以看出，"独创性"是一个相对模糊且主观的概念，而此类要件往往最容易成为诉讼中双方争议的焦点。但从实践案例来看，原告因图片作品缺乏独创性而败诉的情形并不多见。究其原因在于，我国法院普遍对于作品（尤其是摄影作品）"独创性"中的"创造性"要素的证成标准要求极低，只需具备"最低限度的智力创造"即可。如广东高院曾在文件中指出，"不宜对摄影作品的创作高度作过高要求。若相关摄影图片由摄影者独立完成，且摄影者对拍摄选定对象的构图、取景或拍摄方式等做出个性化选择并形成一定独特视觉效果，即使其拍摄对象是公共建筑、自然景象，也可作为摄影作品受到著作权法的保护。"①

理论上一般认为，摄影作品的独创性来自于对拍摄对象的选择、设计、对光影的判断等，② 但即便如此，如何判断摄影作品是否具有独创性仍然是不明确的，这一标准尺度只能通过司法实践来具体设定。在"高某、邓某某诉合一公司等侵犯著作权纠纷"一案中，原告将相机固定在其气球上并设置为录制状态后，将气球放飞，过程中无法人为操控相机，也无法人为干预气球飞行。原告以在这一过程中相机拍摄的图片主张权利，一审法院认为"在气球升空后，对于气球的飞行以及相机的录制，已经无法人为操控，完全处于一种气球任意自由飞行和相机自动录制的状态。在这种情况下，对于拍摄对象的选择，拍摄时机的把握，拍摄角度和距离的调整，光线、色彩、明暗等各种拍摄元素的运用，已经无从谈起，基本没有人的智力因素介入，拍摄出来的结果不是源自人的创作行为，不符合作品独创性的要求。"而二审法院却与一审法院截然相反地认为，涉案作品拍摄的过程仍能体现人工干预和选择，具有一定独创性。③ 二审法院的观点充分体现了当前我国司法实践中对摄影作品独创性标准要求较低的司法倾向。

---

① 《广东省高级人民法院知识产权审判庭关于涉图片类著作权纠纷案件若干问题的解答》问题之四。

② 王迁：《知识产权法教程（第七版）》，中国人民大学出版社 2021 年版，第 120—121 页。

③ 参见（2015）朝民（知）初字第 20524 号民事判决书，（2017）京 73 民终 797 号民事判决书。

不过,对于独创性的要求较低,并不等于放弃独创性这一标准。对于一些较为极端的情况,如为真实再现已有图片的纯粹翻拍情形就不满足独创性要件,不能作为摄影作品来保护。

(四)电子存证的采信问题

针对互联网图片版权的侵权行为绝大多数发生于网络环境中,侵权证据往往会以电子数据的形式呈现,如果网络用户或平台在诉讼前或诉讼过程中删除了侵权链接等电子数据,原告则无法再对被告的侵权行为进行核实。因此,侵权证据的保全对于此类案件至关重要。传统的公证保全方式时效性较差,且费用较高,随着技术的发展,越来越多的当事人开始选择包括"可信时间戳"在内的电子存证平台进行固证工作。

总体而言,当前法院对于电子存证形式的态度相对较为宽容,一般不会轻易否定其效力。比如,在一些案件中,被告会提出原告委托进行电子证据固定的电子数据存证机构并未取得《电子认证服务许可证》,其提供的电子证据不应予以采信的主张。但是,法院不会因此直接对该证据不予采信,而是会综合考察进行取证存证的行为主体的资质资信情况、取证存证过程、电子数据本身记载的内容、所采用的技术手段等相关因素,结合案件其他证据或者日常生活常理作出正确判断。①

即便如此,仍存在一些会导致电子存证无法被采信的情形,值得特别关注。如在"北京阅图科技公司诉上海东方网络公司侵害作品信息网络传播权纠纷"一案中,原告进行时间戳取证时,未按照《操作指引》的要求进行"互联网连接真实性检查",使得接入网站的真实性无法确认,导致电子存证内容未被采信。②

(五)合理使用与法定许可情形的认定问题

如前所述,在微信公众号或类似平台中,将涉案图片用于文字或文章的配图,是实践中最为常见的侵权场景,而在此类案件中,被告常常会基于《著作权法》

① 《广东省高级人民法院知识产权审判庭关于涉图片类著作权纠纷案件若干问题的解答》问题之六。
② 参见(2019)京0491民初1212号民事判决书。

第 24 条第 1 款第 2 项①之规定提出合理使用抗辩，主张其对涉案图片的使用是为了辅助说明某一问题而进行的"适当引用"。对于是否构成"适当引用"的判断，是一个综合多因素进行考量的过程，实践中通常采取的方法有"三步检验法"和"四要素判断法"。前者已经为我国《著作权法》文本所吸收，即《著作权法》第 24 条中的"不得影响该作品的正常使用，也不得不合理地损害著作权人的合法权益"。后者主要来自于美国法中的规定，具体而言，需考虑如下四个方面因素：（1）使用的目的和性质，即使用是出于商业目的还是其他；（2）被使用作品的性质，即作品是否具有较高的独创性；（3）被使用部分的数量和重要性，即被使用部分占原作的比例及重要程度；（4）对作品潜在市场或价值的影响，即使用是否会影响原作的市场销路。② 基于前述判断方法，互联网图片版权纠纷案件中被认定构成合理使用的个案十分罕见，其中一方面原因在于，被诉侵权方的使用很难撇清商业性的目的；另一方面原因则在于，不同于文字或其他类型的作品，对图片作品的使用只能是"全有"或"全无"式的使用，很难说不会影响作品的"正常使用"且不侵权著作权人的合法权益。

除了合理使用之外，法定许可是《著作权法》给权利行使设置的另一重限制。在互联网图片版权纠纷案件中，比较容易引发争议的是《著作权法》第 35 条第 2 款③中规定的"报刊转载法定许可"这一情形。产生的争议问题在于，该项法定许可能否适用于网络转载的场景。最高人民法院颁布的《关于审理涉及计算机网络著作权纠纷案件适用法律若干问题的解释》第 3 条曾规定："已在报刊上刊登或者网络上传播的作品，除著作权人声明或者报社期刊社、网络服务提供者受著作权人委托声明不得转载、摘编的以外，在网络进行转载、摘编并按有关规定支付报酬、注明出处的，不构成侵权。"这实际上是将"报刊转载法定许可"拓展到了网络环境中，允许各种形式的网络媒体，但 2006 年出台的《信息网络传播权保护条例》最终没有规定这项法定许可，最高人民法院也在随后司法解释修订中删除了这条规

---

① 《著作权法》第 24 条第 1 款：在下列情况下使用作品，可以不经著作权人许可，不向其支付报酬，但应当指明作者姓名或者名称、作品名称，并且不得影响该作品的正常使用，也不得不合理地损害著作权人的合法权益：……（二）为介绍、评论某一作品或者说明某一问题，在作品中适当引用他人已经发表的作品……

② See 17 U.S.C 107.

③ 《著作权法》第 35 条第 2 款：作品刊登后，除著作权人声明不得转载、摘编的外，其他报刊可以转载或者作为文摘、资料刊登，但应当按照规定向著作权人支付报酬。

定，网络未经许可转载已发表作品不得主张"法定许可"。

（六）网络服务平台的责任问题

在相当比例的互联网图片版权纠纷案件中，原告会将侵权图片所出现的网络平台作为案件的共同被告，虽不可否认不少案件中原告的这一选择是为了"创设管辖连接点"而采取的诉讼策略，但也确实产生了如何认定网络平台所应承担的责任这一问题。

应当说，侵权图片作品出现在网络平台上，并不意味着网络平台就要承担责任。网络平台是否承担责任，需要判定网络平台在侵权过程中扮演的角色，即网络平台是侵权内容的直接提供者还是网络服务提供者，然后再找到适用的法律规则来具体分析责任承担问题。在平台公司为侵权内容的直接提供者时，原告自然可以主张其承担直接侵权责任。但这种情形相对比较少见，更多情况下平台在侵权链条中仅扮演了网络服务提供者的角色。一般认为，网络服务提供者对网络用户侵害信息网络传播权的行为不负有主动审查的义务，其行为只要满足了"避风港原则"的要求，即履行"通知—删除"义务，就无需对侵权行为承担责任。但若能够证明平台对侵权行为存在"明知"或"应知"，却未采取必要措施的，平台就应承担帮助侵权的责任。对于平台存在"明知"或"应知"的具体情形或判断因素，相关法律法规或司法解释中已经进行了相当程度的列举，在此不予赘述，仅以如下案例予做简要说明。在"张某诉北京中农兴业公司侵权著作权纠纷"一案中，被告辩称其为网络服务提供者，图片系网络用户上传，内容与其无关，不应承担侵权责任。法院经审理认为，在被诉侵权图片所在文章页面右侧存在"热点关注"标签，应当构成对网络用户侵害信息网络传播行为的应知，即便上述筛选、推荐行为系计算机自动完成的，但由于法律调整的是人们利用技术的行为，并不调整技术本身，被告可以就如何利用该项技术的行为进行选择，积极采取预防侵权的合理措施，在案亦无证据证明被告采取了删除、屏蔽、断开连接等必要措施，对涉案侵权行为存在过错，构成帮助侵权行为。[①]

平台在诉讼中被牵连还有一个重要原因，就是原告通过平台来确定网络用户的真实身份。网络环境下，图片作品的侵权人为个人的，往往采用网络昵称而非真实

---

① 参见（2019）京0491民初25470号民事判决书，（2019）京民73终字第3772号民事判决书。

姓名进行发布图片等各类网络活动。而原告起诉时需要明确被告的真实身份信息，因此匿名用户被告身份的确认是诉讼中必须解决的问题。实践中，原告方常常通过先将平台起诉，在诉讼过程中要求平台披露用户身份，然后再追加匿名用户为被告的方式，来解决匿名用户身份难以确认的问题。如果平台未能充分披露用户信息，则有可能被认定需承担直接侵权的法律责任。[1]

（七）生成式 AI 技术带来的新问题

2023 年，被人们称之为"AI 元年"，生成式 AI 技术迅速从一种"未来"走进了人们的日常生活。在互联网中开始出现大量由生成式 AI 绘制的图片，这些图片若仅从外观上看，已经无法与人类拍摄或创作的图片相区分。

然而，对于此类 AI 生成图片是否享有著作权，以及若其享有著作权则应归属哪一主体的问题，在理论和实务界引发了极大的争议。对此，北京互联网法院在近期作出裁判的"AI 文生图第一案"中认为涉案人工智能生成图片（AI 绘画图片）具备"独创性"要件，体现了人的独创性智力投入，应当被认定为作品，受到著作权法保护。同时，法院还认定"原告是直接根据需要对涉案人工智能模型进行相关设置，并最终选定涉案图片的人，涉案图片是基于原告的智力投入直接产生，且体现出了原告的个性化表达，故原告是涉案图片的作者，享有涉案图片的著作权"[2]。对于该判决所体现的观点，理论界存在诸多不同的声音，必然在相当长一段时间内都将会引发持续的争论。

受限于篇幅问题，本文对于 AI 生成图片是否具有作品属性以及其权利归属的理论问题，暂且按下不表。本文在此想要强调的是，无论理论界对于上述问题讨论的结论如何，生成式 AI 技术已经给互联网图片版权相关纠纷的司法裁判乃至整个互联网图片版权产业带来了十分直接的挑战。鉴于 AI 生成图片在形式上与人类创作无异，若司法案件中涉及 AI 生成图片，将会给案件事实的查明造成极大的困难。可以预见的是，未来必然会有越来越多的案件，被告会提出涉案图片系 AI 生成或类似的抗辩，而为了确认涉案图片是否构成作品以及其权利归属，审查涉案图片是否由 AI 生成必然成为相关案件法院在事实查明中的焦点问题。

---

[1] 参见（2020）京 0491 民初 24589 号民事判决书，（2021）京 73 民终 2864 号民事判决书。
[2] 参见（2023）京 0491 民初 11279 号民事判决书。

本文结合互联网图片版权产业的现状，对当前互联网图片版权纠纷案件中存在的诸多要点问题进行归纳和分析。通过分析可以看出，对于互联网图片版权纠纷司法实践中所体现的诸多问题不应停留在法律层面的思考，很多问题的产生与社会整体的版权意识、产业模式乃至技术的发展息息相关。然而，症结必会解决，风口总会到来。就像在文学、音乐和视频市场已经发生的那样，图片版权市场势必日趋正规化，补上内容版权实现成熟市场化所需要的最后一块重要版图。

参考文献

王迁：《知识产权法教程（第七版）》，中国人民大学出版社 2021 年版。

王田、高雨薇、王如诗：《信息不对称理论视角下网络图片版权交易的侵权问题研究》，《出版发行研究》2019 年第 11 期。

董伟威、童海超：《知识产权商业维权诉讼的界定与规制》，《人民司法》2014 年第 1 期。

王迁：《论著作权法中"署名推定"的适用》，《法学》2023 年第 5 期。

徐峰：《"黑洞照片侵权事件"背景下我国网络图片著作权保护研究》，《中国出版》2019 年第 21 期。

崔丽莎：《中国网络图片库市场竞争现状分析》，《竞争政策研究》2018 年第 3 期。

朱玥：《网络图片版权维权乱象中法定赔偿制度的价值偏离与回归》，《出版发行研究》2022 年第 1 期。

梁志文：《摄影作品的独创性及其版权保护》，《法学》2014 年第 6 期。

王迁：《论人工智能生成的内容在著作权法中的定性》，《法律科学（西北政法大学学报）》2017 年第 5 期。

B.6 网络游戏行业的版权发展与保护

朱开鑫 易俊雄[*]

摘 要：网络游戏作为我国网络版权产业的核心组成部分，已经成为推动文化产业和数字经济发展的重要力量。网络游戏的版权保护当下存在拆分保护和整体保护两种并行模式，但各界对于游戏规则能否纳入版权法保护框架尚未达成完全共识。生成式人工智能正持续赋能网络游戏行业的发展，在这一过程中引发的新型版权关注也日益受到各界所关注。

关键词：网络游戏；版权保护；整体保护；拆分保护；生成式人工智能

一、网络游戏行业发展状况简介

蓬勃发展的网络游戏产业，作为我国网络版权产业的核心组成部分，已经逐渐成为推动我国文化产业和数字经济发展的重要力量。早在 2021 年，中国网络游戏产业市场规模便接近 3000 亿元，并以游戏内容为中心形成上下游产业链，带动电子竞技、游戏直播、游戏视频等上下游产业加速发展。

（一）网络游戏行业发展历程回顾

我国游戏产业萌芽于 20 世纪后期，先后经历了起步期、快速发展期、爆发期、政策调整期和成熟期，呈现出平稳增长的态势。整体来看，我国游戏行业起步较

---

* 朱开鑫，腾讯研究院高级研究员，研究方向为版权法与网络法；易俊雄，腾讯法务部游戏诉讼维权中心副总监，研究方向为游戏法。

晚，20 世纪八九十年代主流的游戏来自家用游戏机、游戏厅街机，主要是不联网的单机游戏。进入 21 世纪后，网络游戏时代正式开启。从 2001 年开始，以《传奇》《奇迹 MU》《石器时代》为代表的一批韩国、日本网络游戏在中国大获成功，也带动了整个游戏产业的发展。网络游戏的发展高度依赖硬件的进步，随着智能手机的普及，搭载在手机平台上的游戏产品开始发展。

2014 年至 2017 年期间，手游市场呈现出高速发展趋势，涌现出网易《梦幻西游》手机版、腾讯《穿越火线：枪战王者》、《王者荣耀》等爆款手游。2019 年至今，游戏产业进入成熟期，游戏衍生行业成为新的价值挖掘领域，游戏直播、游戏视频行业迅速崛起，VR/AR 游戏、云游戏等新业态成为新焦点，走入大众视野。

（二）网络游戏行业近五年状况纵览

2019 年，中国游戏市场规模达 2308.8 亿元，同比增速 7.7%，相比 2018 年 5.3% 的增速有所回暖。截至 2020 年 3 月，中国网络游戏用户规模达 5.32 亿人，相比 2018 年 4.84 亿人的用户规模增长 9.9%；其中移动游戏用户规模达 5.29 亿人，相比 2018 年的 4.59 亿人增长 15.3%。2019 年中国网络游戏行业主动变革适应市场变化，以精品游戏、移动电竞等重新聚焦用户，移动电竞、云游戏等成为增长新动能，网络游戏产业稳步回暖。同时，游戏企业社会责任意识持续增强，国风游戏、功能游戏等品类用户量保持增势，并加大自主研发游戏，拓宽海外市场收入。

2020 年，中国游戏市场规模达 2786.9 亿元，同比增长 20.7%。用户规模达 5.18 亿，其中移动游戏用户规模为 5.16 亿，相比 2019 年略有下降。整体来看，"十三五"期间，中国游戏市场规模增长 68.3%，用户规模增长 24.2%，呈现蓬勃发展态势。同时，在国家政策的扶持和指导下，游戏企业社会责任意识显著增强，强化未成年人保护，积极弘扬传统文化，不断探索科技赋能，推动了用户和市场规模稳步攀升。2020 年中国网络游戏产业精品化趋势增强，历史文化、科普教育类型凸显社会效益，自主研发产品国际国内竞争力进一步提升，出海走向全球化新阶段。

2021 年，中国网络游戏用户规模达 5.54 亿，同比增长 6.9%；市场规模达 2965.1 亿元，同比增长 6.4%，增速相比 2020 年下降 14.3%。整体来看，网络游戏产业用户和市场规模呈现增长趋势，但是市场增速有所放缓，主要原因是受疫情影响，新增游戏作品数量减少，用户消费意愿亦有所趋冷。2021 年国产游戏的海外市场规模达 180.1 亿美元，同比增长 16.6%。虽受全球"宅经济"消退影响，网络游戏海外市场规模增速趋缓，但近五年的平均增幅说明了出海游戏在全球成熟和新兴市场中具有竞争力，成为网络版权产业出海的"桥头堡"。

2022 年，中国网络游戏用户规模达 5.22 亿，同比减少 5.8%；市场规模达 2658.8 亿元，同比大幅下滑 10.3%，中国网络游戏用户和市场规模均首次出现有统计以来年度负增长。整体来看，国际形势复杂多变全球游戏市场普遍下行，我国游戏行业也出现投融资受阻、企业生产研发受限、用户消费意愿和能力下降。在种种压力下，中国游戏行业积极应对，努力寻找和创造发展机遇，表现出较强的韧性。2022 年，我国游戏行业始终把社会效益放在首位，坚持价值导向正确，重视游戏的文化属性，努力创作优质内容，推动文化产业和数字经济繁荣发展。

2023 年国产游戏的国内市场规模达 2563.8 亿元，同比回升 15.3%；国产游戏的海外市场规模达 163.7 亿美元，同比下滑 5.6%。国内市场回暖有助于游戏进一步保护传承和创新发展中华优秀传统文化，头部精品和爆款新品已将展现中国风元素视为开发运营必备；同时也有助于"游戏+"跨界探索，游戏 IP 联动赋能文旅文博，游戏科技外溢赋能文物保护和线下展演，取得经济和社会效益双丰收。

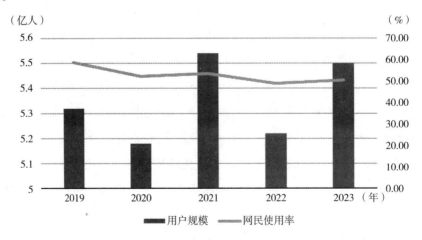

图 1　2019—2023 年中国网络游戏用户规模

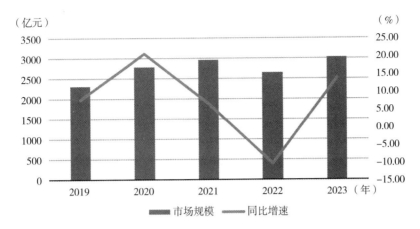

图2 2019—2023年中国网络游戏市场规模

二、网络游戏行业版权保护问题

游戏版权是游戏内容生态不可分割的重要部分。随着中国国内原创优质游戏的持续推出，游戏内容的正版化成为游戏全产业链条相关主体的共识，构建良性游戏版权生态的重要性日益凸显。立法层面，2021年实施的新《著作权法》为法定作品类型新增开放式条款，并将"以连续动态画面作为表现形式的作品"统一命名为"视听作品"，为游戏内容版权提供更为全面的法律保护。司法层面，各地、各级法院通过对行业诉讼案件的定分止争，为游戏版权领域的良性竞争保驾护航。行业层面，各游戏厂商积极探索行业自律模式，推动业内健康的游戏内容版权生态。

（一）网络游戏版权保护模式概况分析

对于网络游戏版权保护的探讨，首先要回答的问题是网络游戏构成版权法上的何种作品。因为在现行《著作权法》的作品类型中，尚未有"游戏作品"的具体分类，所以要回归网络游戏的本质，来分析其作品归类的基本逻辑。

从技术层面来看，网络游戏是计算机软件程序（包括服务器端程序和客户端程序）和游戏内容数据（图片、文字、音乐等）的集合，这决定了网络游戏能够以一个复合作品的形式呈现两种形态：一种是静态的计算机代码和信息数据形式的集合；一种是动态的在智能终端中由用户操作游戏软件程序运行，实现视听输出。

从开发过程来看，游戏由策划人员进行故事情节、人物角色、游戏规则的整体设计，经美工对游戏原画、场景、角色等素材进行设计，然后程序员根据需要实现的游戏运行效果进行代码编写。由此，最后游戏在终端设备上运行呈现的连续画面，体现出创作者对美术、人物、技能、主题等元素的思想表达与个性选择。

从创作分工来看，游戏创作包括总制作人、剧情背景及关卡等策划、美工设计师、程序开发员、音频设计师等，与电影创作过程中的导演、编剧、美工、音乐、服装设计等非常类似。

从外在表现来看，玩家可以通过下载游戏软件包，运行游戏程序，在游戏过程中感受流畅的视觉画面、沉浸式的背景音乐、生动的人物造型、趣味性和竞技性并存的游戏规则等。

（二）网络游戏版权保护拆分模式探讨

拆分保护，即拆分网络游戏中的各种具体元素，结合不同的作品类型定义，分析游戏是否构成计算机软件、文字、美术等具体类型的作品。早期，在网络游戏能否作为视听作品（类电作品）保护未获得司法实践验证时，游戏权利人多将各游戏元素以不同类型作品作为权利基础加以主张保护。

1. 计算机软件作品保护

游戏引擎是由指令序列组成的计算机程序，是运行某一类游戏的、机器设计的、能够被机器识别的代码"集合"，"像一个发动机，控制着游戏的运行"。游戏运行过程中，游戏引擎系统自动或应用户的要求，随时调用资源库的素材并呈现在用户的终端设备上。游戏软件程序属于可受《著作权法》保护的"计算机软件作品"。

2. 美术作品保护

美术作品是指绘画、书法、雕塑等以线条、色彩或者其他方式构成的有审美意义的平面或者立体的造型艺术作品。游戏中包含大量的美术元素，包括游戏界面、游戏场景、道具装备、角色造型等。分析其是否构成美术作品，需要以作品的独创性作为前提，排除公有领域元素、通用设计等不受保护的内容，进而判断其是否符合美术作品的表达特征。

3. 文字作品保护

文字作品是指小说、诗词、散文、论文等以文字形式表现的作品。游戏中的文字表达部分主要体现在游戏背景介绍、技能说明、装备说明、人物对话等元素上，如果体现了作者个性化的取舍、选择、安排、设计，并能够相对完整地表达一定的信息，便可以构成文字作品。而单个的人物名称、场景名称、道具名称等，因较难完整表达作者的思想，也不具备最低限度的独创性，则难以被认为构成文字作品受到著作权法保护。

4. 音乐作品保护

游戏中的背景音乐、插曲穿插于游戏进程中，能够丰富玩家的听觉体验，增强玩家在游戏中的情感共鸣。游戏的背景音乐可以是一段完整连续的音乐，也可以是游戏过程中附带的音效。如果是缺乏节律的单一音效，缺乏独创性，则较难构成音乐作品。

5. 图形作品保护

游戏场景地图是经过游戏策划人员和美术人员为实现个性化的游戏战斗环境而创作的虚拟三维场景空间，具有一定的复合属性。一方面，游戏地图的局部场景内构成元素的造型、色彩等表层美术效果具有审美意义，使得玩家迅速沉浸于虚拟战斗环境，满足美术作品的构成要件。另一方面，游戏地图整体构图、内部结构和布局方面的取舍、组合与设计，对游戏体验的影响相较于游戏地图表层美术效果更为显著，也更能体现游戏地图创作者设计水平、独创性程度之高低，因此游戏场景地图也符合《著作权法》关于图形作品中"说明事物原理或结构"的"示意图"的定义。

（三）网络游戏版权保护整体模式探讨

1. 游戏版权整体保护模式的价值

江苏省高级人民法院在"苏州蜗牛数字科技股份有限公司诉成都天象互动科技有限公司、北京爱奇艺科技有限公司著作权侵权纠纷案"二审判决中指出：一是游戏中存在"通过不同规则、不同要件之间复杂多样的同类或跨类元素的组合，形成可以持续感知、区别于组合要素的具体表达"，即上述美术、音乐、文字等元素的组合、编排，也形成了具体的表达。将各元素拆分，割裂了各游戏元素之间的组合联系，违背人们对电子游戏普遍的整体性感知。二是"这类细分权项的保护只是保护了网络游戏中的某一个元素类别，并不足以实现对具有完整性特征的网络游戏的充分保护和实质保护，这也使得侵权者很容易通过回避、更换整体游戏中某一类别元素的方式来逃避侵权责任"。

新《著作权法》于2021年6月1日正式生效，在作品类型规定中将此前的"电影和类电影作品"的规定升级为"视听作品"。在由全国人大常委会法工委民法室主持编写的《中华人民共和国著作权法导读与释义》中，在阐释"视听作品"产生背景时指出，在这次修改过程中，对于是否采纳视听作品这一概念，国内学者意见不一。有意见认为，视听作品是对电影电视剧、录像作品的统称。有意见认为，在视听作品引入立法之初，视听作品等同于"以类似摄制电影方法表现的作品"。但多数意见认为，我国2001年《著作权法》以"电影作品和以类似摄制电影的方法创作的作品"和邻接权中的"录像制品"保护视听作品的方式，已经无法适应现实的需要。例如，无法将随着网络技术、视音频技术发展而产生的网络游戏、微电影、短视频、具有独创性的综艺节目和直播赛事等纳入作品的范围，应当借鉴国际条约和域外经验采用涵盖范围更为宽泛的"视听作品"的表述。这次修改采纳了多数人的意见，将原《著作权法》中的"电影作品和以类似摄制电影的方法创作的作品"修改为"视听作品"。

游戏连续画面，是指网络游戏运行时呈现在终端设备的由文字、声音、图像、动画等游戏元素构成的综合视听表达。随着对游戏认识和理解的不断加深，游戏连续动态画面的类电作品属性已得到司法实践的普遍认同。目前已有角色扮演类、射击类、MOBA类、沙盒类游戏被认定为类电作品，部分法院结合相关案件的审理发布了审理指南和审判指引。

例如北京市高级人民法院《侵害著作权案件审理指南》第2.14条规定，运行网络游戏产生的连续动态游戏画面若符合以类似摄制电影的方法创作的作品构成要件的，受《著作权法》保护。

《广东省高级人民法院关于网络游戏知识产权民事纠纷案件的审判指引（试行）》第17条规定，运行网络游戏某一时段所形成的连续动态画面，符合以类似摄制电影的方法创作的作品构成要件的，应予保护。

2. 游戏版权整体保护模式的要件

符合视听作品的构成要件，首先，需要满足作品"独创性"要求的前提；其次，需要结合《著作权法实施条例》第四条对"类电作品"的定义进行判断，即：类电作品是指摄制在一定介质上，由一系列有伴音或者无伴音的画面组成，并且借助适当装置放映或者以其他方式传播的作品。因此，根据相关法律条款的规定，从字面意义上可将游戏整体画面构成类电作品的要素拆解为：（1）具有独创性；（2）摄制在一定介质上；（3）由一系列有伴音或者无伴音的画面组成；（4）可借助适当装置放映或者以其他方式传播。

在司法实践中，法院均认为"独创性""连续动态画面"是类电作品认定的重要条件。但在"摄制在一定介质上""故事情节""交互性"等考量因素方面，是否作为类电作品的绝对构成要件，近年来不同法院从产业发展的角度，回归电影作品本质，也已经做了相关回应。

（1）具有独创性

判断游戏连续动态画面是否具有独创性，主要考虑其是否由作者独立完成，以及是否体现了作者个性化的取舍、选择、安排和设计。游戏连续动态画面通常由游戏开发者精心研发、独立设计完成，符合"独立完成"的要求。各网络游戏连续画面中人物、情节等均不相同，多种游戏素材的组合明显展现出游戏开发者极富个性的选择与安排。由此，游戏运行所产生的连续动态画面符合"独创性"要求。

（2）摄制在一定介质上是否为类电作品的构成要件

随着产业技术的发展，电影的创作手法不断推陈出新，摄制手段早已不再局限于传统的摄像机拍摄，计算机绘制、合成的动画电影已大量出现，因此，电影的创作手段也不应限定在摄像机"摄制"。同时，随着信息存储传播技术的进步，存储介质更加多元化，对"介质"也应作广义理解。因此，对"摄制在一定介质上"的理解，不能认为是要"固定"在有形载体上。

对类电作品的认定，不应为其创设额外的构成要件，应回归到其区别于其他类型作品的不同表现形式上，即是否"由一系列有伴音或无伴音的画面组成"。"摄制在一定介质上"并不是类电作品的构成要件，制作方式不应成为作品定性的障碍。如重庆市第一中级人民法院在相关判决中就曾表示，根据《伯尔尼公约》第2条，"文学和艺术作品"指的是包括文学、科学和艺术领域内的一切成果，不论其表现方式或者形式如何。该条对于类电作品的描述本身强调的是作品的表现形式和电影类似，而非创作方法。

（3）由一系列有伴音或者无伴音的画面组成

如上文所述，由一系列有伴音或无伴音的画面组成是类电作品区别于其他类型作品的表现形式。因此，游戏运行的整体画面是否具有"连续性"是判断其是否构成类电作品的关键性因素。游戏种类丰富多样，根据玩法可以分为角色扮演游戏、格斗游戏、射击游戏、模拟游戏、策略游戏等，不同类型的游戏为了满足不同的游戏目的会使用不同的表现方法，因此，在游戏运行过程中呈现的画面可能会有"静态"和"动态"之别。目前在司法实践中，已有角色扮演类、射击类、MOBA类、沙盒类游戏被认定为类电作品的案例，但也并不能一概而论地认为某类型游戏的运行画面构成或不构成类电作品，仍应回归到画面本身是否具备"连续性"的判断上。

（4）游戏的交互性是否影响其整体画面认定为视听作品

相比于电影作品由观众单向观影，其创作出发点注重的是视听体验及其传递的影片思想，网络游戏创作的出发点注重的是玩家体验及其呈现的游戏设计，大部分游戏连续动态画面是在玩家操作参与下产生的即时反馈画面。交互性是否会影响游戏整体构成类电作品，广州高院在相关判决中表示：首先，回到《著作权法》关于类电作品的定义，认为该定义并未排斥交互性；其次，认为涉案游戏画面整体视听效果突出，即表现形式上是精美的连续画面；再次，认为这些交互可能导致游戏画面存在略微差异，但是这些差异并未超出游戏在画面表达层面上的预设范围，也没有改变涉案游戏整体画面连续动态画面的核心特征。

综上所述，游戏运行的整体画面是否构成类电作品，应围绕其是否具备"独创性"前提，以及"一系列有伴音或者无伴音的画面"这一表现形式的核心特征进行判定。虽然《著作权法》已经将"类电作品"修改为"视听作品"，亦将作品的定义调整为开放式，但目前尚未对"视听作品"作出明确的定义，其能否更好地解决游戏整体画面认定的各种复杂问题，还有待司法进一步探索和实践。

（四）网络游戏"游戏规则"保护模式探讨

2022年末至2023年期间，全国各地法院围绕"游戏规则保护"或者说"换皮游戏问题"就多起案件做出判决。

2022年11月30日，广东省高级人民法院对"广州网易公司、上海网之易公司诉深圳迷你玩公司著作权侵权及不正当竞争纠纷案"做出终审判决，认定深圳迷你玩公司构成不正当竞争，判令其删除游戏中 230 个侵权元素，并赔偿网易公司 5000 万元。

2023 年 5 月 15 日，广州互联网法院判定广州简悦公司侵害了杭州网易雷火公司对《率土》游戏享有的 79 个游戏玩法规则的改编权，需要向网易公司赔偿经济损失及维权合理开支 5000 万元。

2023 年 6 月 25 日，广州知识产权法院就网易公司诉广州华多公司、广州虎牙公司案做出二审判决，认定被告运营的《奶块》不构成对原告《我的世界》的著作权侵权，也不构成不正当竞争。华多公司、虎牙公司不必再次共同赔偿网易经济损失等共计 2000 万元。

综上来看，对于"游戏规则"是采取《著作权法》保护模式还是《反不正当竞争法》保护模式，司法实践中仍处于不断探索之中。所谓游戏规则是指游戏世界稳定运行情况下，反复出现的关系。它是由开发商提前在游戏中预设完成的，在用户触发相应条件时，遵循游戏规律，将出现对应的结果。游戏规则之所以近年来成为法律实务探讨的重点话题，离不开层出不穷的游戏换皮侵权案件。在不同的语境下，游戏规则的含义亦有所不同。

游戏规则可以指代游戏世界需遵循的基本规律，即非常抽象的游戏玩法，如大压小、攻击—防守—辅助，升级获奖励；也可以指代游戏具体的设计，如特定游戏中，每个职业的技能组合、数值设计、对应装备的增强、减弱效果。如果我们把大压小这种最抽象的思想作为金字塔的顶端，在游戏设计的过程中，规则也会随着设计人员的不断细化，而最终达到金字塔的底端，即用户视觉可见、可以直观感受到的角色人物的具体技能、技能释放效果。金字塔的顶层属于思想，显而易见不应当得到保护，金字塔的底层，用户可以直观感受，显然应当受到保护。但从底层到顶层的不断抽象的不同阶段，哪些应当受到保护，思想和表达的分界点在哪里，通过《著作权法》还是《反不正当竞争法》予以保护，是有待探讨的问题。

游戏换皮复制替换了游戏表层，即可以被用户直接感受到的美术、音乐、文字等内容，但游戏的具体规则设计、游戏体系框架等内容基本没有变化。这种游戏表面看起来与原游戏相比有一定差异，但用户体验之后，可以发现操作技巧、习惯、玩法等高度雷同。在司法实践中，"游戏规则"早期常被认为属于思想范畴，不受《著作权法》的保护。但司法机关也明显感知到，游戏规则是一款游戏的核心竞争力，需要付诸大量智力劳动和经历较长的调试周期，如果不予以法律保护将难以制止游戏"换皮"行为，不利于激励创新和游戏产业的健康发展。因此法院尝试性地通过《反不正当竞争法》对游戏规则进行保护。

与依据《反不正当竞争法》保护游戏规则的思路不同，《著作权法》角度认定游戏规则是否能受保护，主要考虑游戏规则在何种层面上构成《著作权法》保护的客体，即是否属于"思想""有限表达""公共领域"之外的独创性表达。区分游戏中相应的玩法规则属于"思想"，还是受《著作权法》保护的"表达"，要看这些玩法规则是属于概括的、一般性的内容（如游戏的主题、题材、角色类型设定），还是具体到了一定程度、足以产生感知特定作品来源的特有玩赏体验（如通过足够具体的角色设计、技能体系、游戏效果等形成具有内在逻辑关系的有机结合的整体）。前者可能被认定为游戏的"思想"，无法受到保护，而后者则可作为"表达"受到《著作权法》保护。由于游戏内容千变万化，"游戏规则""玩法""游戏设计"等概念在指代时范围较大、内涵也比较模糊，是否可保护仍需要在个案中具体考察。

三、网络游戏行业 AIGC 新关注

新一轮生成式人工智能变革，被称为是百年不遇、堪比工业革命一般的技术机遇。2022 年 11 月 30 日，美国人工智能公司 Open AI 发布 ChatGPT，短短 2 个月，用户量便超过 1 亿，成为全球互联网历史上增长最快的应用。由此，生成式人工智能也正式受到各界的广泛关注，并被迅速应用于各个版权内容创作领域。值得关注的是，生成式人工智能目前已经在网络游戏行业得到了快速发展应用，例如 AI 导入游戏文字、AI 生成游戏道具、AI 生成游戏特效、AI 生成游戏配乐、AI 生成游戏地图等。

AI 与游戏生产流程、管线和工具的融合。游戏研发是一项复杂工程，涉及程序、策划、美术多部门与流程的高效协作，包含大量游戏公司自定义的管线和多种开发工具。游戏行业也高度关注开发专用于游戏开发的 AI 工具。如何将不同的 AI 能力和工具融入已有游戏创作开发流程，将是游戏行业持续探索的课题。与此同时，使用 AIGC 大模型直接输出游戏角色、武器等内容可能会遇到版权问题。特别是涉及 AIGC 生成的游戏素材内容能否获得版权保护的问题，目前也受到了行业高度关注。

从生成式人工智能的进化史来看，其并非突然产生，而是经过了长达 60 多年演进发展：从最早的萌芽期，到沉淀积累期，再到今天的快速突破期。生成式人工智能未来或将成为通用的内容生产工具，进而颠覆版权行业的创作形态。在传统版权领域，内容生成、知识创作是手工生产模式，高度依赖于专业技能与经验传承。生成式人工智能的发展正在使得知识与人快速解耦，并推动整个版权创作形态，从依赖"大脑构思+手工操作"向"人类构思、筛选+机器生成"转变。

从"PGC"（专业生成）到"UGC"（用户生成）再到"AIGC"（人工智能生成物），版权领域的内容创作模式当下正在加速迭变。"PGC"模式之下，生成内容的质量高，但存在生产周期长、效率低的问题；"UGC"模式之下，通过提升作品分发效率和降低创作门槛，激发了全社会的内容供给总量，但在创作水平和质量层面则难以完全保证；"AIGC"模式则克服了此前"PGC"模式和"UGC"模式，在内容创作数量和质量上存在显著不足，有望成为未来主流的内容生产模式，并在游戏行业进一步普及应用。

生成式人工智能的发展使得在作品的最终形成过程中，人类的贡献不断衰减而机器的贡献不断提升。这引发了各国关于人工智能生成物能否获得版权法保护的系列探讨。如何评估人工智能生成物的独创性、人工智能生成物是否符合作品或邻接权客体的要求、何种程度的人类干预能够使得人工智能生成物获得版权保护等等。

从国际层面来看，2023 年 3 月，美国版权局基于人类作者身份的要求，率先发布"生成式人工智能版权注册指南"，表示不会将完全由人工智能生成的内容注册为作品。与此同时，也需要注意英国版权法则存在对"计算机作品"（Computer-generated Work）的规定，目前来看原则上可以涵盖对人工智能生成物的权益保护。而世界知识产权组织（WIPO）、国际保护知识产权协会（AIPPI）等国际组织，对于人工智能生成物的可版权问题尚未有指导性的明确意见。

我国关于人工智能生成物权益问题的判定标准具有内在一致性，强调应当体现自然人的创作贡献。《著作权法》第 11 条明确规定，"创作作品的自然人是作者"。2023 年 8 月，中国国内出现了首例涉及人工智能生成物权益属性判定的案件。原告在北京互联网法院提起诉讼，主张自身利用开源软件 Stable Diffusion 生成的 AI 绘画内容构成美术作品，被告未经授权的公开传播行为侵害了其享有的信息网络传播权等。原告表示本案不在于简单的侵权索赔，而是要在产业层面为 AIGC 发展明确版权法上的行为预期。2023 年 11 月 27 日，北京互联网法院对此做出一审判决，表示涉案 AIGC 工具仅是使用者的辅助创作手段，生成内容能够体现使用者的独创性贡献，构成受版权法保护的作品。

综上来看，新一轮生成式人工智能技术浪潮未来将对于游戏行业产生显著影响，并赋能游戏版权领域的一系列内容创作。但对于生成式人工智能带来的版权法上的问题，目前仍处于探索阶段。

四、网络游戏行业版权保护建议

良性健康的游戏版权生态是网络游戏行业得以长久发展与繁荣的基础。优质的游戏版权资源是游戏直播、游戏视频等周边衍生行业得以产出与传播的前提。随着网络游戏对社会的影响逐渐加深，游戏版权内容所能承载的价值与意义已远超游戏产品本身，其不但具备经济和娱乐价值，还兼具文化传播、教育意义以及医疗价值等重要的社会功能。

立足于网络游戏产业的不断革新与升级，游戏内容版权的保护必将更为规范化、常态化、精细化。无论是在技术层面、市场层面、法律层面，逐渐完善的游戏版权保护规则与生态都将对促进游戏产业的繁荣发展发挥重要作用。

通过前文的分析，可以发现网络游戏具有多样性和复合性的基本特点。因此，现阶段如果简单地将网络游戏归于《著作权法》项下某一特定作品类型，都存在现实上的困难。目前来看，"拆分保护"和"整体保护"两个层面的制度保护路径，也逐渐成为了学术界、司法界以及产业界对网络游戏加以保护的基本共识。

从拆分角度来看，游戏内的计算机程序、文字表达、美术元素、背景音乐等都存在构成单独的某一类作品的可能。网络游戏相关权利主体在实践中，可以寻求诸如计算机软件作品、文字作品、美术作品、图形作品、音乐作品等具体保护。此时网络游戏表现为多种类型作品的集合体。从整体角度来看，网络游戏相关权利主体可以寻求新《著作权法》下对于"视听作品"的规定，对于网络游戏运行呈现的连续动态画面加以保护。

与此同时，近年来伴随"换皮游戏"在整个网络游戏行业引发的纠纷日益增多，关于"游戏规则"保护的问题也受到各界的广泛关注。但对于"网络游戏规则"保护客体的认识和保护模式的选择，尚未有一致性结论，究竟采用《著作权法》模式还是《反不正当竞争法》等其他模式，仍处于持续的探讨之中。

参考文献

朱开鑫：《关于生成式人工智能对版权体系影响的思考——技术、产业和制度三个面向》，《版权理论与实务》2024 年第 1 期。

朱开鑫：《中国网络版权保护与治理十年回顾》，《中国信息安全》2023 年第 2 期。

张钦坤：《中国数字内容产业十年发展趋势回顾》，《新阅读》2023 年第 2 期。

田小军、柏玉：《我国网络版权制度演化的现状、挑战与应对》，《中国版权》2016 年第 3 期。

黄薇、王雷鸣：《中华人民共和国著作权法导读与释义》，中国民主法制出版社 2021 年版。

厦门大学游戏哲学研究中心：《游戏人工智能发展报告 2023：历史演变、技术革新与应用前景》，2023 年版。

中国版权协会网络游戏版权工作委员会：《游戏版权年度报告 2020—2021》，2021 年版。

B. 7　网络文学版权保护问题分析

杨辛茹[*]

摘　要： 网络文学三十年间始终保持着蓬勃的发展势头，精品化、国际化、衍生开发进程持续加快，成为文化舞台一支亮眼的新生力量。随着新媒介、新技术、新业态的迭代，网络文学版权保护同样遇到了许多新的难题。本文旨在网络文学发展脉络下总结其版权商业化和版权保护的难点，引发网络文学新时代如何新发展的深入思考。

关键词： 网络文学；版权；人工智能

2023 年是全面贯彻落实党的二十大精神的开局之年，文化自信、文化强国，引领着文化内容行业迈向更广阔的天地。网络文学作为具有中国特色社会主义文化的标志性产物，全面响应党和国家的战略号召，呈现出新时代独有的新气象。修订后的《著作权法》已完成四年实施深化，与文化内容相关的法律法规和政策相继出台，文创法制日益健全且体系化。司法进一步强化权利人权益保障，能动司法推动数字社会治理法治化。执法领域集中整治行业乱象，"剑网"行动成效卓著，监管下的平台治理进入深水区，用户环境不断向好。网络文学随大数据、算法、AI 等新技术呈现新的产业气候，版权保护亦面临多样化的难题，与此同时，行业守法维权自律意识高涨，网络文学版权保护进入了创新发展新阶段。

---

　*　杨辛茹，供职于中文在线集团股份有限公司法务部，研究方向为著作权法、文娱法、人工智能立法等。

一、网络文学版权保护发展历程及现状

（一）1998—2010 年：网络文学版权保护萌芽和初成

1. 网络文学发源于 20 世纪 90 年代下半期，在中国已走过了近三十年

1998 年被公认为"中国网络文学元年"，这时的中国互联网行业方兴未艾，老牌互联网企业刚刚起步，商业化内容平台尚未形成规模，因此内容盗版及传播尚未成规模，一般表现为点对点传输、局域网共享的小范围现象。

此后的五年被誉为是网络文学的洪荒创世期，中国互联网快速发展，网民人数激增，网文以社交平台和论坛门户为阵地向网友提供在线连载更新的数字阅读新体验。2003 年左右，网络文学付费阅读模式出现，读者可以千字几分的价格订阅喜欢的作品享受每日数千字的定期更新章节阅读。自此，以通俗和想象题材的网络小说连载模式在天涯、西陆等社区和幻剑书盟、起点中文网、17K 等头部网文平台快速崛起。第一批耳熟能详的网络大神们通过长篇连载收获了大批书友，并获得不菲的订阅收入，点金神话不断。网络文学竞争格局初显，行业进入高速成长期。但几乎同时，盗版随之野蛮滋生，大批量搬运正版内容的盗版站点涌现，有组织有分工的盗版组织开始大行其道，网络文学的版权保护被推向正面战地。

在中国拟加入世贸组织的背景下，已经 11 岁的《著作权法》在 2001 年迎来了第一次修订，以推动中国知识产权立法与《与贸易有关的知识产权协定》统一，促进中国主动同国际版权保护接轨。在这次修改中，"信息网络传播权"第一次被写进法律，正式规定未经同意以信息网络向公众传播作品是侵权行为，对网文作者中国数字版权保护正式启航。2002 年，国家新闻出版总署、信息产业部出台了《互联网出版管理暂行规定》，拉开了数字出版综合监管治理的序幕。

2. 2005 年被称为"互联网版权保护元年"

互联网作为新生事物，其高速发展过程中凸显的版权保护和平台治理问题受到监管的关注。2005 年 9 月，国家版权局会同公安部、原信息产业部等部门，联合下发《关于开展打击网络侵权盗版行为专项行动的通知》，并第一次启动了互联网领域版权保护的专项行动，这一专项行动后被正式命名为"剑网"行动，持续至

今。这是中央层面开展互联网专项整治的开始，代表着我国版权治理监管进入了常态化的新阶段。

2005 年 4 月，国家版权局与原信息产业部共同制订颁布了《互联网著作权行政保护办法》，这是互联网领域版权保护的第一个法律性文件。2005 年，国家版权局完成了《信息网络传播权保护条例》草案的起草并于次年正式颁布，成就了此后近二十年信息网络传播权保护的基石。互联网行业 ICP 备案制度亦始于 2005 年。2009 年通过的《侵权责任法》中首次出现关于"互联网侵权"专条专款。

司法层面，知识产权案件审判初步形成规模和体系。《著作权法》修订后信息网络传播权的规定成为网络文学作者维权的重要依据，权利人维权积极性高涨，带动了互联网法律实践的发展。2007 年起，最高人民法院每年评选并公布"知识产权司法保护十大案件"，此后，知识产权案件数量逐年增长，新类型案件以及重大复杂疑难案件日益增多，2009 年开始，最高人民法院同时公布"五十件典型案例"，入选案例涵盖互联网时下的热点难点，成为版权保护标杆指引，对行业合法合规起到了很强的指导作用。至今，各级法院的典型案例评选活动已是年末公众所期待的大事件。

（二）2010—2020 年：网络文学授权及维权体系趋于成熟

1. 2010 年之后的十年，网络文学价值进一步放大，成就了"大 IP 时代"的黄金十年

版权经济促成了包括创作者、平台、投资和文娱产业的大繁荣。

首先，移动互联网新媒介发展，网民人数和网络文学用户激增，智能手机、电子书等移动设备以及 H5、应用程序等用户终端，历经数轮迭代，极大优化了用户体验，使得数字阅读习惯得以培养并广泛普及。

在此基础上，网络文学形态自身也开始了进阶演化。2017 年左右，免费阅读网文小说模式出现在公众视野。免费阅读是相对于传统付费阅读而言的新分发模式，在此之前网文的主要收入来自付费章节订阅和网站会员包的分成收入，免费阅读模式的出现免除了用户充值，依靠在小说正文中穿插广告以获取广告收入，并在平台和创作者之间共享分成。免费阅读方式帮助作者增加了文字变现渠道，同时降低了用户阅读门槛，培育了更多的下沉市场网文读者。因此，以连尚、七猫、番茄为主的网文阅读平台一经出现就大受市场欢迎，成为付费阅读的劲敌。至此，网文市场重新洗牌，网络文学市场迎来了新的市场契机。

与此同时，与网络文学相衍相生的中国影视产业开始了工业化的自我革新，影视、动漫、游戏等文娱产业大爆发，IP 开发吸引各路资本下场，市场对网络文学 IP 的需求井喷，网络神作、网络大神不断涌现。网络文学一改数字发行的单一模式，其 IP 衍生版权销售火爆，IP 全链路产品全面开花，成为大众生活中重要的精神文化产品。UGC（用户生产内容）、PGC（专业生产内容）的内容生产同步爆发，相互成就。同时，网络文学走出国门，在海外大受追捧，成为现象级的文化输出。

网络文学大热下，网络盗版也呈现产业化之势，盗版灰产声名狼藉，更为猖獗。它们借助技术工具，在内容生产、运营和发行等多环节勾连作恶，破坏正版连载的商业节奏，挤占正版收入市场，正版内容商苦不堪言。在发行端，非法团伙通过爬虫技术搬运窃取正版内容，依托海外服务器搭建非法站点，非法获利。部分版权保护意识不强的搜索引擎、浏览器、应用市场等平台，疏于审查，滥用 UGC 模式帮助侵权，放任用户上传盗版内容，或是以深链、嵌套、转码等方式截取正版网站流量，危害亦不容小觑。这些平台如何适用"避风港原则"，在很长一段时间都作为焦点而为法律和学界争辩不休。而创作端，诸如洗稿、融梗、仿写等隐秘的剽窃手段成为权利人头疼的难题。

2. 这也是版权保护积厚流光的黄金十年

新生的版权技术、版权形态、保护理念和法律法规在这十年间交织互融，促使中国版权保护授权体系、维权体系趋于成熟，监管、立法、司法和执法对版权保护亦在此期间发展出一套行之有效的治理方法论。

2013 年，国家组建国家新闻出版广电总局加挂国家版权局，2018 年，国家新闻出版署、国家版权局归口加挂于中央宣传部，监管职能进一步放大。2014 年，国家新闻出版广电总局印发《关于推动网络文学健康发展的指导意见》，鼓励网络文学借助互联网技术实现全方位、多媒介的宣传开发。2016 年，国家版权局下发《关于加强网络文学作品版权管理的通知》，进一步明确了通过信息网络提供文学作品以及提供相关网络服务的网络服务商在版权管理方面的责任义务。

2010 年《著作权法》迎来了第二次修订，进一步完善了著作权权利体系，并授权国务院对信息网络传播权、计算机软件的版权保护出台规定。2013 年，国务院对《著作权法实施条例》进行修订，提高侵权行为行政处罚限额，赋予了文学作品更具象化的立法规制。

在司法领域，有关信息网络传播权的案件大幅攀升。根据中国裁判文书网查询结果显示，2010 年及之前披露的信息网络传播权侵权纠纷案件为 18 件，2020 年增加到 87041 件，翻了数千倍之多。这足以佐证数字版权发展之兴盛。由于案件数量迅猛增长，新型疑难案件增多，矛盾化解难度加大。2014 年，北京、上海、广州三地知识产权法院挂牌成立，2018 年，北京、广州两大互联网法院成立。2020 年，杭州互联网法院成立。互联网法院作为专门法院，专属审理包含"在互联网上首次发表作品的著作权或者邻接权权属纠纷"以及"在互联网上侵害在线发表或者传播作品的著作权或者邻接权而产生的纠纷"在内的互联网案件。知识产权审判的重要作用日益凸显。

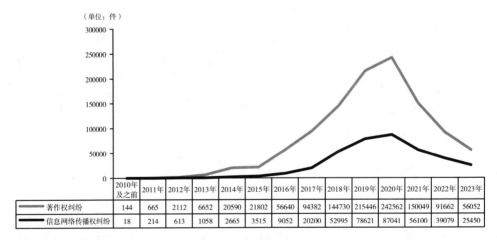

（单位：件）

	2010年及之前	2011年	2012年	2013年	2014年	2015年	2016年	2017年	2018年	2019年	2020年	2021年	2022年	2023年
著作权纠纷	144	665	2112	6652	20590	21802	56640	94382	144730	215446	242562	150049	91662	56052
信息网络传播权纠纷	18	214	613	1058	2665	3515	9052	20200	52995	78621	87041	56100	39079	25450

图 1　1999—2023 年著作权及信息网络传播权权属、侵权纠纷数据

来源：中国裁判文书网。

（三）2020 年至今：网络文学版权保护 3.0 治理时代

1. 随着大数据、算法、AI、区块链等技术革新，网络文学的开发、创作和分发方式产生了巨变

截至 2023 年底，中国网络文学阅读市场规模达 404.3 亿元，同比增长 3.8%，网络文学 IP 市场规模大幅跃升至 2605 亿元，同比增长近百亿元，网文产业迎来

3000 亿元市场。作家、作品、读者数量呈稳健增长态势，作者规模达 2405 万人，新增作者 225 万人，作品数量达 3620 万部，新增作品 420 万部①。我国网络文学用户规模达 5.20 亿人，较 2022 年 12 月增长 2783 万人，占网民整体的 47.60%②。

表 1　2022.12—2023.12 各类互联网应用用户规模和网民使用率

应用	2023.12 用户规模（万人）	2023.12 网民使用率	2022.12 用户规模（万人）	2022.12 网民使用率	增长率
网络文学	52017	47.60%	49233	46.10%	5.70%
网络视频（含短视频）	106671	97.70%	103057	96.50%	3.50%
短视频	105330	96.40%	101185	94.80%	4.10%
网络音频	33189	30.40%	31836	29.80%	4.30%

来源：中国互联网络信息中心 CNNIC。

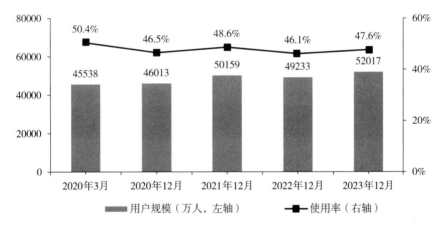

图 2　2020.3—2023.12 网络文学用户规模及使用率

来源：中国互联网络信息中心 CNNIC

　　网络文学很长一段时间遵循作者中心机制，尽管有平台运营策略和推荐位曝光的加持，但作品能否叫好又叫座，主要依赖作者个人创作。近年来在平台算法推流、用户标签、买量获客模式等新媒体投放机制影响下，网络文学内容变现逐渐趋于用户中心机制。一篇网文的创作和发布均与浏览量、充值量、留存率等数据深度

---

　　①　参见中国社会科学院文学研究所：《2023 年中国网络文学发展研究报告》，见 http://literature.cass.cn/xjdt/202402/t20240227_5735047.shtml。
　　②　参见中国互联网络信息中心（CNNIC）：第 53 次《中国互联网络发展状况统计报告》，见 https://www.cnnic.net.cn/NMediaFile/2024/0325/MAIN1711355296414FIQ9XKZV63.pdf。

绑定，这些数据的优劣直接决定着能不能写、如何写，而平台往往依据数据表现向热点的作者和小说倾斜流量。

此时，新媒体小说作为新的网络文学形态成为市场新宠，与传统的付费阅读、免费阅读模式平分网文江山。新媒体小说是指以小程序等为发布平台，以算法推荐平台为分发推广渠道，以买量引流为获客方式，吸引目标用户充值购买小说内容的方式。相对于传统网文，新媒体小说爽点更多，包袱更多，更吸引下沉市场付费人群。新媒体小说于 2019 年左右出现，百万字级的新媒体长篇小说在 2020 年前后爆发式增量，爆款小说的充值收入甚至高达数亿级，2023 年，万字级新媒体中短篇小说增长强劲，挤进了内容新赛道。同期，网络文学 IP 衍生的新媒体短剧爆发式增长，国内外广受关注，网络文学借此开展了新一轮强势的国际文化输出。

随着内容爆发，作为阅读终端的软硬件也在持续迭代。2023 年年中，知名电子书亚马逊 Kindle 在进入中国市场 10 年后宣布退出，这昭示着高门槛的阅读设备已被移动互联下的智能设备全面替代，轻体量的预装应用、APP、快应用、小程序、浏览器等与用户体验达成高度适配，用户选择数字阅读，不再受时间、空间、设备或平台的拘束。对内容提供和分发者而言，平台责任重要性进一步凸显，在监管高压下平台治理经历了从摸索到系统化的过程。各平台进一步提高网文创作者、发行方的准入门槛，加强原创认证、实名认证，严格审查互联网出版资质牌照，进一步强化内容安全审查，数字版权授权分发规则更透明完善。

近年更为引人瞩目的是 AI 人工智能的发展、普及和快速商业化，AIGC（人工智能生成物）在内容创作领域大热。文本生产型 AI 被广泛用于网文的辅助创作，如在作者卡文时为其提供片段以激发灵感，或帮助作者设定世界观、人设及场景，又或者根据指令直接创作大纲剧本等。文生图、图生图、文生音视频等 AI 应用，助力 AI 动漫、AI 视听、TTS（Text-to-Speech）听书等产品成品快速上架。AIGC 的创作成果法律上如何定性、机器与操作人如何区分权责，成为立法、司法和学界当下正热议的话题。

2. 内容产业繁盛如斯，版权保护领域也从未如此这般受人关注

2020 年，《著作权法》在长达十年讨论历经三轮征求意见后，于万众期待中迎来了第三次大修，进一步保障权利人，侵权判赔标准大幅提高至上限 500 万元，引入了惩罚性侵权赔偿。中国法治环境趋于成熟的大环境下，《著作权法》作为版权保护后盾早已不再是孤身一法。同期，我国《民法典》《网络安全法》《数据安全法》《个人信息保护法》《反垄断法》《反不正当竞争法》《未成年人保护法》等众多相关法律进一步发布或修订实施，创作者、内容商、平台等各端在不同的法律部门下都有着各自的使命和责任，共同肩负起版权保护的责任。

司法上，以 2023 年为例，全国人民法院全年新收各类知识产权案件 544126件，审结 544112 件，人民法院坚持重拳打击侵权假冒行为，2023 年全国法院在319 件知识产权民事侵权案件中适用惩罚性赔偿，判赔金额达 11.6 亿元①。2021年至 2023 年，全国检察机关受理审查起诉侵犯知识产权犯罪由 2.2 万人增长到3.07 万人，侵犯著作权类犯罪、侵犯商业秘密犯罪人数同比分别上升 1.4 倍和96.6%，增幅明显高于整体侵犯知识产权犯罪案件。知识产权民事行政诉讼监督案件数量逐年大幅上升，2023 年同比增加 1.7 倍，达到 2508 件。在民事生效裁判监督案件中，提出抗诉和再审检察建议 726 件，同比增加 8.1 倍。2023 年，权利人提起刑事附带民事诉讼 636 件，同比上升 22.6 倍，有效弥补了权利人利益损失②。

同时，涉网络案件持续增加，新型案例不断涌现。以北京互联网为例，截至2023 年 7 月 31 日，北京互联网法院共受理著作权权属、侵权案件共计 129837 件，占总受理案件量的 71.57%③。司法在版权纠纷的裁判上更为得心应手，但也面临新科技的挑战，不乏诸如 NFT、AIGC 等新作品形态的诉讼案例。司法裁判不断创新，弥补了传统版权立法的空缺。

2020 年，国家新闻出版署下发《关于进一步加强网络文学出版管理的通知》，进一步引导网络文学健康发展。2021 年，中共中央、国务院出台了《知识产权强国建设纲要（2021—2035 年）》和《"十四五"国家知识产权保护和运用规划》。2023 年，国家知识产权局组建挂牌。同年，多部委联合印发《2023 年知识产权强国建设纲要和"十四五"规划实施推进计划》，确定了包括立法保护、综合治理在内的七大任务。

"剑网 2023"专项行动，在网络文学领域进一步发力，着力整治未经授权网络传播他人文字、口述等作品的行为，重点规范浏览器、搜索引擎未经授权传播网络

---

① 参见中国法院网，见 https://www.chinacourt.org/article/detail/2024/04/id/7908609.shtml。
② 参见中华人民共和国最高人民检察院官网，见 https://www.spp.gov.cn/zdgz/202404/t20240425_652725.shtml。
③ 参见北京互联网法院：《北京互联网法院审判工作情况白皮书》，见 http://bjinternetcourt.gov.cn/cac/zw/1567483035819.html。

文学、网络视频等行为。监管执法广泛运用创新型、数字化执法。"剑网 2022"十大重点案件中的一起由天津市公安侦办的"天津谭某某运营盗版网络文学案"，侦办中充分运用大数据技术，采用了先进的数据分析和追踪技术掌握了犯罪网络链条，这将成为新业态下网络文学犯罪案件侦办的技术样板。

综上，在这近三十年间，网络文学版权保护的发展历程共生于网络文学产业和模式变迁，与时代进步和技术创新息息相关，已逐步发展成一个监管引导、法治保障、行业自律、全民自觉和技术守护的新生态。保护版权就是保护创作者的精神硕果，保障中国新经济市场的主体权益，未来值得更多期待。

二、网络文学版权保护面临的问题及建议

（一）盗版灰产隐秘猖獗，如何根治

如何根治盗版灰产，这是个网络文学从业人员期盼解决又难于定论的问题。网络文学开创付费阅读后，不法盗版分子嗅到了利益并开始了大批量有组织的活动。日益猖獗的盗版给正版行业造成了不可估量的重大损失，挤占了正版收入。正版网站不断升级技术措施，开展打盗版维权，进行旷日持久的阻击战，监管对其的打击力度逐年加大，成绩单有目共睹，但这些暂不足以将盗版灰产除根，有待各方协同治理。

1. 盗版侵权隐蔽，打击不尽

盗版活跃了二十多年已然呈现出产业化分工协作的态势。开展盗版活动技术成本极低，盗版站点代码可开源获得，技术灰产以极低价格兜售提供 PC 站、H5、APP、小程序等全产品形态，这些使得盗版分子几乎不费吹灰之力就能搭建一套站点。其域名注册和服务器租借都在借助云服务商在域外完成，海外机构还为其提供支付及资金结算的地下通道。由于海外大多数区域没有备案制度和实名制度等，国内正版内容商即便发现侵权现象，在追溯盗版源时，也只能追溯到一个持有人不明的海外服务器，再无从深入，面对搜索引擎满屏高挂的盗版链接无能为力。盗版站点内容同样并不困难，它们通过爬虫技术等批量抓取正版连载内容，轻松做到实时更新，如不看重连载，黑市流通的图书数据包能为其提供运营所需的内容来源。盗

版站点不需要有自己的身份和品牌名称，早年较为知名的"笔趣阁""顶点小说"等现在几乎成为盗版站点通用名称，新盗版站点借壳取这个名字，能轻松获得搜索引擎引流，它们通常还会以头部网文和热门题材进行 SEO 优化以获取搜索引流。如此，盗版获得了技术、内容、运营多方灰产庇护，权利人显得势单力薄，维权难度极大。

近年，基于网盘分享、电商平台销售和信息流推广的侵权盗版更为隐秘。如电商平台上，盗版分子以挂链接的方式吸引客户，再通过客服导流至其他平台，为客户提供一对一的售书服务。由于客户交易在后台，前台往往没有标注产品详情，权利人很难得知详情，大批量的作品通过这种方式在看不见的地方肆意传播，无从维权。并且，这种后台交易的方式，作品往往存储在网盘等第三方平台，作为交易平台和存储平台的权责划分，同样非常复杂。另外，部分内容侵权作品并不在前台发布，而是通过自媒体平台、短视频平台、网盘、社群等平台进行推广引流至私域流量中获客分发，权利人很难取证。盗版收益方式，除用户充值外，涉黄涉赌的黑广告，信息流广告、广告联盟等同样成为盗版站点获利的温床。这些都刺激着盗版黑产化攫取正版收益，猖狂肆虐而打之不尽，堪称权利人维权的第一痛点。这些问题的解决，需要各权利人加大监测和维权，有赖于民事、刑事和行政加强盗版打击力度，进一步提高违法犯罪成本。

2. 盗版手段繁多，如同病毒不断地分支变异

随着大数据、算法技术的成熟和自媒体、小程序等轻应用发展，侵权盗版除了搭站点外同时发展出电商销售和私域传播的分发模式，比如，我们经常能在某电商平台上检索到"免费找书""6 块 6 买 40 万部小说""2 块钱 APP 全网小说免费看"等信息，接入客服介绍即获得盗版书的网盘分享下载链接。这些侵权线索的挖掘难度很大，即使破获一两家，由于交易信息隐蔽难证明其销售额和传播量，获赔难度大，赔偿金额往往极低。

新媒体小说是近两年内容市场增长热点，侵权线索更为隐秘，取证难度极大。新媒体小说没有全网公开小说阅读入口，而是由算法机制推荐给特定的目标人群，往往只显示在用户的私域流量中，通过自媒体、视频号等私域信息流广告推送切片素材和引流链接，用户点击后跳转至小程序等第三方平台付费阅读。如果取证人并非推送的目标画像而无法接收到推流，甚至无法检索获得侵权平台和侵权内容。同时，新媒体小说不宣传浏览量点击量，权利人很难获得转载和充值数据，也就无法举证索赔金额。

此外，盗版灰产在低成本运营的同时也不吝于技术投入，不断升级自动化爬虫技术、文字识别技术及自动排版技术，头部平台在升级防盗版技术措施逐年加大投入，但依然无法杜绝盗版灰产的侵袭，大量内容章节更新连载后几乎同步被搬运至盗版站点，给作者和正版平台造成巨大的困扰。此外，不法分子不再只满足于内容搬运，而进一步开发出智能洗稿、扒榜仿写、AI续写等功能，对正版精品进行更隐秘的剽窃。

盗版灰产不仅在国内作恶，还将正版内容以搬运、翻译、改编等形式在国外大肆非法传播，对权利人而言，海外取证和维权之路则更为困难。这些无处不在的盗版手段，对版权保护提出了更高难度的挑战，监管、行业需联合起来在海内外综合监测、技术措施及维权上采取更多的动作。

（二）监管治理下平台的版权保护责任，如何压实

1. 应用程序和应用程序分发平台负有注意义务，但现实中维权投诉难的问题仍很难解决

应用程序和应用程序分发平台这两类平台，分别把握着向C端用户提供内容或提供B端应用程序的入口，拿捏住了内容变现的命脉。立法、司法和行政监管探索多年，对平台治理的态度基本一致，即趋于从严。市场对应当从严到何种程度，由于利益诉求不同而存在着不同观点。有观点认为，既然是商业平台，就应该和上传人同责。也有观点认为，平台注意义务过重不利于行业发展，应当适用"避风港原则"免责为平台适当减负。

2020年出台的《民法典》以400余字对"避风港原则"进行了定义，立法高度和精准度都提升了一个位阶。更早前的《信息网络传播权保护条例》《最高人民法院关于审理侵害信息网络传播权民事纠纷案件适用法律若干问题的规定》等，对平台注意义务进行了细致拆分。法律条文中的平台注意义务，涵盖了平台几乎所有的运营动作，如只要存在设置推荐位、题材标签等，就被视为平台具有较高注意义务，应对侵权负责任。这导致平台以"避风港原则"作为不侵权的诉讼抗辩理由成功概率极低，促使平台加强预防干预，加大内容审查投入，对版权保护起到了

有效的正向作用。

但现实中，原本是法律规定的平台义务以眼花缭乱的平台规则的形式被或多或少转嫁给了用户。作为用户权利人在注册和进行授权时，面对的是动辄数万字的用户协议和平台规则，用户阅读起来尚有难度，对授权使用和平台免责亦是模糊不解，用户权益可能有所稀释。在机构和平台进行批量版权合作时，通常先需要权利人签署非常复杂的授权合同，平台把握着流量入口必然更为强势，平台为了降低自己的审查风险，往往要求权利人对或有侵权进行兜底赔偿并承诺数倍于赔偿金额的高额违约承诺。

其次，在用户和权利人被平台侵权时，并不是搬出几部法条就能轻松判如所请，首先需要完成"通知—删除"这一动作。权利人首选得遵守平台投诉规则，而实际上投诉门槛很高。权利人要按照平台要求提供复杂的身份材料、原创证明材料、侵权证据等，提交后的反馈较慢且很难被支持，经过这一套流程后，权利人的热情早已被消磨殆尽，更遑论诉讼。

司法对此做出了努力，2022 年，起点中文网针对"UC 浏览器"和"神马搜索"中存在的大量侵犯某作品信息网络传播权的盗版链接并向用户推荐、诱导用户阅读盗版的行为，向海南自由贸易港知识产权法院申请诉前行为保全，获得法院支持，这是网络文学领域的第一个诉前禁令。这虽然是一个程序创新，给权利人带来了利好，但由于其周期仍然过长，很难解决普遍问题。

比如，新媒体小说由于其独特的投流测试和投放逻辑，从起量到获得用户充值间收入的黄金期往往不过十来天，如果盗版挤占其市场，被盗小说几乎在短时间内会迅速丧失核心市场，错过收入期，白白损失高额的投流成本。而新媒体短篇小说由于篇幅仅万字左右，如不及时下架，即便诉讼获赔也将寥寥无几。在如此紧张的市场反应期内，平台投诉的处理效率显得尤为关键。但令人遗憾的是，除平台白名单内的少数内容商外，普通用户通常需要一周的反馈周期，且通常需要两轮以上的补正材料，成功率亦较低，即使投诉成功，不法盗版商经常通过换链接等方式重起炉灶。这已经不再是可以依赖司法诉前禁令可以解决的问题了。

在各商业主体的动态利益平衡中，平台基于合规治理的自律措施并没有改变权利人维权难的问题，反而增加了新的运营成本。为此，我们一方面希望平台加强用户和内容的审核，另外也期待平台能给予权利人更快速的维权通道，进一步为完善机构白名单机制等，真正做好内容引导和维权支持。

2. 法理上解决"临时复制"的分歧，或许不等于一劳永逸

这同样是一个《著作权法》未明文规定，但司法以裁判的方式予以定论的问题。早年互联网野蛮生长期内，很多平台以转码、嵌套、深度链接等方式分发正版内容，并高呼技术中立以寻求免责。由于其对正版内容网站进行了实质性替代，不正当截取内容网站流量，无疑侵害了权利人的合法权益。因此，这些年对平台、搜索引擎、浏览器等此类诉讼非常多。如在阿里文学诉搜狗科技关于小说搜索转码信息网络传播权侵权案件的一份判决中，法院认为，搜狗公司向用户提供小说搜索服务，但搜索结果链接并没有跳转到阿里文学的站点，也没有显示版权来源和阿里文学的信息，并且通过转码等服务对原网站的阅读服务进行了实质性替代，并且从中获益，应当承担侵权责任。

而如果平台在不将内容缓存至自己服务器的前提下向用户提供第三方文字内容转码服务，而只是作为用户端插件的阅读优化功能是被允许的，即可以加载内容缓存进行"临时复制"。这种观点目前占主流，但是权利人仍然面临着市场利益受损的困境。由于在司法认证下临时复制行为相对安全，各种浏览器、内容转换平台在用户终端缓存这个环节开启了商业化的小构思。

首先，部分搜索引擎与盗版网站间达成了微妙的默契。目前在某些搜索引擎搜索一部热门小说，除了极少数有投放竞价排名外，前几页搜索结果几乎无一例外盗版飘屏。点击链接后，搜索引擎或浏览器应用便贴心地"加载了"转码服务，优化排版，去掉了不法广告，帮助用户获得清爽、干净的阅读体验，还穿插着自己的免费阅读广告。这种"临时复制"的缓存机制帮助自己获得广告收入，却变相地鼓励盗版，盗版站点在获得了搜索入口引流后更加肆无忌惮。权利人市场利益受损却很难维权。若向搜索引擎投诉，结果无非是断开或屏蔽个别链接，但又会有千千万万的链接跳出来，若直接起诉搜索引擎，其并非内容提供方和侵权行为实施方，主体并不适格，而最大的维权障碍正是"临时复制"不被认为侵权。

此外，以"临时复制"之名获取市场竞争利益的还有很多基于 AI 技术的替代阅读，也不容小觑。比如 TTS 有声书这几年发展很快，随着生活节奏加快，不少用户阅读习惯由捧着手机阅读改成了更为养生的听书模式，某些平台因此在小说阅读界面加入了这一功能，方便用户选择不同的人声收听整本小说。AI 语音转换技术的发展使得 TTS 有声书具备较强的情感表达能力，有时甚至能与真人演绎配音

一较高下，这种无疑对正版文字作品造成了冲击，并挤占了作为 IP 衍生的有声书的市场利益。但在"临时复制"不构成侵权的认定下，权利人同样无从维权。随着技术的发展或许未来临时复制的商用场景会更多，未来的版权保护或许不会仅仅只考虑符合法理上的形式要件，而能给予深层商业市场更多考虑和实质性的保护。

（三）维权难、判赔低的现状难以改善，管辖规则未能形成共识

1. 网络文学作品判赔普遍偏低，判赔标准不一

2013 年"裁判文书网"开通运行，此后互联网案件逐年激增。最初广大法律工作者对信息网络传播权等版权概念还很生疏，他们通过学习裁判文书，逐渐掌握互联网侵权问题的裁判逻辑、认定标准、判赔标准等，又将其进一步运用到维权工作中。从这一批人中积累的实务经验，又进一步推动了司法的深化和版权保护的落地。裁判文书网背后代表的是透明公正和标准统一，成为大众网络法的启蒙来源，也为各大互联网公司和版权企业开展合规自治提供了指引。

但各地裁判标准不一，存在很大差异。根据著作权法，侵权判赔金额的确定需要综合考虑诸多因素，如侵权人获利金额、侵权情节、作品知名度及市场价值、权利人损失等。但实际操作中，许多权利人无法提供充分的证据，使得这些法定因素变得难以把握，亟须司法实践中的标准统一。不同地域法院在判赔上往往有自己酌定的标准，一方面因为各地经济发展和物价水平不同对赔偿金额的敏感程度亦不相同；另一方面，各地对侵权判赔示范效应的需求不同，以及近几年商业维权批量诉讼爆发给司法系统带来了巨大的案件量冲击，这些都导致各地法院在判赔金额的处理上标准不一。

部分法院也曾经形成共识，参考千字 80 元至 300 元执行网文判赔。2020 年修订的《著作权法》在侵权损害赔偿的基础上进一步引入了惩罚性赔偿，将赔偿上限从原来的 50 万提高至 500 万。这些标准对权利人较为友好，少数知名网络小说确实取得过高达数十万元的赔偿。但实际上更多的网文判赔获赔低至万元以下甚至千元，且有逐年下降的趋势。有数据统计，85.4%的创作者都经历过作品被侵权的事件，但仅有 6%的作者成功维权[①]。根据笔者观察，这 6%中绝大部分作者选择了

[①]　参见易观数据：《网络文学版权保护白皮书 2021》，见 http://www.analysys/article/detail/20020094。

向平台投诉的方式，真正以诉讼方式自我救济的寥寥无几。维权成本高昂与判赔金额低微之间形成了鲜明的对比，这种投入与产出的极端不匹配，无疑是对作者的劝退。

2023 年，最高人民法院决定建设"人民法院案例库"，以实现对原"裁判文书网"的升级迭代，目标即包含加强审判工作的标准和统计，或许能对判赔标准等问题进一步升级优化。

2. 信息网络传播权纠纷司法管辖权在最高院"42 号裁定"下的隐忧

2022 年，在一起看似平平无奇的信息网络侵权案件中，最高人民法院对管辖权异议作出一起裁定，这个裁定后来被广称为"42 号裁定"，在引发热议的同时几乎宣告了商业维权黄金时代的落幕。

这要从信息网络传播权纠纷案件管辖的规则历程说起。我国的《民事诉讼法》规定，以侵权行为地或被告所在地为侵权纠纷案件的管辖地。2013 年施行的《最高人民法院关于审理侵害信息网络传播权民事纠纷案件适用法律若干问题的规定》第 15 条进一步阐明，"侵权行为地和被告住所地均难以确定或者在境外的，原告发现侵权内容的计算机终端等设备所在地可以视为侵权行为地"；随后，2015 年公布的《最高人民法院关于适用〈中华人民共和国民事诉讼法〉的解释》第 25 条规定，"信息网络侵权行为实施地包括实施被诉侵权行为的计算机等信息设备所在地，侵权结果发生地包括被侵权人住所地"，这一点为原告住所地作为管辖地提供了法律依据。这两个法条间存在一定选择余地。

关于新旧法效力、特别法一般法效力如何评判，在理论上久悬未决，然实务已悄悄走过了十余年。民事诉讼"原告就被告"的立法本意是为共识，但是在信息网络权纠纷案件中，原告几乎一面倒地依据 2015 年司法解释第 25 条选择原告所在地起诉，且为法院所广泛接纳。

大众默许便利原告的态度，本质上是信息网络大发展下对权利人的保护和支持。权利人选择诉讼维权面临的第一个困难，是往往侵权内容为海量的 UGC 用户上传，而平台实名制通常是后台实名，权利人往往找不到上传人实际住所地等身份信息，无法起诉直接侵权人，若以平台所在地起诉又担心地远人疏，所以，选择原告所在地能解决这一现实困难。此外，零星的作者个体维权非常困难，平台打击盗版侵权能力更强，作者也乐于交由其代理，平台拥有大批量的作者和版权，选择自身所在地，极大地降低了诉讼成本。

这对权利人是保护，但对司法造成了一定的压力。信息网络传播权纠纷案件由原告所在地管辖的规则，进一步刺激了商业维权的大爆发。商业维权机构所在地基于图片、文字等各种作品形态的信息网络传播权案件量激增，法院不堪重负。这种压力，终于在 2023 年末引发了信息网络传播权纠纷案件管辖默许规则的松动。最高法"第 42 号裁定"认为，2013 年规定第 15 条是特别规定，应该优于 2015 年司法解释第 25 条适用。这意味着，如果各地法院形成共识，权利人在原告所在地起诉立案失去了法律依据，他们将转而在遍布全国的被告所在地奔波立案。客观说，这种司法管理有利于整治当下的商业维权黑产乱象，但是，对权利人来说，他们无法跨过诉讼立案的第一个坎，面对盗版侵权的无力感或许更甚。

该裁判规则是以判例形式呈现，目前各地法院和实务界仍存有争议，未来立法或将进一步明确并给予权利人更多的便利和支持。

（四）创作成果推陈出新，思想和表达两分法怎么分

网络文学随中国内容产业大繁荣，开启了一场类工业化的变革，网络文学开发、生产、发行环节被逐环拆解，进入了规模化、体系化、标准化和流程化的时期。早期的网文没有复杂的开发环节，大多是作者拿个大纲直接进入生产，而如今的网文作者，吸纳了四面八方的信息，早已不再是当年那个只求个性张扬的小写手，如今的网文平台，也不再是那个编辑排版修错后安排推荐位的展示面板。

1. 大协同时代，网络文学在组织创作下的创意和设定也需要保护

网文作者和平台如今都更懂得技巧之道。技巧之一，对平台的分析研判，针对不同平台风格、人群、推荐机制拟定适合的写作计划。技巧之二，很大程度参考同类选题的市场数据和变现路径，甚至很多作者对平台在榜热文进行拆文分析，学习爆款经验。技巧之三，网文在发布时需重视故事简介、人物设定和标签等，这些都将随搜索引擎、算法推送精准定投到潜在读者。而技巧之四，尤为重要，是对于故事立意、梗概、大纲的千锤百炼，以及精工于全篇的世界观、人物设定、冲突分布、埋梗等的谋划，这些前期动作往往凝聚了作者、编辑的心血，有的甚至有 IP 投资方提前注资加以定制，是实实在在的组织写作。一本爆款的小说，不再仅仅依靠作者文笔的强悍和叙事的流畅，很大程度需要作者、编辑和平台三者协同，有时

甚至需要分发渠道的配合加持，在世界观初期就耗费大量心血。

而对世界观的保护，目前《著作权法》尚没有针对性的成文保护机制，而司法中认定作品的前提是"表达"而非停留在"创意层面"，这隐隐对世界观作为作品保护予以否定。许多诉改编侵权的案例中，司法审判也释明了主旨，即"对创意、素材、公有领域信息、创作形式、必要场景，以及具有唯一性或有限性的表达形式，则不予保护"①。另一方面，司法也同样为世界观维权寻找了出口，当作品世界观要素不仅用于体现作者的思想、感情，且表达形成的过程中"有取舍、选择、安排、设计的余地，且作者独特的智力判断与选择以及展示作者的个性达到一定高度时"②，该表达具备独创性，属于著作权法保护的范围。实务中这个度取决于法官自由裁量，很难把握。而大部分作为世界观设定的文本尚且达不到独创性表达的程度。

值得深思的是，创意成果能作为文化商品单独定价，甚至往往是 IP 开发生产中最重要的一环，毫无疑问具有很强的市场经济价值，将其同作品成品分离而在法律上判定为不具有作品价值，或面临法官自由裁量不予认可的高风险，似乎与其价值不符。这在价值公允上陷入了一个悖论，对原创保护非常不利，也等于变相鼓励了实务中大量的扒梗、仿写、融梗等攫取原创利益的恶劣行为，对原创未免不公平。有些创作者也认识到了这一点，转而求其次通过商标注册、创作并登记详细大纲等方式从侧面寻求保护，但巨大的市场经济利益面前自有"不讲武德"的剽窃者虎视眈眈，这种微弱的自我保护的成效显然九牛一毛。

2. 同人二创，能否有版权保护正当性

同人创作又常被称为"二创"，即二次创作的一种方式，指基于其他作品的人物、角色、形象等元素而进行的再次创作，赋予人物角色全新的形象、性格或故事等。同人是亚文化圈很突出的一支。同人创作素材来源和成品形态都多种多样，文字、图片、视听等均有。同人文的创作更是百花齐放，它很大程度能提升原作和角色的口碑，赋予更饱满的生命力，因为能给予读者更丰富的情绪价值，好的同人作

---

① 参见最高人民法院：《指导案例 81 号：张晓燕诉雷献和、赵琪、山东爱书人音像图书有限公司著作权侵权纠纷案》，最高人民法院（2013）民申字第 1049 号。

② 参见杭州互联网法院：《杭州互联网法院 2020 年度知识产权司法保护十大案例之七：陶某与敖某侵害作品信息网络传播权纠纷案——游戏算法生成的角色形象独创性的认定标准》，杭州市中级人民法院（2020）浙 01 民终 1426 号。

品备受追捧，在粉丝黏合互动上有着非常惊人的促进作用，频频出圈。近年，随着IP产业大发展，几乎有IP的地方就有同人二创。常见的，通常网文平台的游戏题材下的作品一半以上为热门游戏的同人，国内也发展出数个以同人创作为特色内容的站点平台，流量和热度都很高。

同人创作通常是在已具有一定市场影响力和知名度的作品或人物上进行再创作，其创作手法可能很贴合原著人设和剧情走向，也有可能是彻底的OOC（Out-of-Character）。与前面所提及的原创世界观架构相比，虽一样都关乎"思想"，不同的是，这次面临版权定位窘境的不光是"思想"，还有作为"表达"的成品。作为"思想"的设定无疑在创作本身及成果呈现中均占有举足轻重的位置，但同人作品通常在"表达"端大放异彩。比如网文《悟空传》，创作于2000年，以《西游记》中的人物为原型，重塑了师徒几人丰富又绚烂的一生，成就了一代人的情怀。由于其采用了公版作品的角色素材，因而在版权上无人质疑，其"表达"的魅力充分得以释放。

由于《著作权法》对同人作品没有直接规定，维权败诉风险高，实务中层出不穷的二创现象需要通过不正当竞争的诉讼策略进一步补充。在裁判文书网搜索侵害作品"著作权及不正当竞争""信息网络传播权及不正当竞争""改编权及不正当竞争"案由，最近五年案件数高达3538件。又比如江南的网文作品《此间的少年》，使用金庸作品多个武侠人物名称创作了一部小清新的现代校园小说，创作二十余年后，江南与金庸先生对簿公堂，被诉著作权侵权及不正当竞争。最终这一案件被认定擅自使用金庸先生作品的人物名称、人物关系，构成著作权侵权和不正当竞争。这是世界观和人设具有版权身份的胜利，但现实中更多作者及其作品的知名度有限，能否被司法同等认同还需一案一论。

对于同人创作，行业内有的积极拥抱，如主动邀请公众参与对原作的二创活动以扩大宣发影响力，也有明确禁止二创。同行有声音希望能在行业中引入通用的CC协议（Creative Commons）知识共享许可机制，在作品发表时即明确是否可二创，是否可商用。面对中国这个庞大的市场，作者、平台和下游IP开发方、发行方存在一系列复杂的经济利益博弈，形成共识尚需时日。

但我们能看到的是，同人作品已经成为内容经济的一种产品，不乏具有较高文学水准的优秀作品，甚至衍生出更多具有商品价值的衍生商品形态，这部分优秀的"表达"，显然已经具有独创性，我们期待未来的版权立法能给出答案。

3. AI 大模型下，是关注 AIGC 权益，还是关注新生指令集（Prompt）

产品经理这一行业从职业化到现在成为互联网标配，至今也不过十余年。有观点认为，互联网产品化、自动化很大程度有赖于产品经理策划和组织，而产品经理的智力成果，经常凝聚在其用心撰写的产品文档中，这使得冰冷的计算机代码与用户需求得以连接，产品文档成为计算机软件从构思到研发上架不可缺少的指引文件。我国《著作权法》笼统将软件规定为作品类型之一，《计算机软件保护条例》进一步扩展，将产品文档也包含其中，明确为设计程序而制作的说明文档，如具有独创性，则应当受版权保护。

当科技进入 AI 时代后，人工研发、创作被拥有类比人类智力的 AI 所替代。ChatGPT 的问世和迭代，使得研发、创作成本大大降低而效率又大大提高，我们有理由相信，以其为代表的人工智能大模型，未来在文本、语音、图片、视频、代码等领域将有更多的作为，随之将诞生大量具有市场商用价值的应用程序、文字小说、动漫、视听作品等。那么类似于产品经理一角的指令人，在对 AI 大模型或其通用应用输入的执行指令（Prompt）是否也有类似于产品文档被赋予作品身份的一条。

2023 年，北京互联网法院的法官和原告律师们对这一新生事物进行了前沿尝试。在一起原告使用 AI 开源软件 Stable Difusion 创作并发布的 AI 图片，被被告转载使用后，原告诉请要求认定 AI 图片的版权作品属性，而法官支持判定原告在使用软件中的参数指令具有独创性，是为智力投入，继而判定其作为成品的 AI 图片亦是具有独创性的图片作品，应受著作权法保护①。这个判决表明了中国对新技术下新作品形态提供法律支撑的态度，引发了广泛关注，但实务中也存在不少存疑的论证，其中也并无 AI 产品的执行指令是否单独是为作品形态的认定。

在 AI 领域，2023 年"Prompt 工程师"这个岗位可谓大热，各 AI 公司开出的招聘年薪高达数十万美元。同样可以预见的是，未来人人都可能成为 AI 小说的点金术士，懂得如何和 AI 聊天互动，再加网络小说的细纲和世界观，未来都可能催生大量为和 AI 聊天互动并生产高质量 AI 小说的 Prompt。我们也期待这些将应用于"表达"成品的"思想"，在版权领域的进一步明晰。

---

① 参见《"AI 文生图"著作权案一审生效》，见 https://mp.weixin.qq.com/s/AzhPYHq-LCCXiWwL2AuKjnw。

（五）大模型数据黑匣，AIGC 有劳动无作品

2023 年被称为中国"大模型元年"，这一年国内发布的通用大模型数量高达近 200 个。在 OpenAI、ChatGPT 横空出世并快速商用后，基于国内外底层大模型架构的应用更是不计其数。国内文本生成领域，中文在线"中文逍遥"大模型等，可利用自然语言技术自动生成文章、小说等内容，赋能网络文学辅助创作和辅助 IP 衍生开发。

1. AI 大模型训练数据，需取得正版授权的舆论目前形成通识，若追问应该取得哪种类型的版权授权，暂无人能答

为优化大模型的训练成效，AI 大模型往往首先会被投喂亿级单位的高质量训练语料，并加以反复清洗和标注，最终外化为 AI 智能。2023 年 8 月，网信办等多部委联合发布了《生成式人工智能服务管理暂行办法》，在第七条中明确规定，"人工智能服务提供者应当依法开展预训练、优化训练等训练数据处理活动……涉及知识产权的，不得侵害他们依法享有的知识产权"。对于预训练数据是否应当取得正版授权，立法倾向上持肯定的态度。2023 年欧盟《人工智能法案》在其成员国和议会议员间正式达成协议，其中关于训练数据的版权问题法案也作出了相应的规定，要求人工智能服务厂商要公开披露训练数据具有合法来源不侵害他人版权权益。国际目前立法和监管同样是倾向于要求合法授权和公示披露。

实际中，高质量数据分散且往往掌握在大型专业内容平台手中，采购成本高，采集难度大，AI 厂商似乎在只有需要医疗、教辅、工业等垂直分类下的专业内容作为训练数据又很难短期内获取大量时才愿意花费采购成本。因此，市面上现有 AI 大模型背后的训练语料，无疑是巨大的数据黑匣，无从了解亦无从查证，大部分 AI 大模型厂商对训练数据的来源和版权状态讳莫如深。但不可否认的是，这些训练数据被使用的目标都指向商用，具有较大的市场经济价值，被以合理使用为由随取随用，这对数据权利人显然不公平。在这一整条产业链的生产和分配环节中，创作者和权利人应当拥有一席之地。

2023 年，中文在线、知网等 26 家单位联合发布了《生成式 AI 数据版权倡议书》，呼吁加强行业自律，赋能行业发展，保障权利人正版内容不受侵害。在美国，已有向 OpenAI、Midjourney、StabilityAI 等 AI 厂商发起的数起版权维权诉讼并

获得支持，要求 AI 公司向版权人支付合法报酬的呼声愈来愈高。诸如微软、谷歌，其 AI 大模型平台虽然没有披露训练数据来源，但积极给出了承诺，保证如商业用户获取的 AIGC 内容侵权，则平台愿意兜底赔偿。立法和监管的探索或许能为训练数据的版权保护发出更落地的声音，而行业也终将在数据授权或开源和人工智能的创新发展战略上取得最好的平衡。

2. AIGC 是不是《著作权法》意义上具有独创性的作品，受不受版权保护，尚未形成共识

2023 年，内容行业在数月间几乎就完成了生产工具的大洗牌，AI 工具得以广泛应用。如 AI 图片生成，似乎在一夜之间成为动漫和设计行业心头爱，各公司院线聘用设计师、画手的成本被压缩，转而引入图片 AI 工具。软件开发行业、音视频行业也是如此。网文领域的 AI 应用其实更早些，好几年前洗稿软件就已经大行其道，洗稿产业链将人工洗稿推向了智能软件洗稿的工业化。不管内容行业认不认可 AIGC 的地位，这种新生事物已经以强势之姿进入了行业视野并广受关注。

数千年来，人类通常认为智力是人类所独有的，工具是人类进行生产创作的辅助，而创作成果被认可而赋予经济或精神价值并得到版权的认可，首先应当是"人"的智力创造。因此，AI 工具不是"人"，不能作为创作者独立创造版权，而操作者并非生成智力成果的创作者，亦不成为著作权法上的"作者"。目前这种观点占据舆论主流，但也有不少呼声认为应当给予独创性更多维度的解释。对于正版内容权利人而言，一方面欢迎 AI 带来的高效生产模式，但另一方面又担心目前内容行业版权保护成熟度尚不高，如果内容生产被自动化会不会导致未来互联网将产生数倍于正版精品体量的同质化低质量内容，其中不乏灰产扒榜洗稿、同质化仿写、拼接剽窃等恶劣侵权行为，因此部分业内人士希望能谨慎赋予 AIGC 合法版权身份。

司法也关注到了这一新生事物。北京互联网法院在其报告中提及，"科技创新直接推动了新型创作方式和作品样态的产生……此类成果是否具备独创性，应否被认定为著作权法意义上的作品，应当使用何种保护规则，成为司法亟待解决的问题"①，司法虽暂时还没能给出判定，但如前述的个别案件中认定了如果 AIGC 是

---

① 参见《北京互联网法院审判工作情况白皮书》，见 http://bjinternetcourt.gov.cn/cac/zw/1567483035819.html。

由人赋予独创性的参数或加工而成，也可被具有独创性而成为著作权法上的"作品"。行业监管在对人工智能行业持鼓励发展态度的同时也注重版权保护，通过要求 AIGC 进行打标公示，即要求用 AI 创作或生产的内容需在显著位置表示其来源，以期让行业自觉完成对 AIGC 的归类和有序使用，如 2023 年发布的《生成式人工智能服务管理暂行办法》规定了"提供者应当按照《互联网信息服务深度合成管理规定》对图片、视频等生成内容进行标识"。

随着 AI 的突破性创造，AI 成果的权利身份未来或许存在更多可能性。在强人工智能的未来，AI 产品很可能独立完成一个精品小说的全部创作过程，或许比通常的人类作品更为精彩抑或具有更强的经济价值，或许那时的法律伦理会为人工智能尝试开放单独的一席之地。

综上，以上问题探究仅为引玉之砖。网络文学对繁荣人民文化生活，增强泱泱中华文化自信功在千秋，中国网络文学的前景亦无限广阔，甚至在全球也是独树一帜，是世界文化独有的存在，从来没有哪个国家拥有如此丰富、强大的内容叙事能力，笔者亦为之自豪。而网络文学版权保护，在取得了如此丰富的成就后依然任重而道远，诸如前文所述的问题还很多，每一项都切实关系到产业的共融发展。网络文学在社会各方面渗透广泛，任何文化都不是独立的精神产品，而是社会发展的重要要素，作为网络文学主体的一员，无论是创作者、权利人、分发方还是服务平台，都天然负有行业责任维护来之不易的文创繁荣，努力实现内容创作和商业交易在经济价值和社会价值取得双赢。

B.8 体育赛事节目版权
保护问题分析

李劼 李冉[*]

摘　要：近年来，随着我国体育产业和体育消费需求的增长，体育赛事节目的版权保护变得更加紧迫。本文深入探讨了体育赛事节目版权保护的重要性、现状及面临的挑战，并据此提出相应解决建议。互联网时代，盗播频发、法律定义模糊、平台侵权责任认定争议等问题频发，为有效保护版权，本文建议从营造社会氛围、完善法律体系及强化协同机制三方面入手，明确体育赛事节目的法律性质，规范"避风港原则"的适用，完善惩罚性赔偿制度，并加强版权保护技术的开发与应用，最终构建多元共治的版权保护新格局。

关键词：体育赛事节目；版权保护；协同机制；转播权

一、体育产业发展概述

习近平总书记指出，要推动体育产业高质量发展，不断满足体育消费需求。党的十八大以来，在习近平新时代中国特色社会主义思想指引下，我国体育产业迅猛发展，规模不断扩大，为助力经济增长、构建新发展格局贡献了体育力量。

体育产业是指"为社会提供各种体育产品（货物和服务）和体育相关产品的生产活动的集合。分类范围包括：体育管理活动，体育竞赛表演活动，体育健身休闲活动，体育场地和设施管理，体育经纪与代理、广告与会展、表演与设计服务，

---

[*] 李劼，《中国版权》杂志社副总编辑（主持工作），编审，研究方向为版权法治与出版实务研究；李冉，《中国版权》杂志社编辑，研究方向为媒体版权。

体育教育与培训，体育传媒与信息服务，其他体育服务，体育用品及相关产品制造，体育用品及相关产品销售、出租与贸易代理，体育场地设施建设等 11 个大类"。① 2012 年至 2021 年，我国体育产业总规模、增加值分别由 9526 亿元、3136 亿元增加至 3.1 万亿元、1.2 万亿元，年均增速分别达 14.01%、16.08%。② 十年间，《关于加快发展体育产业促进体育消费的若干意见》《体育强国建设纲要》《关于促进全民健身和体育消费推动体育产业高质量发展的意见》等政策相继出台，推动体育产业持续健康发展。

表 1　2023 年全国体育场地主要数据

名称	数量	备注
全国体育场地	459.27 万个	
体育场地面积	40.71 亿平方米	
人均体育场地面积	2.89 平方米	
基础大项场地	24.78 万个	包含田径场地 20.76 万个，游泳场地 4.02 万个
球类运动场地	285.12 万个	包含"三大球"场地 143.55 万个，乒乓球和羽毛球场地 129.28 万个，其他球类运动场地 12.29 万个
冰雪运动场地	2847 个	包含滑冰场地 1912 个，滑雪场地 935 个
体育健身场地	136.05 万个	全民健身路径 105.22 万个，健身房 15.55 万个，健身步道 15.25 万个，长度 37.10 万千米

新时代新征程，我国体育产业依旧展现了良好的发展势头。2023 年 12 月 29 日，国家统计局发布《2022 年全国体育产业总规模与增加值数据公告》③，《公告》显示，2022 年全国体育产业总规模（总产出）为 33008 亿元，增加值为 13092 亿元。与上一年相比，体育产业总产出增长 5.9%，增加值增长 6.9%，充分展现出经济新增长点的发展潜力。

---

① 参见国家统计局：《体育产业统计分类（2019）》，见 https://www.stats.gov.cn/xxgk/tjbz/gjtjbz/201904/t20190411_1758930.html。

② 《体育产业规模不断扩大　为经济发展增添动能》，《中国体育报》2023 年 8 月 11 日。

③ 参见国家统计局：《2022 年全国体育产业总规模与增加值数据公告》，见 https://www.stats.gov.cn/sj/zxfb/202312/t20231229_1946084.html。

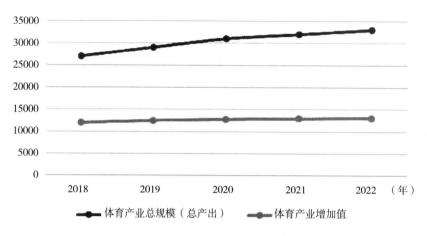

图 1   2018—2022 年中国体育产业总规模与增加值

表 2   2022 年全国体育产业状况

分类名称	总产出		增加值		
	总量（亿元）	构成（%）	总量（亿元）	构成（%）	增速（%）
体育产业	33008	100	13092	100	6.9
体育服务业	17779	53.9	9180	70.1	7
体育管理活动	1143	3.5	599	4.6	16.3
体育竞赛表演活动	388	1.2	145	1.1	11.7
体育健身休闲活动	1921	5.8	962	7.3	7.8
体育场地和设施管理	3046	9.2	1106	8.4	7.2
体育经纪与代理、广告与会展、表演与设计服务	370	1.1	113	0.9	-4.9
体育教育与培训	2338	7.1	1888	14.4	5.2
体育传媒与信息服务	1329	4.0	452	3.5	11.3
其他体育服务	1847	5.6	796	6.1	8.7
体育用品及相关产品销售、出租与贸易代理	5397	16.4	3119	23.8	5.6
体育用品及相关产品制造	14259	43.2	3686	28.2	7.3
体育场地设施建设	970	2.9	226	1.7	-4.3

2023 年 12 月，习近平总书记在中央经济工作会议上发表重要讲话，把体育赛事作为培育壮大新型消费增长点，体育产业蓬勃发展的政策基础不断巩固夯实。成都大运会、杭州亚运会、广西学青会"三运"齐办，充分展示了我国经济社会发

展的新成果，展示了国家文化软实力，拉动举办城市和周边地区体育休闲消费再创新高。① 2023 年贵州"村超"持续火爆，官方统计数据显示，从 2023 年 5 月举办以来，上百万人次到场观赛、超 5000 万人次在线围观、全网流量突破 300 亿次；② 海南省"村 VA"火爆出圈，掀起全民健身热潮；甘肃省推动建设丝绸之路健身长廊，安徽省实施体育暖民心行动；③ "跟着赛事去旅行"系列活动激发体育热情、掀起体育热潮……2023 年 12 月 11 日至 12 日，中央经济工作会议指出要推动消费从疫后恢复转向持续扩大，积极培育体育赛事等新的消费增长点。

根据《2022 年全国体育产业总规模与增加值数据公告》的各项数据，2022 年，在疫情反复出现的情况下，我国体育产业取得较高增速实属不易，这充分展现了体育产业的发展潜能和产业韧性。亮眼成绩的取得除了产业自身的发展规律以及各级政府、社会组织、市场主体所付出的努力外，有媒体指出北京冬奥会的效应功不可没。④

根据国际奥委会发布的《北京冬奥会市场营销报告》⑤，全球有超过 20.1 亿人通过广播电视和数字平台观看了 2022 年北京冬奥会，比 4 年前的平昌冬奥会观看人数增长 5%。冬奥会的成功举办以及赛事引发的高关注度，不仅给北京冬奥组委带来可观收入，⑥ 更是给我国冰雪运动产业的发展带来了积极影响。2023 年 7 月 20 日，国家体育总局印发《关于恢复和扩大体育消费的工作方案》⑦，《方案》明确指出，要加大高质量赛事供给，支持各地因地制宜举办具有较高知名度的国内外体育赛事，鼓励社会力量举办自主品牌体育赛事。这充分体现精品体育赛事正在成为推动体育产业高质量发展的重要引擎。

---

① 参见国家体育总局：《高志丹局长在 2023 年全国体育局长会议上的讲话》，见 https://www.sport.gov.cn/n4/n24972416/n27051426/n27052753/c27397760/content.html。

② 参见中国体育报：《为经济社会发展加油　为百姓幸福生活添彩——中国体育产业跑出"加速度"》，见 https://www.sport.gov.cn/n20001280/n20067608/n20067635/c27238420/content.html。

③ 参见国家统计局：《2022 年全国体育产业总规模与增加值数据公告》，见 https://www.stats.gov.cn/sj/zxfb/202312/t20231229_1946084.html。

④ 参见新京报：《去年全国体育总产出 33008 亿元，冬奥效应功不可没》，见 https://www.bjnews.com.cn/detail/1703907922169436.html。

⑤ 参见新华社：《国际奥委会发布〈北京冬奥会市场营销报告〉：全球观众超 20 亿》，见 http://www.news.cn/fortune/2022-10/21/c_11290T3177.html。

⑥ 参见央视网：《北京冬奥组委财务收支报告公布：结余 3.5 亿元人民币》，见 https://news.cctv.com/2023/05/06/ARTIEuaTEx183nP6yZH8atXF230506.shtml。

⑦ 参见国家体育总局：《关于恢复和扩大体育消费的工作方案》，见 https://www.sport.gov.cn/n315/n20001395/c25814420/content.html。

二、体育赛事节目版权保护意义及现状

（一）体育赛事节目版权保护意义

随着体育产业的快速发展，体育赛事的商业价值不断攀升。按照国际惯例，体育赛事的经济收益除门票、广告商业赞助收入和一部分特许经营收入外，主要来自赛事相关节目的转播行为，因此体育赛事节目版权成为体育赛事节目版权的关键组成部分。体育赛事节目版权主要指对体育赛事内容的传播权，包括赛事的录制、直播、转播、解说、分析等。由于一场体育赛事的商业价值，主要是通过版权交易来体现的，而保护版权就是保护体育赛事的商业价值和各参与方的商业利益。保护赛事版权能够确保赛事组织者对赛事的管理和商业开发权，而保护赛事节目版权则保障了主办方和授权传播方对赛事内容的传播和商业化。

奥林匹克转播服务公司（OBS）作为向全世界奥运持权转播商提供奥运会广播电视公共信号的机构，其重要性不言而喻。在2022年北京冬奥会和冬残奥会世界转播商情况介绍会上，OBS首席执行官伊阿尼斯·埃克萨科斯表示，奥运市场营销收入主要来自转播、赞助、门票和授权等，据国际奥委会官方数据，转播收入位居第一，占国际奥委会总收入（2013—2016年）的73%，而云集世界顶尖公司的奥林匹克全球合作伙伴赞助计划只占18%。[1] 根据《北京冬奥会市场营销报告》，国际奥委会在2017年至2021年总收入为76亿美元，其中媒体转播权收入占61%。

2022年北京冬奥会期间，全世界观众通过奥林匹克持权转播商的频道观看了总计7130亿分钟的奥运报道，比平昌冬奥会增长18%。持权转播商在数字平台总播出时长达到创纪录的120670小时。[2]

在互联网时代，对重大体育赛事节目内容的使用和传播，已经成为互联网平台吸引用户和流量以及提升自身竞争力的有效手段，因此各大互联网平台对于重大体育赛事节目版权的争夺日趋激烈。比如，2016年PP体育以约50亿元人民币的价格买下了英超2019—2022年三个赛季的版权，尽管英超官方于2020年9月宣布与

---

① 参见新华网：《北京2022将成最具科技含量冬奥会——专访奥林匹克转播服务公司首席执行官埃克萨科斯》，见 https://www.gov.cn/xinwen/2019-02-26/content_5368760.htm。
② 参见国际奥委会：《北京冬奥会市场营销报告》，见 https://library.olympics.com/doc/SYRA-CUSE/2891855。

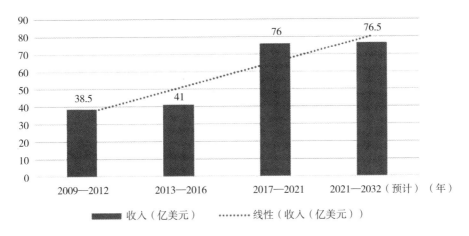

图 2 国际奥委会（IOC）历年转播收入

PP 体育提前解约，合同未能善终，但令人咋舌的天价版权体现了精品赛事的商业价值。在 2023—2026 年周期内，FIFA 预计其电视转播权收入将达到 42.64 亿美元，与上一个预算周期相比增长 9.64 亿美元。这一增长主要归因于 2026 年世界杯将在美国、加拿大和墨西哥共同举办，北美时区的覆盖将为全球观众提供更为便利的观看时间，预计这将大幅提升收视率和转播权价值。[①] 一方面是天价版权，一方面是网络平台的肆意盗播窃取流量，这让赛事转播商的合法权益受到严重侵害。因此，保护体育赛事节目版权就是保护体育赛事节目各参与方的商业利益，只有在赛事节目的版权得到有效保护的前提下，各方才会愿意投入更多的资源和资金，从而推动体育产业的高质量发展。

此外，保护版权就是保护创新。加强版权保护对于激励优秀体育赛事节目的创新创作具有重要意义。尤其是在大型体育赛事中，各类创新技术和手段的使用提升了赛事节目的观赏性，节目的创新性编排可以增加赛事节目的互动性和娱乐性，保护赛事节目版权可以激励更多优秀的体育赛事节目的创作和制作，不断满足大众的精神文化需求。

（二）体育赛事节目版权保护现状

体育赛事节目是指“在体育赛事活动进行的过程中，通过拍摄机位的设置、

---

① 国际足联的 2023—2026 年周期预算和 2024 年详细预算，见 https://publications.fifa.com/en/annual-report-2022/finances/2023-2026-cycle-budget-and-2024-detailed-budget/。

摄像镜头的选择、主持人解说、字幕、回放镜头或特写、采访、编导的参与等方面，对体育赛事活动进行拍摄而形成的供广大观众在屏幕前观赏的电视节目"。①一般来说，体育赛事节目的制作可大致分为赛事组织者自行制作；赛事组织者委托第三方统一制作；赛事组织者提供信号和画面，赛事播出方自行编排制作；经赛事组织方授权后，赛事播出方进场架设机器拍摄并制作等方式。② 体育赛事节目转播是指通过电视、广播、网络等媒体平台实时或延时播放体育赛事的过程，使观众能够观看赛事内容。体育赛事节目转播作为体育赛事节目版权最常见的实现方式之一，多数情况下，赛事组织者会委托节目制作者制作体育赛事节目，并将"转播权"③ 授予节目传播者。因此不同于一般的电视节目，体育赛事节目的核心利益攸关方至少包括体育赛事组织者、体育赛事节目制作者、体育赛事节目传播者。在加快推进电信网、广播电视网和互联网三网融合的背景下，体育赛事节目盗播的主要表现为截取体育赛事节目信号，在广播电视上实时转播或录播，在网站上进行实时转播，或网站未经许可将他人体育赛事节目上传供他人点播等方式。④ 在 2020 年新修正的《著作权法》颁布实施前，对于在广播电视上的实时转播或录播，或者在网络上的点播，体育赛事节目权利人可分别以广播组织权和信息网络传播权作为请求权基础进行维权。但是对于网络实时转播的规制却存在争议，因为 2010 年版的《著作权法》并没有赋予权利人控制互联网环境下实时转播的行为。而 2020 年版的《著作权法》对广播权和广播组织权进行了扩张，使其对网络实时转播行为进行有效规制。所以目前，从体育赛事节目的保护路径来看，著作权法框架可以解决体育赛事节目的侵权问题，因为无论是把体育赛事节目认定为作品、录像制品还是广播信号，都可以通过作品的著作权、邻接权中的录像制作者权或广播组织权加以保护。2022 年修订通过的《中华人民共和国体育法》第 52 条第 2 款规定与体育赛事的版权和转播密切相关，该条规定体育赛事的举办单位应当依法对体育赛事活动的电视、广播、网络等媒体转播权进行保护，未经授权不得擅自转播体育赛事。该条规定了体育赛事举办单位对体育赛事转播的保护义务、转播权范围、授权机

---

① 祝建军：《体育赛事节目的性质及保护方法》，《知识产权》2015 年第 11 期。
② 丛立先：《体育赛事直播节目的版权问题析论》，《中国版权》2015 年第 4 期。
③ 这里的"转播权"是指赛事组织者授权传播者传送体育赛事以获得经济利益的权利。这种授权不是基于创作作品产生的权利，而是基于对赛事资源的把控。
④ 国际足联的 2023—2026 年周期预算和 2024 年详细预算，见 https://publications.fifa.com/en/annual-report-2022/finances/2023-2026-cycle-budget-and-2024-detailed-budget/。

制。首先，体育赛事的举办单位是对体育赛事活动转播进行依法保护的责任主体，需采取措施防止未经授权的转播行为。其次，体育赛事的转播权包括在电视、广播、网络媒体等多种媒体上的转播，包括网络实时转播。最后，该条款规定任何媒体平台在转播体育赛事之前必须获得赛事主办方的授权，未经授权的擅自转播行为为明确禁止的侵权行为，以此保障赛事主办方和获得合法授权的转播方的利益。

除了立法和司法上的保护，行政保护也是我国著作权保护的一个特色。比如2023年，国家版权局会同其他相关部门开展"剑网2023""清朗·杭州亚运会和亚残运会网络环境整治"专项行动，通过将杭州亚运会亚残运会赛事节目纳入国家版权局重点作品版权保护预警名单，压实网络平台主体责任，重点打击未经授权传播体育赛事节目、提供赛事节目盗播链接等行为，建立版权保护快速响应联动执法机制等方式，构建形成层次递进、衔接有序的亚运版权保护共治格局。

三、体育赛事节目版权保护面临的问题

（一）互联网时代体育赛事节目"盗播"频发难根治

近年来，随着网络技术的快速发展，体育赛事节目的播出主阵地从电视、广播等传统媒体向互联网电视、手机 APP 等新媒体领域转移，通过网络方式收看体育赛事节目的受众越来越广，与此同时，新的侵权领域和方式不断涌现，体育赛事节目版权保护受到严峻挑战。每逢重要体育赛事举办，许多未经授权的直播、延播、点播就会在网络上大量出现，这些侵权行为破坏了产业秩序，损害了赛事组织方和转播商的正当经济利益。根据相关报告，盗播给英超俱乐部带来了每场至少100万英镑的损失，西甲联赛官方认为盗播一年造成损失超4亿美元。[1] 英格兰及威尔士橄榄球联合会（RFU）的报告指出，非法流媒体导致其每年损失约2000万英镑的转播收入。2021年4月，finder 网报道称，英国有超过600万人在过去3个月中流式传输了非法内容，其中21%的内容是体育赛事或游戏。[2]

国务院办公厅印发的《关于加快发展体育竞赛表演产业的指导意见》指出，

---

[1] 新华网：《治理网络盗播体育赛事难在哪儿？如何破？》，见 https://www.xinhuanet.com/legal/2021-08/02/c_1127723359.htm。

[2] 《体育机构可以选择解决非法流媒体问题》，见 https://www.pinsentmasons.com/out-law/news/sports-bodies-have-options-tackling-illegal-streaming。

到 2025 年，体育竞赛表演产业总规模达到 2 万亿元。随着产业的飞速增长，在巨大的利益驱动下，体育赛事节目的盗播行为屡禁不止。首先是侵权形式的多样化、手段的隐蔽化。一般情况下，盗播体育赛事节目需要先突破赛事节目版权方设置的防火墙，再完成赛事视频的录制或直播流的截取，最后在网络或新媒体平台播出。一些版权方设置的防火墙对于盗播者来说突破起来并不困难，录屏 APP 的制作成本最低仅需几百元，制作视频播放网站也仅需千元,① 盗播者利用流媒体设备，通过预装非法流媒体应用提供体育赛事的免费观看，更有甚者私自架设境外服务器或使用境外卫星信号截取赛事直播流……盗播者的"花式侵权"导致原有的法律规范难以有效规制，令版权方维权困难重重。其次是侵权数量激增。以短视频领域为例，根据 12426 版权监测中心发布的《2021 中国短视频版权保护白皮书》②，2019 年至 2021 年 5 月，12426 版权监测中心受委托监测 5525 件重点影视综及体育赛事等作品，各类作品中每项体育赛事平均侵权量最大为 4.9 万条。12426 版权监测中心重点监测国内外热门体育赛事共 37 项，涉及比赛 8200 多场次，盗版二次创作短视频 181.27 万条。其中 NBA、欧洲五大联赛、欧冠、中超等国内外顶级赛事短视频侵权量较大。面对如此庞大的侵权数量，赛事节目的权利人需要花费大量人力、财力、物力才能有限维护其合法权益。最后是侵权成本低，但维权成本高、难度大。侵权违法获得的收益远高于被查处而做出的赔偿，这让盗播者不惜铤而走险。与此同时，对体育赛事节目进行侵权取证需要较高的固定证据成本，而且也会经常出现"按下葫芦浮起瓢"的现象，即查封一个直播 APP 后新的会很快出现。维权成本高让版权方经常选择"睁一只眼闭一只眼"，这也给侵权行为留下"空间"。

（二）法律定义模糊导致体育赛事节目性质存在争议

随着三网融合的深入发展，互联网实时转播体育赛事节目成为常态，体育赛事节目转播引发的纠纷频频出现，体育赛事节目版权保护问题更加复杂。面对大量的网络盗播纠纷案件，法院裁判各异，其中争议最大的焦点就在于体育赛制节目的定性问题，即可版权性问题。

---

① 新华网：《治理网络盗播体育赛事难在哪儿？如何破？》，见 https://www.xinhuanet.com/legal/2021-08/02/c_1127723359.htm。

② 12426 版权监测中心：《2021 中国短视频版权保护白皮书》，见 https://mp.weixin.qq.com/s/JF-cBftz8gvP7vi8gluVdJg。

　　从我国现有的司法案例及法学观点看，关于体育赛事节目的法律定性存在"作品说"和"制品说"两种认识。之所以会产生分歧，关键在于双方对体育赛事节目的独创性判断方面有不同的理解。持高独创性的观点者认为体育赛事节目的摄制属高智力投入行为，宜将其界定为受著作权法保护的作品。而持低独创性的观点者认为体育赛事节目摄制属一般性的智力投入，建议将其界定为录像制品。

　　目前在我国司法实践中，不同法院存在不同认识。在"新浪诉凤凰网中超赛事案"的二审和再审中，法院做出了不同的判决。在案件的审理中，原告主张，自己关于体育赛事的直播或者录像属于以类似摄制电影的方法创作的作品，即类电作品（"类电作品"在 2020 年修正的《著作权法》中改为"视听作品"，下同），被告未经许可使用自己的作品，侵犯了自己的著作权。在对涉案体育赛事节目是否具有独创性的认定上，二审法院[①]认为，首先在直播素材的选择上，涉案直播素材是中超联赛中的各场比赛，这一素材并非由直播团队所选择。对于赛事直播节目，如实反映比赛进程是根本要求，因此直播团队并无权选择播放或不播放某个时间段的比赛，而是必须按照比赛的客观情形从头至尾播放整个比赛。即便直播团队有选择权，这种选择也非独创性意义上对素材的选择。其次，对于素材的拍摄，涉案赛事公用信号的统一制作标准、对观众需求的满足、符合直播水平要求的摄影师所常用的拍摄方式及技巧等客观因素极大限制了直播团队在素材拍摄上可能具有的个性选择空间。最后，对于拍摄画面的选择及编排，尽管不同的直播导演所作选择可能存在差异，但如实反映赛事现场情况是赛事组织者对直播团队的根本要求，为此，导演对于镜头的选择必然需要与比赛的实际进程相契合。因此，二审法院认为涉案赛事节目在独创性高度上较难符合电影作品的要求，因而无法获得著作权的保护。

　　再审法院[②]则认为，电影类作品与录像制品的划分标准应为独创性之有无，而非独创性之高低。涉案赛事节目内容为涉案赛事公用信号所承载的连续画面，具体包括：比赛现场的画面及声音、字幕、慢动作回放、集锦等。其中，运动员比赛活动的画面、现场观众的画面、现场的声音、球队及比分字幕、慢动作回放、射门集锦等，为向观众传递比赛的现场感，呈现足球竞技的对抗性、故事性，包含上述表达的涉案赛事节目在制作过程中，大量运用了镜头技巧、蒙太奇手法和剪辑手法。

---

①　参见北京知识产权法院（2015）京知民终字第 1818 号民事判决书。
②　参见北京市高级人民法院（2020）京民再 128 号民事判决书。

在机位的拍摄角度、镜头的切换、拍摄场景与对象的选择、拍摄画面的选取、剪辑、编排以及画外解说等方面均体现了摄像、编导等创作者的个性选择和安排，故具有独创性，不属于机械录制所形成的有伴音或无伴音的录像制品，符合电影类作品的独创性要求。

笔者认为，体育赛事节目如果具有可版权性，则必须构成具有独创性的作品。作品的"独创性"实际上强调"原创性"（Originality），即作品来源于作者的创作活动并体现出最低限度的创造性，不应与专利法对发明创造的"新颖性""创造性"要求相混同。换言之，独创性要求作品这种智力成果能够体现出作者的个性化选择及安排。就上述案件而言，所涉赛事内容为极具对抗性和观赏性的足球赛事项目。赛事节目本身既包括赛事现场画面及声音、慢动作回放、集锦等信号承载内容，也包括转播方在直播中所附加的解说等。就涉案足球赛事直播画面而言，需要由赛事现场机位设置多元化的众多摄像机从不同视角、区位进行拍摄，运动员（甚至观众）特写、运动员慢动作回放以及射门集锦等时常穿插在内，这些画面内容需要在不同机位拍摄的画面之间进行切换、选择和剪辑，大量运用了镜头切换、剪辑等电影类技巧和蒙太奇手法，体现了连续画面在摄像、选择、剪辑方面的个性化选择和安排，故可以认为符合作品的独创性要求。

当然，体育赛事节目是否都构成作品也不能一概而论，需要结合个案具体情况，从具体赛事节目是否具有独创性进行判断。一般而言，对于机位设置多元化、由众多区位的摄像机拍摄而成的体育赛事节目，制作者在机位设置、镜头切换、画面筛选和剪辑等方面能够体现出不同于其他制作者的个性化选择和安排，应当认定为符合作品的独创性要求，将此类体育赛事节目归为"录像制品"将使对体育赛事节目的保护力度大打折扣。但对于仅通过简单的机位设置、较单一的机械录制而完成的体育赛事节目，由于制作者在镜头切换、画面筛选等方面的个人选择和安排空间十分有限，故此类体育赛事节目认定应当谨慎。

并且，虽然新修正《著作权法》将"电影作品和以类似摄制电影的方法创作的作品"更改为"视听作品"，并把"法律、行政法规规定的其他作品"更改为"符合作品特征的其他智力成果"，明确了作品类型化的例示性和开放性，但新修正的《著作权法》仍然保留了"录像制品"，也没有对"视听作品"的定义及构成要件做出进一步界定，因此，体育赛事节目作品类型的界定问题在新修正的《著作权法》施行后并没有得到完全解决。

（三）网络平台侵权责任认定存在争议

在 Web3.0 时代，体育赛事节目侵权的主阵地已经从传统的广播电视，转移到以短视频为代表的网络平台。侵权方式除了对赛事节目完整的盗播，更多的是对赛事片段的传播和对赛事片段二次创作的传播。因此，在体育赛事节目转播侵权纠纷案件中，被诉主体较为集中，多为网络数字电视、网络视频及网络社交平台的经营者。根据欧洲足球锦标赛版权方监测系统显示，2021 年 7 月 12 日欧锦赛决赛当日，共监测发现直播侵权平台 107 个，电脑端 126 个。在国家版权局等六部门联合印发的《国家版权局等关于开展冬奥版权保护集中行动的通知》中，强化网络平台主体责任成为重要措施，要求相关网络服务商对涉冬奥相关节目进行重点保护。《国家版权局等关于开展冬奥版权保护集中行动的通知》第 6 条专门规定，加强版权监测和处理，对短视频平台和网络主播未经授权传播赛事内容的行为进行重点打击。

在互联网快速发展的背景下，相较于盗播者直接侵权的认定，网络服务提供者间接侵权的认定要更复杂。因为网络服务提供者对体育赛事节目内容的引诱侵权或帮助侵权等间接侵权行为成为损害权利人合法权益的常见行为。因此，体育赛事节目权利人、网络服务提供者和社会大众的利益应该如何更好平衡，平台的"注意义务""合理措施"应该如何准确界定，是行业关注的焦点。《侵权责任法》第 36 条规定，"网络用户利用网络服务实施侵权行为的，被侵权人有权通知网络服务提供者采取删除、屏蔽、断开链接等必要措施。网络服务提供者接到通知后未及时采取必要措施的，对损害的扩大部分与该网络用户承担连带责任"。该条规定为网络服务提供者的"避风港原则"提供了法律基础。简单来说，"避风港原则"意味着，只要平台在接到著作权人的通知后及时采取移除或断开链接等必要措施的，即"通知—删除"，就可以不承担侵权责任。但是如果平台明知或者应知所链接的内容是侵权的，则不能免责。

不可否认，"避风港原则"对推动我国互联网产业的快速发展发挥了重要作用，但是随着技术的进步，其局限性也开始凸显。互联网平台借助用户上传的海量版权内容获取巨大经济利益，与此同时，可以依据"避风港原则"规避相关法律责任。但是体育赛事节目的权利人需要在体育赛事进行时，对海量互联网平台的海量内容进行检索、排查、取证，然后将侵权事实和侵权链接发送给平台，这大大增加了权利人的维权难度和维权成本。因此，对于网络平台责任的界定和理解需要重新审视，网络服务者是否应该负有更高的注意义务将对体育赛事节目的版权保护有重要意义。

四、体育赛事节目版权保护建议

（一）营造全社会重视体育赛事节目版权保护的氛围

版权可以为体育产业的健康发展保驾护航，但是很多企业往往在遇到侵权时才开展与侵权盗播行为的斗争，没有做到"未病先治"。虽然近年来全社会的版权意识有所提高，但是网络时代许多体育观众习惯免费从网络获取资源，从而导致网络盗播猖獗。此外，由于普法力度不足，许多视频内容创作者没有认识到对于体育赛事节目内容的二次创作可能涉及侵权。因此，要加强教育引导，培养公民尊重和保护体育赛事节目内容的道德风尚和行为习惯，自觉抵制体育赛事节目的版权侵权行为。此外，在互联网时代下，要加强弘扬诚信理念，宣传诚信经营的典型企业，引导数字平台自觉履行保护版权的社会责任。

（二）完善体育赛事节目版权保护体系

1. 明确体育赛事节目的性质

我国《著作权法》第三次修正对广播组织权的定义做出调整，在明确"转播权"涵盖以网络方式进行的实时转播的同时，还为广播组织增设了信息网络传播权，为广播组织维护自身权益提供有力保障。一方面，在我国《著作权法》中，广播组织指广播电台、电视台，而在互联网时代，体育赛事节目的播出媒体早已不限于广播电台、电视台等传统媒体，赛事节目的"转播权"往往集中在大的网络平台，这些新型的广播组织已经成为推动我国体育赛事产业高质量发展的重要力量。如果仅以广播组织权保护体育赛事节目，那么将无法为网络电视、移动直播平台等新型广播组织提供充分的救济与保护。

另一方面，广播组织获得广播组织权的依据是播放节目，而非制作节目。通常情况下广播组织播放的内容既有作品，也有制品，还有不受《著作权法》保护的其他内容。因此，不能因为对体育赛事节目给予广播组织权的保护，而忽视了对其自身进行保护的可能性和必要性。在这种情况下应该明确大型体育赛事节目、精品体育赛事节目的作品定性，在网络盗播猖獗、手段多样的当下，给予体育赛事节目更高程度、更为有效的保护。

2. 规范适用"避风港原则"

"避风港原则"的重要前提是"技术不能"，即由于互联网存在海量信息，在技术尚不成熟且成本过高的情况下，不能强行要求网络平台对内容进行筛查。[①] 但是随着版权筛查技术的开发和利用，"技术不能"已经难以成立。此外，网络平台在通过算法推荐等技术实现利益最大化的同时，赛事节目权利人因侵权行为隐蔽、维权成本高等原因难以追究用户的直接侵权责任，这导致权利人与网络平台之间产生利益失衡。[②] 根据权利与义务对等原则，针对网络时代体育赛事节目侵权特点，应当适当提高网络服务提供商的注意义务，尤其是对于大型体育赛事，要明确平台责任，规范适用"避风港原则"，将过滤、拦截等措施纳入网络平台需采取的必要措施中。对于网络平台上热度高、点击率靠前的涉赛事节目内容，平台需要主动进行内容筛查，对于这些平台更易感知的内容，平台不能以"未接到通知"为理由，任由侵权内容在其运营平台传播。除此之外，国家版权局还应出台专门的规范性文件，明确平台间接侵权责任的认定标准。网络服务提供者需在体育赛事期间使用版权筛查技术进行预先筛查和实时监控，防止侵权行为发生。应确保平台在采取合理的预防措施后免于承担侵权责任，从而平衡版权保护与平台运营之间的关系，有效地巩固赛事节目版权保护成果。

3. 完善、落实惩罚性赔偿制度

在互联网时代下，作品传播方式多样、速度更快，权利人对其作品传播的控制面临前所未有的挑战，维权成本高、时间长、难度大更是让很多权利人考虑放弃维权，使得侵权行为更加猖獗。此外，体育赛事节目分授权费用较高，而在一般的侵

---

① 李安：《智能时代版权"避风港"规则的危机与变革》，《华中科技大学学报（社会科学版）》2021 年第 3 期。

② 唐一力：《网络服务提供者间接侵权责任的重新思考——以重大体育赛事节目版权保护为例》，《法学论坛》2023 年第 4 期。

权纠纷中，法院判赔金额较低，难以体现体育赛事节目的市场价值。为加大侵权成本，有力维护权利人合法权益，新修正《著作权法》引入惩罚性赔偿制度，将法定赔偿额上限提升至 500 万元。《著作权法》第 54 条第 1 款规定，对故意侵犯著作权或者与著作权有关的权利，情节严重的，可以在按照权利人的实际损失、侵权人的违法所得或参照权利使用费确定数额的一倍以上五倍以下给予赔偿。因此，对于针对体育赛事节目内容的恶意侵权行为，要落实赔偿性惩罚制度，通过高赔判严肃惩戒侵权者。

（三）加强各相关单位对体育赛事节目版权保护的协同机制

1. 明确体育赛事节目权属，为赛事节目有效保护做好基础准备

由上文分析可知，体育赛事节目不同于一般的电视节目，其核心利益相关方至少包括体育赛事组织者、体育赛事节目制作者、体育赛事节目传播者，这就使体育赛事节目版权问题本就不那么简单。加之随着三网融合的深入发展，互联网实时转播体育赛事节目成为常态，体育赛事节目版权保护问题就更加复杂，在这种情况下明确赛事节目权属至关重要。

在国家版权局公布的《2022 年度第九批重点作品版权保护预警名单》，对2022 年卡塔尔世界杯相关赛事节目和 2022—2023 年赛季 CBA 联赛、全明星周末及相关赛事节目进行了版权保护预警。以名单中的 CBA 联赛为例，名单明确表示2022—2023 年赛季 CBA 联赛、全明星周末及相关赛事节目的权利人为中篮联（北京）体育有限公司，咪咕平台获得全场次的信息网络传播权，中央广播电视总台、新浪微博获得部分场次的信息网络传播权，网络服务商获得授权的期限为 2022 年10 月 6 日至赛季结束日。这份名单明确表明了赛事节目的著作权人及授权链条上的其他相关主体，避免了因权利归属不清造成的版权侵权行为。因此，建议体育赛事节目的著作权人通过版权登记等方式进行版权确权并及时通过体育赛事举办单位的官方平台对外宣告其权利人身份，以及同时宣告其对于赛事节目的授权情况，为赛事节目的版权保护做好基础准备。

2. 加强体育赛事节目版权保护技术开发和应用

面对网络时代体育赛事节目版权侵权问题，各市场主体要积极创新技术手段。

对于体育赛事节目的权利人，要充分利用内容加密与传输加密、可见水印与隐形水印标记、音频指纹与视频指纹、访问控制等技术手段使非授权机构或个人难以截取赛事节目内容；对于网络平台要利用数字指纹技术全面、精准识别侵权内容，通过单词过滤器、反盗版 DNA 比对识别等版权过滤技术主动规避版权风险；同时增强监控取证与自动化防御技术，对于侵权检测方要充分利用人工智能、大数据、区块链等技术手段，通过蜜罐技术、日志分析、自动封锁等措施，打造相关监控、防御与取证平台，解决监测难、阻断难、取证难等问题。

3. 共建多元共治的体育赛事节目版权保护新格局

《版权工作"十四五"规划》提出，以建设版权强国为中心目标，以全面加强版权保护、加快版权产业发展为基本任务，以进一步完善版权工作体系为主要措施，不断提升版权工作水平和效能，为推动高质量发展、建设创新型国家和文化强国、知识产权强国提供更加有力的版权支撑。《关于进一步加强体育赛事节目版权保护的若干意见》提出，以构建多元共治的版权保护体系为核心，全面强化体育赛事节目版权保护，促进体育产业健康发展。文件强调，通过建立政府主导、企业主体、社会参与的版权保护新格局，提升版权保护水平和效能。对于体育赛事节目版权保护，要鼓励行政、司法、社会等多方力量参与，共建多元共治的体育赛事节目版权保护新格局。行政执法部门要通过"剑网"专项行动等方式加大对体育赛事节目侵权行为的联合打击力度；司法部门应建立健全体育赛事节目性质的判定标准，对恶意网络盗播行为加大惩处力度；专业仲裁、调解机构、社会自治组织也应切实发挥各自作用，为体育赛事节目版权保护、价值实现保驾护航。

Ⅲ

市 场 篇

B.9 互联网背景下版权授权 机制的实践与完善

付继存 杨丹澜 王昆伦*

摘 要：版权授权是版权市场交易的重要内容。授权机制的实践运行直接影响到版权人的利益保护和文化市场的可持续发展。版权授权机制可被分为自治性和干预性两大类，前者在版权交易中占据主导地位，后者则是对版权交易的补充。在文字、图片、视听作品和音乐作品的互联网版权授权实践中，版权授权合同效力模糊、既有规则和配套机制不完善等问题依然在阻碍版权授权机制高效、顺畅运行。在互联网背景下，统一版权授权合同效力的认定标准，完善法定许可和默示许可制度，发挥版权人在版权授权中的主动性，并利用新兴技术促进版权授权机制的实践运行，这是解决版权授权机制现实困境的可行路径。

关键词：版权授权机制；版权授权合同；法定许可；默示许可；区块链智能合约

作品是文化市场中最核心、最具潜力的资源。这一资源的成功流转不仅取决于其自身的市场价值，而且依赖高质量的法律制度。从法律视角看，作品在市场中的交易过程即为版权授权过程，版权交易得以顺利实现有赖于版权授权机制的有效运行。依据当事人授权的自愿程度，版权授权机制可被划分为自治性版权授权机制和干预性版权授权机制两大类。在如今作品数字化与作品传播网络化的背景之下，这

---

* 付继存，中国政法大学副教授、知识产权法研究所所长，研究方向为知识产权法、创新政策；杨丹澜，北京市顺义区人民法院法官助理，中国政法大学知识产权法学硕士，研究方向为知识产权法；王昆伦，中央广播电视总台音像资料馆副研究馆员、办公室副主任，研究方向为知识产权法、信息资源管理。

两类版权授权机制面临授权合同效力模糊、版权法的既有规则及配套措施不完善以及版权授权多元化机制探索不足等问题。这些问题既有互联网背景下的新问题，也有未得到有效解决的原问题在互联网环境下的延伸。若这些问题不能有效解决，低效甚至失灵的版权授权机制会导致盗版泛滥、作品的市场价值减损、版权人的合法权益受到损害等恶劣后果，进而破坏作品的正常传播与文化市场的繁荣发展。因此，本文将从不同类型作品的版权授权实践切入，梳理分析互联网背景下版权授权机制的现实困境，并针对现有问题提出可行建议，以期为版权授权机制适应互联网时代的变革发展提供有益思路。

一、互联网背景下版权授权机制的实践观察

在内容生产和传播去中心化的背景下，人人都能成为创作者，版权在初始状态下极度分散。与此形成鲜明对比的是，互联网内容产业已步入了平台化竞争阶段。这些互联网内容平台具有大规模使用版权作品的需求，其除了通过著作权集体管理组织获得"一揽子授权"外，还会直接寻求与创作者合作，将分散的版权集中到自己手中。所以，互联网领域的版权授权具有强烈的集中倾向。但是，不同类型作品的版权集中方式又有不同。

（一）文字作品版权在互联网环境下的授权实践

相较于其他作品类型而言，文字作品的版权授权实践已相对成熟。特色授权场景其一是，原创网络文学平台与作者之间的自治性授权关系，即平台方与签约作家分别订立版权授权合同并进行相应的利益切分。在网络文学发展的初期，平台与作者之间的授权以信息网络传播权和汇编权为核心。然而，随着网络文学作品的全媒体运作，网络文学作品在影视、动漫、游戏等方面的开发愈加深入，平台与作者之间的版权授权合同步入了全版权合同阶段，即版权授权合同会尽可能地全面涉及文字作品的全部权项，从而为后续版权资源的开发利用排除法律风险。[①]（2023年网络文学作品版权授权改编形式及其数量参见图1）这种情形下文字作品的授权实际

---

① 周正兵：《网络文学作家的合同管理：从阅文集团合同风波说起》，《北京联合大学学报（人文社会科学版）》2022年第4期。

上已经完全成为平台版权运营的一个环节。

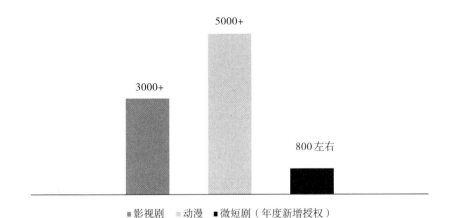

图1 2023 年网络文学作品版权授权改编形式及其数量

数据来源：《2023 中国网络文学蓝皮书》。

其二，UGC 平台，例如微博和小红书等互联网内容平台，与作为创作者的平台用户以格式条款为形式，建立自治性授权关系。这种授权模式虽然也尊重双方的意愿，但是与完全自治不同，合同条款是由平台方事先拟定的，平台用户"要么接受，要么离开"。相对而言，平台用户的利益保护是一个突出问题。

其三，部分网络平台，尤其是有声读物平台，与中国文字著作权协会建立自治性授权关系。这种授权模式的特点是可以集中获得文字作品的改编权、表演权和信息网络传播权等一系列权利，从而大大节约了授权成本。但是，授权范围只限于中国文字著作权协会的会员。对一些非会员作品，网络平台只能单独寻找版权人并寻求授权。这种授权模式要求高效、合理的利益分配模式，对集体管理组织有一定的要求。

（二）图片版权在互联网环境下的授权实践

相较于纯粹的文字信息，图文结合的信息传播方式在互联网环境中更符合大众的信息获取需求。因而，图片的版权授权在整个作品交易市场中也占据了重要地位。以图片生产对创作者的技艺和设备所需的专业化程度作为区分标准，网络图片可被大致区分为经专业摄影器材拍摄或图片处理软件制作的专业化图片和人人均可创作的非专业化图片。在 UGC 商业模式下，非专业化图片的授权使用也大多是通过格式条款实现的。但是，具有较高专业性的新闻图片和素材图片则通常依赖版权供应商与使用人之间的自主缔约方式。在新闻图片领域，新华社、中国新闻社等主流媒体是新闻图片的主要版权方，平台使用者通常以"包库包年"或一次性使用的方式获得授权。在素材图片领域，东方 IC、全景网、视觉中国三大图片网站通常是先获得图片版权，再授权平台使用者或者用户使用。三大图片网站，无论是与全球图片版权供应商或其签约图片供稿人合作获得版权，还是向分散的内容创作者或平台授权，都是通过自治模式实现的。其中，部分授权采取了格式条款，以节约谈判成本。

（三）视听作品版权在互联网环境下的授权实践

如今，互联网已经成为视听作品传播的主要渠道，尤其是对于影视剧来说，"台网同步""先台后网""先网后台"或"网络独家"已成为常见的视听作品传播模式（2019—2021 年部分电视剧播放模式参见表1）。由于视听作品的创作成本高且市场价值的差异较大，版权人和视频平台之间大多通过意思自治的方式针对不同视频作品分别获取授权。版权人也会根据视听作品本身的商业价值及与视频平台的协商议价，决定视听作品的版权授权是独占许可还是普通许可，更通俗地来说，就是选择视听作品是由一个平台独家播放还是多平台播放。与此同时，随着以短视频为表现形式的"重混创作"迅速兴起，长、短视频平台从最初的激烈竞争也逐渐走向携手合作。作为短视频平台的代表——抖音已在近两年与爱奇艺和腾讯视频等长视频平台达成商业合作，前者经授权可以在一定范围内对后者享有信息网络传播权等版权权利的长视频，进行合法的二次创作。[1] 在这种版权授权模式下，网络用户拥有更多授权视频素材进行再创作，长视频平台则可以获取更多的网络引流和曝光，短视频平台也因此降低了侵权风险，网络视听产业多方共赢的局面由此打开。此外，视频平台也会通过在一段时间内开放许可的方式，鼓励相关创作者进行内容二创。例如，爱奇艺通过开放平台 50 部热门剧集版权并提供现金奖励等方式，激发创作者的热情，在带来网站热度的同时也优化了内容生态。[2]

---

① 《从对簿公堂到握手言和长短视频"大和解"》，《北京商报》2023 年 4 月 10 日。

② 《授权 50 部热门剧集版权鼓励二次创作，爱奇艺号举办"电视剧整活大赛"》，见 https://www.iqiyi.com/kszt/news20220125.html。

表1 2019—2023 年部分电视剧播放模式

年份	电视剧名称	播放平台	播放模式
2019	《庆余年》	爱奇艺、腾讯	网络独家
2019	《我在未来等你》	爱奇艺	网络独家
2019	《外交风云》	优酷、腾讯、爱奇艺	台网同步
2020	《三十而已》	腾讯	台网同步
2020	《安家》	腾讯	台网同步
2020	《隐秘的角落》	爱奇艺	先网后台
2021	《觉醒年代》	优酷	台网同步
2021	《山海情》	腾讯、优酷、爱奇艺	台网同步
2021	《理想之城》	爱奇艺	台网同步
2022	《人世间》	爱奇艺	台网同步
2022	《警察荣誉》	爱奇艺	台网同步
2022	《开端》	腾讯	先网后台
2023	《狂飙》	爱奇艺	台网同步
2023	《去有风的地方》	芒果TV	台网同步

数据来源：笔者根据年度热播电视剧排行榜自行整理。

在互联网视听作品的版权授权实践中，较为特殊的是体育赛事节目的授权模式。由于体育赛事的特殊性，体育赛事节目（包括体育赛事直播）通常采取"独家许可+分授权"的方式进行版权交易。以我国举办的第24届冬季奥林匹克运动会的赛事节目为例，国际奥委会拥有奥运赛事节目的版权，中央广播电视总台经国际奥委会授权拥有冬奥会独家全媒体权利及分授权权利，特定平台和频道从中央广播电视总台获取分授权后，向广大观众通过电视或互联网渠道合法提供体育赛事节目。在中国大陆地区，北京冬奥会的赛事版权仅有中国移动咪咕、快手、腾讯三家互联网视频平台获得了分授权。[①]

（四）音乐作品版权在互联网环境下的授权实践

数字音乐市场的蓬勃发展与音乐作品的授权紧密相关。一方面，音乐作品具有适用法定许可制度的空间。在实践中，广播电台和电视台可以根据《著作权法》

[①] 《中央广播电视总台关于第24届冬季奥林匹克运动会版权保护的声明》，见 https://news.cctv.com/2022/01/25/ARTIUxzx99e8tmbOlkVgiCX7220125.shtml。

法定许可的规定在使用音乐作品后，通过中国音乐著作权协会向版权人支付报酬。另一方面，基于意思自治订立授权合同依然是音乐作品领域版权授权的主要方式，这种方式又可分为音乐公司授权和独立音乐人授权两种形式。[1] 音乐公司与音乐作品的作者签订合同，确定权利归属与利益分配方案，进而集中拥有大量的音乐作品版权资源。音乐平台则会通过与这些音乐公司签订协议的方式获取授权，从而合法使用音乐作品。同时，作为创作者的独立音乐人也可以作为版权授权方分散地向有需求的平台进行音乐作品授权。在国内，网易云音乐和腾讯音乐等音乐平台在获得环球、索尼、华纳等头部唱片公司的版权授权的同时，也会扶持自己的原创音乐人，培育自己的原创音乐生态，向听众提供更多优质音乐作品。值得注意的是，在实践中，版权独家授权在数字音乐市场中是一种常见授权模式，但这种模式会进一步加剧音乐公司或平台市场结构的失衡，导致大型音乐公司或平台形成音乐作品版权的垄断。这不仅会加高行业门槛，也会导致对消费者合法权益的损害，其应受到反垄断法的相应规制。[2]

特别值得一提的是，人工智能、大数据和区块链等互联网技术的迅速发展为当事人之间实现更加高效、安全的版权授权交易提供了客观有利条件。目前来看，区块链技术具备深刻改变版权授权实践的巨大潜力。区块链技术的核心特征在于去中心化、防篡改性和可追溯性。区块链技术在无须第三方平台介入的情况下，将数据分布式存储于各个数据节点，每个数据节点拥有相同的记账权，数据的修改痕迹不可擦除，流转过程透明可查，这种技术的应用可充分保障交易的高效安全。当智能合约被引入区块链后，后者的应用场景得到了进一步拓展。基于区块链技术的智能合约是一种新型合同，其是契约与技术的融合产物，具有自动化、强制执行性和匿名性三个显著特征。区块链智能合约是以计算机代码事先确定合约内容，当达到预先设定的交易条件后，智能合约即可自动执行合同条款。[3] 区块链智能合约可以通过技术构建可信任的交易环境，简化版权授权环节，降低授权的交易成本，大大提高版权授权安全性和效率性，进而克服了传统交易缺乏登记公示以及重复交易频发的弊端。除此之外，区块链智能合约还能够直接进行智能分账，保障版权人的获酬

---

① 彭译萱：《我国数字音乐版权交易模式研究》，《出版广角》2020 年第 23 期。

② 王岩：《数字音乐版权独家授权的反垄断法规制——以纵向非价格垄断协议为分析进路》，《出版发行研究》2020 年第 7 期。

③ 薛晗：《基于区块链技术的数字版权交易机制完善路径》，《出版发行研究》2020 年第 6 期。

权得以实现。现如今，中广联合会智能全媒体委员会的"智媒链"、蚂蚁链数字版权服务平台和安妮股份的"版权家"综合服务平台等均是利用区块链技术的优势，打造的综合性版权服务平台，这些平台向市场提供版权确权、监控、交易和维权等一系列版权公共服务。[①] 简言之，互联网技术已在逐渐改变传统版权授权机制的实践运行模式，版权授权日益呈现出技术化、智能化的发展趋势。

二、互联网背景下版权授权机制的现实困境及其原因分析

在上述实践观察的视角之下，不难发现，以缔约为表现形式的自治性版权授权机制在四种主要类型的作品交易中均占据主导地位，干预性版权授权机制的适用空间则非常有限。将前述不同类型作品的版权授权实践综合起来审视，版权授权机制在互联网背景下所面临的问题主要有两方面：一个是在自治性版权授权机制框架下，当事人自愿订立的版权授权合同表述不规范所带来的合同效力认定标准问题；另一个则是以法定许可和默示许可为主的干预性版权授权机制及其配套措施不完善，难以适应作品在互联网环境中传播利用的新变化。

（一）版权授权合同中不规范表述导致的效力认定难题

伴随着互联网技术的迅速发展，海量的作品涌入了虚拟的互联网空间，版权授权方与被授权方之间基于合意所自由设立的版权授权合同，是被授权方在一定范围内合法使用作品的依据，也是授权方依法获取报酬的直接凭证。但当事人在版权授权合同中的权利类型表述和合同条款设置方面常常过于"自由"而与版权法规定不一致。此时，合同的效力认定就易存在分歧。

1. 不规范权利类型表述的法律效力

在互联网背景下，作品的传播是以数字化的形式发生的无形过程。不同作品完成向数字化的转变，并在互联网中实现传播会涉及多种版权类型。但是，版权授权

---

① 吴凤颖、周艳：《数智时代视频版权交易平台化运营模式的创新升级》，《出版发行研究》2022年第7期。

方与被授权方通常不使用著作权法对版权各项权利类型的规范表述。例如，通过信息网络传播图书对应的"信息网络传播权"，在很多合同中被表述为"数字出版权"。又如，有些版权授权合同约定"非营利性传播权""公益性传播权""首播权"等概念。这种权利类型表述能够满足现实需求，但由于不规范，容易导致授权范围不明。面对这种冲突，如何认定授权文书的效力是互联网背景下的版权授权中亟须解决的问题。

上述问题的本质实际上是，在自治性版权授权机制中，意思自治能否得到版权法的认可或者在多大程度上获得版权法的认可，这在根本上取决于意思自治是否构成对版权法定的实质性违背。从正面来说，如果双方所约定的权利内容能够被版权法规定的一种或多种权利类型涵盖，这种约定就应当是真实的、合法的。因为双方的合意并未超出法律规定的范围。合同中的权利表述，只是双方为了满足业务需要、明晰内涵等目的所作出的实用性表述。例如，双方约定的网络播放权，实质是指网络的定时播放与交互式传播，分别对应广播权与信息网络传播权，这种约定就是有效的。从反面来说，如果双方约定的权利内容直接违背了版权法的规定，这种约定就是无效的。例如，双方约定授予文字作品的出租权。

2. 合同主要条款缺失与版权授权合同的效力

版权授权合同中未完全包含著作权法规定的"主要条款"，版权授权的效力在实践认定中就会出现不确定性。造成主要条款缺失的原因有：一是在互联网环境下，版权被授权方为了降低缔约成本，更倾向于选择一次性获得权利人最大范围的授权，而刻意回避写明合同中的授权权项。二是缔约双方缺乏对规范的版权授权合同的认识而遗漏主要条款。例如，没有明确"许可使用的权利种类"、只写"乙方对作品享有使用权"而不写"权利种类""授权期限""授权范围""付酬标准"等内容。如何认定这种在形式上不符合规范性要求的版权授权合同的效力，以及如何在尊重缔约双方真实意思表示的前提下，通过解释方法弥补合同主要条款的缺失，也是版权授权机制在互联网环境中面临的困境。

版权授权合同的成立与生效同时受制于合同法与版权法的相关规定。合同的主体、标的与数量构成合同成立的最基本要素。缺少这三项以外其他影响合同履行或目的实现的合意内容，均可以通过当事人之间的补充协议、解释其他条款的惯常含义、适用交易习惯或法律规定等方式予以填补，合同的成立并不因此受到不利影响。但基于版权法保护客体——作品所对应权利的唯一性，也即不存在一个作品有多个载体就有多个版权的可能，因此版权授权合同不要求缔约双方必须就标的的数量进行明确约定，数量并不是版权授权合同所必须具备的基本要素。也就是说，就版权授权合同而言，主体与标的两项才是合同成立必不可少的最基本要素。进一步来说，我国《著作权法》第 26 条第 2 款列举的版权许可使用合同应包含的 5 项内容，也并非是合同成立的必要内容。在合同明确记载当事人及所涉作品及其权利类型的情况下，其他要素的缺失并不妨碍版权授权合同的成立，缺失的要素可以适用《民法典》第 510 条与第 511 条等规定进行补充。

3. 授权合同格式条款的法律效力

互联网背景下的版权授权合同呈现"格式化"的特征。互联网平台为了达到维持商业运作和规避法律风险的双重目的，基本均采用电子格式化合同来获取网络用户对在平台上创作内容的授权。对于用户而言，拒绝接受这种合同条款就意味着其无法正常使用相应的互联网服务。例如，《微博服务使用协议》4.8 条前半句为"为了更好地促进信息分享及宣传推广，用户授权微博运营方可在微博及其关联产品和服务上使用微博内容，以及为宣传推广之目的将上述内容许可给第三方使用。"[①]《哔哩哔哩弹幕网用户使用协议》第 4.4 条[②]、快手《用户服务协议基本条款》第六部分"知识产权"第 2 条[③]、《"抖音"用户服务协议》第 10.3、10.4、10.5 条[④]等互联网平台用户使用协议中均存在类似条款。（参见表 2）版权授权合同格式条款的意义在于经济效率，尽管其也在一定程度上体现了缔约双方的合意，但其中也往往包含着处于劣势地位的一方对另一方的妥协。因此，不能仅仅因格式条款的存在就否定其效力，但同时也应保障版权人的合法权益不受侵害。如何兼顾合同的效率性和公平性，也是互联网背景下版权授权机制面临的问题。

---

① 《微博服务使用协议》，见 https://www.weibo.com/signup/v5/protocol。
② 《哔哩哔哩弹幕网用户使用协议》，见 https://www.bilibili.com/blackboard/account-useragreement.html。
③ 快手《用户服务协议基本条款》，见 https://sogame.kuaishou.com/game/gmpolicy。
④ 《"抖音"用户服务协议》，见 https://aweme.snssdk.com/draft/douyin_agreement/agreements.html?。

表2 代表性互联网内容平台版权授权格式条款内容

互联网内容平台	协议名称及条款	条款内容
微博	《微博服务使用协议》第4.8条	为了更好地促进信息分享及宣传推广，用户授权微博运营方可在微博及其关联产品和服务上使用微博内容，以及为宣传推广之目的将上述内容许可给第三方使用。用户对微博运营方及其关联公司的前述授权并不改变用户发布内容的所有权及知识产权归属，也并不影响用户行使其对发布内容的合法权利。
哔哩哔哩	《哔哩哔哩弹幕网用户使用协议》第4.4条	基于部分产品和/或服务功能的特性，您通过哔哩哔哩上传的文字（评论、弹幕）将可供其他用户在创作内容时使用并二次创作，用户根据前述约定再创作的作品仅能于哔哩哔哩和/或哔哩哔哩合作的第三方平台传播，且不得用于任何商业用途。哔哩哔哩尊重并保护您的合法权益，如您不希望其他用户使用全部或部分已授权内容，您可以随时通知哔哩哔哩取消本服务。您理解并同意，取消本服务不影响其他用户此前已获得授权的再创作内容的继续传播。
快手	《用户服务协议基本条款》第六部分"知识产权"第2条	用户在使用快手公司相关服务时发表/上传的文字、图片、视频、音频以及直播表演等应为用户原创的信息或已获合法授权，用户在快手平台上传、发布的任何内容的知识产权归属用户或原始著作权人所有，为了提升快手平台的服务质量，除双方另有约定以外，用户同意将其在快手平台所上传、发布的内容（以下或简称授权内容）的知识产权（人身权益除外）及行使知识产权所必须的权利（包括但不限于使用其声音、肖像等）在全世界范围内，以免费、非独家、可转让的方式允许快手公司使用；除非用户明示撤销上述部分或全部授权，否则本授权一经发出持续有效；若用户不希望快手公司继续使用其全部或部分已授权内容，可通过快手公司公示的方式通知快手公司。快手公司对授权内容的具体使用形式，可能会包括：（1）通过快手平台自有或合作的网络平台、应用程序或产品，以有线或无线网，通过免费或收费的方式在不同终端（包括但不限于电脑、手机、互联网电视、机顶盒及其他上网设备等）以不同形式（包括但不限于点播、直播、下载、收费、免费等）进行网络传播或提供电信增值服务等；（2）将前述内容复制、翻译、编辑、修改，用于快手公司自有或合作的作品、媒体或互联网应用程序/软件中，并用于相关开发或推广宣传；（3）将前述内容授权给电台、电视台、网络媒体、运营商平台等与快手平台有合作的媒体或运营商播放、传播，用于快手平台的推广宣传等；（4）其他快手公司出于善意或另行取得用户授权的使用行为。
抖音	《"抖音"用户服务协议》第10.3、10.4、10.5条	10.3 为使您的作品得到更好的分享及推广，提高其传播价值及影响力，对于您通过抖音上传发布的各种形式的内容，如文字、图片、音视频、直播及其中包括的音乐、声音、台词、视觉设计、对话等所有组成部分，您授予我们一项全球范围内、免费、非独家、可多层次再许可的权利，包括复制权、翻译权、汇编权、信息网络传播权、改编权及制作衍生品、表演和展示的权利等。上述权利的使用范围包括在抖音或其他网站、应用程序或智能终端设备等产品上使用。您同意我们有权自行或许可第三方在与上述内容或我们有关的任何宣传、推广、广告、营销和/或研究中使用，也可以通过其他方式开发该等全部或部分内容。上述授予的权利包括使用、复制和展示您拥有或被许可使用并植入内容中的个人形象、肖像、姓名、商标、服务标志、品牌、名称、标识和公司标记（如有）以及任何其他品牌、营销或推广资产、物料、素材等的权利和许可。

互联网内容平台	协议名称及条款	条款内容
抖音	《"抖音"用户服务协议》第10.3、10.4、10.5条	10.4 为了更好地保护您的权利，您确认我们有权根据前款授权，自行或委托第三方对您上传发布且享有知识产权的内容进行维权，维权形式包括但不限于：监测侵权行为、发送维权函、提起诉讼或仲裁、调解、和解等，我们有权对维权事宜做出决策并独立实施。 10.5 基于部分功能的特性，您通过抖音上传发布的内容及其中包含的声音、音频或对话等，可供其他用户使用抖音创作及发布相关内容时使用，其他用户亦可能基于平台功能设定对您的内容进行转发、复制、下载。我们将通过本协议或平台规则要求其他用户在此过程中不得侵犯您的合法权益，如果您发现其他用户在使用时侵犯了您的合法权益，可以通过抖音提供的侵权投诉渠道对相应内容进行投诉。

虽然格式条款存在不利于弱势一方、缩减自由协商空间等诸多可受指摘之处，但由于互联网背景下的版权授权所面对的是海量作品的授权难题，尤其是在内容创作和传播去中心化的网络环境中，每一次授权都须重新拟定合同条款不具有现实可行性，因此格式条款自有其存在的合理之处。与合同法基本理论相一致，格式条款的存在也并不影响版权授权合同的效力。在版权授权合同中，相较于有能力控制作品传播渠道和范围的互联网平台而言，分散的版权人往往因缺少谈判的话语权而处于弱势一方，固定的格式条款天然倾向于缔约关系中处于强势地位的一方。因而，在审查格式条款时，应当格外注重对版权人利益的保护。根据《民法典》第497条的规定，可以认为，如果格式条款实质性剥夺或排除版权人正常使用作品的权利，则该格式条款应属无效条款。当格式条款与国家版权局根据行业实践制作的版权授权合同产生明显的直接冲突时，其效力也值得谨慎判断，除非提出该格式条款的一方能作出充分合理的说明。

（二）法定许可制度不适应互联网环境变化

法定许可具有降低作品使用成本，促进作品传播和利用，同时保障版权人经济利益实现的制度优势。但是，并不是所有类型的作品都可以适用法定许可制度来克服其授权中面临的种种障碍。文字、图片、音乐和视听作品是在网络空间中占比相对较大的几类作品。法定许可就不适合作为这些作品在互联网背景下被传播和使用的补充机制。

首先，就文字和图片作品而言，不经授权"先使用，后付费"的作品使用模式虽然在制度层面上为权利人的利益保障提供了支持，实现了使用者和权利人之间的利益平衡，但由于现阶段法定许可的配套制度尚不完善，执行层面的困境将使权利人的利益在网络空间中失去保护，从而导致版权人的合法权益受到实质性损害。因此，原有的报刊转载法定许可因不符合"三步检验法"的国际规则而难以拓展到网络环境下。其次，由于数字音乐已占据了我国主要音乐市场，关于音乐作品的授权制度理应得到更多重视。基于此，涉及广播法定许可与录音制作法定许可两类。由于《著作权法》将网络定时播放划归广播权范围，广播电台、电视台的网络定时播放，尚有适用传统法定许可的空间。但是，音乐作品的交互式网络传播处于录音制作的下游，录音制作法定许可并不当然延伸到下游的传播行为，对其适用法定许可几乎没有解释空间。对此，实践仍遵循"先授权，后使用"的传统机制。最后，至于视听作品，其本来就无法适用法定许可制度，在互联网背景下依旧缺乏建构适用于视听作品的法定许可制度的正当性和合理性。网络空间中的视听作品难以将法定许可作为其自治性版权授权机制的补充。

综上，法定许可制度并不适用于互联网环境。即使能够适用，法定许可的制度目的与其不完善的事后付酬机制产生的冲突也会使其难以发挥作用。法定许可最重要的利益平衡设计就是保留了版权人的获得报酬权。为了节约付酬环节的搜寻成本，法定许可的配套制度通常是集体管理，即由集体管理组织将使用作品的报酬转付给相应的版权人。但是，集体管理组织只能将报酬转付给其会员。对于非会员，即使集体管理组织收到了使用者支付的报酬，也同样面临获得版权人信息的成本问题，也难以完成转付任务。法定许可不完善的付酬制度是整个法定许可制度被质疑的原因，自然也影响到互联网背景下法定许可的适用。

（三）互联网背景下默示许可制度的运用及其障碍

由于默示许可对当事人授权意愿的限制处于意思自治与法定许可之间，因而其在互联网空间中大有可为。按照《民法典》的规定，"沉默"构成一种特殊的意思表示。"沉默"具备法律效力要么源于法律的直接规定、要么源于当事人对"沉默"的效力约定、要么源于当事人之间的交易习惯。第一，法定沉默的运用。在版权法上，沉默具有法定效力的情形分为三种：一是合理使用情形中的沉默。如果版权人声明不许刊登或播放，媒体就不得转载或转播关于政治、经济、宗教问题的时事性文章，也不得刊登或播放在公众集会上发表的讲话。否则，就推定其许可媒体免费使用。二是支付法定报酬中的沉默。我国《著作权法》规定的报刊转载与录音制作法定许可吸纳了默示许可尊重权利人的特点，在规范性质上与法定许可所要求的强制性有根本区别。如果作者没有声明保留，就推定其默示许可他人有偿使用。三是《信息网络传播权保护条例》规定的扶助贫困默示许可。该情形被认为是我国在版权领域建立默示许可制度的初步尝试。

第二，约定沉默的运用。在网络空间中的版权默示许可有两个构成要件：其一，双方就默示行为产生的法律效果达成了合意；其二，版权人自愿将享有版权的作品上传或分享至网络公共空间。目前，在互联网平台与网络用户之间已存在基于合同约定而建立的默示许可。如前所述，提供内容服务的网络平台为了提高作品的利用效率，往往通过与网络用户订立格式条款的方式明确作品的使用形式，从而减少平台方的侵权风险。网络用户使用网络平台的前提是必须同意网络平台提出的格式合同条款，在点击"确定"或者"接受协议"的同时，相当于完成了版权人对互联网平台的作品使用授权。根据网络用户和网络平台所订立的使用协议，在网络用户自愿上传作品之后，其相当于默示许可网络平台在一定范围内对作品的自由使用。

第三，惯例和行为推定的运用。网络空间作为相对独立的虚拟空间，也会形成自生自发的内在秩序。在长期的行业实践中，互联网经营者在既定法律规则下探索适合行业发展的惯例性规则，这些规则一旦获得了同行业经营者的普遍认同就会在其内部产生一定约束力。例如，限制搜索引擎抓取的"robots.txt"协议即搜索引擎行业基于其长期实践而建立的一种典型的默示许可。我国版权默示许可制度的发展可以从行业实践中获得启发。互联网背景下的授权使用规则也可以在尊重网络实践惯例的基础上不断完善和发展。

但是，在互联网环境下，默示许可制度最主要的问题在于版权人的利益可能会受到不合理的损害。首先，版权人如何明示拒绝就是一个核心问题，即如何保障版权人在默示许可中的任意解除权。因为该项权利体现了版权人的意愿，是默示许可具有正当性的基础，也是区别于法定许可的关键。其次，权利人的协商议价权被忽视，获酬权的具体实现也较为困难。默示许可制度所考虑的仅是权利人是否同意其作品被使用的意思表示，而不包括权利人就其报酬与使用者进行充分协商的意思表示。即使可以推定版权人有意许可，议价与取酬也不是可以通过默示行为推定的，这也是最可能违背版权人意愿的内容。在互联网背景下，随着海量作品的广泛传播和使用，不完善的默示许可制度的弊端将被进一步凸显。

此外，技术对互联网版权授权带来挑战的同时，也为版权授权机制的创新创造了更多可能。CC0 和 CC Licenses 等版权开放许可机制是互联网时代的制度产物，其在一定程度上契合了知识共享的时代发展趋势，而区块链、人工智能和 5G 等技术也为其落地提供了更强有力的技术支撑。但遗憾的是，在我国目前的行业实践中，关于开放许可等适应互联网时代的版权授权多元化机制探索仍然不足，导致版权授权机制的发展缺乏创新性，也难以满足版权人和使用者在互联网时代版权授权的需求。

三、互联网背景下版权授权机制的完善建议

为了促进作品的传播利用、规范版权市场交易秩序，首先应当针对合同效力认定难题，统一认定标准。同时，完善法定许可和默示许可制度，发挥版权人在版权授权中的主动性，并利用新兴技术助推互联网背景下版权授权机制向智能化的方向发展。

（一）统一版权授权合同效力认定

对于版权授权合同成立与生效的判定，原则上，应当尊重当事人的意思自治，即意思自治优先。当缔约双方达成合意，合同即告成立。至于版权授权合同是否生效，可根据《民法典》第 502 条等规定进行判断。对于其中的权利类型表述不规范问题，不能直接简单判定合同条款无效，而应采取实质判断的认定思路。即使合同中权项表述与版权法规定不一致，但如果其权利内涵能够被现行版权法规定的权利类型所涵盖，司法实践中就可以结合合同目的和行业惯例等因素，对版权授权范围和期限等作出符合规范的修正，从而最大限度尊重当事人意思自治。

对于缺少《著作权法》规定的主要条款的版权授权合同，各方首先应当就《著作权法》第 26 条第 2 款的规定并非强制性规范，而仅是指导当事人订立版权授权合同的倡导性规范达成共识。即使版权授权合同缺少《著作权法》规定的所谓"主要条款"，但是能够确定版权授权合同的标的，明晰当事人之间的真实意思表示的，也不影响合同的成立与生效。例如，没有明确列举"许可使用的权利种类"，但却详细描述了具体许可使用的方式，那么显然应该认定此授权合法有效。其原因在于只有在认定合同成立并生效的基础上，才可以通过补充协议、惯常含义

的解释、适用交易习惯或法律规定等方式，填补影响合同顺利履行的其他意思表示内容。这符合促进交易的价值导向。

关于版权授权合同中格式条款问题，一方面，应当承认格式条款适应了互联网时代版权流转对效率性的追求，在客观上确有其存在的必要性。另一方面，也应意识到分散的版权人与互联网内容平台之间并不是完全的平等关系。在此认识基础上，对格式条款效力的判定，不应轻易否定其效力，但应注重对通常处于弱势一方的版权人的保护。在格式条款的效力认定上，如果格式条款属于《民法典》第497条规定情形，或者与其他任意性规定、国家版权局制定的示范合同文本中的条款相冲突，就应当对格式条款进行实质性审查，判断版权人的合法权益是否因格式条款受损。例如，在缺少明确对价的情况下，限制作者未来创作自由等显失公平的格式条款就应给予其否定性评价。当然，即使格式条款属无效条款，也不影响版权授权合同其他条款的效力，更不必然导致整个版权授权合同无效。在版权授权合同格式条款的解释上，则应遵循《民法典》第496条、第498条的规定。首先以通常理解解释条款内容，当出现两种以上的解释时，则应采用不利于提供格式条款一方的解释。

（二）完善法定许可和默示许可制度

虽然法定许可在互联网空间中缺乏足够的适用空间，但若广播电台、电视台的网络定时播放可适用传统法定许可，那么版权人的获酬权的保障仍是有待解决的重要问题。目前，版权人在法定许可制度下的获酬权依然主要通过著作权集体管理组织来实现。著作权集体管理组织可以代表版权人向使用者进行"一揽子授权"，并向版权人转付统一收取的版权授权使用费，但著作权集体管理组织在版权使用费的收取和分配方面饱受诟病。因此，付酬标准应当细化并及时根据市场定价进行调整。例如，不同时期、不同的音乐作品市场价值会发生一定波动，著作权集体管理组织在进行谈判时应当尽可能地考虑到音乐作品在特定时期内的市场变化，综合音乐作品类型、使用地域和期限等因素，灵活确定音乐作品版权授权使用费或费率。当然，这也对著作权集体管理组织的专业性和透明度提出了更高要求。

在互联网背景下，默示许可制度的完善可从以下两方面入手：第一，调查与整理网络空间的自律性规范。现有的研究表明，在网络版权领域，未经授权的简单链接、特定页面链接、搜索引擎的"快照复制"和图片"缩略图复制"已经被普遍认为是符合网络互联互通性质，以提升网络数据搜索或传输功能为目的，能够为网络用户提供更优质的服务，在网络社会中已被广泛实践且不会被认为构成侵权的作品使用行为，其已具备成为"网络习惯法"的现实基础和法理依据。① 因此，系统地发现、调查并整理网络空间中的自律性规范，以网络自治规则弥补默示许可制度之不足，推动默示许可制度向更成熟的方向发展，释放默示许可的制度潜力，是与通过立法完善该制度相比更具现实性的可行途径。

第二，完善版权人的明示拒绝制度，保障权利人获酬权的有效实现。不完善的默示许可制度可能以牺牲版权人的利益为代价来实现作品的传播效率。为了避免版权人的利益受到不正当的损害，应进一步完善默示许可制度下版权人的明示拒绝制度和获酬权实现规则，以维持权利人和使用者之间的利益平衡。对于先推定后明示型的默示许可，事后的明示拒绝可以通过向特定使用人发出通知函的方式解决，并且权利人有权按照法律规定在合理时间内获得应当支持的使用费。对于声明保留型默示许可，为了避免诉讼风险与高成本，应只允许同时声明。在获酬权方面，我国现有的实践做法是通过集体管理组织转付。默示许可也可以按照该方式来处理。

（三）发挥版权人在版权授权中的主动性

作为作者的版权人通常是版权交易授权中的授权方，其同意授权的意思表示是整个授权链条的开端。其一，对于分散的版权人来说，应当向版权人提供更多了解作品交易授权平台的途径，特别是类似区块链智能合约等无须他人介入即可自行操作，并获取报酬的作品交易渠道。其二，增强版权授权方对开放许可制度的认识，建立具有实践指导意义的开放许可规则。在版权人相较于金钱对价，更加追求作品曝光度和其他社会正面评价情形中，引导版权人自愿开放部分作品的授权许可，不断丰富开放许可的作品资源池，但同时亦应确保作者的精神权利不因同意开放许可而受到不合理的损害。其三，增加作品在互联网传播中版权人的"不真正义务"。这里的"不真正义务"指的是如果版权人未明确表示不同意其作品被自由利用，则推定其同意作品被他人传播和利用。当然，这种利用同样以不侵害作者精神权利为前提。这种要求版权人承担"不真正义务"的合理性在于，与侵权发生后各方

---

① 吕炳斌：《"网络习惯法"可能吗？——以链接和复制为考察对象》，《北京交通大学学报（社会科学版）》2010年第4期。

所付出的成本相比，要求版权人在事前承担一定义务明确其作品是否可被他人传播和利用，实际上也是预防侵权成本最小化的一种理性选择。如果担心版权人的利益因此受到实质性的损害，可以进一步限定版权人这种"不真正义务"只限于复制权和信息网络传播权，因为这两种权利是作品在互联网空间中能够被正常传播和使用的最基础的权利类型，直接影响到作品在互联网背景下的正常传播和利用。这种"不真正义务"与前文述及的默示许可制度是相承接的规则设计。

（四）利用先进技术促进版权授权机制的实践运行

前文已述及，互联网技术的介入已在改变传统版权授权机制的运行，特别是区块链智能合约辅助版权授权已有相关实践经验。建议通过政策引导，鼓励互联网平台探索区块链技术在版权授权领域的深度应用，进而不断提高技术的简便性和安全性，推广技术应用，推动更多的版权授权在技术辅助下高效便捷地完成。同时，也应避免以技术为支撑的版权授权平台形成地域性或平台性的市场区分，在不同主体构建的互联网版权交易平台之间搭建互联互通路径，避免人为形成市场分割。此外，可以借助人工智能和大数据等技术手段，统计作品传播和利用情况，为当事人之间确定授权费用提供更为确切的数据信息，从而促成当事人之间的交易与合作。

互联网的开放性及其信息传播的即时性要求简化作品交易流程、提升版权的授权效率。在实践中，不同类型作品的版权授权实践各有不同。但总体来看，在绝大多数情况下，版权授权是平等主体之间的自愿行为，作品应当由市场定价，因此以当事人合意为动力的自治性版权授权机制应处于主导性地位。但出于效率和公共利益保护的考虑，对版权授权过程进行适度干预也是必要的。版权授权合同是当事人自由意志的表达，对于权利类型表述不规范、合同主要条款缺失与格式条款等问题，应在不违反法律规定的前提下，统一版权授权合同的效力认定标准。同时，完善法定许可与默示许可制度，特别是探索默示许可制度在互联网背景下的运用。此外，发挥版权人在版权授权中的主动性，利用好技术对版权授权机制实践运行的促进作用。总而言之，版权授权机制的完善是理论和实践双向互动的过程，需要版权人和使用人等多主体的共同参与。当然，本文也仅是对互联网背景下版权授权机制的侧写，版权重复交易和孤儿作品的使用等诸多问题都尚未述及，但这并不代表这些问题不重要。

参考文献

周正兵：《网络文学作家的合同管理：从阅文集团合同风波说起》，《北京联合大学学报（人文社会科学版）》2022 年第 4 期。

彭译萱：《我国数字音乐版权交易模式研究》，《出版广角》2020 年第 23 期。

王岩：《数字音乐版权独家授权的反垄断法规制——以纵向非价格垄断协议为分析进路》，《出版发行研究》2020 年第 7 期。

薛晗：《基于区块链技术的数字版权交易机制完善路径》，《出版发行研究》2020 年第 6 期。

吴凤颖、周艳：《数智时代视频版权交易平台化运营模式的创新升级》，《出版发行研究》2022 年第 7 期。

吕炳斌：《"网络习惯法"可能吗？——以链接和复制为考察对象》，《北京交通大学学报（社会科学版）》2010 年第 4 期。

B.10 著作权集体管理组织运营机制分析*

李　陶**

摘　要： 我国的著作权集体管理组织走过了 30 年的实践历程。2023 年著作权集体管理组织的组织许可费收益持续增长。但在目前著作权集体管理组织的运行和法治建设中，仍然存在着一些问题。对此，下阶段的立法和实践重心应围绕扩大著作权集体管理组织的信息公开，优化著作权集体管理组织的内部治理，构建著作权集体管理组织和使用者代表的费率争议解决机制，以及发挥著作权集体管理组织在新业态中的制度优势等问题展开。

关键词： 著作权集体管理组织；信息公开；内部治理；费率争议解决；平台责任

一、导　言

2023 年著作权集体管理领域内的讨论主要围绕对《著作权集体管理条例》的修订以及新领域新业态中的著作权集体管理组织的角色展开。对此，本文选取条例修订过程中有关著作权集体管理组织的信息公开、内部治理、费率争议解决机制以及新领域新业态中的平台责任问题展开综述与讨论。

针对信息公开和内部治理的问题而言，2020 年《著作权法》修订从产权设计、

---

* 本文系国家社科基金一般项目"新发展格局下我国著作权集体管理领域的反垄断规制研究"（21BFX202）的阶段性研究成果。

** 李陶，德国慕尼黑大学法学博士，中央财经大学法学院副教授，国家版权局国际版权研究基地研究员。主要研究方向为知识产权法、反不正当竞争法、反垄断法。

救济措施、限制例外等方面对我国版权制度进行了系统而全面的完善。① 与上述已经完善的制度相比，立法者对作为版权运行保障的著作权集体管理制度只做了局部修改（《著作权法》第8条），对该制度系统而全面的完善，还需通过国务院专门法规，即《著作权集体管理条例》的修订实现。为了更好地保障版权权利主体的各项权利，更合理地平衡不同产业主体在版权客体生成、交易、传播、使用中的利益诉求，立法者应利用即将进行的《著作权集体管理条例》之修订，② 完善有利于版权法上权利保护价值和利益平衡价值实现的具体条款。在此过程中，立法者和学界应关注对集体管理组织信息公开和内部治理结构的完善。本文认为，只有完善了著作权集体管理组织的信息公开与内部治理，才能使著作权集体管理组织依社团自治，从其内部优化自身行为，并从根本上保障权利人的利益，协调权利人内部的分歧，消解权利人和集体管理组织之间的矛盾。

从法律性质上看，著作权集体管理组织在我国属于《民法典》第87条所称的非营利法人中的社会团体法人（《著作权法》第8条、《著作权集体管理条例》第3条）。著作权集体管理组织与作为协会成员的权利人之间存在的主要是信托关系。③ 作为社会团体的著作权集体管理组织，应当以社团自治（也称为团体自治）为基本原则，④ 以民主集中的方式（《民法典》第91条第1款）通过章程实现会员权利人的各项诉求，并且以此协调好不同类型权利人之间以及权利人和协会之间的各种意见分歧。具体而言，著作权集体管理组织应当依据协会内部的决议形成机构（会员大会或会员代表大会）形成协会工作的计划（如制定和修改使用费收取标准、制定和修改使用费转付办法、审议批准理事会的工作报告和财务报告、制定内部管理制度、决定使用费转付方案和著作权集体管理组织提取管理费的比例等，《著作权集体管理条例》第17条），并由协会决议的执行机构（理事会或常务理事会）负责执行这些能够反映会员意愿的决议（《著作权集体管理条例》第18条）。

针对新领域新业态中著作权集体管理组织的角色和功能而言，《著作权法》第

---

① 相关的代表性解读参见石宏：《著作权法第三次修改的重要内容及价值考量》，《知识产权》2021年第2期；王迁：《〈著作权法〉修改：关键条款的解读与分析（上）》，《知识产权》2021年第1期；王迁：《〈著作权法〉修改：关键条款的解读与分析（下）》，《知识产权》2021年第2期。

② 国家版权局2021年工作的重点参见赖名芳：《中宣部局室负责人访谈③版权管理局：坚持把全面加强版权保护作为工作主基调》，《中国新闻出版广电报》2021年2月4日。

③ 参见刘学在：《著作权集体管理组织之当事人适格问题研究》，《法学评论》2007年第6期。

④ 参见吴高臣：《团体法的基本原则研究》，《法学杂志》2017年第1期。

8 条第 2 款中要求著作权集体管理组织和使用者代表完成对费率的协商。针对网络直播领域的收费问题，音集协和音数协展开了多轮谈判，但谈判中对合理费率的理解、协商不成后的诉讼和行政裁决的问题是讨论的重点。此外，在谈判过程中网络直播的运营平台应当承担何种责任，也是关系到著作权集体管理组织是否有权向平台主张费率的问题，因而有必要进行进一步的探讨和研究。

二、著作权集体管理组织的发展现状

中国目前有五家著作权集体管理组织，它们分别是成立于 1992 年的中国音乐著作权协会（以下简称"音著协"）、成立于 2008 年的中国音像著作权集体管理协会（以下简称"音集协"）、成立于 2008 年的中国文字著作权协会（以下简称"文著协"）、成立于 2008 年的中国摄影著作权协会（以下简称"摄著协"）、成立于 2009 年的中国电影著作权协会（以下简称"影著协"）。自成立以来，我国的著作权集体管理组织依照《著作权法》《著作权法实施条例》《著作权集体管理条例》等规定，发挥着收取许可费、转付许可费、法制宣传、建言献策、对外交流服务等多种职能。现选取具有代表性的三家著作权集体管理组织，即音著协、音集协、文著协，介绍其 2023 年的工作成果和发展现状。

（一）中国音乐著作权协会

中国音乐著作权协会负责管理《著作权法》中词曲创作者的著作权，其会员不仅包括作为自然人的词曲创作者，同时非自然人基于合同在取得了创作者的词曲著作权后，也可以权利人的身份，享受音注协的服务。截至 2023 年底，音著协国内会员总数已达 12864 人，包括作曲者、作词者、继承人以及其他合法拥有音乐著作权的个人及团体。其中曲作者 7954 人，占总会员数约为 61.83%；词作者 4274 人，占总会员数约为 33.2%；继承人 440 人，占总会员数约为 3.4%；出版公司 175 个，占总会员数约为 1.36%；其他 21 人，占总会员数约为 0.16%。从国际合作的角度看，音著协于 1994 年 5 月加入了国际作者和作曲者协会联合会（CISAC）。2007 年 6 月，音著协成为国际影画乐曲复制权协理联会（BIEM）成员。2012 年 10 月，音著协加入国际复制权组织联合会（IFRRO）。在国际著作权保护体系的框架下，音著协已与 80 多个国家和地区的同类组织签订了相互代表协议。2023 年，音著协共收取词曲著作权许可费 4.27 亿元，较 2022 年增长约 2.4%。其许可收入的主要来源是管理广播权、复制权、表演权以及来自新媒体领域和海外协会的转付。数据显示，2023 年音著协共进行 4 期 13 次许可使用费分配，涉及许可收入金额约人民币 5.41 亿元，扣除增值税 6% 后的分配金额为人民币 5.1 亿元，该分配金额为历年最高。2023 年协会管理费比例约为 16.6%。①

（二）中国音像著作权集体管理协会

中国音像著作权集体管理协会负责管理《著作权法》中与音乐有关的录音制品制作者、视听作品创作者等的著作权。2023 年，音集协年度新增会员 98 家，会员数达到 641 家，代表权利人 1782 家。在管理大量作品及代表多类型权利人的基础上，音集协管理作品的数量也持续增长，2023 年，会员授权音集协管理的视听作品为 37.7 万首，会员登记的录音制品突破 200 万首。截至 2023 年底，音集协财务总收入 5.86 亿元，同比增长 29%；著作权使用费收入 5.61 亿元，同比增长 26%；投入分配的著作权使用费（扣除增值税后）达 4.4 亿元。从工作创新上看，在 2020 年《著作权法》修订之后，录音制作者被赋予了广播和表演获酬权。对此，2023 年公共场所录音制品表演获酬权业务在全国 28 个省、自治区、直辖市开拓了新的业务，积累了新的经验。相关业务签约覆盖了酒吧、餐饮、服装、零售、航空器、体育赛事等 17 个行业，各行业均有代表性企业签约。此外，2023 年，音集协调整互联网业务重心，专注于互联网直播获酬权业务。就网络直播中使用录音制品的付酬机制，音集协通过协商、研讨、测试等，制定两版协商费率，为收费工作打下基础。②

（三）中国文字著作权协会

中国文字著作权协会负责管理《著作权法》中文字作品的著作权，其权利人由创作者构成。作为我国唯一的文字作品著作权集体管理机构，其依法负责全国报刊转载、教科书等法定许可使用文字作品著作权使用费收转，是国家新闻出版广电总局（国家版权局）主管的国家一级协会。文著协是国际复制权组织联合会（IF-

---

① 相关数据参见中国音乐著作权协会会情，见 https://www.mcsc.com.cn/about/situation.html。
② 相关内容参见隋明照：《中国音像著作权集体管理协会 2023 年使用费收入再创新高——数字音乐时代，著作权集体管理组织更加重要》，《中国新闻出版广电报》2024 年 4 月 29 日。

RRO）会员。2023 年，中国文字著作权协会为文字著作权人收取版权费 2280 万元（合同金额 2687 万元），其中报刊和教科书"法定许可"224 万元，集体管理（汇编权、信息网络传播权、公开表演权等）1643 万元，维权及其他 413 万元。向会员和其他著作权人转付分配著作权使用费共计 57 次，金额 970 余万元，涉及文章 6000 余篇次，惠及作者 2003 人次，发放样书 1276 册。从工作创新的角度看，2023 年年初，在中宣部版权管理局指导下，文著协联合中宣部宣传舆情研究中心（"学习强国"学习平台）、中国新闻出版研究院、中国新闻出版传媒集团等 30 余家机构共同发起成立"知识资源平台版权合规建设与健康规范发展共同体"，发布倡议书，制定年度重点工作计划。文著协发放《知识资源平台使用文字作品付酬办法》调查问卷，组织多场专题调研座谈会、研讨会、论坛，对平台、期刊和权利人群体进行走访、调研，公开征求各界意见、组织专家论证，出台了《知识资源平台使用文字作品付酬办法》。同时出台《汇编类图书使用文字作品付酬办法》。①

三、著作权集体管理组织面临的若干问题

（一）信息公开

社团自治得以贯彻和实现的前提在于社团的成员（会员）能够获得行使社员权利（选举权、被选举权、表决权、监督权、建议权等）所必需的信息。因此，会员对协会工作运行状况的充分知悉以及对自己权利保障情况的充分了解，乃是其行使上述社员权利，保障其自身利益的基础。② 在 2020 年《著作权法》的修订过程中，我国立法者新增并强调了著作权集体管理组织对权利人、使用人以及社会公众的信息公开（《著作权法》第 8 条第 3 款）。因此，在《著作权集体管理条例》的修订中，立法者应细化集体管理组织对信息公开和披露的程度和具体内容。

对会员及其他主体知情权的保障在我国著作权集体管协会的实践中采用双轨制。一是从社团自治的角度看，各著作权集体管理组织会在其章程中明确会员享有知情权（如《中国音像著作权集体管理协会章程》第 10 条）；二是从法律规制的

---

① 相关信息参见中国文字著作权协会：《2023 年工作亮点》，见 http://www.prccopyright.org. cn/staticnews/2024-02-28/240228134800514/1.html。

② 叶林：《私法权利的转型——一个团体法视角的观察》，《法学家》2010 年第 4 期。

角度看，以《著作权集体管理条例》《社会团体登记管理办法》为代表的法律规范，也会在确认会员及其他主体具有知情权的基础上，以实定法的方式，细化著作权集体管理组织对会员和其他相关主体信息公开的具体形式和内容（如《著作权集体管理条例》第 21 条、第 24 条、第 32 条）。因此，如何厘定会员和其他相关主体知情权的范围以及如何协调好章程（自治性规范）和专门性法规（强制性规范）中的知情权之关系，是在《著作权集体管理条例》修订中应当关注的问题。

通过对我国现有的五家著作权集体管理组织章程进行比较和分析后可知：第一，在我国五家集体管理协会中，仅有中国音像著作权集体管理协会在其章程的第 10 条中，明确规定了会员享有知情权；① 第二，在我国五家集体管理协会中，仅有中国摄影著作权协会在其章程的第 13 条中，以"（七）法律、法规规定的其他权利"的表述，完成了协会章程中的会员权利与国家法律法规中的会员权利之间的科学衔接；② 第三，我国《著作权集体管理条例》第 32 条规定，没有区分会员权利人和非会员权利人在查阅协会信息上的区别；第四，我国《著作权集体管理条例》第 21 条与第 32 条所规定的信息公开的内容并不充分。对此，不充分的信息公开不但影响了权利人权利实现的效果，而且影响了著作权集体管理组织在权利人、使用人、公众之间的形象。比如，《著作权集体管理条例》第 21 条所规定的协会成员有权"查阅有关业务材料"的规定过于抽象，使得对何谓"有关业务材料"的解释权完全取决于集体管理组织单方的认定。再如，公众和舆论对著作权集体管理组织实际运行状况的了解并不全面，这导致了媒体在报道中存在对著作权集体管理运行的诸多误解。上述现象的产生，都与著作权集体管理组织信息公开的不全面、不充分、不合理有关。

（二）内部治理

社团法人的内部组织机构可由法人决议的形成机构（会员大会或会员代表大会）、法人决议的执行机构（理事会或常务理事会）、法人决议执行的监督机构（监事或监事会）三个部分组成。③ 其中，根据《民法典》第 91 条第 2 款和第 3 款，法人的权力机构（会员大会或会员代表大会等）与执行机构（理事会等）为

---

① 参见《中国音像著作权集体管理协会章程》，见 https://www.cavca.org/about_institute1。
② 参见《中国摄影著作权协会章程》，见 http://www.icsc1839.org.cn/gybh.html。
③ 参见王利明主编：《民法》（第五版），中国人民大学出版社 2010 年版，第 79 页。

社会团体必设的内部机构。根据《著作权集体管理条例》第 17 条和第 18 条，作为决议形成机构的会员大会或会员代表大会与作为决议执行机构的理事会或常务理事会为必设机构。长期以来，著作权集体管理组织的内部运行状况受到多方诟病。[①] 如何在社团自治的前提下优化著作权集体管理组织的内部治理，进而规范著作权集体管理组织日常的执业行为，是亟待解决的问题。

（三）费率争议解决

在直播领域背景音乐的使用中，费率标准的缺乏是一个普遍存在的问题。由于没有明确的费率标准或者原有费率标准不合理，直播平台、主播以及音乐版权方之间经常发生纠纷。[②] 对于直播平台而言，其希望尽可能地降低使用音乐的成本，以增加平台的盈利空间；对于主播而言，由于缺乏统一明确的背景音乐收费标准，其在使用背景音乐时可能存在侥幸心理，逃避支付或者不支付使用相关音乐的费用；而音乐版权方则希望获得更高的版权费以增加其收益，各方存在利益的博弈与纠葛。[③] 对于直播中背景音乐的使用费用收取问题，音集协与平台代表、专家学者等人进行了多轮协商，但是由于各方利益的冲突，经常谈而不和，目前使用相对较多的费率参考标准是音集协在官网上发布的试行付酬标准，但是这一标准尚未得到业内广泛的认同，且无法律强制效力，仍旧只是一个参考。由于缺乏一个行业通用的费率标准，直播平台与音乐版权持有者之间在背景音乐版权使用费的谈判协商变得异常复杂，在很多情况下，这种标准的缺失导致每次谈判都需要从头开始，不仅效率低下，而且容易使得双方的谈判陷入僵局，不能形成有效的合作模式。[④] 这不仅阻碍了音乐作品的合理利用，也损害了创作者的利益。

现有的直播领域使用背景音乐的付费机制往往采取先付钱，之后根据实际使用情况进行多退少补的模式。这种做法虽然在一定程度上缓解了立即支付巨额费用的压力并且能够使版权方可以获得一定的版权费保障，但是由于缺乏明确的付费标准和监管机制，最终很难保证版权持有者能够获得公正合理的报酬。此外，这种模式也给直播平台的财务管理带来了不确定性，增加了平台运营成本，不利于直播行业

---

① 参见张文镝：《论著作权集体管理组织内部治理的基本原则》，《科技与出版》2017 年第 9 期。
② 参见张雨晴：《新媒体网络环境下的数字音乐版权问题研究》，《法制博览》2022 年第 26 期。
③ 参见崔国斌：《论网络服务商版权内容过滤义务》，《中国法学》2017 年第 2 期。
④ 参见李翔宇：《"互联网+"时代数字音乐版权现状与对策》，《中国报业》2019 年第 2 期。

的长久健康发展。

与此同时，目前行政机关对于这一问题的介入较少，解决纠纷争议的诉讼机制也未能有效启动。[①] 我国并没有明确解决集体管理组织和权利人之间费率纠纷的机构，也没有专业解决使用费纠纷的仲裁机构，更不涉及相关政府职能。因而当纠纷发生时，当事人往往处于无处寻求救济的状态，不仅缺乏合适的途径来表达自己的正当利益诉求，各个纠纷解决机构也存在互相推诿责任的情况，音乐著作权人利益的保护处于困境。[②] 此外，虽然理论上可以通过修改《著作权法》或者相关的管理条例来建立统一的费率标准，但在实践中这种努力往往因为行业内部利益的冲突以及各种现实条件的限制而进展缓慢。即便是在法院介入解决版权收费纠纷的情况下，也仍旧缺乏具有普遍指导意义的裁决，导致同样的问题反复出现，背景音乐付费争议难以有效解决。

针对费率标准不统一的问题，需要行业内外多方面的努力。通过多种措施推动直播领域背景音乐收费向着统一费率标准的方向迈进，从而为直播领域背景音乐的使用提供更加清晰和公平的环境。

目前，欧盟和德国在最新的费率争议解决机制上已作出详细规定。2014 年，欧盟在《著作权与相关权集体管理与音乐作品在线使用跨境许可的指令》（以下简称《指令》）中要求成员国建立快速、公正的司法程序以解决著作权集体管理组织和使用者关于费率争议的同时，也给出了通过司法替代性途径解决争议的选择。德国作为欧盟的成员国，在 2016 年完成了对《著作权集体管理组织法》的修订。修订后的《著作权集体管理组织法》吸收了德国此前《著作权仲裁条例》和欧盟《指令》对集体管理组织费率争议解决机制，并从五个方面作出了详细规定：包括仲裁委员会的受理事项、仲裁程序的启动、时限与一般程序规则、仲裁程序的调解和解与异议、仲裁委员会的组织结构与合议以及仲裁程序与司法程序的衔接。根据德国专利商标局的最新数据，目前德国集体管理制度运转良好，能够为权利人、下游的产业从业者提供高效公正的权利保障。在此背景下，建议我国尽快建立健全、独立、高效、专业的费率争议解决机制，制定相关具有拘束力和执行力的法律法规

---

① 参见施国伟：《集体管理组织与使用者的关系及协调》，《法律适用》2006 年第 Z1 期。

② 参见付文刚：《论网络环境下音乐作品的著作权保护》，《当代音乐》2020 年第 3 期；熊颖：《论我国音乐版权保护现状及解决路径探析》，《法制与社会》2020 年第 8 期；周若著：《数字音乐著作权保护问题研究》，山西财经大学 2023 年硕士论文。

以保护权利人和使用者的权益。同时，要重视对域外制度的考察并对本国制度进行创新，立足于本国实践对具体制度设计进行细化，以确保相关机制间的衔接。

（四）新领域新业态中的平台责任问题

平台责任问题的定性关系到著作权集体管理组织应当向谁主张许可费。为应对"用户生成内容"这一商业模式对版权治理提出的挑战，欧盟 2019 年《数字单一市场版权指令》第 17 条改变了在线内容分享服务平台的著作权责任规则。依据该条，此前《电子商务指令》所确定的"通知—删除"规则将不再适用于这一商业模式。德国政府于 2021 年制定了《在线内容分享服务者著作权责任法》（2021），以转化《数字单一市场版权指令》第 17 条的内容。在立法理由书中德国政府认为，此前欧盟法所规定的平台责任并不充分，因为像 YouTube 这样的"在线内容分享平台"既不属于能够完全享受责任豁免的"网络服务提供者"，也不是典型的对其呈现内容承担全部责任的"网络内容提供者"。从分类的角度看，其属于介于"网络服务提供者"和"网络内容提供者"之间的一种新类型。对此类平台而言，其具有一种不同以往的价值创造模式与生产运行方式，而权利人应当参与到此类商业模式价值创造的分配中去。

由于《数字单一市场版权指令》第 17 条涉及了多种著作权制度，立法者认为，在德国《著作权法》内部设计出一个既符合体系逻辑又具有实践指导性的转化方案难以形成。鉴于此，德国政府制定了一部全新的法律——《在线内容分享服务者著作权责任法》以转化 17 条确定的内容。德国《在线内容分享服务者著作权责任法》共六章 22 条。第一章是一般规则，具体包括第 1 条公开再现与服务提供者的责任、第 2 条服务提供者的定义、第 3 条不属于本法调整的服务；第二章规定的是被允许使用的情形，具体包括第 4 条有义务取得合同上使用权的情形与作者直接的获酬权、第 5 条法律允许的使用与作者的报酬、第 6 条授权许可的延伸效力；第三章规定的是未经授权使用的情形，具体包括第 7 条合格的屏蔽和第 8 条简单的屏蔽；第四章规定的是基于推定可以被允许的使用，具体包括：第 9 条作为推定允许使用的公开再现、第 10 条小部分的使用、第 11 条对被允许使用的标记、第 12 条服务提供者的付费义务与责任；第五章规定的是辅助规则，具体包括第 13 条辅助措施与诉权、第 14 条内部投诉异议机制、第 15 条外部投诉异议机制、第 16 条私人仲裁调解机构（私法组织的仲裁调解机构）的庭外争议解决、第 17 条政府仲裁机构的庭外争议解决；第六章为最后条款，具体包括第 18 条防止滥用的措施、第 19 条信息提供请求权、第 20 条境内诉讼程序参加的全权委托、第 21 条对邻接权的适用、第 22 条本法的强行性（对合同约定的对抗效力）。德国的相关规则可以为我国未来平台规则的设计上提供一定启示。

四、解决上述问题的建议

（一）信息公开

从优化社团自治的角度看，我国的五家著作权集体管理组织，应以《中国音像著作权集体管理协会章程》第 10 条和《中国摄影著作权协会章程》第 13 条为参照，在明确协会会员享有"知情权"的同时，协调好自治性章程中的会员权利与专门性规范中的会员权利间的衔接。此外，各著作权集体管理组织应通过协会章程，尽可能地细化协会成员知情权所覆盖的具体事项，而并不是仅仅说明，协会成员享有知情权。

再者，从优化政府监管的角度看，《著作权集体管理条例》第 32 条，应当在区分著作权集体管理对会员权利人、使用人和公众的不同信息公开义务的基础上，通过第 21 条，进一步细化著作权集体管理组织对会员信息披露的范围，通过第 32 条，增加著作权集体管理组织对使用者和公众信息披露的内容。第 32 条和第 21 条所涉及的具体信息披露的内容和事项，必须在著作权主管部门调研的基础之上，会同权利人、使用人和著作权集体管理组织共同商议确定。

此外，从域外经验的角度看，欧盟委员会在 2014 年《著作权与相关权集体管理与音乐作品在线使用跨境许可的指令》（Directive 2014/26/EU）中，专门设置了第五章"信息公开与披露"，该章从集体管理组织对权利人的信息公开（第 18 条）、对互派代表协议相对方的信息公开（第 19 条）、对使用者的信息公开（第 20 条）、对公众的信息公开（第 21 条）、年报之具体内容（第 22 条）做了详尽的规定。此外，为了统一欧盟集体管理组织年报的内容，该指令的附件，还提供了集体管理组织年报所应涉及的内容的模板。[①]

---

① 参见欧盟：《著作权与相关权集体管理与音乐作品在线使用跨境许可的指令》（Directive 2014/26/EU）之附件。

（二）内部治理

本文认为，应通过《著作权集体管理条例》修订，在第三章"著作权集体管理组织的机构"这一章节，添加"设立内部监督机构（监事或监事会）"的强制性条款，以自治的方式，强化协会成员对协会执行机构的内部监管。对此修订的理由可从以下三个方面展开。

第一，从本土经验事实的角度看，设立常设性内部监督机构（监事或监事会），能够有效地弥补著作权主管机构对我国著作权集体管理组织监管的不足，引导著作权集体管理组织以自治的方式，强化自我监督，优化自我管理。为尽可能地尊重社团自治在我国的运行，我国著作权主管部门对集体管理组织的监督和干预审慎而克制。但在外部监管不足，内部治理又存在结构性缺陷的情况下，著作权集体管理组织的决议执行机构，极易出现权力扩张乃至滥用社团权力的情形。这样的情况并不利于广大权利人通过协会内部的自治机制，形成自己的诉求并监督协会内部的运行。对此，音集协本着强化社团自治，优化组织结构的目的，2018 年修订了其章程，在我国五家著作权集体管理协会中，率先设立了常设性的决议执行监督机构（监事会），并细化了监事会的职责及其和会员代表大会、理事会的关系（《中国音像著作权集体管理协会章程》第 36 至第 41 条）。随着音集协内部组织机构的优化，其业务开展的效率在这两年日渐提高，并得到了监督机构和产业界（权利人、使用人）的认可。①

第二，从域外经验事实的角度看，设立常设性内部监督机构（监事或监事会），正逐渐成为著作权集体管理组织内部治理优化中的普遍共识与立法选择。对此，出于对社团自治的尊重，欧洲很多国家的立法者，在过去并没有强制要求著作权集体管理组织必须设立内部的监督机构，但实践中，却出现了诸多集体管理组织的决议执行机构（常务理事、理事会）滥用权力的情况。② 在这样的情况之下，会员大会和会员代表大会成为形式意义上的摆设，真正形成协会意志的机构是理事会或常务理事会。为了防止协会的理事会或常务理事滥用权力，欧盟委员会在 2014

---

① 参见《首届"中国国际著作权集体管理高峰论坛"与会人员发言》，《中国新闻出版广电报》2020 年 12 月 10 日。

② 参见欧盟：《著作权与相关权集体管理与音乐作品在线使用跨境许可的指令》（Directive 2014/26/EU）前言（立法理由书），第 23、25 段。

年的《著作权与相关权集体管理与音乐作品在线使用跨境许可的指令》中，以强制性的方式，统一了欧盟内部所有国家在此方面的不足，即要求各成员国，必须要在著作权集体管理组织中，设立常设性的内部监督机构，以此来优化著作权集体管理组织的内部治理结构，防止协会的意志执行机构架空意志形成机构的情况。[①]

第三，从体系化的角度出发，观察同为社会团体的相邻属组织（慈善组织）的内部治理之发展趋势可知，引入内部监管机构，优化内部治理，是我国社会团体法人完善内部治理结构的共同趋势。[②] 2011 年的"郭美美事件"，将作为社会团体的慈善组织的内部治理和外部监管问题推上了舆论的风口。[③] 这起事件对优化社会团体的内部治理、强化国家对社会团体的监管产生了巨大的影响。在传统的社团内部组织结构中，监事会并不是必设机构，但为了在社团自治的框架下优化社团的内部治理结构，2016 年出台的《慈善法》特别引入常设性的内部监督机构（《慈善法》第 11 条、第 12 条）。对此，著作权集体管理组织作为非营利性的社会团体，应当利用这次制度修订的机会，回应权利人、使用人对其日常职业行为的质疑，在关注相邻属社会团体组织内部治理经验教训的基础上，设立常设性的内部监督机构（监事会）。

（三）费率争议解决

为了保护音乐权利人的利益，同时促进直播行业的健康发展，建立一个公平、专业的费率协商异议解决机制显得尤为重要。考虑到直播领域的特殊性和复杂性，这一机制需要具备高效性、公正性和透明性，以期合理解决直播平台与版权所有者之间关于版权费用标准的分歧。为了构建一个高效可行的费率协商异议解决机制，我们可以从以下两方面着手。

首先，立足我国现实，细化有关音乐费率收取的具体制度及相关法规。我国《著作权法》第 8 条第 2 款给出了一个费率的异议纠纷解决机制，但是仍旧过于笼统与模糊，主要问题在于争议解决方式的选取及使用者代表规定得不明确。对于争

---

① 参见欧盟：《著作权与相关权集体管理与音乐作品在线使用跨境许可的指令》（Directive 2014/26/EU），第 9 条。

② 参见马长山：《社团立法的考察与反思——从〈社会团体登记管理条例〉（修订草案征求意见稿）出发》，《法制与社会发展》2017 年第 1 期。

③ 参见王作全：《解读〈慈善法〉：过程、内容、亮点与问题》，《中国农业大学学报（社会科学版）》2016 年第 6 期。

议解决方式的选取,《著作权法》第8条第2款给出了行政裁决和司法诉讼两种方式,此条给出的二选一争议解决方式看似全面,实则并非如此。理由在于对于协商中产生的费用争议纠纷,权利人可以选择向国家版权局寻求行政裁决,也可以向法院提起司法诉讼,行政裁决和司法诉讼分别归属于两个独立的机构,因而也不可避免地存在两种不同的裁判标准,基于两种不同的裁判标准,极大可能将出现其中一种裁判标准对权利人有利,而另一种裁判标准对使用人有利的情形,这将导致不同权利主体在许可费用问题上产生异议时,完全选择不同的方式予以解决分歧。对于使用者代表的选取,《著作权法》第8条并未具体明确使用者代表的具体范围。对于背景音乐,不同的使用者有着不同的需求,这种需求的不同不仅体现在利用方式的不同,更体现在对于使用费用的支付意愿和支付能力的不同。① 因此,在实践中需要根据不同行业、不同地域以及不同领域进一步细化规则,选取具有代表性的使用者代表。鉴于以上问题,未来需要细化我国现有法律的相关规定,尽快出台详细的解决方案。

其次,面向国际,借鉴域外制度,推进本国制度创新。不同的国家根据自己本国的法律传统和发展历史,选择了不同的争议解决方案,例如德国著作权法的相关规定大概可以概括为:如果存在针对费率的共同合同,那么使用者适用共同合同所确定的费率;如果使用者不适用共同合同费率的话,则许可费提高20%。② 德国的这一规定可以为我国费率异议的协商与解决机制提供借鉴,我们可以结合其发展经验,根据我国实际,充分发挥集体谈判协商制度的优势,尝试引入共同合同制度,并且通过仲裁委员会解决与共同合同相关的适当性纠纷。考察域外经验,结合国情,设计出一套系统性、具有可操作性的机制,这对我国未来直播领域的发展至关重要。

2014年,欧盟委员会出台了《著作权与相关权集体管理与音乐作品在线使用跨境许可的指令》③,在这个《指令》第四部分第33条到第38条中就提及了有关执行保障的一些内容,其中跟争议解决机制有关的是第34条和第35条,分别是关于非司法途径和司法途径的规定。在第34条当中,欧盟委员会要求欧盟成

---

① 参见李陶:《应完善著作权集体管理组织收取许可使用费标准与协商异议机制》,搜狐网,见 https://www.sohu.com/a/407024793_99928127。
② 参见德国《著作权仲裁条例》和《著作权集体管理组织法》。
③ 《著作权与相关权集体管理与音乐作品在线使用跨境许可的指令》(Directive 2014/26/EU),见 https://eur-lex.europa.eu/legal-content/EN/TXT/?uri=CELEX%3A32014L0026。

员国建立快速、独立且公正的司法替代性程序，以解决著作权集体管理组织在和使用者、权利人关系当中的争议。这是一个选择性规定，而且《指令》也没有就争议解决机制的形态做出一个统一的标准，因为就争议解决机制形态的统一规定，会触及欧盟立法权的问题。而在第 35 条，欧盟委员会强制性地要求各国政府建立独立公正的争议解决机制，同时也强调了该机制不能影响权利主体选择司法程序来维护其权利的权利。欧盟当前的关于费率争议的解决机制的法律渊源就源于此。

在本《指令》宣布后，欧盟成员国有两年的时间将《指令》内容转化为本国法律，德国就用了两年的时间转化这一《指令》，在 2016 年出台了新的《著作权集体管理组织法》①。随着这部新法的诞生，1965 年出台的德国《著作权集体管理组织法》及《著作权仲裁条例》② 丧失了效力。从这一点上我们能够发现，德国《著作权仲裁条例》和德国《著作权集体管理组织法》的立法时间和德国 1965 年第一部的《著作权法》是同步的，因此相关的匹配制度、协调机制是统一和协调的，这种协同法的方法论值得我国的立法者和学者特别关注。

新法的第五部分从第 92 条至第 131 条是有关仲裁机制和司法机制的，非常详细。从内容上看来看，第 92 条至第 131 条主要是吸收了原《著作权仲裁条例》以及此前德国《著作权集体管理组织法》已有的内容。为什么吸收了以往的经验？因为欧盟《指令》没有对此作详细的规定，各成员国只能结合本国的经验和传统，进行制度上的选择。德国的这样的一个机制设置值得我国参考。德国对这个机制作详尽的规定是因为它希望在欧盟境内扮演领导者这个角色，尽可能为其他国家提供一个具有吸引力的争议解决地。关于争议解决机制这部分的第一章是仲裁委员会，第二章是司法适用。第一章有关仲裁委员会的规定分成四节，第一节是一般程序规定，第二节是特别程序规定，第三节是费用、第三方的补偿与报酬，第四节是仲裁委员会的组织结构和合议。第二章司法适用章节中，条款只有四条，但处理好了仲裁程序和司法程序之间的一个管辖权和衔接问题。

---

① 德国《著作权集体管理组织法》，见 Gesetz über die Wahrnehmung von Urheberrechten und verwandten Schutzrechten，Urheberwahrnehmungsgesetz-UhrWahrG，Act on the Management of Copyright and Related Rights by Collecting Societies.https://www.gesetze-im-internet.de/vgg/index.html。

② 德国《著作权仲裁条例》，见 Verordnung über die Schiedsstelle für Urheberrechtsstreitfälle，Urheberrechtsschiedsstellenverordnung－UrhSchiedsV，Ordinance on the Arbitration Board for Copyright Disputes.https://www.wipo.int/wipolex/es/text/229315。

从内容上看，以下五点值得我国学界关注。

第一，关于仲裁委员会的受理事项。德国的仲裁是选择性的，仲裁委员会并不是解决所有著作权侵权过程中暴露的问题的争议、纠纷解决替代方案，而是其中一方当事人必须是著作权集体管理组织的情况下，才可以去仲裁委员会就著作权集体管理组执业过程中发生的相关问题进行仲裁。仲裁分成三大类：一是涉及他人因使用著作权法保护客体产生的纠纷；二是私人复制补偿金所涉及的付费义务主体；三是特别重要的一点，就是有关于共同合同（协议）订立和修订的纠纷。这项非常重要，与我国《著作权法》第8条第2款提及的"使用费收取标准由著作权集体管理组织和使用者代表协商确定"具有可比性。在德国，如果存在针对费率的共同合同，那么使用者适用共同合同所确定的费率；如果使用者不适用共同合同费率的话，许可费会高20%。也就是说，德国充分发挥了集体谈判、协商制度的优势，引入了共同合同制度，并且与共同合同相关的适当性纠纷，要通过仲裁委员会进行仲裁。而且这项制度建立于1965年，应该说这是德国立法智慧和实践结晶。第93条，由仲裁委员会负责的仲裁事项还包括开展实证调查的管辖权。这仅限于关于私人复制补偿金的实证调查，其他实证调查不需要仲裁委员会根据申请授权实证调查。因为实证调查结论对于法院未来的判决、对于仲裁中费率适当性的裁判，都具有重要意义，因此与私人复制补偿金相关的实证调查是强制性的，需要仲裁委员会的同意。第94条，如欧盟《指令》所提，本国必须建立一套争议解决的替代方案用于解决跨境音乐著作权许可产生的纠纷，这一替代方案也属于德国仲裁委员会的受理事项。除受理事项之外，还可以关注几个关于仲裁程序的启动和一般程序规则的规定。

第二，一般性程序实现规则。德国新的《著作权集体管理组织法》要求仲裁委员会合理选择仲裁程序，并适当加快进程。这一点非常重要，效率是仲裁庭的一个优势，所以整个仲裁程序过程要尽可能地加快进程。同时，仲裁委员会需要平等对待当事人，保障当事人听证权。从仲裁程序启动的申请上来看，是坚持书面申请原则，双方都可以启动仲裁程序，双方指的是著作权集体管理组织和相对方。仲裁委员会会在一个月内送达相对方的申请，启动仲裁程序。仲裁的审理包括书面程序和听证程序。如果双方没有申请启动听证会，并且仲裁委员会认为没有必要听证的话，可以仅做书面的审理。关于开庭审理程序的规定主要强调仲裁过程是不对外开放的，因为仲裁优势之一就是私密性，但同时相关的部门，包括德国联邦司法和消费者保护部（德国联邦司法和消费者保护部是一个部门）、联邦卡特尔局①，都有权派代表参加听证会，然后仲裁需制作庭审记录，并由仲裁委员会主席签字。

第三，来看一下仲裁程序中的调解、和解和异议。在仲裁过程中，仲裁委员会倡导双方通过友好的方式来解决争议，因此仲裁委员会会努力促使双方达成一个和解协议。仲裁主席可在征得当事人同意的情况下进行调解，达成并签署一个和解协议，该协议具有强制执行力。对于和解协议有异议的，仲裁委员会应当自仲裁申请送达日起的一年内向当事人提出和解协议。虽然说仲裁庭的效率非常重要，但是从法律规定来看，也没有普通人想象的那么快。和解协议需要多方签字确认，如果在和解意见书送达之日起一个月内没有收到书面异议的，视为各方接受该协议并形成合议，是具有强制执行力的。

第四，关于仲裁委员会的组织结构和合议的规定也是非常重要。因为仲裁委员会的设立和组织结构关系到仲裁委员会的性质——它的裁决到底是行政性的，还是第三方的，这个性质特别重要。德国的仲裁委员会设立在著作权集体管理组织的监督机构——德国专利商标局，仲裁委员必须符合《德国法官法》② 规定，具有担任司法职务的资格，其任命由德国联邦司法和消费者保护部认定，任期至少为一年，可以连任。仲裁委员会可设若干仲裁庭，业务的分配由德国专利商标局的主席规定。从监督上来讲，德国的仲裁委员会不受命令约束，由商标局的主席对仲裁委员会进行监督，就是对日常行为进行监督。仲裁委员会的合议实行多数决原则。

第五，简单地说一下仲裁程序与司法程序的衔接。已经启动仲裁程序的，需要等待仲裁程序完结之后才能进行诉讼。对于私人复制补偿金等和共同协议的制定及修改相关的问题，由高等地方法院来管辖。高等地方法院已经是第二级了，它不是地区法院而是高等法院。法院也有权对共同合同的内容进行判决，但是德国学者们都一致认为由于法院缺乏专业性，其对于共同合同费率适当性的判断很依赖仲裁委员会此前作出的判断。最后，专门管辖权条款规定了涉著作权集体管理组织侵权诉讼的一般性管辖问题，它由初级的法院管辖，而非高级法院。

---

① 德国联邦卡特尔局（Bundeskartellamt），德国联邦卡特尔局负责实施《反对限制竞争法》，在财政、预算、组织、结构上隶属于联邦经济与劳动部，见 https://www.bundeskartellamt.de/EN/Home/home_ node.html。

② 《德国法官法》（Rechtspflegergesetz. Act on Senior Judicial Officers），见 https://www.gesetze-im-internet.de/rpflg_1969/index.html。

欧盟和德国的相关经验为我国未来费率争议解决提供了思路，对此，可以得出以下启示。

第一，建立健全、独立、高效、专业的费率争议解决机制的意义日趋凸显。从其他法域的立法来看，欧盟、新加坡、英国等国家和地区都制定和建立了专门的争议解决机制作为诉讼程序的替代。我国也意识到了这个问题，选择了符合国际惯例的决策。这个机制的重要性与著作权集体管理组织当前的功能密不可分。通过制度的建设和完善，能够合理地解决纠纷，以不同的方式来化解纠纷，为法院减负，让法院能够把力量更多地放到其他地方，而不是成为一个群体性的"提款机"，或者叫权利人维权的司法工具。

第二，需要尽快制定具有拘束力和执行力的法律法规，为费率争议解决提供实施保障。当前音集协与音数协对录音制作者广播获酬权的费率制定启动了多轮的对话和协商，问题在于当出现僵局、无法继续推进的时候，应该怎样做？从当前立法程序上来看，当我们观察、回顾其他国家立法步骤的时间安排时，发现我国相比还存在差距——由于匹配制度的措施没有同步协调推进，会使下游使用者和上游权利人的利益都受到了不同程度的影响。

第三，需要重视对域外制度的观察与对本国制度的创新。不同的国家根据自己不同的法律传统和优势，选择了不同性质的争议解决方案，我国对于知识产权的多元的纠纷解决机制应当如何设计？需要在考察域外经验的基础之上，结合我国本土的国情，设计出一个具有体系性、操作性和系统性的机制。在这个过程中，对域外经验的考察评估对于预测我国未来制度发展是十分重要的，不能忽视域外经验的参考作用。

第四，立足于本国实践，对具体制度设计进行细化，并确保其和其他机制的衔接。许多争议解决机制的问题都是操作性问题，法学学理和价值判断的问题并不多。因此在这一过程中，必须要尽可能地去规范、细化机制的建立，同时尽可能地协调好知识产权多元纠纷解决机制间的衔接问题。

（四）新领域新业态中的平台责任问题

通过解读德国政府转化指令第17条的立法，可以得出以下启示。

第一，单纯地寄希望于修订《著作权法》无法系统地应对新领域新业态对著作权制度运行提出的结构性挑战。为了平衡权利人、平台以及终端使用者的多元利益，欧盟《指令》第 17 条的内容极为繁杂。在线内容分享服务提供者与相对方间的新型责任机制、比例原则机制、合理使用机制、信息公开机制、多元纠纷解决机制、对话协商机制、著作权集体管理机制等内容是转化第 17 条必须借助的制度工具。如果对德国《著作权法》和《著作权集体管理法》进行修订，就会影响德国《著作权法》的体系性和抽象性。在特别注重成文法形式理性与体系逻辑的德国，为了全面转化欧盟《指令》第 17 条的内容，其选择制定一部全新的单行法来对指令进行转化。对于中国而言，为解决在线内容分享服务者在运行中遇到的问题，无法仅通过《著作权法》的修订实现，而应针对我国现有著作权制度在运行中的弱点，通过对《著作权法》及其匹配条例的修订实现。具体而言，应结合我国著作权制度"一法四条例"的规范结构，对在线内容分享服务者的活动进行系统和全面的治理。首先，可利用《著作权法实施条例》的修订契机，对于合理使用中有关介绍、评论、戏仿、讽刺的内涵进行界定，以此保证用户有足够的空间去表达自己的观点并在著作权制度允许的范围内传播作品。其次，可利用《著作权集体管理条例》的修订契机，全面完善中国的著作权集体管理制度，为从长远上化解上游权利人和下游商业使用者的授权矛盾提供可能。再次，可利用《信息网络传播权保护条例》的修订契机，归纳总结现有松散的关于平台责任的类型和其对应的承担责任的方式。为不同类型的网络服务提供者提供明确而清晰的责任框架，同时明确互联网领域的责任承担必须在不影响著作权法限制与例外制度实现的范围内进行。最后，主管部门应当组织利益相关方进行协商与对话，以此方便在线内容分享服务提供者在合理的条件下，取得著作权保护内容的授权。

第二，在强化著作权保护的同时，亦应当重视完善著作权的限制与例外规则。单纯地依照权利人的诉求为其提供权利保护从来就不是著作权制度的立法价值。在保护权利人权利的同时促进作品的传播与利用，兼顾使用者和公共的多元利益乃是著作权制度存在的应有之义。对此，德国政府认识到了其《著作权法》在保障公民表达自由层面的不足，进而扩大并且明确了关于评价、介绍、戏仿、模仿等的合理使用（德国《著作权法》新增第 51a 条），以此为繁荣互联网领域的交往与表达提供了著作权实体法上的基础。目前，我国在线内容分享服务提供者在按照权利人的要求删除、屏蔽用户上传内容的过程中，在技术和著作权法理论上都无法精准地判断合理使用的尺度。一味地扩大其注意义务的程度，全面删除所有包含权利人著作权保护客体的所有内容，会深刻影响网络生态的繁荣和活力，并不当地压缩合理使用的适用空间。对此，立法者必须在强化著作权保护的同时，也关注对著作权限制与例外规则的完善。

第三，著作权集体管理是可供立法者应对版权领域新问题新挑战所使用的制度工具。从权利运行的微观层面上看，在线内容分享服务会涉及海量的作品、海量的权利人和海量的终端使用者。若不借助集中许可机制，在线内容分享服务提供者无法承担高昂的交易成本和监督成本，这将使其经济活动处于著作权侵权的风险之下。德国立法者通过著作权集体管理机制化解了在线内容分享服务者的这种担忧，进一步降低了其承担独立责任的难度（新法第 4 条、第 5 条、第 12 条）。与之同时，德国和欧洲的著作权集体管理制度在制度建设和制度运行方面都非常完善。2014 年欧盟出台了《著作权与相关权集体管理与音乐作品在线使用跨境许可的指令》，首先在欧盟层面搭建了著作权集体管理制度运行的顶层框架。2016 年德国政府也出台了全新的《著作权集体管理组织法》，将其著作权集体管理制度的建设进一步推向了新的高度。在我国短视频的创作与传播过程中，以集体管理的方式调整上游产权主体与下游商业使用者之间的法律关系，较之以个体性的授权许可，其从长远上更能公平、高效、透明、负责地保障权利人权利，平衡权利人和商业使用者之间的利益分歧，并实现最广泛和全面的公共利益。我国立法者应当强化与著作权集体管理有关的制度建设，通过组织建设和制度创新，尽可能地满足下游使用者开发利用文化产品的需求。

五、结　语

著作权集体管理制度是我国版权制度中的短板。对于著作权集体管理制度的完善，需要从方方面面展开。本文涉及的仅是著作权集体管理制度完善中有关信息公开、内部治理、纠纷解决机制、平台责任的个别问题。对于著作权集体管理组织运行效能的提高，不但需要加强各协会自身的制度建设，而且需要加强政府对著作权集体管理组织实践的引导与监督。

参考文献

石宏：《著作权法第三次修改的重要内容及价值考量》，《知识产权》2021 年第 2 期。

王迁：《〈著作权法〉修改：关键条款的解读与分析（上）》，《知识产权》2021 年第 1 期。

王迁：《〈著作权法〉修改：关键条款的解读与分析（下）》，《知识产权》2021 年第 2 期。

赖名芳：《中宣部局室负责人访谈③版权管理局：坚持把全面加强版权保护作为工作主基调》，《中国新闻出版广电报》2021 年 2 月 4 日。

刘学在：《著作权集体管理组织之当事人适格问题研究》，《法学评论》2007 年第 6 期。

吴高臣：《团体法的基本原则研究》，《法学杂志》2017 年第 1 期。

中国音乐著作权协会会情，见 https://www.mcsc.com.cn/about/situation.html。

中国音乐著作权协会会讯，2024 年第 46 期，见 https://www.mcsc.com.cn/upload/other/20240129/fd1ee0f2ff1d0b0e050413a76f3cc8d6.pdf。

隋明照：《中国音像著作权集体管理协会 2023 年使用费收入再创新高——数字音乐时代，著作权集体管理组织更加重要》，《中国新闻出版广电报》2024 年 4 月 29 日。

中国文字著作权协会：《2023 年工作亮点》，见 http://www.prccopyright.org.cn/staticnews/2024-02-28/240228134800514/1.html。

叶林：《私法权利的转型——一个团体法视角的观察》，《法学家》2010 年第 4 期。

《中国音像著作权集体管理协会章程》，见 https://www.cavca.org/about_institute1。

《中国摄影著作权协会章程》，见 http://www.icsc1839.org.cn/gybh.html。

王利明主编：《民法》（第五版），中国人民大学出版社 2010 年版。

张文韬：《论著作权集体管理组织内部治理的基本原则》，《科技与出版》2017 年第 9 期。

张雨晴：《新媒体网络环境下的数字音乐版权问题研究》，《法制博览》2022 年第 9 期。

崔国斌：《论网络服务商版权内容过滤义务》，《中国法学》2017 年第 2 期。

李翔宇：《"互联网+"时代数字音乐版权现状与对策》，《中国报业》2019 年第 2 期。

施国伟:《集体管理组织与使用者的关系及协调》,《法律适用》2006 年第
2 期。

付文刚:《论网络环境下音乐作品的著作权保护》,《当代音乐》2020 年第
3 期。

熊颖:《论我国音乐版权保护现状及解决路径探析》,《法制与社会》2020 年
第 8 期。

欧盟:《著作权与相关权集体管理与音乐作品在线使用跨境许可的指令》(Di-
rective 2014/26/EU)。

马长山:《社团立法的考察与反思——从〈社会团体登记管理条例〉(修订草
案征求意见稿) 出发》,《法制与社会发展》2017 年第 1 期。

王作全:《解读〈慈善法〉:过程、内容、亮点与问题》,《中国农业大学学报
(社会科学版)》2016 年第 6 期。

B. 11　电子商务情景下的数字版权保护问题分析

范艳伟　乔玢*

摘　要：随着电子商务的快速发展，数字版权侵权问题在电子商务领域变得日益突出。现阶段，在各方的共同努力下，电子商务领域的数字版权侵权问题得到了有效改善。但是，仍然存在作品认定及侵权判定难、电子商务平台恶意投诉多发、平台内经营者版权意识不足以及在电子商务新业态下涌现出的新问题亟待解决。文章通过案例分析的方式，首先，从法律法规、政府监管以及电商平台规则等角度介绍了在中国电子商务情景下数字版权保护的具体实践。其次，结合具体判例，对电子商务平台数字版权侵权的主要侵权形式、作品认定及侵权判定标准等进行了分析。最后，提出目前存在的主要问题，探讨通过完善版权保护体系、建立版权信用机制、增强平台内经营者的版权保护意识、加强对新兴领域数字版权新问题研究等具体措施。

关键词：电子商务；数字版权；作品认定；恶意投诉；版权保护策略

一、引　言

电子商务在促进消费、保障民生、稳定外贸等方面发挥着重要作用，为激发经济活力、促进灵活就业、提振发展信心等方面作出了积极贡献。根据国家统计局数据显示，2023 年我国网上零售额达到 15.42 万亿元，增长 11%，实物商品网上零

---

* 范艳伟，京东集团知识产权高级总监，研究方向为知识产权；乔玢，京东集团知识产权顾问，研究方向为知识产权。

售额13.0万亿元，连续11年成为全球第一大网络零售市场（见图1）。电子商务作为数字经济的重点领域，通过数实融合帮助传统产业实现转型升级，成为创新引领实体经济发展的重要力量。但是，随着电子商务的迅速发展，部分平台内经营者版权意识淡薄，为了以低成本博得高收益，未经授权擅自复制、传播其他权利人的作品，如销售侵权商品或使用侵权内容宣传，从中获取暴利，数字版权侵权问题在电子商务领域变得日益突出。为了更好地保护数字版权权利人的权益，推动电子商务行业的健康发展，文章主要分析了电子商务情景下的数字版权侵权现状、保护现状以及存在的作品认定和侵权判定难、电子商务平台恶意投诉多发、平台内经营者版权意识不足、新兴业态和新技术下的保护等主要问题，提出完善电子商务情景下的数字版权保护体系、建立版权信用机制、增强平台内经营者版权保护意识、加强对跨境电商、AIGC等新兴领域数字版权问题的研究等措施，探讨如何在不断发展的电子商务的情景下建立数字版权保护机制，以促进电子商务行业的健康、可持续发展。

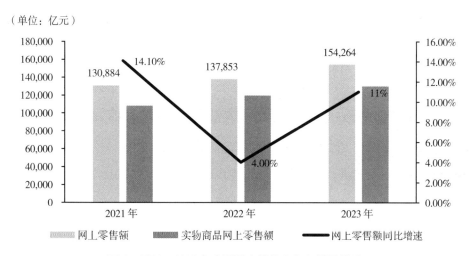

（单位：亿元）

图1　2021—2023年中国网上零售市场规模及增述

数据来源：国家统计局。

二、电子商务情景下的数字版权保护的实践

（一）电子商务情景下的数字版权保护的法律法规

依据《电子商务法》第2条规定，电子商务是指通过互联网等信息网络销售

商品或者提供服务的经营活动。随着电子商务行业的高速发展，也引发了一系列的数字版权保护的问题。面对电子商务的数字版权保护的问题，全球各地的立法机关都在积极应对。1997 年美国制定了《数字千年版权法》（DMCA），提出"避风港原则"，初步确定了电子商务平台在数字版权保护方面的责任。2013 年我国修订的《信息网络传播权保护条例》中将"通知—删除"规则适用于著作权保护，并在2021 年的《侵权责任法》以及《民法典》中引入了修正后的"通知—必要措施"规则。2018 年《电子商务法》对电子商务领域的"通知—必要措施"规则及电子商务平台经营者保护知识产权的义务提出了更细致、更严格的要求。2019 年欧盟通过《单一数字市场版权指令》，对平台的数字版权保护提出了更严格的要求。①

当前，我国已经基本形成以《中华人民共和国电子商务法》《中华人民共和国著作权法》《互联网著作权行政保护办法》《信息网络传播权保护条例》《关于强化知识产权保护的意见》《关于审理涉电子商务平台知识产权民事案件的指导意见》等为主的电子商务数字版权保护的法律体系。

随着杭州、北京、广州互联网法院、知识产权法庭相继成立，我国已经建立了一套专业化的包括数字版权在内的知识产权审判体系，为维护权利人权利，促进电子商务情景下的数字版权司法保护，建设版权强国贡献了司法力量。

（二）电子商务情景下的数字版权保护的政府监管

国家版权局等部门于 2021 年联合发布《版权工作"十四五"规划》，为电子商务领域的版权保护提供了政策指导和实施路径。规划中提到推动新业态新领域版权保护，加强大数据、人工智能、区块链等新技术开发运用，完善电商平台等领域版权保护制度。

在政府监管方面，国家版权局、地方版权局等著作权行政管理部门与文化市场综合执法机构、工信、公安、海关、市场监管、网信等部门进行执法协作，并探索侵权源头治理、版权多元化纠纷调解机制等，取得显著成效。从版权登记数量来看，2023 年全国著作权登记总量达 892.39 万件，同比增长 40.46%；② 从案件数量

---

① 马一德：《加强保护，推动平台经济持续健康发展》，中国知识产权报微信公众号，2023 年 9 月 27 日。

② 国家版权局：《国家版权局关于 2023 年全国著作权登记情况的通报》，国家版权局官网，2024 年 2 月 20 日。

来看，经知产宝数据库检索，2021—2023 年间涉电子商务平台版权案件的国内生效判决共 684 件，其中 2021 年 310 件，2022 年 255 件，2023 年 119 件，近三年来涉电子商务版权案件数量呈下滑趋势。

在版权专项治理行动方面，国家版权局、工业和信息化部、公安部、国家互联网信息办公室等部门联合组织开展了一系列的"剑网"专项行动，聚焦网络重点领域，加大打击网络侵权盗版力度，查处了一批网络侵权盗版重要案件，并取得了显著的成效。如 2022 年的专项行动中的浙江黄某网络传播电子书案，杭州市西湖区公安局对浙江黄某通过"扒书"等形式盗取电子书，再通过电商平台销售侵权盗版电子书密钥的案件进行调查，查处电子书 20 余万部，非法经营额 100 余万元，并对 11 人采取刑事强制措施，有效遏制了网上销售盗版电子书的侵权行为。①

（三）电子商务情景下的数字版权保护的行业组织

行业组织在协助立法、司法和行政管理部门推动版权相关法律法规的实施，在版权所涉及的政府部门、权利人组织和作品使用者之间起协调作用，协助版权相关产业建立起版权保护机制，鼓励电子商务平台加强行业自律等方面发挥了重要作用。

2024 年"4·26 知识产权宣传周"期间，中央宣传部（国家版权局）与最高人民法院联合印发《关于建立版权纠纷"总对总"在线诉调对接机制的通知》，共同建立健全版权纠纷诉源治理和多元化解新模式。中国版权保护中心、中国版权协会等单位入选首批版权纠纷"总对总"在线诉调对接机制试点，积极协助版权纠纷调解机制的推广和探索。

首都版权协会组织京东、抖音、快手等在京互联网平台企业共同达成《北京市互联网企业关于维护良好版权秩序的共同声明》，有助于网络平台企业间版权纠纷的解决，规范网络企业版权市场秩序，促进行业自律，推动数字版权保护水平的提高。

（四）电子商务情景下的数字版权保护的平台规则

电子商务平台承担着建立知识产权保护规则的职责，是电子商务知识产权保护

---

① 国家版权局：《国家版权局等四部门发布"剑网 2022"专项行动十大案件》，国家版权局官网，2023 年 2 月 28 日。

的关键环节，数字版权保护规则是整体知识产权保护规则的重要组成部分。对京东、淘宝等国内具有代表性的电商平台的知识产权保护规则进行分析发现，电子商务平台的知识产权保护规则除了适用于平台整体交易的平台服务规则以外，也包括具体的专项知识产权规则，主要有：维权处理规则和申诉处理规则等。如京东的《知识产权维权处理规则》和《知识产权申诉处理规则等》，在知识产权专项规则中对于侵权投诉材料、证据的要求，违规行为的处罚等内容进行了明确。各大电子商务平台也设立了专门的知识产权维权处理渠道，如京东的知识产权保护平台。

另外，京东为了协助平台内商家防止数字版权侵权，搭建了京东版权素材中心，为平台商家免费提供 1.2 亿正版素材，包括图片、字体、音乐等，赋能京东平台内商家的店铺、详情和活动的装修、海报制作、短视频制作等具体业务场景。

在北京大学电子商务法研究中心 2023 年 12 月发布的"电商平台知识产权保护指数评价体系"研究报告中，其基于我国电商平台知识产权保护规范和国家标准进行分析，综合平台保护规则的研究，从投诉举报机制、侵权处理措施、信用评价机制、主动防控机制、社会共治体系、社会舆情数据选取了相关指标，分析评价了各电商平台现阶段的知识产权保护水平，旨在客观准确反映电商平台的知识产权保护的实际情况。[1] 以下为每个评价指标的评分数据（见表 1）以及主要电商平台知识产权保护指数（见表 2）。

表 1　电商平台知识产权保护指数评价体系（10 分制）

一级指标	二级指标
投诉举报机制	投诉举报流程的明确性
	投诉举报材料的合理性
	投诉举报通道的便利性
	客服指导帮助的有效性
侵权处理措施	侵权处理制度的多元性
	侵权处理规则的合理性
	侵权处理措施的有效性
	侵权申诉机制的合理性

---

[1]　北京大学电子商务法研究中心：《电商平台知识产权保护指数评价体系研究报告发布》，电子商务法研究微信公众号，2023 年 12 月 20 日。

续表

一级指标	二级指标
信用评价机制	不同投诉主体的区分性
	诚信投诉通道的便利性
	恶意投诉识别的有效性
	恶意投诉规制的合理性
主动防控机制	商户入驻审核的规范性
	主动防控技术的有效性
	抽检鉴别技术的规范性
	优质品牌商户的共治性
社会共治体系	政企合作
	专家交流
	公众参与
	专项行动
社会舆情数据	负面舆情的数量和比例
	正面舆情的数量和比例
	权利人问卷的评价结果
	消费者问卷的评价结果

资料来源：北京大学电子商务法研究中心。

表2　电商平台知识产权保护指数

	淘宝和天猫	京东	拼多多	抖音电商	快手电商	微信电商生态	唯品会	小红书	得物	美团和大众点评	饿了么和口碑	闲鱼
投诉举报机制	6.85	6.88	5.27	6.12	5.95	6.14	6.02	6.35	6.31	6.53	6.52	6
侵权处理措施	7.12	7.17	4.64	6.89	7.04	6.78	6.05	7.04	6.92	7.03	6.66	6.41
信用评价机制	7.22	7.36	4.76	6.8	6.88	6.36	6.06	6.88	6.98	6.84	6.66	6.58
主动防控机制	7.56	7.42	4.92	6.88	7.08	6.4	5.94	7.12	6.98	7.22	6.66	6.7
社会共治体系	6.1	6.6	5	5.46	5.34	5.48	5.86	5.8	5.96	6.2	6.02	5.24
社会舆情数据	7.42	8.08	6.47	6.5	6.41	6.6	7.29	7.02	7.38	5.64	6.72	7.3

资料来源：北京大学电子商务法研究中心。

三、电子商务情景下的数字版权侵权情形分析

（一）主要侵权形式以及涉及的作品类型

中国网络版权产业市场规模从 2013 年的 2100 多亿元增长至 2021 年的 14009.6 亿元，2021 年较 2013 年的产值增长近 7 倍。

图 2　2013 年至 2021 年中国网络版权产业市场规模①

数据来源：根据中国音像与数字出版协会、艾瑞咨询、易观、艺恩智库、QuestMobile、腾讯研究院综合测算。

电子商务情景下，侵权行为人主要通过电子商务平台复制、传播、交易作品，并利用作品盈利，侵犯了权利人的复制权、发行权、信息网络传播权等权利，给权利人造成了经济损失，也给整个社会带来了消极影响，阻碍了电子商务行业和数字版权行业的健康、可持续发展。

根据具体的电子商务实践以及典型案例，电子商务情景下数字版权的主要侵权形式主要包括两类：销售侵权商品和使用侵权内容宣传。电子商务情景下侵权涉及的作品类型的划分，会涉及著作权的作品认定以及侵权认定等问题，所以对电子商务数字版权侵权涉及的相关作品类型进行了梳理。

销售侵权商品的侵权形式主要是指侵权行为人没有获得权利人同意擅自出售其

---

① 国家版权局：《中国网络版权产业发展报告（2021）》，国家版权局官网，2023 年 12 月 5 日。

作品的行为。这些商品主要涉及的作品类型包括美术作品、文字作品、汇编作品等。侵权的多发领域主要包括玩具、出版、数字教育等，如销售盗版玩具、盗版电子书、盗版课程等。

侵权行为人销售侵权商品，给权利人带来了巨大的经济损失，对正常的市场经济秩序也造成干扰，侵权行为人也需要承担相应的法律责任。如国家版权局 2023 年公布的十大案例中，有上海伍某某等生产销售侵权盗版动漫手办案，伍某某等未经著作权人许可，擅自生产并通过电商平台销售"海贼王""七龙珠""火影忍者"等动漫形象手办 5 万余件，涉案金额 500 余万元。法院以侵犯著作权罪，判处伍某某有期徒刑三年，并处罚金 15 万元；判处同案人员有期徒刑六个月至三年不等，罚金 6 万元至 10 万元不等。袁某在电商平台开设 8 家店铺，对外销售侵权盗版教材教辅图书，违法所得 17679.74 元。宜春市文化广电新闻出版旅游局对袁某作出没收侵权复制品、没收违法所得、罚款 80374.8 元的行政处罚。①

在无锡某科技有限公司侵犯文字作品著作权案中，该公司在未经著作权人许可的情况下，通过通讯工具和网盘以电子书的形式复制、传播他人作品，并通过通讯工具中的支付工具向付费用户收取作品费用，然后通过网盘将打包后的电子书下载链接及提取码向付费用户提供。根据《著作权法》第 53 条规定，当地文化广电和旅游局依法对当事人给予警告并罚款 5 万元的行政处罚。②

使用侵权内容宣传的侵权形式主要是指侵权行为人未经权利人许可擅自使用权利人的图片、文字描述、视频、音乐等作品进行宣传的行为。主要涉及的作品类型包括美术作品、音乐作品、视听作品、文字作品等。该类侵权多发生在电子商务平台的线上店铺的产品的首页、宝贝详细信息或在其他促销页面等位置的宣传内容中。

（二）作品认定及侵权认定标准

关于电子商务情景下的版权作品的认定，根据我国《著作权法》第 3 条规定，作品是指文学、艺术和科学领域内具有独创性并能以一定形式表现的智力成果。因此，作品需要满足三个要件，一是具有独创性；二是能以一定形式表现即可复制

---

① 国家版权局：《2022 年度全国打击侵权盗版十大案件》，国家版权局微信公众号，2023 年 12 月 22 日。
② 无锡市版权局：《十大案例发布》，无锡日报微信公众号，2022 年 4 月 26 日。

性；三是属于智力成果。独创性中的"独"和"创"具有不同的内涵，智力成果需要同时达到"量"和"质"这两个标准才属于《著作权法》中的作品。[①] 在（2012）知行字第 38 号案中，最高人民法院认为，具有独创性的作品，必须同时符合"独立创作"和"具有最低限度创造性"两个方面的条件才可能成为著作权法意义上的作品。

如在×拼侵犯乐高品牌玩具著作权案中，被告人以营利为目的，未经著作权人许可，通过拆解研究、电脑建模、复制图纸、委托他人开模，复制发行乐高公司享有著作权的美术作品，并以×拼品牌通过线上、线下方式进行销售。法院终审判决李某有期徒刑六年，并处罚金人民币 9000 万元。该案件中争议的焦点是乐高被侵权的拼装玩具是否属于美术作品。上海高院认为，根据《著作权法》相关规定，"美术作品，是指绘画、书法、雕塑等以线条、色彩或者其他方式构成的有审美意义的平面或立体的造型艺术作品"。由于立体模型均为乐高公司独立创作，具有独创性及独特的审美意义，属于美术作品的范畴。

关于侵权认定标准，根据《著作权法》第 53 条规定，只要未经权利人的许可，也没有法律规定的免责事由，擅自实施受专有权利控制的行为即构成侵权，包括复制、发行、通过信息网络向公众传播其作品等行为均构成著作权侵权。在具体的司法实践中，法院会在个案中根据侵权作品与权利人的作品进行比对，判定标准会根据美术作品的独创性的程度的变化有所差异，只有构成实质性近似的美术作品的独创性部分才有可能构成侵权。在前述×拼与乐高相关案件中，法院认为涉案侵权产品与权利人的作品无显著差异，构成实质性近似，属于复制。虽然部分拼装步骤、展示角度、配色及排版布局略微变化，但不影响对实质性近似的判断。

四、电子商务情景下数字版权保护存在的问题

（一）作品认定及侵权判定难

现有的法律法规中的如作品认定、侵权的判定标准、侵权责任承担等内容仍然需要完善。

《著作权法》对于在电子商务情景下作品的"独创性"认定、"实质性近似"

---

① 王迁：《知识产权法教程》，中国人民大学出版社 2021 年版。

的判定标准还不明确。由于未对作品的独创性以及版权侵权认定标准等内容有明确的规定，增加了在司法实践中对于作品认定以及侵权审查的难度以及电商平台对相关投诉进行审核的难度。经知产宝数据库查询，2023 年涉电子商务版权案件中，119 件生效判决中有 90 件涉及对作品"独创性"及"实质性近似"的判定。

在同一侵权事实中，行为人同时侵害两项或三项知识产权权利时存在侵权判定以及侵权责任承担的问题。如原告将自身享有著作权的美术作品注册商标，被告未经允许在已注册类别的商品上使用该商标的，该作品既是著作权客体，也是商标权客体，该侵权行为既符合著作权侵权的构成要件，也符合商标权侵权的构成要件，侵权赔偿责任如何承担，也需要通过立法进行明确。

由于人工智能、数字人等新兴的著作权保护客体的出现，对其是否构成作品以及作品类型的认定没有明确的指引，在司法实践、权利人维权、电子商务平台的投诉处理上都带来了一定的困难。

另外，在《电子商务法》中也存在第 42 条中的对于"必要措施"的定义，以及平台对于"恶意投诉"的界定等问题。对于如何判定"有效通知"并采取"必要措施"，给相关法律法规在具体场景下的适用带来了困难；平台恶意投诉多发，对电子商务经营者的利益、电子商务平台审核、正常的市场秩序造成了损害。

电子商务平台的商品来源和商品种类繁多，涉及的侵权作品数量大且侵权类型复杂。电商平台配备大量的人力和物力进行版权审查，由于法律法规的不完善以及审查能力的限制，给审查的专业性和准确性都带来了一定困难。在电子商务数字版权保护中，对于相关法律法规进行清晰的界定，有利于电子商务参与各方在实践中明确权利和义务，做好电子商务情景下的数字版权保护工作。

（二）电子商务平台恶意投诉多发

"通知—删除"规则在电子商务平台的适用，为权利人带来了数字版权侵权投诉的有力途径。但近年来，以非法牟利、限制竞争而非真实维权为目的的恶意投诉大量出现。

恶意投诉是对"通知—删除"规则的滥用，严重扰乱了市场秩序，破坏了电子商务的营商环境。电子商务平台经常收到权利人以渠道控制或者价格保护为目的的，就非数字版权侵权行为发起的投诉，以版权侵权为由，向平台投诉要求下架相应产品。在大量的该类侵权投诉中，需要投入平台审核人员的大量时间，平台工作人员审核真正的侵权行为的时间减少，影响了平台审核的效率，损害了权利人及平台内经营者的利益。

如天津某公司在某电商平台开设店铺从事地毯销售，恶意投诉人与天津某公司存在竞争关系，遂使用伪造证据材料，办理了灰色拼地毯图形、大红色欧式图形、羽毛图形的三个地毯图形的著作权登记。之后又以著作权侵权为由对天津某公司在电子商务平台多次发起投诉。投诉结果导致店铺两个产品的三个链接下架，重新上架后，销售额大幅下滑。天津某公司遂向法院提起诉讼，要求恶意投诉人赔偿经济损失。法院认为，恶意投诉人与天津某公司间存在竞争关系，通过伪造权利依据投诉的方式，破坏了原告的竞争优势，主观恶意明显，可以认定被诉行为为典型的恶意投诉。[1]

电子商务平台恶意投诉多发也直接导致了电子商务平台审查工作的加重。为了避免对平台内商家的正常经营活动造成干扰，平台审核人员在收到侵权通知后，除了需要判断侵权通知是否为有效通知外，还需要判断该通知的权利基础是否真实、有效以及被诉商品是否是实质上的侵权商品。但是对于平台来说，平台对投诉人材料进行审核后，可能在后续的民事诉讼中对权利人损失扩大部分承担连带侵权责任，导致其在承担义务的同时遭受损失且难以获得公法上的救济。

（三）平台内经营者版权意识不足

电子商务平台内经营者的数字版权保护意识不足也是电子商务情景下数字版权保护面临的问题之一。截至 2023 年 12 月，网络零售平台店铺数量为 2500 多万家，增长 2.1%。平台内经营者数量多，且其经营品类分布广，个人店铺占比 39.20%，版权意识参差不齐。

部分电子商务平台内经营者会忽视版权问题，对侵权行为的构成以及侵权行为的后果认识不足，导致侵权行为的发生。比如一些商家在版权问题上存在模糊认识，不了解在未经版权权利人许可的情况下使用他人的如图片或字体等版权作品进行宣传或在电子商务平台上销售未经授权的复制品是侵权行为，或者对版权作品的合理使用的适用存在误解。

---

[1]　天津滨海新区法院：《利用虚假版权登记材料恶意投诉构成不正当竞争——嘉瑞宝公司诉赵某全等不正当竞争纠纷案》，天津自贸区法院微信公众号，2020 年 4 月 20 日。

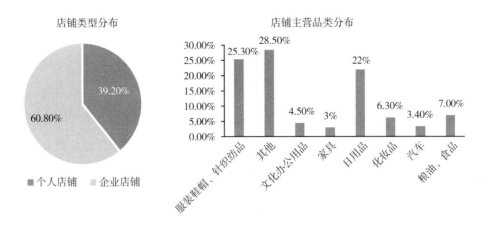

图3　2023年网络零售各类店铺情况

数据来源：商务部电子商务和信息化司。

这种情况下，版权权利人可能会遭受经济损失，也可能导致消费者的混淆和误认，同时也损害了电子商务平台的声誉。

（四）新业态、新技术下涌现的新问题

跨境电商、直播电商、视频电商等作为新兴电子商务的形态，在全球范围内正在高速发展中。新业态下数字版权保护面临的新问题也随之不断涌现，如由于跨境电商内经营者对海外知识产权保护的法律法规、版权侵权认识的不足、版权保护措施的缺失，导致版权侵权行为多发。电子商务新业态下特别是直播电商、通讯工具加网盘等的数字版权侵权行为难以发现及取证等。

随着技术的不断发展和应用，电商行业也逐步开始了人工智能、数字人等新技术的应用。在电子商务情景下，很多商家将产品图片由真人拍摄换成了 AI 制图；在直播电商场景中，直播间也由真人主播变成了数字人主播。由此带来的人工智能、数字人相关的作品认定、版权归属、侵权判定、合理使用等问题也随之出现。

五、电子商务情景下数字版权保护的策略

在电子商务情景下，电子商务主要参与方政府、电商平台、商家和消费者各方需从保护权利人的合法权益，促进行业发展的角度出发，权衡各方的收益，制定相应的数字版权保护策略。如政府应不断完善电子商务数字版权方面的法律法规，并

加强对侵权行为的打击力度。行业组织、电商平台应加强数字版权保护的宣传和教育，提高商家的数字版权意识；电商平台建立严格的侵权惩戒机制，对侵权商家进行处罚，为守法商家提供保护措施。商家应自觉遵守数字版权相关法律法规，避免侵权行为。消费者应提高知识产权意识，不购买侵权商品，同时可通过举报机制向平台和政府提供侵权线索。政府、行业组织、平台、商家和消费者应共同努力，共同维护电商平台的良好秩序和权利人的合法权益。以下将具体根据电子商务平台数字版权保护的存在的问题，提出具体策略。

（一）建立完善的电子商务数字版权法律体系

从立法的角度来看，应完善数字版权保护的法律法规体系，以适应电子商务环境下的数字版权保护的需要。在现有的电子商务数字版权保护体系下，对于作品的"独创性"认定、侵权判定标准、"恶意投诉"的界定、"必要措施"的标准等需要明确，通过司法解释、地方性条例、标准等及时对法律法规体系进行补充，便于权利人投诉以及电子商务平台处理版权相关投诉。

对于一个侵权行为同时侵犯多项知识产权的行为的侵权责任的承担问题，在确定侵权民事责任时，在知识产权侵权行为聚合的情形下，行为人应当就其实施的不同侵权行为分别承担相应的侵权责任；在确定赔偿时应当考虑不同侵权行为均系同一侵权产品造成的因素，坚持"总量控制、按贡献划分比例"的原则确定赔偿责任。①

政府应加大对著作权登记制度的宣传以及普及，简化著作权登记的流程，鼓励权利人进行著作权登记，将有利于解决电子商务情景下的数字版权问题中初步版权权属证据提供的问题。政府也可建立版权侵权鉴定中心等机构，为权利人出具数字版权侵权鉴定意见或对权利人发出的通知出具意见等，为电子商务情景下的数字版权侵权判断提供辅助依据。

（二）完善版权信用机制的建立

政府和行业组织应牵头完善企业的版权信用机制，以国家企业信息公示系统为

---

① 上海知识产权法院：《知识产权侵权行为竞合与聚合的区分及司法认定》，《中国审判》2023年第18期。

基础，将电子商务情景下的恶意投诉纳入严重失信行为，对电子商务情景下的数字版权恶意投诉行为进行规制。监管部门可建立完善的企业数字版权信用监管体系，明确监管标准和程序，对违反数字版权法律法规的行为进行及时查处，并依法追究相关责任。在信用监管体系的基础上建立信用评价体系，并通过建立奖惩机制，对守信行为进行奖励，对失信行为进行惩罚，以促进电子商务的健康发展。

电子商务平台也应该加强内部管理，建立完善的版权纠纷调解机制，对侵权行为进行及时发现和处理，促进电子商务行业的健康、有序发展。针对电子商务平台恶意投诉的多发，电子商务平台需要对审查机制进行优化，完善平台的"通知—删除规则"，细化通知、反通知标准以及相应的措施。同时，与信用机制互相配合，不断提升电子商务平台审查的效率。

（三）增强平台内经营者的版权保护意识

关于增强平台内经营者的版权意识，政府可以定期制作多种形式的数字版权保护公益内容，包括视频、手册、课程等，由电子商务平台向平台内经营者发放，通过数字版权保护的法律法规、典型案例，让平台内经营者对数字版权侵权的行为以及后果有清晰的了解；也可以通过公益广告的形式，制作与数字版权保护相关的内容在电视和短视频平台进行播放，强化消费者的数字版权意识，让消费者加深对数字版权理解的同时，增强数字版权保护的意识，提高对侵权行为的认识和警惕性，不主动购买侵权商品或对侵权内容进行传播。

电子商务平台也需要通过和政府、行业组织等的合作，通过课程、直播等多种方式不断提升平台内商家的数字版权保护意识。比如，京东在 2023 年"4·26"活动中，联合首都版权协会、中国知识产权培训中心，在京东商家学习中心、京东麦头条商家平台围绕平台内中小企业，上线的知识产权系列培训课程，从京东生态内中小企业的知识产权保护、维权以及企业知识产权管理等方面的内容展开，共同引导平台内中小企业树立知识产权保护意识，为营造知识产权保护良好氛围以及行业的健康发展提供助力；也与《中国知识产权报》合作，在京东进行中国知识产权报京东推广季的活动，向平台内商家宣传知识产权保护的普及知识。

电商平台内经营者自身也需不断提高版权意识，提高数字版权保护的能力。从平台内经营者的角度来看，做好企业数字版权保护是应对数字版权侵权风险的有力措施。在数字版权保护方面，需根据产品提前做好数字版权保护的布局，及时进行版权登记，明确作品权属，为作品提供权利的初步证明；也可利用区块链、数字水印等技术手段保存创作完成证据以及首次发表证据，完成产品的防伪溯源等工作。在产品生产、营销、采购、销售环节中，也应做好版权侵权风险的排查和预警工作，避免知识产权侵权行为的发生。

（四）加强对跨境电商、AIGC 等新兴领域版权保护问题的研究

随着科技的发展，跨境电商、AIGC 等新兴领域、新技术的不断涌现，加强跨境电商、AIGC 等新兴领域的版权保护问题研究是非常必要的。通过研究可以更好地了解这些领域的法律法规监管的现状、存在的问题以及面临的挑战，为新兴领域、新技术产生的新事物制定相应的数字版权保护策略提供依据。

对于跨境电商，由于其跨国界的特点，版权保护面临诸多挑战。AIGC 作为一种新兴的创作方式，其版权问题也备受关注。如何认定 AIGC 作品的创造者、如何保护 AIGC 作品的版权等都是亟待研究的问题。加强对 AIGC 的数字版权问题的研究，有助于明确版权归属、侵权判定等关键问题，为权利人提供更有力的保护。

为了加强研究，可以采取多种措施。首先，政府和行业组织可以组织专业的法律和技术团队对相关领域进行深入研究，形成系统的研究成果。其次，可加强与相关产业界的合作，了解产业发展的实际需求和面临的挑战，共同推动版权保护的创新与发展。此外，积极参与国际交流与合作，共同探讨数字版权保护的国际解决方案也是非常重要的。

总之，加强对跨境电商、AIGC 等新兴领域、新技术下的数字版权问题的研究，有助于为权利人提供更加全面、有效的保护，促进这些领域的健康发展，也有利于推动数字版权保护的国际合作与交流，共同构建良好的数字版权生态，共同促进电子商务行业的健康、可持续发展。

除以上措施外，也可探索通过在权利人和有需求的企业间建立多场景、价格合理、交易便捷的数字版权交易机制的途径，实现版权资源在合法合规的前提下的快速流通，让有需求的企业在成本和收益的衡量下，主动或被动地选择通过授权的方式以更合理的价格合法地获取到所需的数字版权作品，实现版权资源的最优配置。

六、结 语

在数字化环境下，电子商务场景下的数字版权的保护面临着作品认定侵权判定难、电子商务平台恶意投诉多发、平台内经营者版权意识不足、新兴业态、新技术下的新问题等多种挑战。在这种情况下，完善电子商务数字版权保护体系，建立版权信用机制，增强平台内经营者版权保护意识、加强对跨境电商，AIGC 等新兴领域数字版权问题的研究等措施显得尤为重要。未来，希望在电子商务的参与各方的共同努力下，减少数字版权侵权行为的发生，促进电子商务行业的健康、可持续发展。

参考文献

王迁：《知识产权法教程》，中国人民大学出版社 2021 年版。

上海知识产权法院：《知识产权侵权行为竞合与聚合的区分及司法认定》，《中国审判》2023 年第 18 期。

马一德：《加强保护，推动平台经济持续健康发展》，中国知识产权报微信公众号，2023 年 9 月 27 日。

天津滨海新区法院：《利用虚假版权登记材料恶意投诉构成不正当竞争——嘉瑞宝公司诉赵某全等不正当竞争纠纷案》，天津自贸区法院微信公众号，2020 年 4 月 20 日。

国家版权局：《2022 年度全国打击侵权盗版十大案件》，国家版权局微信公众号，2023 年 12 月 22 日。

国家版权局：《国家版权局等四部门发布"剑网 2022"专项行动十大案件》，国家版权局官网，2023 年 2 月 28 日。

国家版权局：《国家版权局关于 2023 年全国著作权登记情况的通报》，国家版权局官网，2024 年 2 月 20 日。

国家版权局：《中国网络版权产业发展报告（2021）》，国家版权局官网，2023 年 12 月 5 日。

无锡市版权局：《十大案例发布》，无锡日报微信公众号，2022 年 4 月 26 日。

北京大学电子商务法研究中心：《电商平台知识产权保护指数评价体系研究报告发布》，电子商务法研究微信公众号，2023 年 12 月 20 日。

IV

技　术　篇

B.12　区块链版权产业应用探析

张建东[*]

摘　要：区块链的本质是去中心化的分布式数据库，版权产业是其最重要的应用领域之一。进入区块链的版权信息是公开且不可篡改的，这对于帮助实现作品与著作权人、授权传播者和使用者的客观权属关联性，解决因版权市场交易信息不对称产生的利益分享不透明、不公平的问题，以及建立针对版权侵权的发现、取证及快速维权机制等，都具有重要意义。本文试图找出区块链在版权产业应用的最佳进路，围绕版权权属确认、授权交易结算、维权保护，以及版权金融创新等层面探析区块链版权产业应用的机理，并大力倡议在统一标准下，形成全网应用共识，加快创新构建并打牢互联网版权基础设施。

关键词：区块链；版权产业应用；版权确权；版权登记；DCI

一、区块链的本质及其版权产业应用进路

区块链①本质上是一个去中心化的分布式数据库，该数据库由一串使用密码学方法产生的数据块有序链接而成，区块中包含有一定时间内产生的无法被篡改的数据记录信息。因而，区块链具有"去中心化""透明性""开放性""自治

---

[*]　张建东，中国版权保护中心科技发展部（数据资源部）主任，兼任全国版权标准化技术委员会副秘书长，中国标准录音制品编码（ISRC）中心副主任、副编审。毕业于北京大学法学院，知识产权法专业法律硕士。研究领域为版权、DCI、区块链、人工智能、数据资源、标准化。

①　区块链起源于"中本聪"（Satoshi Nakamoto）在2008年发表的奠基性论文《比特币：一种点对点电子现金系统》，论文中提出了"chain of blocks"，后来演化为专有名词"blockchain"。

性（或独立性）""信息不可篡改""匿名性""安全性"等特性。国际上，区块链甚至被称为继大型机、个人电脑、互联网、移动社交（Social-Mobile）之后的第五次颠覆性的新计算范式。近几年来，区块链的技术发展和应用领域已大大扩展，区块链率先在信用依赖性较强的金融领域引发了研究和应用的热潮，同时也在向政务、能源、医疗、教育、版权、供应链、工业互联网等领域渗透。

在版权领域，纵观作品的创作、运用、保护、管理和服务等全流程，版权权属确认、授权交易结算和维权保护是三个最基本、最关键的核心问题。区块链被提出以后，人们很快发现其具有的"存在性证明"作用可以在一定程度上帮助解决互联网版权权属证明中的原始证据固定问题，进而也能帮助解决版权授权交易过程中版权链的追溯、版权费的结算以及版权维权过程中的侵权证据举证等问题。同时，基于区块链的"智能合约"也为版权规模化授权交易和版权金融创新提供了广阔的想象空间。业界普遍认为区块链与版权产业有天然的结合优势，在版权权属确认、授权交易结算和维权保护乃至版权金融等方面都大有用武之地。

目前，国际国内都对区块链版权产业应用有一些探索，其通常应用模式是靠作品持有者的自我声明给作品附上作者或权利人信息，通过区块链技术将相应数据生成哈希值并加上时间戳固定到区块链上，从而帮助作品的持有者将自己的身份与相应作品关联起来。一些司法机构也采用了区块链技术进行包括版权数据在内的电子证据的存证和验证，与产业应用一脉相承，模式也是大同小异。

版权产业实践中，对版权权属的"验真"即版权权属确认是重要前提，这也是版权授权交易和版权维权的基础。现阶段区块链应用可以相对明确证明某一作品的完成时间和完成时的状态，以此用作授权交易和侵权救济的部分证据，但仅凭区块链存证难以形成清晰完整的法定化权属证明。当今数字网络环境下，作品需要在全网流通，版权应当在全网互认，因此区块链在版权产业的应用必须跨平台、跨链互通。这就需要多方通过区块链技术与国家版权登记机构共建体系化的版权权属确认、授权交易结算和维权保护的底层生态。

同时，随着以通用人工智能为标志的新一代数字技术迅猛发展，版权与技术深度融合的趋势更加凸显，版权产业需要进一步打破线上线下、不同领域、不同平台之间的藩篱，需要以标准为引领，推进产业协同发展。2013年，我国成立了全国版权标准化技术委员会，先后推动制定实施了《数字版权唯一标识符》①《版权信息核心元数据》《版权信息基础代码集》《版权信息基础数据元》等基础性行业标准。这些标准化基础性工作的开展，特别是我国自主创新的 DCI 标准和由此拓展的数字版权链（DCI 体系 3.0），则为实现全网跨平台的数字版权唯一标识，为数字网络环境下版权创造、运用、保护、管理、服务全链条生产活动数据的客观记录、智能判定和准确标识提供了标准化框架支撑，也为区块链版权产业应用提供了基础的标准化遵循。

2022 年，由中国版权保护中心牵头，多家头部科技平台企业和数字内容各垂直领域代表性应用共同参与的"基于数字版权链（DCI 体系 3.0）的互联网版权服务基础设施建设与试点应用"项目成为国家"区块链+版权"特色领域创新应用试点，并入选 2023 年区块链创新应用全国十大优秀案例之一，是 12 家"区块链+版权"特色领域创新应用试点中唯一入选的优秀案例。截至 2023 年 12 月底，数字版权链（DCI 体系 3.0）共推动 8 大垂直领域试点合作，实现数十家试点应用接入，实现与司法链跨链连接，累计服务 5 万电商商家，超百万创作者，为 8000 多万原创作品提供了便捷普惠的版权科技服务。

基于 DCI 标准，在充分利用区块链技术分布式、不可篡改、可追溯等特性基础上，进一步实现跨链互通互信，研发集成内容风控、隐私安全、AI 多模态识别 & 超大规模查重等关键核心技术，构建版权权属确认、授权交易结算、维权保护等标准化、体系化、智能化版权保护与服务能力，实现版权数据互通互信互用，版权权利清晰确认，授权交易链条清晰可循，维权精准快速无障碍，迈出了以"共生共治共享"为理念，以标准化为引领推进区块链版权产业应用新生态的步伐。通过这一进路，本文将从版权权属确认、授权交易结算和维权保护三个层面探析区块链版权产业应用。

二、区块链在版权权属确认中的应用

依据法律规定，作品在创作完成之时版权自动产生，此时版权权属是明确的，

---

① 数字版权唯一标识符，英文为 Digital Copyright Identifier，简称 DCI，相应标准简称为 DCI 标准。该行业标准（CY/T 126-2015）于 2015 年 1 月 29 日发布并实施。相应国家标准于 2017 年立项启动，目前已完成意见征求阶段。

之后不论怎么流转，版权权属的应然状态也是明确的。互联网版权纠纷易发、频发，其重要原因之一是数字网络传播技术与应用形态导致版权权属证明困难和权利变动关系复杂，使得版权产业环境中版权权属的状态不清晰。市场经济的发展表明，只有产权明确清晰地被界定，市场作为资源配置的手段才是有效的，特别是针对版权这样一种无形的财产权，权属确认则更加基础和关键。

目前对"版权确权"尚无公认的定义，在不动产领域有不动产确权、确权登记、确权之诉等提法。例如不动产确权通常是指"依照法律、政策的规定，经过不动产申报、权属调查、地籍勘丈、审核批准、登记注册、发放证书等登记规定程序，确认某一不动产的所有权、使用权的隶属关系和他项权利"。本文所指"版权权属确认"，则是指依据法律法规等规范性法律文件，按照一定的程序，对版权及相关权利的权属关系进行确认，并产生相应的法律后果的制度。因此，版权权属确认不是自行确认，必须遵循相关的法律法规，按照一定的程序，由国家专门机构对版权权属加以确认，并能产生相应的法律后果。由此也可看出，社会上一些公司、机构应用区块链或"时间戳"等技术手段对与版权有关的数据进行存证不能称为版权权属确认，而只能算作"自证"。

版权登记是世界各国普遍采用的一项确定或证明版权权属的保护制度。据不完全统计，目前《伯尔尼公约》成员国中有近70%的国家在著作权法中规定了版权登记。在实行版权登记的国家中，美国的实践比较典型，其版权产业的发达与其拥有相对完善的版权登记制度不无关系。美国1790年第一部《版权法》就对版权登记作出了明确规定，后历经数十次修订，最终登记机关由分散走向统一，登记的效力和作用也在不断演进。司法机关在审理版权纠纷案件中对版权权属的认定，对裁判起着最直接的作用，对著作权人及相关权利人产生着最直接的影响，也被认为是一种重要的版权权属确认方式。但司法资源是有限的，不可能所有的版权纠纷都由司法机关处理，也不应当将所有的版权权属确认工作都推向司法机关。实际上，作品创作完成之时是进行版权证明的最佳时机，而且在司法领域之外存在着更大量的版权证明需求。因此版权权属确认应主要交由专门的版权登记机构通过版权登记实现，与司法机关形成分工配合的版权权属确认体系。

结合我国实际，版权登记是我国版权权属确认和证明的一项专门制度，是依据法律、行政法规及部门规章等规范性法律文件，按照一定的程序，由有关机构对版权及相关权利的归属进行确认，并产生相应的法律后果的制度。依据我国《计算机软件保护条例》第七条第一款规定，"软件著作权人可以向国务院著作权行政管理部门认定的软件登记机构办理登记。软件登记机构发放的登记证明文件是登记事项的初步证明"。① 依据国家版权局 1994 年《作品自愿登记试行办法》第一条相关规定，作品登记的目的及效力应是"为维护作者或其他著作权人和作品使用者的合法权益，有助于解决因著作权归属造成的著作权纠纷，并为解决著作权纠纷提供初步证据"。

在数字网络环境下的版权登记覆盖范围广，模式相对灵活，甚至可以"嵌入"到作品创作的场景中，深入版权产生的源头实现版权登记。版权登记的结果，可以由当事人在司法诉讼中使用，如果另一方当事人无法提出足以推翻版权登记记载事项的证据，则版权登记的结果应由法院直接采信，减轻当事人举证和法院审查的负担，提高司法裁判的质量和效率。同时版权登记的权威性和公信力可以在诉讼前就起到定分止争的作用，从而有助于在网络环境下建立多层次版权纠纷解决机制。

数字网络环境下，版权权属确认与证明的标准化是版权产业发展的必由之路。现有的传统版权登记模式可以通过以标准化为支撑的数字版权登记服务模式和运行机制的创新，建立互联网版权权属确认与证明服务的基础设施。版权权属确认与证明的标准化，即"什么样的标准化数据等同于明确清晰地证明了版权权属"或者说"确认了什么必要、客观的标准化信息就可以确定证明了版权权属"，这正是DCI 标准及相关版权标准要解决的核心问题。将符合版权权属认定法律要件的版权数据上升为相应的版权标准，以符合标准的区块链应用实现不可篡改、不可抵赖的节点记录，通过共识机制进一步促进版权权属确认与证明标准化，促进建立规范统一、便捷高效的互联网版权权属确认与证明机制。

在以标准为引领的版权权属确认与证明机制下，参与角色主要为国家版权登记机构、著作权人及相关权利人、互联网平台和行政执法与司法机构等主体。国家版权登记机构是区块链核心节点，在版权法律的框架下，可以发挥版权标准的管理者和维护者的作用，同时也是标准符合性认证者的角色。著作权人及相关权利人是互联网平台的使用者（或合作方），也是直接的版权利益相关方；互联网平台是版权创造、运用、保护、管理和服务的主要场所及参与方；行政执法与司法机构则是版

---

① 依据国家版权局 2002 年《计算机软件著作权登记办法》第六条第二款规定，"国家版权局认定中国版权保护中心为软件登记机构"。

权行政执法与侵权救济的主要场所和主体，这些都是参与标准制订和实施的主要角色。

数字版权链（DCI体系3.0）可为数字网络环境中海量用户提供"即时申领DCI、按需办理数字版权登记"的版权权属确认服务。作品在线创作完成或上传至互联网平台时，上传者（权利人）应将有关主体身份信息和其他材料一并提交。①互联网平台将作品哈希值与主体身份信息等数据放入同一区块，完成上链。依据DCI标准，自动为该作品版权分配全网唯一的DCI码，并形成标准化元数据，表征该身份主体与作品的权属关系，完成版权权属确认与证明的技术固定步骤。进一步，可通过基于数字版权链（DCI体系3.0）的数字版权登记服务能力，对上传者提交的符合登记标准的材料进行审查，认可该身份主体为著作权人或相关权利人，发给国家法定的登记证书，完成版权权属确认的法律程序步骤。这种创新模式极大地适应了互联网作品海量化和传播快的特点，区块链在其中充分发挥了自动化处理、实时上链、数据共识等优势，它能够简便快捷、标准化地标识版权权属，助力实现"内容创作发布即确权"。

以区块链技术推动版权权属确认与证明标准化，可高效实现"谁在什么时间创作了什么内容"这一完整的、一致的版权权属证明，保障现实世界的权利主体和数字空间的作品之间事实上的一一对应关系，从而把区块链技术的机制共识和法定确认的内在逻辑打通，创新实现区块链版权确权服务新机制。

三、区块链在版权授权交易结算中的应用

版权授权交易是作品的全部或部分财产权利，通过版权许可或转让的方式，获取相应的对价，实现版权的经济价值。大到跨国的版权输出、引进，小到消费者在音乐平台付费听一首歌，都属于广义版权授权交易的范畴。

简单而言，版权授权交易就是一方将版权以某种对价许可/转让给另一方。其中，首先要确定版权权属每一方都可能涉及多个主体②；交易各方要确定作品类型和使用方式；许可/转让的权利内容可以是财产权中的一项或多项；转让可认为是

---

① 通过互联网平台的优化设计，以及在线创作生态的完整建立，这一过程可以是非常便捷甚至用户无感知的。

② 事前有效的版权确权亦是降低交易风险的重要方式。

永久的，但许可通常有一定的期限；许可可能是专有的，也可能是非专有的（或一次性的）；许可的地域范围和形式也往往需要协议的约定：上述内容又决定了交易的价款；等等。

传统的版权授权交易多是线下的和分散的，存在供需双方难以匹配、授权不畅等问题。传统的集体管理组织无法实现对作品的有效控制和合理利用。进行版权交易需要经历从登记到评估，再到展示和交易的一系列长时间流程，制约了作品高效授权流转。另一方面，集体管理组织存在信息不对称的情况，使得使用者难以找到符合自己需求的作品并获得合理回报，同时又局限了权利人的授权分发渠道，为版权交易设置了一定的门槛。

互联网的发展推动了在线授权交易的发展，构造出多场景的版权授权交易的灵活机制，但也同样会因为权属不清限制交易的达成、造成侵权的多发。区块链的智能合约机制则为实现标准化授权自动处理、全网实时授权结算、弥散式传播与许可同步化等新模式带来了巨大的产业应用想象空间。

同时，随互联网经济而来的一个突出问题是新的"渠道商垄断"。互联网是典型的平台型经济，平台对海量的内容资源和用户流量的集聚，容易导致垄断版权授权交易和结算，掌控版权利益分配规则和"定价权"，并有最终导致产业利益分配失衡的风险，这对整个产业发展是不利的。互联网经济下版权交易主要涉及三个核心问题：其一，权利人的适格性，即作品版权权属确认与版权信息公示；其二，授权双方的交易场，激发作品版权相关权利在多渠道实现分发及价值推广，扩展版权授权方式和提升授权效率；其三，公平公正的双方利益平衡的机制，在交易中实现各方利益均衡。

结合区块链"零知识证明"技术，实现"授权交易数据、授权双方身份、版权授权计算过程等"生成一个"证明"——在不公开基础证明数据的情况下证明陈述或声明的相关事实。支持授权双方在隐私保护的基础之上，确保交易的整个过程都是按照约定条件进行的、是正确且可被验证，大大提高身份验证、数据流转、资产交易、链上链下协同等全流程可信度，消除交易双方对泄露隐私与商业秘密的担忧。区块链技术的应用以标准化为支撑，在信息互联网向价值互联网的二次变革中，以"共生共治共享"为核心理念，可以通过标准共识机制建立中立、公正、透明的全网跨链共识的底层版权交易结算服务引擎设施，将各平台各区块链体系跨链连接，从而促进建立公平、公正、透明的"事前利益分享机制"，推动形成良性的产业发展利益分配格局。

在数字版权链（DCI体系3.0）的支撑下，用户的作品获得DCI后，可继续在数字版权链生态中得到版权授权、结算等服务支持。数字版权链（DCI体系3.0）对每次授权使用行为进行记录与核验，形成版权流转的完整、可溯源、不可篡改的交易记录，授权相关数据同步上链，保障权利人、使用者、互联网平台等版权交易链条各方的合法权益，形成内容产业利益的多维实现和多边共享机制，极大促进产业发展繁荣。未来以各项服务上链形成的权威公信的版权信息数据为基础，可建立起互联网版权信用机制，为版权价值评估、版权资产证券化等版权金融创新服务提供权威、中立和透明的数据信用支撑。

四、区块链在版权维权保护中的应用

面对版权纠纷，当前版权维权问题依然突出。著作权人及相关权利人在自力救济时往往不具备相应的专业能力，自我举证也比较困难；执法层面，因个案启动执法程序的门槛较高，运动式的执法模式是非常态化的，无法从运行机制上根本解决问题。此外，由于司法诉讼周期长成本高，大量的互联网版权纠纷涌向司法机构，司法资源陷于挤兑，也造成了司法资源的过度使用与浪费，出现版权"事后纠纷处理机制"的困局。互联网版权产业监管机制不完善，进一步给市场上某些畸形网络版权运营模式提供了牟利空间，"钓鱼式维权"和"维权式营销"长期大行其道。可见，传统的版权纠纷处理机制无法及时高效地解决互联网版权侵权问题，难以适应互联网版权产业的发展特点。

参考国内外相关经验，通过互联网版权保护专门机构，完善我国互联网版权产业监管机制，将区块链技术与版权监测取证和快速维权机制相结合，将大量的版权纠纷解决在司法诉讼之前。对于少部分进入司法诉讼程序的版权纠纷，可通过进一步将版权确权数据与司法机关打通的方式，提供版权清晰、证据完整、权威可信的区块链权属证据，化解司法机关面临的突出矛盾，构造良性高效的版权产业治理机制和服务供给，从而建立起多层次、立体化的版权纠纷解决机制。

基于全网共识的区块链版权服务基础设施，通过开放式、标准化和基础性的维权服务功能，面向产业各节点提供标准化、可配置、插件式的版权维权服务。权利人在完成版权确权后，可根据维权需求随时发起维权申请，获取快速便捷的维权服务。数字版权链（DCI 体系 3.0）与司法链实现跨链协同，实现包括版权证书信息、交易信息在内的版权数据共享和安全传输，为司法审判提供数据与工具的辅助性支撑。

具体而言，经过版权确权的作品，如发生版权纠纷，权利人首先可申请版权监测取证。数字版权链（DCI 体系 3.0）的维权节点以确权节点的数据为基础，应用数字内容特征和网络取证技术，通过全网或定向的智能监测，发现并跟踪作品使用情况，固定侵权证据。侵权证据包括侵权链接、侵权截图、侵权证据哈希值等，可与作品区块链哈希值、DCI、作品登记证书、作品样本或特征值等确权证据一起作为维权证据包反馈给权利人。

同时，权利人还可申请版权快速维权。在版权监测取证的基础上，维权节点向侵权方发送通知函，及时制止侵权，遏制侵权损失，并引导双方进行和解，达成合法版权授权交易，从而形成"版权快速维权机制"。版权快速维权的有效作用，也有赖于标准的全网共识，以及跨平台协调联动机制的建立，这应是国家版权保护专门机构的重要职能之一。版权监测取证和版权快速维权既可由当事人申请发起，也可由数字版权链（DCI 体系 3.0）主动发起，实现有效的互联网版权监管机制创新。

在极少数情况下，如侵权方拒不配合，可触发版权执法和司法诉讼等一系列升级措施。对侵权者处罚，赔偿权利人损失。以司法诉讼为例，通过基于 DCI 标准的跨链协议实现数字版权链（DCI 体系 3.0）与司法链进行跨链合约调用，完成区块链上的版权数据交互流通。在版权司法诉讼中帮助当事人提交证据，并协助法官进行证据核验。版权纠纷在线立案后法院可直接在线调档。与案件关联的证据材料直接推送给法官，完成调档取证。在智能合约应用成熟时，互联网法院甚至能够探索通过智能合约自动协助审判和执行工作，包括侵权赔偿自动转到权利人的账户。整体上，这是一个开放共享的体系，与各平台、产业服务机构通过链链互连、数据共享，实现"版权维权举证标准化"。

五、区块链在版权产业应用中的对策建议

（一）需要在《著作权法实施条例》等规范性文件修订中进一步细化版权登记的有关内容，完善版权确权相关法规制度供给

如前所述，版权确权是版权产业发展的基本支撑和保障，版权登记制度作为国

际通行的基本版权权属证明制度，其在区块链的创新应用中也发挥着制度支撑作用。在《著作权法》修改前，有关版权登记的规定散见于行政法规和部门规章中，如我国《著作权法实施条例》规定了著作权合同的备案，《计算机软件保护条例》规定了计算机软件的登记，《计算机软件著作权登记办法》规定了计算机软件的具体登记办法，《作品自愿登记试行办法》规定了除计算机软件之外的其他作品的登记办法，等等。相关规定比较分散，概念也不统一。这就使业界对版权登记的认识不足甚至认知混乱，在这方面缺少稳固的法律制度支撑保障，对区块链在版权产业中的应用也十分不利。

2021年6月1日开始施行的、新修正的《著作权法》中增加了作品登记制度，明确规定了"作者等著作权人可以向国家著作权主管部门认定的登记机构办理作品登记，与著作权有关的权利参照适用前述规定"，为接下来《著作权法实施条例》的修订提供了根本遵循。我们应抓住修订《著作权法实施条例》及《作品自愿登记试行办法》等规范性文件的有利契机，推动细化版权登记的有关内容。同时，探索建立适应数字时代的，全国统一的版权登记体制机制，完善配套的组织机构和具体制度等，为区块链版权产业应用提供坚实的制度基础，保障版权产业的健康繁荣发展。

（二）需要加大力度推进版权标准化建设

标准化建设既是区块链实现产业应用的内生需求和必然手段，也是我国在区块链发展竞争中提升国际话语权和规则制定权的关键抓手。目前，我国版权标准化建设和产业实施也渐次展开，但仍处于发展初期。在国际标准化领域，还没有专门针对数字版权标识的相关标准，甚至版权标准化在国际层面都尚属空白地带。标准在区块链版权权属确认、授权交易结算和维权保护中起着引领发展、共识共信、互联互通等作用，当前全行业应当将共建标准作为产业协同的关键突破口，以"共生共治共享"为核心理念，紧密协同，加快区块链版权标准化建设步伐。

数字版权链（DCI体系3.0）的核心是从数字版权标识标准（DCI标准）入手，直接找到掌控最关键信息的有效抓手。具体而言，一是要紧紧扭住标准化这个"牛鼻子"实现产业协同，依托我国自主创新的DCI标准体系，加快推进版权标准化建设，政产学研用相结合，加大人才投入资金立项开展相关标准的创新研究，关键标准急用先行，逐步推进关键标准的研制和实施工作，为区块链版权产业应用打通经脉；二是要加大标准推广实施力度，在前期成果的基础上，加快拓展 DCI 标准贯标应用的深度、广度和宽度，充分发挥其辐射和带动作用；三是积极抢占区块链版权领域国际标准制高点，推动相关标准制订成为国际标准，掌握国际话语权和规则制定权，以标准化为手段加紧实现我国在这一领域的弯道超车。

（三）需要创新体制机制，加强顶层设计和产业协同

在区块链掀起的热潮下，很多区块链项目纷纷上马，其版权产业应用一片喧嚣。2022 年初，仅纳入国家"区块链+版权"特色领域创新应用试点的就有 12 家之多。然而，版权相对复杂，版权产业包罗广泛，不少从业者只熟悉其业务范围内的内容，有的虽懂区块链，但对版权却是一知半解。区块链在版权产业应用与其他领域应用不同，分布式记账方式对版权不能仅仅"一记了之"，还应考察"记什么"，然后据此决定"怎么记"。这就要深入版权内部分析其主体、客体、内容及其他相关要素，确定这些要素，判定其相互关系，进而才能实现版权确权、授权交易和保护。同时，区块链版权产业应用整体规划亦尚缺失，这将带来前瞻性不足、重复建设、布局滞后等问题。我国处于互联网发展弯道超车的关键时期，不能再走跟随发展的老路，也不能再走先发展、后治理的弯路，在版权产业应用方面应当进行整体规划、精心布局，通过科技创新、国际标准与产业应用联盟"铁三角"联动，进一步聚合数字经济场景下各应用平台、内容生产厂商、内容创作工具厂商、技术提供厂商，甚至是硬件厂商等版权全生命周期各参与方，形成共生共治共享的创新机制，以数字世界版权治理为进路，抢占数字空间区块链版权基础设施战略高地，引领打造区块链版权产业发展新生态。

版权相关产业横跨多个垂直领域，区块链在不同领域的应用模式很难相互直接套用。链与链之间不能互通互认，全网跨链、跨平台版权授权交易难以实现，各互联网试点法院也有自己的区块链，各区块链平台容易形成新的"数据孤岛"，产业协同困难重重。区块链产业应用一方面要"车同轨、书同文"，推行区块链上版权数据标准化；另一方面要分领域"精耕细作"，充分考虑其适用性和适配性。

未来区块链在版权产业中的应用，应当在统一的标准下，实现全网全产业、跨链跨平台的基本共识，打牢基础设施基石。这就需要创新体制机制。以"共生共治共享"为核心发展理念，加强顶层总体规划设计，由国家版权保护与服务专门机构联合互联网平台及各相关机构探索创新区块链版权基础设施的建设运营新路

径，创新思路实现多节点共识机制。进一步贯彻标准、凝聚共识、协同发展，实现互通互认，规范运行，做好监管及自治，共同打造区块链版权服务基础设施，营造开放、健康、安全的数字经济版权产业生态环境。

本文的部分内容曾发表于《中国版权》
2020 年第 3 期，有删改。

参考文献

长铗、韩锋等：《区块链：从数字货币到信用社会》，中信出版社 2016 年版。

［美］梅兰妮·斯万：《区块链：新经济蓝图及导读》，新星出版社 2016 年版。

索来军：《著作权登记制度概论》，人民法院出版社 2015 年版。

张英哲：《移动互联网条件下的新型制播平台》，载《第 24 届中国数字广播电视与网络发展年会暨第 15 届全国互联网与音视频广播发展研讨会论文集》，2016 年版。

B. 13　生成式 AI 的作品认定、版权归属与风险治理

——以 ChatGPT 的应用场景为视角

丛立先　李泳霖[*]

摘　要： 人工智能是人类创作作品的工具，并应当从客观结果上判断其生成内容是否构成作品，该观点也被司法裁判采纳。不过，人工智能生成的单纯事实消息、历法、通用数表、通用表格和公式，以及人工智能生成的唯一性的独创性思想表达，不能成为版权法保护的作品。生成式 AI 作品版权归属应坚持实质贡献、投资激励和利益平衡原则，同时合理适用版权归属的一般规则和特殊规则。生成式 AI 作品的版权风险存在于数据挖掘、内容生成过程中以及内容完成后三个阶段。对于风险的治理，应同时发挥技术措施、司法裁量、执法监管和平台自治的作用。

关键词： 生成式 AI；作品认定；版权归属；风险治理

近年来，自然语言处理、深度学习、语音识别和模式识别等人工智能技术的稳步推进，推动了生成式 AI 的高度发展。从苹果的 Siri、微软的"小冰"再到时下的 ChatGPT（Chat Generative Pre-trained Transformer），生成式 AI 成为互联网等多领域的热门应用。尤其是 ChatGPT 在基于人类反馈强化学习（Reinforcement Learning with Human Feedback，RLHF）[①] 等技术的加持下已经能够进行文字翻译、文案撰写以及代码撰写等工作，在金融、法律、医疗、教育等行业具有广阔的应用前景。

---

[*] 丛立先，华东政法大学知识产权学院教授，博士生导师，研究方向为知识产权法、国际民商事争议解决、互联网法治；李泳霖，华东政法大学知识产权学院博士研究生，研究方向为知识产权法。

[①] Long Ouyang et al.，"Training language models to follow instructions with human feedback"，https://arxiv.org/pdf/2203.02155v1.pdf.

然而技术的发展不可避免地与风险相伴，生成式 AI 作为人类生产生活的工具，可能引发数据安全、隐私保护和版权等诸多领域的法律风险。尤其在以 ChatGPT 为代表的生成式 AI 生成内容逻辑关联度不断提高，愈发接近于人类的常识、认知、需求和价值观的背景下，其生成作品的广泛传播和应用存在潜在版权问题，有必要加以识别和治理。

一、生成式 AI 的作品认定

当前阶段的生成式 AI 在本质上仍是人类创作作品的工具，在不构成版权例外等特殊情况，且满足作品构成条件下，应认定其生成内容构成作品。

（一）生成式 AI 作品形成中的特殊工具属性

美国版权作品新技术应用国家委员会在报告中，将计算机同照相机、打印机以及其他创作工具对比，认为照片的作者是使用照相机的人，计算机"创作作品"的作者就是这些使用计算机的人[①]。所谓计算机"创作作品"，是指利用信息技术在计算机上创作并在显示屏上显示，或者以其他拷贝形式存在的作品[②]，其中计算机程序是被动性协助创作的工具[③]。生成式 AI 正是计算机技术在内容生成领域的最新应用成果，其凭借强大的存储能力和算力弥补了人类在信息记忆等方面的短板，并帮助人类生成所需要的内容。正如 ChatGPT 作为一个语言模型，其主要目的是协助用户获取和创建信息，为用户提供有价值的帮助。因此，生成式 AI 是人类创作作品的工具，本质上与纸笔、树枝等工具无异，生成式 AI 的作品也就是"人利用技术工具创作形成的作品"[④]。

有观点认为，ChatGPT 生成的作品并非人的创作成果，人工智能也不可能受到版权法的激励。因此，人工智能生成的内容不可能属于受版权法保护的作品[⑤]。但

---

① Final Report of National Commission on New Technological. Uses of Copyright Works，1979，pp. 43-45.

② Jonathan C.Jackson，"Legal Aspects of Computer Art"，*Rutgers Computer & Technology Law Journal*，1993，19（2），pp.495-516.

③ Final Report of National Commission on New Technological. Uses of Copyright Works，1979，p.44.

④ 丛立先：《人工智能生成内容的可版权性与版权归属》，《中国出版》2019 年第 1 期。

⑤ 王迁：《ChatGPT 生成物与"猕猴自拍"无异，不应受著作权法保护》，探索与争鸣微信公众号，见 https://mp.weixin.qq.com/s/EIn1gMR5inmqy0v9Lg1B0A。

笔者认为，以 ChatGPT 生成的作品为代表的生成式 AI 作品就是人的智力成果。ChatGPT 与此前传统人工智能的主要区别之一，在于其经历了 RLHF 训练，在 RLHF 的训练过程中，ChatGPT 为每一个 prompt 生成多个输出，标注者将这些输出从最佳到最差进行排序，从而建立一个新的标签数据集。这些新数据用于训练奖励模型，并根据该模型调整输出结果。这就使得 ChatGPT 生成的内容融入了人类的主观偏好，属于人类的智力成果。在美国版权局发布的公告中，也并未否认人类作者利用计算机或者其他设备作为辅助工具而生成的内容构成作品①。另外，生成式 AI 作为人类的工具，可以帮助人类节约大量的时间和精力来创造更高质量的作品，反而有利于激励人类创作。

（二）生成式 AI 作品的认定标准

财产法只关注财产形态是否符合法律的要求，而不必追问财产的来源。只要客观上作品的表达并非"必然如此"，就具备独创性，无论作品通过何种方式得来②。有观点认为，机器的形式转换能力并不是理解力，只要程序是根据由纯形式定义的元素进行计算操作来定义的，就表明了"这些操作本身同理解没有任何意义的联系"③。然而，一方面，尽管生成式 AI 作品的生成过程有算法参与，但版权法并不否认算法的版权地位。相反，某些网络平台因使用算法被要求承担版权侵权责任的案例④，至少说明算法具有版权法地位。既然算法的被动应用被赋予了版权法地位，那么作品生成过程中的算法也应当具备版权法上的意义。另一方面，人类不是为生成式 AI 仅提供了运行规则才让运行程序产生了相应的结果⑤，而是还在 RLHF 模型的训练中融入了人类的主观色彩。也就是说，认为机器的形式转换能力不是理解力的观点当前已经面临了巨大的现实挑战，即人工智能不再是一种纯粹的运算，而是已经融入了人类的主观价值标准。在"腾讯诉盈讯"案中，法院就正确认定

---

① U.S.Copyright Office, Library of Congress, Copyright Registration Guidance: Works Containing Material Generated by Artificial Intelligence.

② 李琛：《谢缩樵与独创性》，《电子知识产权》2005 年第 8 期。

③ ［美］J.R.塞尔：《心灵、大脑与程序》，载［英］玛格丽特·博登：《人工智能哲学》，刘西瑞、王汉琦译，上海译文出版社 2006 年版，第 77 页。

④ 参见北京市海淀区人民法院（2018）京 0108 民初 49421 号；陕西省西安市中级人民法院（2021）陕 01 知民初 3078 号。

⑤ Evan H.Farr, "Copyrightability of computer-created works", *Rutgers Computer & Technology Law Journal*, 1989, 15（1）, pp.63-80.

了人工智能生成的内容构成作品。在该案中，盈讯科技未经许可，在其运营网站中发布了腾讯机器人 Dreamwriter 自动撰写的文章《午评：沪指小幅上涨 0.11% 报 2671.93 点　通信运营、石油开采等板块领涨》。法院认为，从涉案文章的外在表现形式与生成过程来分析，该文章的特定表现形式及其源于创作者个性化的选择与安排，并由 Dreamwriter 软件在技术上"生成"的创作过程，均满足《著作权法》对文字作品的保护条件，进而认定涉案文章属于我国《著作权法》所保护的文字作品①。可见，在该案中，法院从外在表现形式认定人工智能撰写的文章构成作品。因此，如果生成式 AI 作品在形式上与没有生成式 AI 参与下人类创作的作品完全一致，以至于如果该作品是人类创作完成，则毫无疑问可以被授予版权时，那么从客观性判断标准来说，智能作品完全可以满足独创性要求②，并在同时满足作品的其他构成条件下构成作品。而且，当前 ChatGPT 的语言模型已经从 GPT-3.5 进化到了 GPT-4③，这将为内容生成提供多模态模型，例如影片和音乐等。按此发展下去，不难预见，以 ChatGPT 为代表的生成式 AI 将创造更多类型的作品，甚至在特殊条件下还可能生成现有作品类型以外的作品。

（三）生成式 AI 作品版权保护的例外

人工智能生成的内容具有可版权性，但并非人工智能创作的所有具有独创性和可复制性的内容都是版权法上的作品，构成版权法的例外情况在这里仍然适用：人工智能生成的单纯事实消息、历法、通用数表、通用表格和公式，以及人工智能生成的唯一性的独创性思想表达，不能成为版权法保护的作品。"单纯事实消息"是我国《著作权法》第三次修正后新增加的内容，修改前的表述为"时事新闻"。之所以修改了表述，是因为"时事新闻"这一表述容易产生歧义，很多时事新闻并非对客观事实的单纯记录，而是经过了记者、编辑等主体的独创性加工，甚至构成文字作品，对于构成文字作品的内容当然在版权法的保护范围内。判断是否构成时事新闻的关键在于对单纯事实消息的认定。《伯尔尼公约》第 2 条第 8 项规定：本

---

① 参见广东省深圳市南山区人民法院（2019）粤 0305 民初 14010 号。

② 易继明：《人工智能创作物是作品吗?》，《法律科学》2017 年第 5 期。

③ "Microsoft to unveil GPT - 4 next week with AI videos"，https://gulfnews. com/technology/companies/microsoft-to-unveil-gpt-4-next-week-with-ai-videos-1.1678536014765.

公约所提供的保护不得适用于日常新闻或纯报刊消息性质的社会新闻①。《伯尔尼公约指南》对这一规定的解释为：公约之所以不保护纯粹消息或繁杂事实，也不保护对这些消息或事实的单纯报道，是因为这些材料不具备可以被称为作品的必要条件。另外，如果"新闻报道者和记者在报道或评论新闻时所用的表达方式具有充分的智力努力"②，则可以作为文学艺术作品受版权法保护。受此影响，《著作权法》第三次修正时直接将"时事新闻"修改为"单纯事实消息"，增加了语义的透明度。所以，生成式 AI 如果仅仅对客观事实进行了记录，那么其生成内容不在版权法的保护范围内。但如果在文章中对事实进行了整理、加工和评论，则应当属于新闻作品而非单纯事实消息③。与此同时，唯一表达虽然不属于思想范畴，但之所以不能受到版权法保护，是因为一旦将唯一表达赋予版权保护，那么所有这一领域的创作者都必须获得在先作者的授权，这将极大限制特定领域作品的创造。例如，基于人工智能计算出的竞技类的唯一最优路径结果，就应该成为唯一表达的例外而不能得到版权保护，像 AlphaGo 形成的竞技棋谱就是这种例证④。

二、生成式 AI 作品的版权归属

明确各主体之间的版权归属是促进生成式 AI 作品有序使用的前提。版权归属应在坚持实质贡献、投资激励和利益平衡三大基本原则的基础上，立足版权作品生成过程中各主体的重要影响，并充分重视合作作品的成立可能性。

（一）生成式 AI 作品版权归属的基本原则

实质贡献原则是确立版权归属的首要原则。美国法院在伯罗·贾尔斯平板印刷公司诉沙乐尼案（Burrow-Giles Lithographic Co. v. Sarony）中，提出了"如果不是"的规则⑤。在生成式 AI 的作品生成过程中，如果没有人类的参与，那么生成式 AI 本身不可能自动、独立生成作品。因此，尊重作者权利并视其为一种基本人权的观

---

① Berne Convention Art2(8), The Protection of this Convention Shall not apply to News of the Day or to Miscellaneous Facts Having the Character of Mere items of Press Information.

② 卢海君：《著作权法中不受保护的"时事新闻"》，《政法论坛》2014 年第 6 期。

③ 参见最高人民法院（2009）民申字第 856 号。

④ 丛立先：《人工智能生成内容的可版权性与版权归属》，《中国出版》2019 年第 1 期。

⑤ Burrow-Giles Lithographic Co. v. Sarony，111 U.S.53（1884）.

念是版权制度建立的基石①。作品作为智力成果的产物，无论是否兼顾投资者利益保护和创作激励的政策，都应当以人的智力投入作为作品生成的实质贡献。换言之，在没有生成式 AI 的辅助下，作品的创作无非是在创作效率等方面受到一定影响，但人终归还是能创作出作品。但是，如果仅摆放了冷冰冰的机器，而没有人的参与，当前阶段机器的存储空间再大、算力再强，都不可能自动生成作品。在我国台湾地区，知识产权被称作"智慧财产权"就充分凸显了作品作为财产保护的独特之处。作者用自己的劳动创作了作品，当然拥有作品中的自然权利②。

虽然版权法授予的专有权并非建立在作品的商业化基础之上③，但版权在鼓励作者对其作品享有权利的同时，允许投资者从作品商业化中获得现实的利润是刺激投资的经济动因。经济理性人假设认为，每个人都试图从与经济有关的活动中获得经济利益。传统作品的创作方式往往无须大量资金投入，也不必须依赖技术的加持。然而，资金是 ChatGPT 的生命之源。美国市场研究机构集邦咨询（TrendForce）在 2023 年 3 月 1 日的报告中测算称，处理 1800 亿参数的 GPT-3.5 大模型需要的 GPU 芯片数量高达 2 万枚。未来 GPT 大模型商业化所需的 GPU 芯片数量甚至超过 3 万枚。对生成式 AI 运营厂商来说，AI 算力和大模型需要面临高昂的硬件采购成本、模型训练成本以及日常运营成本。如果让个人投入巨额资金并承担投资风险并不现实。在 1903 年美国最高法院裁判的布莱斯坦诉唐纳森平板印刷公司案（Bleistein v. Donaldson Lithographing Co.）中，法人和其他组织被视为作者也首次得到了司法承认④。因此，在确保为作品创作付出了实质性智力投入的自然人享有版权法保护的同时，还应当以促进产业发展为目标保护投资，激励更多的高质量版权创造。从这个意义上说，"对作者的报酬甚至是第二位的"⑤。此外，赋予投资者以版权保护可以促使更多投资者投入生成式 AI 的研发活动，或者投入更多的资金支持研发，进而有利于实现社会总体福利最大化目标。

---

① 陈明涛：《著作权主体身份确认与权利归属研究》，北京交通大学出版社 2015 年版，第 45 页。
② OTA Report, p.36. 转引自［美］罗纳德·V.贝蒂格：《版权文化——知识产权的政治经济学》，沈国麟、韩绍伟译，清华大学出版社 2009 年版，第 19 页。
③ Stewart v. Abend, 495 U.S.207（1990）.
④ Bleistein v. Donaldson Lithographing Co., 188 U.S.239（1903）.
⑤ 冯晓青：《著作权法之激励理论研究》，《法律科学》2006 年第 6 期。

版权法本身就是一种平衡的设计①。作者与投资者等主体在版权归属上的利益分歧，需要通过版权法的利益平衡机制加以调和。其利益平衡的价值目标，是使得被调整主体的利益关系处于相互协调的和谐状态，这涉及作者与其他版权人自身的权利与义务平衡②。尤其在因特网的发展需求中，版权法的利益平衡作用不可忽视③。生成式 AI 作品版权归属中的利益平衡，在于人工智能投资者与使用者、程序创设者（程序设计者和训练者）等自然人利益的平衡。笔者认为，虽然人在生成式 AI 作品生成中的作用不容小觑，但生成式 AI 作品的质量受算法、算力和数据的影响较大，而这些方面的提高几乎完全依赖资金投入。并且，随着语料、图片等数据库的持续膨胀，对于资金投入的需求还将不断增长。因此，在利益平衡的考量上应适当倾斜于投资者的利益保护。

（二）生成式 AI 作品版权归属的一般规则

作品的版权归自然人、法人或非法人组织享有。以 ChatGPT 为例，参与生成式 AI 创作的自然人主要包括：人工智能的程序创设者和人工智能使用者。生成式 AI 作品的版权归属，应当以是否从事了实质性智力贡献为标准。对于用户输入简单指令就生成的作品，用户在该作品中既没有贡献艺术性的实质技能或劳动，也没有为生成物的最终产生作出必要的安排，因而其无法被视为版权法意义上的作者④。相反，ChatGPT 生成的内容得益于创设者在 RLHF 模型训练中基于打分模型的训练，在这一训练过程中，训练者的偏好集成到了内容生成过程，并产生了训练者想看到的结果。在英国的新星制作公司诉马祖玛游戏有限公司案⑤（Nova Productions Ltd v.Mazooma Games Ltd）⑥，以及美国的 Williams Electronics Inc.v.Artic International Inc. 案中，也都将电脑游戏画面的版权归属于游戏软件的编程设计者。

---

① Richard Stallman, "Reevaluating Copyright: The Public Must Prevail", *Oregon Law Review*, 1996, 75 (1), pp.291-298.
② 冯晓青：《著作权法的利益平衡理论研究》，《湖南大学学报（社会科学版）》2008 年第 6 期。
③ Computer Science and Telecommunications Board, "The Digital Dilemma: Intellectual Property in the Information Age", *Ohio State Law Journal*, 2001, 62 (2), pp.951-972.
④ Jani Mc Cutcheon, "The Vanishing Author in Computer-Generated Work: A Critical Analysis of Recent Australian Case Law", *Melbourne University Law Review*, 2013, 36 (3), pp.915-969.
⑤ Williams Electronics Inc.v.Arctic International Inc, 685 F.2d 870 (1982).
⑥ Nova Productions Ltd v.Mazooma Games Ltd, *European Law Reports*, 2006, 10 (6), pp.1255-1260.

可能有观点认为，生成式 AI 的作品虽然包含了训练者的主观色彩，但实际生成的内容只不过是所有可能的内容之一，并不完全处于训练者的控制之下，因此并非版权法意义上的创作。笔者认为，生成式 AI 作为人类创作的工具，只要能够协助人类实现创作目的即可，人类独自创作也仅仅是从多种可能的结果中择其一而已。因此，对于用户向生成式 AI 发出简单指令就生成的作品，其程序创设者与电脑游戏画面的编程设计者相似，都付出了本质上相同或类似的智力劳动，其版权应归属于程序创设者所有。但如果用户也在生成式 AI 的作品中投入了一定的智力活动，且生成式 AI 的作品带有用户的主观意志，就可能出现用户与程序创设者创作合作作品的情况，具体内容将在下文阐明。另外，在多数情况下，如果生成式 AI 的作品代表了法人或者非法人组织的意志，例如，如果用于训练 ChatGPT 的奖励模型由程序创设者按照公司的意志建立，该作品又同时满足法人作品的其他构成条件，在此种情形下，ChatGPT 生成作品的版权就可能归属于相关法人或非法人组织所有。

（三）生成式 AI 作品版权归属的特殊规则

除了归属于自然人、法人或非法人组织这种一般情况外，生成式 AI 作品如果属于特殊类型作品则归属于特殊主体。我国《著作权法》规定了七类特殊作品，分别是演绎作品、合作作品、汇编作品、视听作品、职务作品、委托作品，以及美术作品与摄影作品在转移作品原件情况下的展览权归属。其中，演绎作品和汇编作品的版权归属，仍遵循上述版权归属的一般规则，也即根据程序创设者与使用者的智力投入进行判断。对于视听作品中的电影作品和电视剧作品，相对而言它们要占用更多的算力和数据，也需要更多投资，所以其版权归属投资者较为合理。其他视听作品的版权由当事人约定，没有约定或者约定不明的也归投资者所有。如果生成式 AI 被用于创作作品是为了完成法人或者非法人组织的工作任务，则可能构成职务作品。我国《著作权法》将职务作品分为一般职务作品和特殊职务作品两类。对于我国《著作权法》第 18 条第 2 款规定的工程设计图、产品设计图等特殊职务作品，法人或者非法人组织享有除署名权之外的其他著作权。而对于特殊职务作品之外的一般职务作品，同样按照上述一般规则分配权属。但法人或者非法人组织有权在业务范围内免费使用。作品完成两年内，未经单位同意，作者也不得许可第三人以与单位使用的相同方式使用该作品。如果用户受他人委托，使用生成式 AI 创作作品，在用户付出了实质性智力投入的情况下，版权归属有约定的从约定，无约定则属于用户和程序创设者共同享有。如果用户未付出实质性智力投入，那么版权归程序创设者享有。至于美术作品和摄影作品原件转让情况下的版权归属问题，在生成式 AI 中难以适用，因为生成式 AI 的美术和摄影作品不存在原件与复制件之分。即使将数字内容实体化，例如输入相应指令便能立即获得相关的实体美术和摄影作品，此时原件也与复制件无异。较为特殊的是合作作品。合作作品通常是指由两个以上的作者共同创作，且其创作成果不可分割的作品。判断是否构成合作作品的核心标准之一，是各创作者之间是否具有合作创作作品的意图①。尽管有观点认为，由于程序创设者与用户之间没有达成创作特定作品的合意，因此不构成合作作品。但笔者认为，出售程序的设计者当然希望用户出于创作目的来执行程序，而执行程序的用户显然也是希望通过设计者设计的程序来进行创作②，因此，在没有其他相反证据证明的情况下，应当认定用户与程序创设者之间具有创作合意。同时，如果满足合作作品的其他构成要件，例如付出了创造性智力劳动等，则可能构成合作作品，此时版权归程序创设者与用户共同享有。

三、生成式 AI 作品的版权风险

数据是生成式 AI 的发动机，数据的生成、收集和存储是以 ChatGPT 为代表的生成式 AI 迭代进化的重要支撑。其中，数据收集是生成式 AI 形成作品的第一步。

（一）生成式 AI 数据挖掘中的版权问题

生成式 AI 作为人工智能产品，其生成内容是否具有可版权性是本文讨论的前提。多数观点认为弱人工智能和强人工智能阶段的人工智能只能作为服务于人类的工具③，其生成物也只不过是人的生成物④，生成内容在著作权法上可视为代表设计者或训练者意志的创作行为⑤，只要他们满足独创性要求，即可能具备"可版权

---

① Edward B., Marks Music Corpv.Jerry Vogel Music Co., 140 F.2d 26（1944）.

② Evan H.Farr, "Copyrightability of Computer-created Works", *Rutgers Computer & Technology Law Journal*, 1989, 15（1）, pp.63-80.

③ 丛立先：《人工智能生成内容的可版权性与版权归属》，《中国出版》2019 年第 1 期。

④ 李扬、李晓宇：《康德哲学视点下人工智能生成物的著作权问题探讨》，《法学杂志》2018 年第 9 期。

⑤ 熊琦：《人工智能生成内容的著作权认定》，《知识产权》2017 年第 3 期。

性"①。当然也有少数观点认为驱动人工智能生成的只是算法程序②，不能体现创作者的独特个性，不能被认定为著作权法意义上的作品③。笔者支持多数观点，也即人工智能生成内容具有"可版权性"。在确定这一前提的基础上，本部分将讨论数据挖掘中的版权问题。

生成式 AI 作品的智能化是在 Transformer 等核心技术的加持下，调用所学习的大量现成文本和对话集合，使其在不需要理解对话内容的情况下通过预测形成对话内容。当前 ChatGPT 所使用的 GPT-3.5 语言模型相关数据尚未公开，但其上一代 GPT-3 语言模型就已经需要挖掘千亿级参数加以支撑，不难猜测 GPT-3.5 的数据数量将更为庞大。这其中可能存在大量受版权保护的客体。但是，如果生成式 AI 在挖掘数据的过程中无法辨认被挖掘对象的权利状态，权利人也无从知晓作品是否已经被挖掘使用，那么可能正如 ChatGPT 自己所承认的那样，即使已经尽可能减少侵犯版权的风险，但不能保证所有使用的数据都经过了原始作者的许可。

被挖掘数据构成作品的情况下受《著作权法》的保护，对作品的挖掘行为存在版权风险。一方面，尽管我国《著作权法》第 24 条规定了合理使用情形，但投资生成式 AI 的主体通常为法人或非法人组织而非个人，不构成为个人学习、研究或者欣赏而使用他人已经发表的作品。此外，即使用于科研活动也仅限于少量翻译或者复制已经发表的作品，且其作品不允许公开出版发行，所以也难以构成适当引用的合理使用豁免。另一方面，即使挖掘者支付了一定费用来订阅相关内容，也有版权人认为机构付费订阅的内容只包括缓存、阅读以及在 PDF 文档中进行检索的权利，而不包括文本和数据挖掘④。由此便产生了相关版权问题。笔者认为，解决数据挖掘版权风险重在保障版权来源明确合法，所以权利人可以通过 robots 协议、水印、标签等技术标识作品的权利状态，而挖掘者则应当增加对标识状态的检测程序应用以保障合法来源。

在数据挖掘阶段，数据挖掘可能的版权风险具体表现为对作品进行复制和改编的版权风险以及使用数据库而产生的版权风险。我国《著作权法》第 10 条规定：

---

① 吴汉东：《人工智能生成作品的著作权法之问》，《中外法学》2020 年第 3 期。

② 潘柏华、冯晓青等：《人工智能"创作"认定及其财产权益保护研究——兼评"首例人工智能生成内容著作权侵权案"》，《西北大学学报（哲学社会科学版）》2020 年第 2 期。

③ 王迁：《论人工智能生成的内容在著作权法中的定性》，《法律科学》2017 年第 5 期。

④ 唐思慧：《大数据环境下文本和数据挖掘的版权例外研究——以欧盟〈DSM 版权指令〉提案为视角》，《知识产权》2017 年第 10 期。

复制权是以印刷、复印、拓印、录音、录像、翻录、翻拍、数字化等方式将作品制作一份或者多份的权利。生成式 AI 在挖掘数据的过程中一般包括信息抽取、语义分析、关系计算及知识发现四个步骤。无论是将这些数据读入系统还是进行格式转换和数据分析，均涉及受著作权人控制的复制行为①。与此同时，我国《著作权法》规定了改编权，也就是改变作品并创作出具有独创性的新作品的权利。生成式 AI 在原样复制被挖掘数据的同时，还需要对目标文本进行识别和转码，转码行为是"改变、编排目标对象的表达形式，从而形成新的研究样本"②。可见数据挖掘过程中的转码行为与我国著作权法意义上的改编行为非常接近③。因此数据挖掘还可能落入改编权的控制范畴。此外，数据既包括具有独创性的数据库，也包括不具有独创性的数据库，前者可以受狭义著作权的保护，而后者在各国和地区的保护方式存在差异。例如欧盟的《数据库保护指令》就规定了数据库权④，其第 7 条规定了数据库制作者的禁止抽取权，也就是禁止抽取和再利用数据库的全部或实质性部分。所以在某些国家和地区挖掘数据库的行为也存在版权风险。

（二）生成式 AI 内容生成中的版权风险

生成式 AI 作品的类型多样，各种类型作品的生成过程都需要满足相应法律规则的要求。与此同时，由于其作品是在多主体共同参与下完成的，其版权归属既要符合版权法的规定，同时还要满足《民法典》等相关规则。

1. 多主体作用下作品形成的版权风险

如上所述，关于生成式 AI 生成内容是否具有可版权性存在"工具说"和"无版权性说"等观点。笔者认为"工具说"较为合理，它认为只要其创作结果符合版权法要求的独创性和可复制性要件，就应该考虑将其认定为版权法上的作品⑤，

---

① 吴高：《人工智能时代文本与数据挖掘合理使用规则设计研究》，《图书情报工作》2021 年第 22 期。
② 董凡、关永红：《论文本与数字挖掘技术应用的版权例外规则构建》，《河北法学》2019 年第 9 期。
③ 参见马治国、赵龙：《文本与数据挖掘对著作权例外体系的冲击与应对》，《西北师范大学报（社会科学版）》2021 年第 4 期。
④ See The European Union. Directive 96/9/EC of the European Parliament and of the Council of 11 March 1996 on the legal protection of databases.
⑤ 丛立先：《人工智能生成内容的可版权性与版权归属》，《中国出版》2019 年第 1 期。

并可能存在三种情况。第一种是原创作品或利用公共素材和作品的思想进行创作的作品。例如有用户提出"在探讨人生意义这个层面上，宗教是不是比科学更能胜任、更容易说服人类"这一问题。笔者将 ChatGPT 回答的每句话进行单独检索，并未发现其与在先既有内容的重复，且内容上辩证地看待了宗教与科学的关系，所以这种情况的版权风险相对较小。而如果生成式 AI 通过"洗稿"等方式创作并使用作品则可能存在道德风险。第二种是生成式 AI 在他人既有作品的基础上进行改编、翻译、注释和整理而形成的演绎作品。此种风险来自于是否获得在先作品权利人的授权，且在行使著作权时不得侵犯原作品的著作权。第三种是通过对在先作品的合理使用而创作的作品。从当前生成式 AI 的作品生成过程来看，此种风险主要来自于不同使用者在不同场景下，基于不同使用目的对生成式 AI 的应用。所以版权风险会随着生成式 AI 应用场景和主体类型的丰富而发生变化。需要补充的是，受限于当前对 ChatGPT 的训练方法，在内容的生成上暂时还无法实现与人类语料的同步更新，所以必然存在作品生成的局限性。

2. 生成式 AI 生成内容的版权归属风险

从表面上看，生成式 AI 的生成内容是在机器人与用户的互动过程中形成，但实际上特定内容是由生成式 AI 创设者（程序设计者和训练者）、生成式 AI 技术开发者（软硬件知识产权的所有者）、利用生成式 AI 创作作品者共同完成。当前 ChatGPT 处于网页或电脑客户端的应用模式，当应用领域拓展至机器人等有体物的场景时，还可能出现生成式 AI 物权的所有者和生成式 AI 使用者等相关权利主体。但是生成式 AI 生成内容的版权应归属于哪一主体在学界尚未达成共识。有学者认为，关于人工智能的著作权问题可以参照职务作品或者是雇佣作品之规定[①]，将人工智能视作"雇佣者"，而人工智能生成成果的权益赋予投资者，以此解决人工智能生成成果的权益分配问题[②]。也有学者认为可借鉴法人作品的制度安排[③]，或者作为民法学意义上物的孳息，并认为将硬件所有者——电脑或机器的所有人——作

[①] 吴汉东：《人工智能时代的制度安排与法律规制》，《法律科学》2017 年第 5 期。

[②] Annemarie Bridy, "The Evolution of Authorship: Work Made by Code", *Columbia Journal of Law&the Arts*, 2016, 39 (3), pp.400-401.

[③] 熊琦：《人工智能生成内容的著作权认定》，《知识产权》2017 年第 3 期。

为孳息的原物所有者更为合适①。《英国版权法》将对计算机生成作品进行了必要安排的人视为作者，可能包括编写人工智能的程序员、人工智能系统或设备投资者，或者人工智能的最终使用者，以及上述主体共同作为"进行必要安排的人"②。笔者认为，当事人意思自治是市场法治的基本原则，因此生成式 AI 生成内容的版权归属首先应当以所有者与使用者之间的约定优先。在约定优先的基础上可以适用版权法的既定法律规则。一方面，计算机软件作品可适用于生成式 AI 领域，如无特殊约定，生成式 AI 开发者享有生成式 AI 作品的版权。另一方面，版权法关于权利穷竭和演绎授权的规定也可以被引入到生成式 AI 领域：在没有特殊约定的情况下，生成式 AI 的实际控制者利用生成式 AI 作为工具产生的版权应归其所有，但针对在先生成式 AI 作品的演绎仍要遵守先授权方能演绎进而享有版权的规则。需要注意的是，对于上述一般情况之外的特殊情况，还需要根据该种特殊情况结合版权法和《民法典》的相关规则来确定版权归属③。

（三）生成式 AI 内容完成后的版权风险

任何作品的价值都在于有效利用，生成式 AI 生成内容更具有相当大的市场空间。准确识别生成式 AI 生成内容在使用过程中的版权风险有利于提高内容流转和使用效率，更大程度激发生成内容的市场价值。

1. 生成式 AI 生成作品利用的版权风险

生成式 AI 生成作品利用中的版权风险集中于专有出版、许可和转让过程。专有出版权是图书出版者与版权权利人之间基于合同约定享有的权利④。如果将生成式 AI 生成内容印刷为图书和期刊出版则必须符合《出版管理条例》的规则，也即有权出版主体仅限于国家批准成立的出版机构。如果专有出版权合同的出版者一方不具有资格，那么基于合同效力的问题就存在后续使用的版权风险。同时，我国网络出版服务单位也应当经行政审批介入。通常情况下自然人不具有出版资质，所以

---

① 黄玉烨、司马航：《孳息视角下人工智能生成作品的权利归属》，《河南师范大学学报（哲学社会科学版）》2018 年第 4 期。

② Jani McCutcheon, "The Vanishing Author in Computer-Generated Works：A Critical Analysis of Recent Australian Case Law", *Melbourne University Law Review*, 2013, 36（3）, pp.959-960.

③ 丛立先：《人工智能生成内容的可版权性与版权归属》，《中国出版》2019 年第 1 期。

④ 丛立先：《〈民法典〉的实施与版权合同的完善》，《出版发行研究》2020 年第 10 期。

如果自然人将生成式 AI 生成内容进行网络出版将可能存在后续使用的版权风险。在版权许可过程中，如果许可使用的是生成式 AI 生成内容的专有权利，那么按照《著作权法实施条例》的规定应当采取书面形式。同时还应当在许可使用合同中明确约定专有许可使用权的范围，否则就被认定为被许可人独占排他的专有使用。此外，即使在被许可人享有专有出版权的情况下，除非合同中存在转授权的约定，否则如果再许可第三人行使同一版权还应当取得版权权利人的许可。在版权转让过程中，由于生成式 AI 生成作品的版权归属较为复杂，网络服务提供者应当根据生成内容的价值和作品传播方式的不同分类拟制不同种类的版权转让合同，以尽量避免合同双方权利义务失衡以及版权价值落空的风险。如果双方订立的合同属于质押合同就还应当办理出质登记并以出质登记时间为成立时间。另外，由于违法作品的特殊性，对于违法作品著作权的出版还受到严格限制①。

2. 生成式 AI 作品的版权保护风险

生成式 AI 作品在使用过程中可能包括以下版权风险。第一是侵犯复制权、信息网络传播权等著作财产权的风险。一般情况下，复制或者将生成式 AI 作品上传至网络应当取得版权人的许可。时下对生成式 AI 作品一种较为流行的使用方式是将对话的截图或者截图中的文字内容上传至网络供网友欣赏和评论。如果在后使用者未经许可就将他人与生成式 AI 对话所形成的作品复制下来使用，或者直接上传到网络中供大众阅读浏览，在不构成合理使用且满足侵权行为其他构成条件的情形下就可能侵犯版权人的复制权等著作财产权。第二是侵犯署名权、修改权和保护作品完整权等著作人身权。现实生活中存在一种情况是，版权人已经授权他人行使改编权等著作财产权，后又指控使用人侵犯了其修改权和保护作品完整权。对于这类使用行为需要综合看待。一方面如果改编等使用行为确实超出了必要限度，则可能构成侵权。但另一方面也要充分考虑诚实信用原则和公平原则，从合同真实意图出发，对侵犯著作人身权的认定采取审慎态度。另外，对生成式 AI 作品在有名权利之外的其他使用行为也可能侵犯新《著作权法》所规定的兜底权利。

---

① 丛立先：《违禁作品著作权问题辨析——兼评我国〈著作权法〉第 4 条的修改》，《法学》2011 年第 2 期。

上述侵权风险存在民事、行政和刑事三种救济路径。在民事救济上，如果使用者实施了《著作权法》第 52 条规定的侵权行为，则应当根据情况，承担停止侵害、消除影响、赔礼道歉、赔偿损失等民事责任。在行政救济上，如果民事侵权行为同时损害了公共利益就需要承担罚款等行政责任。在个案中，具体行为是否损害公共利益还需要由著作权行政管理部门根据侵权人的过错程度、损害后果等具体情节作出判断①。从刑事责任的角度看，如果使用生成式 AI 作品的行为属于《著作权法》第 53 条规定的侵权行为，同时构成犯罪的，相关主体则应当承担刑事责任。当然，在刑事责任的救济上不能泛刑化，要避免以临时政策式的刑事司法活动进行短期效应的所谓知识产权营商环境营造②。

四、生成式 AI 作品版权风险的治理

生成式 AI 作为人工智能产品，在版权风险的治理上应当立足宏观站位和多角度面向，构建涵盖技术标准、司法保护、行政监管和平台治理的综合体系。

（一）重视技术措施的管理功能

与规则和指令相比，技术有利于降低版权的保护成本并提高效率。由于 ChatGPT 生成内容几乎可以达到以假乱真的地步，已经有期刊社明确表示不接受 ChatGPT 生成内容的投稿，但尽管如此仍"真假难辨"。这就需要数字版权管理技术（Digital Rights Management，DRM）的有效参与。DRM 通过对生成式 AI 生成内容的管理和分发③，有利于确保生成内容被合法使用。根据采用的安全技术，DRM 可以分为基于密码技术的 DRM 系统和基于数字水印的 DRM 系统以及两者相结合的系统。前者是指通过对数字文件的加密使其在传递过程中无法被获取，从而达到版权保护和信息安全的目的④。后者是将创作者的创作信息和个人标志等不可感知的辅助信息嵌入载体中⑤，只有专用的检测器或计算机软件才可以检测

---

① 参见广东省高级人民法院（2016）粤行终 492 号。
② 丛立先：《我国著作权法总体趋向与优化进路》，《中国出版》2020 年第 21 期。
③ Gut h. S. Rights expression languages, In：Becker E. et al.，*Digital Rights Management：Technological，Economic，Legal and Political Aspects.* Berlin：Springer Verlag，2024，pp.101-112.
④ 冯登国：《可证明安全性理论与方法研究》，《软件学报》2005 年第 10 期。
⑤ 陈真勇等：《以鲁棒性为目标的数字多水印研究》，《计算机学报》2006 年第 11 期。

出隐藏的水印①。通过为原创作品、演绎作品和受国家公法管制的特殊作品等添加各类水印，有利于降低对作品不当使用而带来的风险。但是由于数字水印技术本身还存在各种问题，所以日后对生成式 AI 生成内容的使用管理可以凭借 DRM 系统的密码技术或者密码和数字水印技术的结合，进而降低生成式 AI 作品在使用与被授权使用过程中的版权风险。此外，除了隐藏的水印技术和显性的密码技术，还可以通过"贴标签"的方式对使用风险较大的作品予以标识，为避免风险起到明示效果。

（二）合理运用司法裁量空间

司法裁判应处理好数据挖掘、作品生成以及生成内容的使用三者之间的关系。数据挖掘阶段版权风险治理的实质是平衡好权利人和挖掘者的利益关系，而运用合理使用兜底条款是司法路径中较为可行的一种解决方式。笔者认为合理使用作为对权利的限制不应过度"打开"，较为可行的做法是在个案中叠加适用三步检验法与美国的四要件规则进行综合判断。作品生成阶段的版权风险集中在生成内容是否具有可版权性以及版权归属。笔者认为，ChatGPT 的出现是统一生成内容可版权性与版权归属司法裁判观点的良好契机，最高人民法院可以适时提审具有代表性的案例，并在全国范围内形成相对一致的裁判观点。一方面，确立生成式 AI 的工具属性，结合 ChatGPT 等生成式 AI 的技术原理以及个案中的生成内容提供可版权性的裁判指导。另一方面，在版权归属上可以运用民法的一般原则，对技术创设者和开发者在研发过程中的投入给予价值肯认。在作品的使用过程中，建议裁判者从维护版权交易转让的安全性和版权产业健康发展的秩序性出发，致力于维护版权合同的效力或部分效力。例如，对于同时约定了版权人身权与财产权转让的合同，一般情形下应认为财产权转让有效。

（三）适当发挥行政执法监管作用

版权作为民事权利属于私权范畴，但同时具有促进文化发展的公益目标②。因

---

① S.Craver, N.Memon, B.L.Yeo and M.M.Yeung, "Resolving Rightful Ownerships with Invisible Watermarking Techniques: Limitations, Attacks and Implications", *Journal on Selected Areas in Communications*, 1998, 16 (4), pp.573-586.

② 吴汉东：《著作权合理使用制度研究（第三版）》，中国人民大学出版社 2013 年版，第 44 页。

此我国《著作权法》第 53 条作出了版权行政处罚的规定，但同时规定了以损害公共利益为必要前提。作为私权，版权的行使和流转仍应当以当事人意思自治为自主，版权执法仅能起到必要的补充作用。所以对行政处罚的介入需要加以严格限制。这要求版权执法既不能"泛公共利益化"，更不能"去公共利益化"，而是要对公共利益要件加以审慎适用。版权执法对生成式 AI 生成内容的正常使用原则上应予以避让，但是当版权使用等行为损害了文化发展利益、消费者利益以及公平竞争市场秩序①的情况下，则有必要施以行政处罚。例如在 ChatGPT 官方服务器处于超负荷运行的当下，就有商家利用 ChatGPT 大肆掘金。通过自己租赁服务器，在服务器上挂载 ChatGPT，再将 ChatGPT 接入微信并有偿使用等方式赚取高额利润。商家此举故意避开了 OpenAI 限制境外访问的技术措施，同时干扰了官方 ChatGPT 的正常使用，就有可能被认定为破坏公平竞争市场秩序的行为并施以行政处罚，这也是版权行政监管的正当性所在。

（四）优化平台版权自治新模式

平台是作品传播的重要渠道，在技术标准、司法保护和行政监管等外界手段之外，具有一定版权自治能力的平台也应当率先从"治理受体"向"治理主体"转变。从单个平台的内部管理来看，传播生成式 AI 生成内容的大型平台可以借鉴 YouTube 平台的内容识别（Content Id）和版权监视（Copyright Watch）等技术手段，加大对侵权内容的筛查力度，并进一步作出处理。同时随着技术识别能力的提升，平台的识别误差还会逐步下降，算法过滤结果将更为可靠。通常情况下网络平台的技术水平和管理水平与注意义务呈正相关关系②，所以算法过滤这类较为消耗人力、物力的技术手段在当前更适合纳入平台的自治范畴而非法定义务。对于不具备算法过滤等技术能力的平台也无需勉为其难，其可以通过进一步完善"通知—必要措施"等规则的配套措施来实现经营过程合法合规。从多个平台的交互合作来看，一方面以 ChatGPT 为代表的生成式 AI 可以与其他内容生成平台通过版权的相互授权来持续提升版权价值和利用效率，实现合作共赢。另一方面，内容传播平台还可以与 ChatGPT 等内容生成平台签约使用协议，从源头上致

---

① 王洪友：《论版权行政执法的公共利益要件：以制度异化为视角》，《中国出版》2020 年第 1 期。

② 参见北京市海淀区人民法院（2018）京 0108 民初 49421 号。

力于版权来源与使用合法。

本文的部分内容曾发表于《中国出版》2023 年第 5 期，另一
部分内容曾发表于《山东大学学报（哲学社会科学版）》
2023 年第 4 期，有删改。

参考文献

丛立先：《人工智能生成内容的可版权性与版权归属》，《中国出版》2019 年
第 1 期。

李琛：《谢绾樵与独创性》，《电子知识产权》2005 年第 8 期。

易继明：《人工智能创作物是作品吗?》，《法律科学》2017 年第 5 期。

卢海君：《著作权法中不受保护的"时事新闻"》，《政法论坛》2014 年第
6 期。

陈明涛：《著作权主体身份确认与权利归属研究》，北京交通大学出版社 2015
年版。

吴汉东：《著作权合理使用制度研究（第三版）》，中国人民大学出版社 2013
年版。

［英］玛格丽特·博登：《人工智能哲学》，刘西瑞、王汉琦译，上海译文出版
社 2006 年版。

［英］罗纳德·V.贝蒂格：《版权文化——知识产权的政治经济学》，清华大学
出版社 2009 年版。

Jani McCutcheon, "The Vanishing Author in Computer-Generated Work: A Critical
Analysis of Recent Australian Case Law", Melbourne University Law Review, 2013
(3).

Jonathan C.Jackson, "Legal Aspects of Computer Art", Rutgers Computer & Tech-
nology Law Journal, 1993 (2).

B.14 互联网平台算法
推荐的法律规制

卢海君　徐朗　由理*

摘　要：算法升级显著提升了互联网平台处理信息的能力。算法推荐构筑了当下互联网平台的主要内容分发模式，形成了规模的商业效应。算法时代里的互联网平台不宜简单以"技术中立"作为其免责事由，传统"避风港原则"具有历史局限性，应与时俱进。如何处理好算法与法律的关系，平衡互联网平台发展与规制，是算法治理的重要课题。

关键词：算法推荐；算法治理；"避风港原则"

算法推荐（Algorithm Recommendation）是新媒体时代信息分发机制的革命。通过处理用户信息、绘制"用户画像"并有针对性地进行内容推荐是当前互联网平台的核心竞争力之一。网络服务提供商利用算法向用户推送其"偏好"内容，使得个体用户获取的互联网信息内容日益"个性化"，[①] 在提升用户黏性和平台日活的同时也引发诸多著作权争议。近年来，我国有关算法推荐侵权的案件数量逐年增加（见图 1），标的额亦呈增长趋势（见图 2）。明晰算法推荐的法律属性以及厘清网络服务平台的权责义务分配，有助于维护作品传播与版权保护之间的利益平衡。算法推荐技术已经影响用户内容接受并正在影响用户内容创造。对于算法推荐技术的著作权法研究，无论是对于保护版权、促进创新，还是对于保护公益、实现平衡，都有重要的理论和实际意义。

---

* 卢海君，对外经济贸易大学教授；徐朗，上海市第一中级人民法院法官助理。由理，华东政法大学讲师。

① 喻国明：《人工智能与算法推荐下的网络治理之道》，《新闻与写作》2019 年第 1 期。

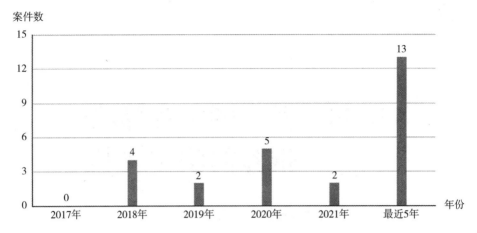

图1　2017年至2021年算法推荐下的网络侵权责任纠纷案件数量

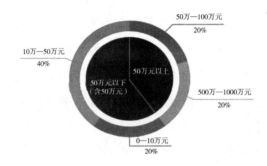

图2　2017年至2021年算法推荐下的网络侵权责任纠纷涉案标的额比例

一、算法推荐法律规制的必要性

算法推荐在提高商业效率、创造经济效益的同时，也面临着伦理性困境和透明性问题。对算法推荐进行规制已成为共识。正确认识算法推荐的著作权属性，有利于著作权体系下对算法和算法推荐作出合理规制。

（一）算法推荐的基本内容

算法首先是一种数学方法，指代解决问题所需遵循的有条理的步骤，具备确定性、有限性和可执行性的特点。由于计算机"指令—输出"式的运行特点，算法的功能效用被最大化实现了。既然在规则以内的指令都能得到输出，那么最优化安排这些指令（步骤）就会最优化所产出的结果。由是，算法不但作为形而上的计算机适用的解决问题的方法，也被直接当作实现其预定任务的指令合集。① 随着人工智能、大数据等新型信息技术的涉入与交互，算法在"吞噬"数据的同时不断改变自己的形态，在维持着算法基本目的（"须解决的问题"）的基础上自我调整具体指令的使用方式（即解决问题的方式）。

大数据（数据库）的建立是算法推荐系统存在的前提，算法推荐是在内容分发机制上对大数据的处理和应用。借助对于海量商品、作品内容信息的收集和处理，通过分析用户与内容交互关系，互联网平台借由算法推荐投放更可能受用户喜爱的产品和内容，以获得用户更多的点击和关注。"千方百计"地"猜测"和推送能够吸引用户与潜在用户注意的内容就成为互联网平台所需求的算法的基础逻辑。这种对注意力的争夺普遍存在于互联网平台中，而在用户规模更大的头部平台中更为激烈。②

（二）算法推荐的伦理性问题

互联网平台通过算法拣选最大程度迎合目标受众的内容，再将同质化的信息反复推送至用户眼帘，事实上造成了信息过滤的效果，用户在不自觉中被关进了"信息茧房"。而由算法决定用户日常会被动浸染在什么样的信息场中，单一和偏狭的信息摄入有可能破坏群体认同，影响文化发展。互联网平台在对流量的追逐中可能会漠视合法权益的保护，纵容侵犯版权之内容的泛滥。短视频平台中大量切条、搬运影视作品的侵权行为即为例证。著作权法以利益平衡为宗旨。因此，正确认识算法推荐的著作权属性，并在著作权体系下作出合理规制，显得尤为重要。

（三）算法推荐的不透明性问题

算法推荐的不透明性主要包括三点。一是系统不透明，指的是机器学习（Machine Learning）的自动化特征使得即使是编程人员也不能具体解释程序运行的每一个结果。二是技术不透明，指的是非从业者缺乏相关知识，难以理解算法的可用信息。技术黑箱如同骑士一般守护着其开发者的意图。即便是将源代码敞开给法官，未受到专业训练的法官也很难理解其中运作方式。三是法律不透明，指的是算法推

---

① 蒋舸：《作为算法的法律》，《清华法学》2019 年第 13 期。
② 参见 District of Columbia v. Facebook, Inc.（District of Columbia Superior Court, No. 2018-CA-008715B）。本案仍在审理中。

荐系统被商业秘密保护。①

算法的不透明性也是各国对算法规制的重点目标。欧盟的《通用数据保护条例》（GDPR）规定数据主体有权知晓包括用户画像在内的自动化决策中"对于相关逻辑，包括此类处理对于数据主体的预期后果的有效信息"。② 法国在其《数字共和国法》311—5 第二款中赋予个人对向针对这些个人做出的行政算法决定要求解释的权利。③ 美国最新出台的《算法责任法》对于算法的透明度、可解释性和非垄断（竞争性）都作出了要求。④

二、算法推荐侵权中的技术中立

尽管算法推荐是技术工具，但是具有较强主观性。讨论算法推荐结果造成的侵权是否适用技术中立，解读技术中立原则，都应置于著作权法利益平衡的宗旨之下。

（一）算法推荐的主观性问题

算法推荐作为一种提升内容分发效率的工具，其设计中蕴含着鲜明的价值取舍和丰富的利益计算。这是由推荐行为自身性质和算法推荐的技术特点共同决定的。

在弱人工智能时代，电脑获取知识作出判断并不来自其"大脑"的思维活动，而来自不断获取数据，通过学习方法，利用某种归纳偏好（Inductive Preference）预测未来的趋势。数据从其收集拣选就伴随着不透明性与非客观性。⑤ 缺乏归纳偏好的机器学习算法无法产生确定的学习结果。⑥ 所以，无论选择什么样的推荐算法，互联网平台所推荐的内容都不可能是纯粹客观的。

算法推荐在信息分发中，选取何种目标变量（用户性别、点击频度、页面停

---

① Michael L., Machine Learning, Automated Suspicion Algorithms, and the Fourth Amendment, *Social Science Electronic Publishing*, 2016 (4).

② 参见 GDPR 第15—17条。

③ Edwards L., Veale M.Enslaving the Algorithm: From a "Right to an Explanation" to a "Right to Better Decisions?" *IEEE Security & Privacy*, 2018 (3).

④ 参见美国《算法责任法》27 (c)。

⑤ Crawford K., The Hidden Biases in Big Data, *Harvard Business Review*, 2013 (4).

⑥ 刘东亮：《技术性正当程序：人工智能时代程序法和算法的双重变奏》，《比较法研究》2020年第5期。

留时长等），如何设定分类标签与权重，都会影响信息分发的结果。[1] 算法设计者很可能受到社会环境、商业资本以及算法设计者价值判断等因素的影响，难以完全客观、中立地呈现信息，[2] 造成算法推荐"客观性"的弱化。

（二）技术中立原则适用的否定

版权法是技术之子。然而版权法律对技术的调整并不只是跟随着新技术亦步亦趋，而应该展现出有原则性的弹性和包容。对于技术中立原则的解读也应置于版权法律的利益平衡的宗旨之下。

从立法上说，无论是1992年《家用录音法案》中美国对于数字录音设备必须具有复制控制措施的要求，还是1998年《千禧年数字版权法案》（以下简称DMCA）中对于规避技术保护措施的设备或服务加以制裁，立法者在多个场合禁止或限制了能够提供实质性非侵权用途的产品或商业模式。

从司法上说，在A&M唱片公司诉阿卜杜拉（A&M Records, In.c v.Abdullah）案中，尽管产品可被用于非侵权性用途，但依然不可适用索尼案的抗辩理由。因为即便将索尼案的适用对象扩大到明知为盗版行径而特别设计的产品，被告销售空白磁带的行为依然越过了单纯的服务提供界限。[3] A&M唱片公司诉奈普斯特（A&M Records, In.c v.Napster）案中，[4] 法院认定Napster公司以"点对点"（P2P）模式提供的文件检索服务构成对其用户直接侵权行为的实质性帮助；在收到版权人的反复警告后，没有采取有效方式阻止侵权后果的扩大，因此构成"帮助侵权"。在米高梅诉格罗斯特（Metro-Goldwyn-Mayer Studios, Inc.v.Grokster Ltd.）案中，[5] 美国法院判定，如果设备销售可能存在促使引诱用户侵犯版权的目的和意图，如果其以明确表达或其他确定性步骤激励侵权，那么设备销售者将对第三方的版权侵权行为承担责任。

---

[1] 郭小平、秦艺轩：《解构智能传播的数据神话：算法偏见的成因与风险治理路径》，《现代传播（中国传媒大学学报）》2019年第9期。

[2] Caliskan A., Bryson J.J., Narayanan A., Semantics Derived Automatically from Language Corpora Contain Human-like Biases, *Science*, 2017, 356 (6334).

[3] Menell P.S., Nimmer D., Legal Realism in Action: Indirect Copyright Liability's Continuing Tort Framework and Sony's De Facto Demise, *Ssrn Electronic Journal*, 2007 (143).

[4] See A&M Records, Inc.v.Napster, Inc. | 239 F 3d 1004 | April 3, 2001.

[5] See Metro-Goldwyn-Mayer Studios, Inc.v.Grokster | 518 F Supp 2d 1197 | October 16, 2007.

具体到算法推荐的场景里，在维亚康姆诉油管谷歌（Viacom In.c v.YouTube，Google Inc）一案中，二审法院通过争议事实发生的高度可能性与行为人对该争议事实的着意回避，认定该行为符合"知道"标准而不适于"技术中立"抗辩。①在弱人工智能时代，技术实现过程的智能化水平仍然有限，②算法推荐中存在着平台对用户上传内容进行的主动选择和编辑。平台在设置、组织编排内容时，不可能完全意识不到侵权行为的存在。③因此，仅以用户传播内容作出技术服务而自身并无侵权意图为抗辩理由，以技术本身不具有倾向性遮掩使用技术的行为，似乎略显单薄。

法律期待传播技术与传播（版权）内容的共赢，为此要在其公平之秤上适时拨动砝码。技术发展使平台发现侵权和避免侵权能力提升已成为事实，技术中立的内涵和外延也应该随着时代发展而不断丰富完善。既然互联网平台在体量和技术能力上都在成长，信息和经验都在累积。技术中立原则所强调的技术与商业模式或设备与服务之间的界限越发模糊。④

（三）算法推荐平台规制的该当性

马克斯·韦伯认为，责任伦理的遵循者不仅要具有意图上的善良，还要顾及自己行为的可能后果，并对可能的后果负责。⑤算法设计者与互联网平台不仅要考虑技术带来的功能性利益，还应着眼于算法与社会的关系，在设计算法程序、编写代码之前审慎地选择方案，防范可预知的不良后果。而如果算法的自我调节失灵，法律也应对其作出规范。

发生在互联网平台上的版权侵权包含三方关系：被侵权的版权人、作为网站用户实施侵权的行为人和发生侵权的互联网平台。就版权人与侵权人来说，互联网版权侵权行为具有一定共同的特征：侵权用户与侵权行为散点化，而侵权对象可能在某一时空区间内较为突出，如最热点的影视赛事内容等。对于被侵权人而言，其所

---

① See Viacom v.YouTube（2012）｜ 676 F3d 19｜April 5, 2012｜.
② 参见上海知识产权法院（2018）沪 73 民终 361 号民事判决书，上海市杨浦区人民法院（2007）沪 0110 民初 22129 号民事判决书。
③ 参见北京市第二中级人民法院（2005）二中民初字第 13739 号民事判决书。
④ Picker R.C., Rewinding Sony: The Evolving Product, Phoning Home and the Duty of Ongoing Design, *SSRN Electronic Journal*, 2005（749）.
⑤ ［德］马克斯·韦伯：《学术与政治》，钱永祥译，上海三联书店 2019 年版，第 271—277 页。

受到的侵权是集中的、批量的，而其可追索的具体侵权人却隐身于虚拟用户的面纱之下，难以穷尽。即便是从技术上可以确定侵权人，所需耗费的时间与金钱成本也难以估计。

而包括侵权用户在内的平台用户，与互联网平台之间，存在格式合同的约束和个人信息的收集。其对侵权用户具有较强的控制力。李奇曼认为，如果能够激励当事人对某些行为的消极外部性进行内部化，那么第三方责任是可行的。[1] 产品用户数量和产品的经济价值密切相关。在算法推荐的具体情境下，互联网平台在其内容池中会优先推荐受更多用户喜爱的内容（即使是版权侵权内容）以提升用户对平台的依赖（用户黏性），从而吸引更多用户上传内容，扩充其内容库存，制造"滚雪球"的效果。总之，将应对使用新技术可能造成的侵权漏洞而行保护的责任加之互联网平台，要求软件设计者、销售者或服务提供者承担版权保护责任，不仅符合社会公义的期待，[2] 在技术上也更易实现。

三、算法推荐场景下"避风港原则"的重构

技术的演进和应用场景的变化使得传统"避风港原则"面临调整的必要。在采取先进算法进行内容推荐时，网络平台不能滥用其优势地位，逃避相关的责任与义务的承担。网络平台应该如何、多大程度地发现侵权内容，采取什么强度措施去处理侵权内容，主要在于互联网平台对于侵权内容的注意义务几何，以及应该采取怎样的措施。

（一）"避风港原则"的历史沿革

美国[3]和欧盟[4]对互联网平台"技术中立"的免责条款均将条件设定在网络服务提供者对传输和缓存服务的技术服务之上。互联网平台不对信息进行主动介入（存储和处理）。欧盟电子商务指令中对互联网平台不知材料非法或知道后迅速采取措施阻断侵权内容与用户接触时的免责仅针对纯粹被动和中立的服务而不包括主

---

[1]　Lichtman Doug and Eric Posner, Holding Internet Service Providers Accountable, *Supreme Court Economic Review*, 2006, Vol.14.

[2]　丛立先：《大数据软件服务的版权侵权责任析论》，《中国版权》2014 年第 6 期。

[3]　参见《美国版权法》第 512 条。

[4]　参见欧盟《电子商务指令》（EC/2000Directive on E-Commerce, art 12-15）。

动服务。①

我国"通知—删除"规则在不断完善中，从著作权扩展到全部知识产权领域，从电子商务交易扩展到整个网络服务，形成了我国网络侵权中的一般与特殊相结合的"通知—删除"体系。《民法典》第 1195 条用"通知+必要措施"规则防止侵权结果的扩大，且对"必要措施"的规制手段持开放多元的态度。

（二）互联网平台网络服务提供者身份再勘

尽管对于"通知—删除"规则属于归责原则还是免责原则有所争议，但是各法律中对其运作的基本环节大同小异，主要环节包括权利人发出通知、平台对涉嫌侵权内容进行"删除"并对涉嫌侵权用户进行转通知，被投诉人反通知、平台恢复内容等。

著作权领域的"避风港原则"仅针对单纯提供技术服务的网络服务提供者（ISP），避免因其提供技术涉及侵权内容而被不合理地追究侵权责任，目的是平衡著作权人权利以及网络技术的发展。机械地适用"避风港原则"认定互联网平台网络服务提供者的属性进而加以保护，无助于算法推荐的规制和网络版权侵权现象的遏制。而将使用算法推荐的互联网平台一概认定为网络内容提供者，也有过苛之嫌。破局之处或在于突破对网络服务提供者身份的局限。参考欧盟对于包括算法推荐在内的一系列自动化决策行为作出规制，与美国的情况有所不同，欧盟是将对个人信息权益的保护拓展到了不区分数据之上内容类型的全互联网场域中。传统称为 ISP 的互联网服务提供商被限定为一般网络平台的例外，只有平台满足较为严格的"纯粹的、辅助性的"条件，其服务内容为"提供信息存储与定位服务"，才被视为可以直接适用"避风港原则"。由此，可以将非"纯粹网络服务"提供者统称为一般网络平台，而对于"避风港原则"在此类平台的适用，网络平台应该如何、多大程度地发现侵权内容，采取什么强度措施去处理侵权内容，又将主要考量两个方面，即互联网平台对于侵权内容的注意义务几何，以及应该采取怎样的措施。

（三）算法推荐中互联网平台的注意义务

注意义务的分配。网络空间著作权治理问题的关键，即在于注意义务到底应该

---

① 李素娟：《论网络中介商的民事责任》，《社会科学》2002 年第 8 期。

分配给谁。以 20 世纪 90 年代的技术条件而让网络服务提供商依循著作权人的请求全面排除版权侵权未免畸重。然而技术发展促成权利的成长同时不断影响着权利人、传播者、使用者间的利益平衡。流媒体时代，平台与内容生产者的投入产出比的差异越来越大。内容提供者队伍空前，人人都获得期待的合理回报的困难不言而喻。而平台却可以从呈现所有人的内容中获得经济收益，形成规模效益。作为流量经济的最大受益者，互联网平台天然的有激励传播，包括激励传播侵权作品的动机或者冲动，或者掩耳盗铃式地去忽略侵权行为。网络版权产业规模扩大，网络侵权盗版涉及经济数额与规模也不断扩大。这就发生了一个奇怪的现象，在技术的加持下，版权侵权现象愈演愈烈，缺乏技术手段的版权人越来越难以维权；同样在技术赋能下，网络服务提供者尽到注意义务需要付出的成本大大降低，却仍寄托于古老的"避风港原则"寻求豁免。然而，社会要获得高质量的创作内容，其根本来源是创作者的努力创新。从产业链发展的角度而言，更多的网络平台从内容推荐中获取流量获得收益；从技术应用和纠纷应对层面而言，网络平台比用户或权利人更具经验与优势。因此，在采取先进算法进行内容推荐时，网络平台不能滥用其优势地位，逃避相关的责任与义务的承担。

讨论短视频、直播平台的注意义务，首先需要注意短视频、直播平台中版权侵权与电商领域的知识产权侵权的区别。对于电子商务平台的注意义务，通常观点认为，因平台上售卖的商品数量巨大、经营者成分复杂、平台经营者无法一一审查平台上售卖的商品是否侵权，因而以权利人发出的通知作为平台经营者对侵权事实"知道"的重要途径，[1] 平台也只有在"知道"或"应知"平台内商户销售之商品侵权时才会构成帮助侵权。[2] 在 Tiffany 诉 eBay 案中，原告向 eBay 发出两种侵权通知，一部分包含完整的具有明确指向性的侵权链接，另一部分只是对平台中存在侵权现象作出概括的警告。eBay 仅对前一种通知中列出的链接进行删除，美国法院支持了 eBay 不构成帮助侵权，认为后一类通知仅能使平台获得对侵权现象的概括认知，而概括认知既不能使平台明知，亦不能为平台增添"应知"义务。

然而电商平台中侵权多发于商标、专利，尤其是对于专利侵权，平台往往不具

---

① 孔祥俊：《"互联网条款"对于新类型网络服务的适用问题——从"通知删除"到"通知加采取必要措施"》，《政法论丛》2020 年第 1 期。

② 张新宝、任鸿雁：《互联网上的侵权责任：〈侵权责任法〉第 36 条解读》，《中国人民大学学报》2010 年第 4 期。

有侵权实质审查能力。而版权侵权中，对于直接搬运、切条视频，版权权属不归涉嫌侵权作品提供者显而易见，侵权事实也较为明显。因此以围绕着电商平台的"注意"难度进行的规则解释照搬到短视频、直播平台是不合适的。

"应当知道"的内涵。"通知—必要措施"原则及红旗原则，都可以拆解为两个部分。通知指向的是平台的"知道"——平台应自何时起知道侵权状况的发生？在通知前，包括实际知道和推定（应该）知道两种情况。经合格通知后，平台对于具体侵权行为则确定地由未知转向知道。以删除为代表的必要措施，指向的就是平台的"行为"——平台自知道后应对侵权状况采取何种措施？目前来说，对具体侵权状况采取的措施主要包括两类：一类针对侵权状况本身，也即针对侵权内容，包括删除、屏蔽等；另一类针对侵权用户，包括账户封禁等。

首先讨论平台的"知道"。根据《民法典》第 1197 条，"知道"应指实际知道。在"避风港原则"下，经通知后知道侵权行为存在与侵权活动相关信息，应当属于知道。而对于"应当知道"，实际上是根据一定条件推定其知道，而不去穷究其主观形态是否真实知道。① 也即在"应知"的情景下，因过失而主观不知情（"应知而未知"）与主观真实知情在所不问。而将证明其实际不知的责任分配给了网络服务提供者。

在传统上对于"避风港原则"的理解中，网络服务提供者对于具体侵权行为的发生应负有注意义务。而在互联网平台概括性知晓其平台内部用户活动到具体知悉侵权行为发生这一"概括"到"具体"的实现，则是由"知道"或"应当知道"完成。不以概括性知晓作为平台的知道，其逻辑在于网络平台不应对所有其平台上潜在的侵权风险承担责任，也即是说网络平台不对其平台上的网络信息承担一般性审查义务。但如果网络服务提供商通过对作品进行主动的选择、编辑、修改、推荐等安排，使公众可以在平台上直接浏览、下载、分享或者以其他方式获得作品，就自行驶离了"避风港"，应就其主动推送或发布的信息承担侵权注意义务。

著作权法中对于网络服务提供商注意义务的两个要求，一是网络服务提供商客观上应当知道平台中载有被控侵权内容；二是网络服务提供商主观上对平台中传播的被控侵权内容是否构成侵权具有认知能力。那么平台在进行算法推荐时是否切实

---

① 杨立新：《电子商务交易领域的知识产权侵权责任规则》，《现代法学》2019 年第 2 期。

知道内容存在并能判断其是否侵权呢？算法若想推荐内容，必先识别内容。这不只是其为了达成运营指标、提升用户吸引力及其商业价值的逐利行为，也是其遵纪守法、完成对于涉国家安全等严肃主题之舆情审查的必要步骤。因此其对于内容的接触是必然的，也是具体的。

"注意"的幅度。事实上，为平台设计合理"旗标"，才是目前对于版权侵权之争最佳的破局之策。对于应知的情况，网络服务提供者的具体类型、技术条件、涉事程度、作品热度等，都应被考虑在内。

第一，就主体而言，平台应普遍提高对侵权内容的注意，而对于注意的提高程度应与平台规模正相关。首先，侵权责任法认为危险的制造者或控制者理论上应承担一定程度的注意义务。[①] 网络服务提供商提供的平台可视为社会公共场所的某种延伸，其提供的服务某种程度上为用户提供侵权创造了客观环境上的可能性，所以其承担的注意义务理应要与其"危险制造者"的程度相匹配。网络服务平台应结合其提供的服务定位可能引发的侵权可能性的大小，采取能够在一定程度上制止用户上传的侵权内容的传播的必要措施。其次，就提高幅度而言，应对平台的规模作出划分。欧盟在约束一般的互联网技术与商业营销手段基础上，格外对"超大型平台"（月度活跃用户超过 4500 万）和满足"守门人（Gatekeeper）"条件的大型平台企业增加了额外的责任与义务。我国新实施的《个人数据保护法》中也对大型与小型个人信息处理者作出区分。究其本质，个人数据与版权信息在代码层面都体现为二进制编码。依平台规模划分的区别的责任设计，可以在发挥大企业主体责任、便利监管的同时减轻小企业合规成本，鼓励创新。

第二，就侵权行为而言，平台对侵权的涉入程度应依据其采取具体推荐行为的类别和频次有所区别。首先，网络服务提供者不同的推荐行为对内容的控制程度和处理程度有所差别。比如同为网络服务提供者设置榜单以向用户优先或突出展示信息的行为，分类信息设置榜单模式与人工编辑的榜单模式相比，后者更接近直接提供行为。又比如传统搜索引擎中的关键词销售行为，其本身不存储、控制、编辑或修改被链接的第三方网页上的内容显示信息或表现形式，[②] 只是对既有搜索结果的"利己"优化，其对用户实际选择具有的是潜移默化的影响。而依据用户偏好或者

---

① 屈茂辉：《论民法上的注意义务》，《北方法学》2007 年第 1 期。
② 参见深圳市中级人民法院民事判决书（2011）深中法知民终字第 651 号。

点击量等因素将相关内容推荐到主页，网络服务提供商势必要对相关信息进行筛选，对其推荐内容的认识和控制能力更强，关联性更高，所承担的注意义务也随之提高。其次，对于重复侵权行为是否采取合理措施也应纳入设置更高注意义务的考量范围之中。已有法院判定，被告不可能在人为设置、组织和编排最新内容时，意识不到其实施的是未经许可的网络传播行为，因此其在主观上具有过错。[①] 算法推荐平台对持续上传相同类型或者相似侵权内容的用户，即用户多次利用信息网络服务实施侵权行为，网络服务提供商未能采取合理措施，可能会被认定为未尽审查义务。

第三，就客体而言，版权内容自身的性质和影响力也应被考虑在内。版权内容的性质，指的是版权内容的主题。如奥运会、冬奥会等具有重大政治意义的内容，还是一般的文化体育娱乐内容。对于前者，基于其与社会公共利益的密切联系，应给予更高的关注。版权内容的影响力，侧重于版权内容的商业表现，是否处于重点档期（如春节档、国庆档），是否属于近期热播影视剧，或者具有不俗的互联网话题度。在目前的商业模式和传播条件下，电视剧作品的热播期有限，在热播期内严防侵权行为，对于回收投资成本，提高平台关注度和会员黏性均具有重要意义。热播期内遭受大规模侵权严重影响版权人利益。[②] 对于此类作品遭遇侵权时，网络服务提供者相较一般作品应给予更高的注意义务。[③] 因此在讨论平台对版权内容的注意程度时，有必要对相关内容的主题和影响力（热度）作出划分。这有利于平台有的放矢地履行，也能富有效率地挽回版权侵权带来的经营损失。

（四）必要措施的内容

重庆一中院在《斗罗大陆》动漫作品的诉前禁令中，不仅明确要求短视频平台立即删除侵权视频，同时还明确要求短视频平台立即采取有效措施过滤和拦截用户上传和传播侵权视频，前者属于短视频平台的"通知—删除"义务，而后者则明显加重了短视频平台的注意义务，这意味着仅适用"通知—删除"规则，并不足以解决当下短视频侵权的严重态势。

传统观点认为，发现侵权是权利人的事，网络服务提供者没有义务主动去发现

---

① 孔祥俊：《论网络著作权保护中利益平衡的新机制》，《人民司法》2011年第17期。
② 参见北京知识产权法院民事裁定书（2021）京73民初1016号。
③ 参见北京市高院《关于审理涉及网络环境下著作权纠纷案件若干问题的指导意见》。

侵权事实；网络服务提供者只需对已经发生的侵权行为采取措施，而无需对尚未发生的侵权行为采取措施。在此逻辑下，著作权人要求平台对平台上未明确具体位置的侵权内容进行清理并对尚未发生的侵权行为主动采取措施，似乎没有法律依据。然而，"删除、屏蔽、断开链接等必要措施"的表述中，"删除、屏蔽、断开链接"后还有一个"等"字，重点则在"必要措施"。因此，平台所应采取的"必要措施"显然不止于"删除、屏蔽、断开链接"，而关键问题则在于如何界定必要措施。

有观点认为，必要措施中应该包含过滤义务。需要注意的是，"过滤"实质上是由"主动检测"的监管性手段与"删除、屏蔽、断开链接"等处分手段组合而成。"主动检测"是平台采取手段让自己知晓侵权具体情况，以便于嗣后必要措施的实施，其属于"知道"的范畴。

对于"主动检测"的启动，或称为"预防侵权机制"的开启，就必须要参照其他规定予以穿透。如 GDPR 第 23 条中的"限制"条款，在尊重基本权利与自由的前提下，为一些特殊目的服务，包括国家安全、公共安全、重要一般公共利益等。比如在冬奥会中，就应以最高级别的版权侵权规制措施予以响应。

对于版权侵害的紧迫处境及配套的必要措施，作出如下分级：一是一般的版权侵害，经通知后对于权利人提供的具有明确指向的链接采取包括删除等在内的必要措施；二是热播影视剧、体育赛事等，除对其提供的具体链接予以处理外，还应循其警告的侵权方向/路径启动主动检测，如关键词搜索、标签屏蔽等；三是奥运会等重大社会事件，平台配合权利人维护权利与主动检测并采取措施预防侵权发生。

四、结　语

算法推荐显著提高了互联网平台信息分发的效率。使用算法推荐技术并未改变互联网平台网络服务提供者的身份。著作权法规定的"避风港原则"整体上不应突破。然而互联网平台进入"避风港"的条件也需要适时、适度地加以调整。算法推荐行为具有主观性。算法推荐行为客观上使得互联网平台受益。互联网平台具有规制算法推荐的能力，由互联网平台加强对算法推荐的规制符合公义的期待和效益的最优。因此，互联网平台对于侵权内容"应当知道"的范围应该拓宽，其所采取的必要措施应该能够在一定程度上制止用户上传的侵权内容的传播。无论是对

"应知"还是必要措施的认定都应该结合具体场景、具体情况，应对平台的规模作出划分，避免绝对化、极端化的倾向，避免简单用个别平台的技术能力代替法律要求的一般性的平台能力。

本文的部分内容已发表在《中国出版》
2022 年第 13 期，有删改。

参考文献

蒋舸：《作为算法的法律》，《清华法学》2019 年第 1 期。

See Michael L., Machine Learning：Automated Suspicion Algorithms, and the Fourth Amendment, Social Science Electronic Publishing （2016）.

［美］达斯格普塔等：《算法概论（注释版）》，钱枫、邹恒明注释，机械工业出版社 2009 年版。

［美］塞奇威克、韦恩：《算法》，谢路云译，人民邮电出版社 2012 年版。

See Edwards L., Veale M.Enslaving：the Algorithm：From a "Right to an Explanation" to a "Right to Better Decisions"？3 IEEE Security & Privacy （2018）.

See Michael L., Machine Learning：Automated Suspicion Algorithms, and the Fourth Amendment, Social Science Electronic Publishing （2016）.

江溯：《自动化决策、刑事司法与算法规制——由卢米斯案引发的思考》，《东方法学》2020 年第 3 期。

See Saul Levmore & Frank Fagan：Competing Algorithms for Law：Sentencing, Admissions, and Employment, 88 University of Chicago Law Review （2021）.

Barocas, S., A.D.Selbst, Big Data's Disparate Impact, Social Science Electronic Publishing （2016）.

郭小平、秦艺轩：《解构智能传播的数据神话：算法偏见的成因与风险治理路径》，《现代传播（中国传媒大学学报）》2019 年第 9 期。

Aylin Caliskan et al., Semantics Derived Automatically from Language Corpora Contain Human-like Biases, 356 Science （2017）.

林爱珺、刘运红：《智能新闻信息分发中的算法偏见与伦理规制》，《新闻大学》2020 年第 1 期。

Peter S. Menel, David Nimmer, Legal Realism in Action：Indirect Copyright

Liability's Continuing Tort Framework and Sony's De Facto Demise，*55 UCLA L. Rev.*（2007）.

Picker，R. C.，Rewinding Sony：The Evolving Product，Phoning Home and the Duty of Ongoing Design，SSRN ：https：//ssrn. com/abstract = 692746 or http：//dx. doi. org/10. 2139/ssrn. 692746(2005) .

［德］马克斯·韦伯：《经济与社会（下）》，林荣远译，商务印书馆 1998 年版。

［美］T. 帕森斯：《社会行动的结构》，张明德等译，译林出版社 2003 年版。

叶笑云：《现代政治的困境及其"救赎"——析韦伯的政治家责任伦理"思想"》，《道德与文明》2013 年第 2 期。

Lichtman & Doug，Eric Posner，Holding Internet Service Providers Accountable，14 Supreme Court Economic Review （2006）.

丛立先：《大数据软件服务的版权侵权责任析论》，《中国版权》2014 年第 6 期。

孔祥俊：《"互联网条款"对于新类型网络服务的适用问题——从"通知删除"到"通知加采取必要措施"》，《政法论丛》2020 年第 1 期。

张新宝、任鸿雁：《互联网上的侵权责任：〈侵权责任法〉第 36 条解读》，《中国人民大学学报》2010 年第 4 期。

杨立新：《电子商务交易领域的知识产权侵权责任规则》，《现代法学》2019 年第 2 期。

屈茂辉：《论民法上的注意义务》，《北方法学》2007 年第 1 期。

冯刚：《侵害信息网络传播权纠纷案件审理问题研究》，《知识产权》2015 年第 11 期。

孔祥俊：《论网络著作权保护中利益平衡的新机制》，《人民司法》2011 年第 11 期。

李扬、陈铄：《"通知删除"规则的再检讨》，《知识产权》2020 年第 1 期。

B.15　下一代互联网的数据确权和版权保护

叶毓睿[*]

摘　要：下一代互联网就是 Web 3.0（互联网 3.0），元宇宙是 Web 3.0 的一个大的应用场景。随着互联网向 Web 3.0 的演进，数据和资产的复杂性日益增加。在 Web 3.0 和元宇宙中，数据资产不仅包括用户生成内容，还包括 AI 生成的成果（即 AIGC，也称人工智能生成物）等。这些数据资产的确权和版权保护成为一个重要问题。区块链技术和 AI 技术为数据确权和版权保护提供了解决方案。对于 AIGC 这种特殊类别，其确权问题更加复杂，需要更多的研究和探讨。随着 Web 3.0 和元宇宙的发展，数据要素的价值和重要性将更加凸显，企业数据资产入表也将成为一种趋势。为了适应这一变革，法律保障体系需要重塑和更新，以确保创意产权，并更充分地发挥数据的价值。

关键词：元宇宙；AI；AIGC；区块链；数据确权；版权保护；数据要素；企业数据资产入表

一、元宇宙是下一代互联网的应用场景

随着互联网技术的迅速发展和演变，我们将逐步进入一个全新的时代——Web 3.0 时代，Web 3.0（也叫互联网 3.0）通常被视为下一代互联网。回顾互联网的发展历程：从最初的 Web 1.0，一个以静态页面为主的"只读"网络；到 Web 2.0，它引入了用户交互和内容创造的"读写"特性，互联网不断演化；如今，

＊ 叶毓睿，高端服务器系统全国重点实验室首席研究员，研究方向为开放计算、元宇宙等。

Web 3.0 标志着一个全新的篇章，其核心是"可拥有"——用户不仅是内容和服务的消费者，也成为自己数据的所有者。

Web 3.0 的这一变革特点在元宇宙的构想中得到了明显的体现。元宇宙，这个充满了未来科技幻想的概念，被视为 Web 3.0 的一个大的应用场景，也是区块链、NFT（Non-Fungible Token，非同质化通证）、5G/6G、VR（虚拟现实）/AR（增强现实）等前沿技术的应用场景。元宇宙是多种技术和产业的创新融合，未来各行各业都会元宇宙化，即多维化、共创化、互信化。因为，消费者已经不满足于在线旁观认知世界，更希望是在场互动影响世界。元宇宙也是创意、思想和意识等的协作网，将成为数字作品创作者的天堂。由于有了多维感官的融入，人类可能是第一次有机会临近这样的效果：所思即所为、所思即所得。也即逐步摆脱物理世界中创造产品面临的种种束缚，在数字世界里，就能通过创造、协作和生产让用户以逼真的方式来体验数字作品。换句话说，就是观念即商品，创意、思想的形成就是数字作品生产的过程。

在 Web 3.0 和元宇宙的共同推动下，网络世界的版权和数据确权问题变得更加复杂而重要。传统的版权法律和数据保护机制在这个多维共创互信的数字新世界面前，显得不够充分，需要重塑和更新，以适应这一时代的需要。因此，我们必须探讨并建立适应 Web 3.0 和元宇宙特点的法律保障体系，以确保创意产权的保护和个人数据的安全，同时促进技术创新和文化繁荣。

二、下一代互联网发展动态

2023 年 5 月，北京市在 Web 3.0 领域的政策亦为元宇宙的发展提供了重要支撑。根据《北京市互联网 3.0 创新发展白皮书（2023 年）》，北京市着力于推动 Web 3.0 技术的发展，旨在通过这些创新技术增强网络基础设施，促进更高效、安全的数据交互和共享。北京市的这一举措不仅展现了地方政府对新兴技术的重视，也为全国其他地区在 Web 3.0 及元宇宙技术方面的发展提供了可借鉴的范例。此举对于推动元宇宙与实体经济的深度融合，包括在数据确权和版权保护方面，具有重要的示范和引领作用。

2023 年 9 月，工信部、国资委等五部委发布的《元宇宙产业创新发展三年行动计划》指出：元宇宙是数字经济与实体经济融合的高级形态。行动计划的发展目标是：到 2025 年，元宇宙技术、产业、应用、治理等取得突破，成为数字经济重要增长极。相信未来几年，国内元宇宙产业有望加速发展。

在 2023 年 9 月 7 日召开的新时代推动东北全面振兴座谈会上，习近平总书记提出了"新质生产力"的概念，标志着中国在全面推动高质量发展的过程中，对科技和创新的重视达到了新的高度。根据中央财办的表述，新质生产力是由技术革命性突破、生产要素创新性配置、产业深度转型升级而催生的当代先进生产力，它以劳动者、劳动资料、劳动对象及其优化组合的质变为基本内涵，以全要素生产率提升为核心标志。新质生产力为元宇宙提供了技术和理念上的支持，而元宇宙则是新质生产力发展和应用的一个重要领域。通过这种相互促进的关系，元宇宙有望成为新质生产力发展的一个重要方向，推动社会经济的高质量可持续发展。

2023 年 10 月 25 日，国家数据局成立，标志着中国在推动数字经济发展，尤其是在数据治理和利用方面迈出了重要一步。国家数据局的成立对于元宇宙等新兴数字产业的发展具有深远影响。作为一个数据密集型的数字新世界，元宇宙的发展离不开有效的数据管理和保护机制。国家数据局的设立不仅将加强对元宇宙中产生的海量数据的治理，还将推动数据确权和版权保护的法律法规完善。

元宇宙是永续运行的数字新世界，无论是虚拟的人、物、场还是事件，都会产生大量的数据，例如微软飞行模拟器的虚拟世界拥有超过 3.7 万个机场、15 亿座建筑物、2 万亿棵树木，还有山脉、道路、河流等；模拟了实时交通、天气，包括准确的风速和风向、温度、湿度、降雨等；通过全面的飞行模型磨练各种飞机的飞行员技能，从轻型飞机到商用喷气式飞机；积累了超过 2 PB（即 2048 TB）的数据。元宇宙产生的海量数据中，有些数据是临时数据或者过渡数据，过后就不需要了；但有些数据可用于大数据分析，有望成为数据资产；有些是具有收藏价值的"虚拟物"，甚至是数字资产。随着元宇宙的普及，人类对数据的依赖愈发显著，特别是涉及生成式 AIGC（人工智能生成物）产生的数据，确权和版权保护更具挑战，如何应对值得重视。

三、元宇宙场景下数据权利

在当前的元宇宙场景下，数据确权和版权保护面临着许多现状和问题。首先，不同类型的数据确权困境令人担忧。随着元宇宙的发展，用户生成的数据、元宇宙空间里的内容、智能设备数据等多种类型的数据被广泛应用，但这些数据的确权和归属权往往存在模糊不清的情况。用户可能无法完全掌握自己创造的数据的去向和使用方式，这使得数据的确权问题变得复杂而棘手。

其次，版权保护在元宇宙中面临挑战。元宇宙是一个开放的虚拟空间，用户可以自由创建和共享内容。然而，这也为版权侵权行为提供了机会。元宇宙空间里的数字内容可以轻松复制和传播，这使得版权保护变得更加困难。此外，由于元宇宙空间跨越国界，不同国家的法律和知识产权制度可能存在差异，进一步增加了版权保护的挑战。

为解决这些问题，需要采取综合性的措施。首先，建立清晰的数据确权机制是必要的，使用户能够了解和控制他们的数据在元宇宙中的使用方式。其次，加强技术手段以防止和追踪版权侵权行为，例如数字水印和智能合约等技术工具的应用。此外，国际社会应加强合作，推动制定适用于元宇宙环境的跨国版权保护标准和法律框架，以确保版权在元宇宙中得到有效保护。通过这些努力，我们可以为元宇宙的可持续发展和创新提供有力支持，并保护数据创造者和版权持有者的权益。

另外，众所周知，物理世界中的物体（指有体物，即具有一定的物质形体）通常具有独占性、排他性的特点，另外还有消耗性等特点。数据不同于传统的物体，具有可复制性、非消耗性和特殊公共性等特征。而且数据要充分地流动、共享，才能产生更多的价值。数权（Data Rights）是指与数据相关的权利和法律概念，它涵盖了数据的访问、控制、所有权和隐私等方面的权利和责任。数据的价值往往需要通过让渡用户的数权，如数据的所有权、使用权而产生。需要注意的是，数权和版权在数字作品的确权和保护方面有所重叠。例如，对于 AI 生成的内容（AIGC），需要同时考虑内容的版权归属和数据的使用权；数权涵盖了数据的广泛使用场景，版权则是数权中的一个具体方面，专注于保护原创作品的权利。

数权和物权有很大的不同。要充分了解数据及其资产的意义和联系，我们有必要先厘清一些基础概念。

（一）数据及数字资产浅析

1. 数据资产（Data Assets）

通常指的是企业或组织收集、存储和利用的各类结构化（如数据库）和非结构化（如文档、图片、音视频等）的数据或数据集，包括交易记录、用户行为数据、社交媒体数据、地理空间数据、医疗数据等。

这些数据对于服务商可能具有一定的价值，因为它们可以提供关于组织和用户行为、偏好、交互模式等特点的分析，借助大数据或人工智能等工具，能帮助服务商实现精准营销、扩大营收、提高效率或发展潜在用户。

2. 数字资产（Digital Assets）

通常指基于区块链的可交易或转移的虚拟物品或虚拟资产，包括虚拟土地、虚拟货币、数字证券、数字艺术品或其他数字所有权证明等。数字资产的价值可能基于稀缺性、实用性、美观性或其他因素。玩家或用户可能会赠送、购买、交换或出售数字资产，以满足某种精神需求，或增强其在元宇宙中的体验、彰显身份或地位等。

随着区块链和加密货币技术的发展，越来越多的数字资产基于区块链技术，其所有权和交易变得更加透明、安全和去中心化；构建信任也更容易。不过，需要注意的是，并非所有数字资产都是基于区块链的，例如当前大量的电子书、软件许可证、数字礼品卡和优惠券等并不一定基于区块链。

基于区块链的数字资产包括 FT（Fungible Token，同质化通证）和 NFT。

（1）FT（同质化通证）

每个 FT 通常都是可以互换和分割的，常见的例子如比特币（BTC）和以太坊（ETH）。我们尝试对数字藏品、FT、NFT 与数字资产和数据资产的关系进行梳理，见图1。

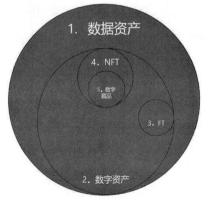

图1　数据及其资产关系图

（2）NFT（非同质化通证）

每个 NFT 都是独一无二的，具有不可分割、不可替代的特点。NFT 可以映射到任何数字化的东西，如文档、声音、图像、视频、游戏中的道具、房屋等。目前，NFT 在艺术领域的应用最为广泛，艺术家可以将自己的作品上传到著名的 NFT 交易平台（如 OpenSea）来创建对应的 NFT，买家可以通过加密货币购买这些数字艺术品。全球著名的 NFT 有加密朋克（CryptoPunk）、无聊猿俱乐部（BAYC，Bored Ape Yacht Club）和数字艺术品"每一天：前 5000 天"（Everydays：The First 5000 Days），以及加密艺术家 Pak 的实验性项目 Merge（融合）等。

Merge（见图 2）于 2021 年 12 月 2 日在 NFT 交易平台 Nifty Gateway 公开发售，售出了价值近 9200 万美元的 mass（数字小圆球的组合），位列全球在世艺术家作品成交金额榜单第三。而之前广为人知的 NFT 是 2021 年 3 月艺术家 Beeple 用 5000 张绘画照片组合成的 NFT 数字艺术品"每一天：前 5000 天"，其金额仅是 6934 万美元。有趣的是，Merge 是一个迄今仍未完成的艺术品，随着用户的购买或接受转赠，两个大小不一的圆球会动态变化，形成一个更大的圆球，原来的圆球则会消失。Merge 开创了一个全新的，用户参与并能影响产品最终结果的新艺术形态和新商业模式。

图 2　NFT 实验项目 Merge

从群体和个体的心理来分析，FT 追求的是归属感（因为共识），NFT 追求的是存在感（因为独特）。FT 达成共识的人越多，价值越高；NFT 越独特，让持有者感觉更能凸显不一样的身份，享受独特的权益，就越有价值。

（3）数字藏品

是指具有唯一性和收藏价值的数字作品，可以是任何数字化的东西，如文档、声音、图像、视频、游戏中的道具、房屋等，通常用于收藏和展示。它本质上是一种受监管的 NFT，不具备金融属性和社交属性，具有中国特色。每个数字藏品都映射着区块链上的唯一序列，具有不可篡改、不可分割、唯一标识的特点。目前中国的监管政策，不允许直接进行加密数字资产（比如 NFT）的交易，于是就出现了数字藏品，或者其他类似的概念，如 NFR。

a. 数字藏品、NFR 或 NFT 应用的领域

了解数据及其资产的分类、含义，不难看出当前和广大消费者有较直接关联的数据资产方面的确权，集中在 NFT、NFR 或数字藏品等方面。而数据资产方面的确权，尤其是用于精准营销和决策参考的数据集，更多发生在 B2B（即企业与企业）之间，限于篇幅，本文不再赘述。在中国，NFT 或数字藏品有以下应用领域：

艺术品/收藏品：无论是确权，还是更便于传播、交易等，数字藏品、NFR 或 NFT 给创作者、爱好者带来了便利。

游戏资产：传统游戏中，玩家对于游戏中的资产较为关切，如角色、皮肤、道具等，通过 NFT 化能够有效地将游戏内资产所有权彻底归还玩家，避免游戏因各种原因，如运营不当等导致资产流失。

身份认证：在现实与虚拟环境中，每个人都需要身份认证和认同，NFT 能够有效地解决和优化这一问题。

票务：各种会展活动的门票、入场券等，通过 NFT 能够更高效地发行和流通。每一张票都是唯一的可溯的，能有效避免票务伪造，更好验证所有权，并且在票务的流通上也更加便利。

版权：随着版权的保护愈发受到重视，NFT 在该方面的应用正被探索开发。以音乐为例，可以以 NFT 的形式发布到公链，大大强化了创作者所有权的确定，同时也便于其在后续的交易中获取收益。

合同文书：在优化合同功用方面，NFT 具有积极价值。如便于保存、验证真伪，还能够有效溯源、防篡改等，对于合同的实际应用、法律效力等能够起到一定的强化。

房地产：在虚拟世界中，房屋土地的所有权具有一定价值，通过 NFT 进行确权是较为安全可靠的方案。另外在虚拟和现实情境中，房地产通过 NFT 确权除能有效证明所有权外，也便于其交易、抵押等。

证件：包括毕业证、学位证、职业资格证、驾驶证等。

b. 数字藏品或 NFT 发行需要遵循的原则

无论是 NFT 还是数字藏品，按照非同质化原本的含义，需要重点突出个人的独特性，因为这才是这类用户所追求的，例如凸显身份标识，彰显独特个性，属于某个有一定门槛的小圈子。知名的 NFT 如加密朋克和无聊猿，各自发行了 1 万个不同的头像，这类 NFT 每个头像全球唯一。许多年轻人将微信头像换成它们，显得新潮、科技范。但是目前国内有些数字藏品的发行有悖于这一内在逻辑，比如同样的 1 个头像或 1 张图片发 1 万份或更多，同质化太严重。新鲜感过后，就很难留存用户或吸引新用户。NFT 或数字藏品的发行和运营，要遵循非同质化也即独特性的原则，例如数字作品（如 IP、图片、音视频、设计图纸、虚拟物品）限量发行，并提供特有的增值服务；再如，把数字藏品或 NFT 与线下活动结合起来，开发凭借数字藏品这一身份标识可享受的一系列衍生的线下服务或产品，让人感觉不流于俗，彰显个性。

c. 数据资产和数字资产的区别与联系

数字资产属于数据资产。数字资产是一种数字化的、可交易的资产，而数据资产则是一种信息资产，不一定具有交易价值。数字资产通常基于区块链技术创建和存储，因为区块链是全网同步并且链式追加的分布式账本，具有去中心化、不可篡改、可追溯等特点，而数据资产则可以存储在中心化的数据库中。数字资产通常具有投资价值和交易价值，而数据资产的价值主要体现在其对业务的影响和决策支持上，如前所述帮助商家对用户画像，促进营销。

数据资产也可以转化为数字资产，比如企业或组织可以选择把某些有价值的数据集打包成 NFT、NFR 或数字藏品，在合法合规的前提下进行交易；或者为了激励用户持续贡献高质量的数据，运营方把这些用户数据制作成积分或代币等通证形式回馈给用户，用户可以用于购买数字商城的其他产品，或者享有运营方提供的其他服务。另外，如果数据具有较高的价值，可以通过区块链技术将数据资产进一步数字化。例如未成名的网红或 KOL，在元宇宙空间或者游戏里的服装、道具、数字艺术品（甚至是涂鸦之作），在其成为明星后，很可能受到众多粉丝追捧，服务商可以通过技术手段转换成数字资产，使之能够被交易或转移。但需要注意，并不是所有数据资产都适合完全数字化。

（二）数据确权和版权保护

数据确权，是指确认、认定数据的权利归属，明确数据资源持有权、数据加工使用权、数据产品经营权等各项权利的授予对象、授权范围和授权期限。确权的关键在于能够追踪确定数据的来源，从而保障数据合法流通和使用。具体做法包括：利用区块链、数字水印、元数据等技术手段，在数据生成、存储、使用等各个环节植入权属信息，形成持续的数字证据，方便对数据进行全生命周期管理。有条件的，可以建立数据产权登记系统，记录数据的创作者、所有者、使用者等权利信息，确定利益分配方案；甚至利用区块链的智能合约自动执行数据使用权限和付费结算等。

一般而言，数据作为一种无形之物，不同于传统物权可以被直接或完全支配，数权在数据的全生命周期中有不同的支配主体，所有权并不一定完全属于某个经济主体。

因此数据确权和定价比较困难，另外安全和隐私面临挑战，数据标准化远远不足，数据多元且混杂、交易困难且成本高。在国内，除了贵州大数据交易所外，近两年来地方还相继成立了北京、上海、深圳等数据交易所，相信随着深入探索和实践，数据确权、定价、利益分配、隐私保护等挑战会逐一呈现，也会逐一被解决。

图片、音频、视频，还有观点、理论、文章、书籍或创意，经过不同的人使用、学习、吸收，甚至再创作，期间包含多个人结合新经验、新事实、新观点，或者经过再创作进行迭代，最终可能形成了一整套艺术或知识体系。这个体系（是数据，或者说是数据集），权属该如何分配？其实是一件很难界定的事情。举个例子，《雪崩》的作者尼尔森开创的metaverse（即元宇宙起源的英文单词）概念和描绘，加上国内外众多大咖、专家的解读和演绎，形成了metaverse的新体系，包括但不限于，如赵国栋等的《元宇宙》、马修·鲍尔的《元宇宙改变一切》和叶毓睿等的《元宇宙十大技术》。这个不断迭代并动态扩展的metaverse体系的数权，该如何界定和分配呢？

这就需要依赖法律、合同、协议以及商业实践来解决。下面列举界定和分配数据权属的一些考虑因素。

（1）版权法律：用于保护知识和创意作品的权利。根据这些法律，数据的创作者可能享有相应的权利，需要确保他们的权利得到尊重和保护。

（2）反不正当竞争法律：可以用于判断某些涉及数据、内容的行为是否构成不正当竞争，并要求停止侵权行为，提供民事赔偿等救济。

（3）合同和协议：合同和协议通常具有法律约束力，可以用于明确数据权属和分配。各方可以签订合同或协议，规定数据的使用、共享和权利分配方式。

（4）公司政策和规定：如果数据是由一家公司或组织创建或维护的，公司政策和规定可能会在数据权属和分配方面发挥关键作用。员工和合作伙伴通常需要遵守公司的政策和规定。

（5）数据共享平台：一些数据共享平台和交易所可以提供一个标准化的框架，用于管理数据的确权和分配。这些平台通常会制定规则和条款，明确数据的权属和使用条件。

（6）法院裁决：在争议情况下，法院可能会介入，根据适用的法律和证据来裁定数据的权属。法院裁决通常基于法律和案件的具体情况。

（7）行业标准和最佳实践：一些行业可能已经建立了数据管理的标准和最佳实践，这可以帮助各方更容易地确定数据权属和分配方式。

需要注意的是，数据权属和分配问题可能因情境、数据类型和相关方而异。因此，解决这些问题时需要根据具体情况制定合适的解决方案，并遵循适用的法律和法规。下面分享两个案例。

1. 《迷你世界》侵权《我的世界》

毫无疑问，在迈向"通天塔"，也即理想的元宇宙的道路中，游戏不可或缺。目前，沙盒类游戏因为具有共创、共治、共享的特点，被视为元宇宙的雏形。2021年，沙盒类游戏 Roblox 正是以元宇宙概念股上市的。除了 Roblox，全球另一个影响力大的沙盒类游戏就是《我的世界》（Minecraft）了。

《我的世界》是一款 2009 年发行的沙盒类游戏，因其高度自由的玩法特色迅速风靡全球。2016 年 5 月，网易公司经授权获得该游戏在中国区域的独家运营权，在《授权确认函》中，也明确指出了网易享有国内《我的世界》独家权力，包括对游戏侵权行为的上诉权力。同月，迷你玩公司上线运营《迷你世界》，成为国内最火爆的沙盒类游戏。网易公司向一审法院提起诉讼，认为《迷你世界》多个核心、基本游戏元素抄袭《我的世界》，两者游戏整体画面高度相似，构成著作权侵权及不正当竞争，请求法院判令迷你玩公司停止侵权、消除影响、赔偿 5000 万元等。经审理，广东高院认为《迷你世界》与《我的世界》玩法规则高度相似，游戏元素细节诸多重合，已经超出合理借鉴的界限，足以造成实质性替代。迷你玩公司被诉行为有悖于诚信原则和商业道德，扰乱游戏市场竞争秩序，损害网易公司合法权益，构成反不正当竞争法第二条规定的不正当竞争行为，应当承担停止侵害、赔偿损失等民事责任。最终，广东高院判令迷你玩公司删除侵权的 230 个游戏元素、赔偿网易公司 5000 万元。

我们可以看到，内容生产商或数字作品的权利人，除了可以主张对游戏画面、风格、元素等视觉表现形式享有著作权外，还可以主张对游戏玩法规则、机制设计等功能性内容享有相关权利保护。这种保护可以通过著作权法的扩展解释实现，也可以通过反不正当竞争法等相关法律实现。

不过，这也带来了一系列的争议和思考。首先，到底哪些游戏元素可以被认为是原创，并因此受到著作权的保护？是不是只要游戏之间有相似之处，就可以被认为是抄袭？这使得许多创作者和开发者陷入了困境，他们担心即使是在无意中也可能被控诉侵权，从而抑制了他们的创作热情和创新精神。

其次，如何界定"合理借鉴"与"抄袭"之间的界线？在游戏行业，许多成功的玩法和机制都会被其他游戏所采用或改进，这种"站在巨人的肩膀上"是游戏行业发展的重要动力。如果过度限制这种"借鉴"，是否会导致整个行业的停滞不前？

再者，当法律介入游戏的设计和创作时，可能会导致一种"法律先行"的现象。即开发者在设计游戏时，不再是基于游戏的乐趣和玩家的体验，而是基于避免侵权的角度去思考。这不仅可能抑制创新，还可能导致游戏失去它本应有的魅力和乐趣。

但是，从另一个角度看，确保原创者的权益也是至关重要的。如果没有对原创内容的保护，可能会导致创作者的积极性受到打击，进而影响到整个行业的生态健康发展。因此，如何在保护原创权益与鼓励创新之间找到一个平衡点，成为一个亟待解决的问题。

总的来说，随着技术和社会的发展，著作权法和反不正当竞争法都需要不断地更新和完善。

2. "胖虎打疫苗"数字藏品侵权案

2021 年 3 月，浙江奇策公司与漫画家马千里签订著作权授权许可使用合同，获得"我不是胖虎"系列作品在全球范围内独占的著作权财产性权利及维权权利。

2022 年，杭州原与宙公司经营的 NFT 平台 Bigverse 上，有用户铸造并发行

"胖虎打疫苗"NFT。该作品右下角带有微博水印"不二马大叔"（即马千里），根据常理可以判断该作品直接复制于"不二马大叔"的微博。

奇策公司认为，被告作为专业 NFT 平台，理应尽到审查注意义务，对于在其平台发布的 NFT 数字藏品权属情况应进行初步审核，然而被告并未履行审核义务，任由用户在上面发布未经授权的该动漫形象 NFT 作品，故原告认为被告构成信息网络传播权帮助侵权，要求被告停止侵权并赔偿损失 10 万元。

杭州互联网法院一审判决被告立即停止侵害原告奇策公司"胖虎打疫苗"美术作品信息网络传播权的行为，并赔偿奇策公司经济损失及合理支出 4000 元。该案是国内首例 NFT 数字藏品著作权侵权案件，对于 NFT 数字藏品领域的知识产权保护具有一定的示范意义。

可以看到，知识产权法律在保护数字资产权利方面发挥了重要作用。法院认为原告享有胖虎形象的著作权和独占使用权，被告未经授权擅自复制该作品制作并销售 NFT 数字藏品，侵犯了原告的著作权。Bigverse 平台提供网络服务的性质，决定了平台应当预见到在其提供网络服务的过程中著作权侵权行为发生的可能性，并应采取合理措施防止侵权行为发生；而且 Bigverse 平台的营利模式，应当属于"网络服务提供者从网络用户提供的作品、表演、录音录像制品中直接获得经济利益"的情形，应当负有相对于一般网络服务提供者而言较高的注意义务。

本案作为国内首例 NFT 数字藏品著作权侵权案件，对于数字藏品行业的版权保护意义重大。法院支持了原告对胖虎形象的著作权主张，这为其他数字内容的版权认定提供了参考。同时，法院认为数字藏品平台 Bigverse 理应承担更高的审查义务，这一点值得业内深思。一方面，确实应加强对用户上传内容的审核，制定明确的许可和确认机制，避免形成侵权渠道；另一方面，过度审查也可能扼杀创意和创新，平台需要在鼓励参与和防范风险间寻求平衡。此外，本案中法院支持的证据链包括微博水印、平台交易记录等线上线下证据，这为今后数字环境下的维权诉讼也提供了借鉴。总体而言，本案推动了数字藏品领域规则的进一步明确，也带来了一些新问题、新思考，还有待司法和行业实践不断完善。

在元宇宙的发展过程中，海量数据的产生与应用成为构建这一数字新世界不可或缺的要素。然而，伴随着数据的广泛应用，数据确权和版权保护问题也愈加突显。数据确权将面对多重挑战，包括数据标准化、数据流动性、隐私保护等。在这一过程中，区块链技术可提供可信的数据来源追踪，帮助确权数据的真实性和完整性。

版权保护是维护创新激励与社会效益平衡的关键一环。在元宇宙中，数据不再仅仅是信息，它还可以转化为数字资产，如数字艺术品、虚拟土地等，具有交易和转移的价值。因此，版权保护需要适应这一新的现实。知识产权法律、反不正当竞争法律等法律体系可以用于保护数字资产的权利。合同和协议可以明确数据的使用、共享和权利分配方式。公司政策和规定在数据权属和分配方面发挥关键作用。此外，行业标准和最佳实践也可以帮助各方更容易地确定数据权属和分配方式。

四、元宇宙与区块链和 AI

（一）可信元宇宙离不开区块链

《元宇宙十大技术》前言里提到：通往通天塔"塔顶"（即理想的元宇宙）的道路有多条，如交互与展示（多维互联网）、区块链、游戏（有互动特征的内容创作）、数字孪生等。虽然路径不同，但未来殊途同归，将逐渐在靠近塔顶的位置相遇。例如，去中心化的虚拟世界 Decentraland、SANDBOX 所呈现的 3D 世界，有些类似沙盒类游戏，尚未融合 VR/AR 等沉浸感较强的交互与展示技术，但因为底层基于区块链技术，被视为可信元宇宙的早期形态之一。这些元宇宙使用区块链技术来记录和验证数字资产的所有权和交易，并通过智能合约实现自动化的规则执行和治理机制。在这些元宇宙中，用户可以创建和拥有虚拟土地、物品和角色等数字资产，并与其他用户进行交互和交易。

从长期看，元宇宙需要借助区块链来实现不同元宇宙之间的互联互通。站在用户的角度，用户在百度元宇宙"希壤"的身份、形象、道具，积累的数字资产，也能够在阿里元宇宙"元境"或者网易元宇宙"瑶台"中使用，至少是部分能用，不至于从头再来，费时费力；类似持有护照（即身份系统）、外汇（即经济系统）方便出国。这就需要有类似去中心化身份（DID，Decentralized Identifiers）、以太坊 SBT（Soul Bound Token）等技术的支撑（见图 3）。

DID 可以用于建立元宇宙用户的数字身份。DID 没有中心化机构控制，可以跨不同元宇宙平台有效使用，真正实现用户数字身份的可移植性。基于 DID，可以将用户的数字资产进行绑定。SBT 是一种与以太坊地址绑定的非可交易通证，使用

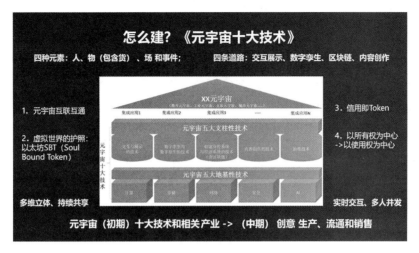

图 3　元宇宙十大技术和相关产业示范图

SBT，可以将用户在一个元宇宙空间中获得的积分、奖励等绑定到用户 DID 上，作为用户数字身份的一个组成部分，实现跨空间的信任和溯源。

从近期看，区块链技术用于数据确权已经有很多的案例了。例如，作家或艺术家等可以通过区块链平台上传创作，打上时间戳和作者签名，实现创作的确权；医疗机构可以将患者的医疗数据上链，确保数据不被篡改；供应链企业也可使用区块链追踪产品的来源地和流转路径，防止来源造假。区块链确权的关键在于数据上链后是不可删除、不可篡改的，通过分布式记账和加密算法，可以永久保存数据产权信息。同时，区块链的时间戳功能也可以方便地证明内容的确切创作时间。下面以国内首例区块链存证案为例进行剖析。

2018 年 6 月 28 日，杭州互联网法院在审理一起著作权侵权案件时，认可了保全网使用区块链技术存证的证据，这是我国司法实践中首例区块链存证案。

该案的原告"华泰公司"是一家媒体公司，其网站上发布了原创文章。被告深圳市道同科技发展有限公司（以下简称"道同公司"）在其网站上发布了涉嫌侵权的文章，该文章与华泰公司发布的文章内容、标题、图片等均相同。华泰公司向杭州互联网法院提起诉讼，要求道同公司停止侵权并赔偿损失。在庭审中，华泰公司提供了保全网存证的证据，该证据包括网页截图、源码和调用信息打包压缩文件，并对侵权网页进行了自动抓取及侵权页面的源码识别，并将该两项内容和调用日志等证据打包压缩，计算成哈希值上传到 Factom 区块链和比特币区块链中。

法院经审理认为，保全网使用区块链技术存证，可以确保数据的不可篡改和可溯源，具有较高的可信度。因此，法院认可了保全网存证的证据，并判决道同公司停止侵权并赔偿华泰公司经济损失及合理支出。

可以看到，本案采信了第三方存证公司的区块链存证。即使侵权公司临时删除自己的网页想要抵赖，曾经的侵权网页仍然会留下痕迹。原告通过事先将痕迹上链，能够让证据留存。除此之外，区块链存证还能衍生出多种数据确权的方式，例如除了证明自己是原创外，类似的创意、文案、相近风格的图片和作曲等，如果两方或多方各自原创，但通过区块链上传留有的时间戳，能够证明自己并非抄袭。

国内类似的区块链存证，除了保全网，还有远光区块链公共存证平台、蚂蚁链、腾讯至信链、百度超级链等。

图 4　区块链存证书示例

（二）满足精神需求的元宇宙离不开 AIGC

在《元宇宙十大技术》一书中指出，人类追求生存和发展是不变的主题。随着时代进步，人们对"美好生活"的定义也在改变——不仅仅是温饱，还渴求精神需求的满足。正如图 5 所示，现实世界中，受限于地域、能力、工作和经济等各种因素，人的许多本能和欲望受到限制和压抑，但每个人都想体验不一样的人生。元宇宙能够帮助人类重新定义生命，提供更低成本、更便捷的方式，部分地满足人的精神需求。

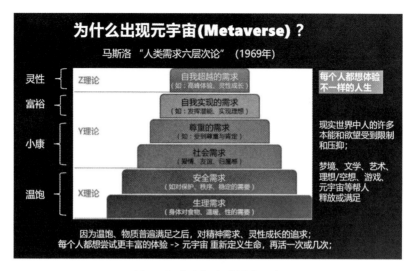

图 5 元宇宙与人类需求层次

在元宇宙中，你可以云游世界，也可以与偶像见面；你可以和古今中外的圣贤对话，也可以请行业专家的数字分身来帮你答疑解惑；你可以肆意挥洒想象力，创造属于自己的空间。这些在现实中难以做到或需要花费巨资的事情，在元宇宙中都变得轻松便捷。

元宇宙支持低成本虚拟旅行，实现远距离的娱乐、交流，不受时间地域限制，这有助于弥合城乡差距，实现文化教育的公平。对于那些行动不便、病痛缠身的人来说，元宇宙也成为获得精神慰藉的重要途径。

然而，要打造一个海量、高质量的元宇宙世界，满足各种个性化需求，仅靠人力是远远不够的。不仅是不同人的精神需求极具个性化，而且同一个人可能几个月后，需求和爱好发生了变化。传统的 PGC（专业生成内容）、UGC（用户生成内容）都无法满足元宇宙对内容的需求，这就需要借助 AIGC（人工智能生成物）的力量。AIGC 的效率远超人力，可以快速迭代生成定制化内容；它几乎具有无限的内容扩展潜力，能应对元宇宙海量的需求。下面举几个例子。

2024 年 2 月 15 日 OpenAI 对外公开工具 Sora，具有理解自然语言、模拟物理世界，能够生成多机位、多角度的逼真视频等文生视频领域先进的技术特点，迅速在国内外引起了广泛关注。3 月，央视总台发布了纯 AI 制作的微短剧《中国神话》，包括精卫填海、夸父逐日、后羿射日、嫦娥奔月等。采用 AI 制作的方式，在搭好文生视频平台后，生成一个几分钟的视频，无论从时间，还是成本，都能降低到传统方式的 1/10 以下；而且，它通过自然语言，如文本提示词的方式，使得制作门槛大大降低。

未来 AIGC 将赋能千行百业，并大幅提升内容创作的效率，刚毕业的大学生，或者切换职业赛道的人，如果拥抱 AI，并积极研究和实践，将很快超越行业当中具有初级，甚至中级技能的人。

另外，有一家和央视合作密切的文化科技公司，以往出一份海报需要专业绘画人员一天的时间；后来采用 ChatGPT 和 MidJourney 这些 AIGC 的工具，3 小时能生成 20 张，从 20 张中挑选 15 张较高质量的，就能出海报了。如此算来，效率是以往的 40—50 倍。面临这个大的趋势，个人和组织只能拥抱 AI；政府可以考虑践行 UBI（全民基本收入）理念，除了提供基本的生存所需外，网络连接、AI 基本工具和 AI 基础训练可能都得成为公共必需品。

AIGC 还带来一个便利，专业绘画人员通常在已有图片的基础上进行创作或二次加工，购买原图往往价格不菲，例如某商业图片下载网站，正版高清图片通常在数百元到数千元不等。现在大家直接可以使用无需版权费（但通常需要支付 AIGC 工具的使用费，比如按月或按年支付），这能节省不少成本。

（三）AIGC 作品如何主张权益？

AI 带来便利，降低成本的同时，也带来了巨大的挑战，AIGC（人工智能生成物）如何主张权益？目前，法律界对于 AIGC 是否构成作品的认定、版权归属在实践中认识仍有分歧，尚无定论，但这不妨碍进行探索和讨论。

对于纯粹的 AIGC 生成内容，其权益属于生成物的发起方，但可能面临来源真实性争议。如果 AIGC 中融合了用户提供的素材，如参考图像，则涉及素材的版权。若未得到授权，则存在侵权风险。一种可行的方式是在 AIGC 生成前让用户声明所提供素材的版权归属，并仅基于用户有权提供使用的素材来创造 AIGC。另外，AIGC 生成后也应明确权益认定，如果涉及他人的权利，需要标明来源。当出现争议时，可以通过持续追踪 AIGC 生成过程中的素材来源和参考关系，进而识别权益归属。

倘若仅采用提示词，无需提供参考素材，生成的 AIGC 存在一种可能，就是他人也采用相同或相近提示词生成类似风格的 AIGC，此时主张权益可能比较困难。目前，对 AIGC 的定性方面，法院均认可唯有"体现人类智力创作"的内容方能定义《著作权法》中所保护的作品。因此，使用 AIGC 进行创造的创造者，可以考虑在 AIGC 中，增加具有个人或组织的风格特征，如字体、Logo，或者人工创作的素材，通过组合形式，提升"体现人类智力创作"的程度，也能避免"撞衫"，和其他创造者相似风格的成果。除此之外，结合前面所述区块链存证的平台，利用区块链来进行数据确权，至少能通过时间戳证明先后顺序，不失为一种可行的办法。总结如下：

1. 利用区块链技术进行确认和追踪。可以在 AIGC 作品生成后立即进行区块链注册和存证，通过不可篡改的区块链记录确立创作时间和原创权。

2. 建立 AIGC 生成前的声明机制。让使用 AIGC 工具的用户在生成 AIGC 之前，声明所使用的素材和参考内容的来源及权益归属，确保 AIGC 的合法性。

3. 完善相关政策法规。建议立法机构制定保护 AIGC 的政策，明确算法或模型的使用方对 AIGC 的权益，以促进 AIGC 应用的规范健康发展。

4. 增加个性化元素。AIGC 的使用方可以在 AIGC 中融入个性化内容，如添加文字说明、艺术处理等，使 AIGC 更能体现人类智力，有助于在发生纠纷时证明 AIGC 的原创性权益。

（四）AI 如何帮助数据确权？

不只是区块链能够帮助数据确权，还可以考虑利用 AI 即人工智能的手段来帮助数据确权，包括但不限于如下：

AI 生成数字水印：使用 AI 生成包含作者、时间等信息的隐形数字水印，融入到内容中，也是一种确权的技术手段。

AI 内容识别与比对：使用图像、语音、文本等识别算法，可以自动识别内容，并与已有内容库进行比对，判断是否存在抄袭或侵权。

AI 特征提取：通过 AI 的特征提取技术，可以从数据中自动提取出具有代表性的特征，生成内容的数字指纹，用于确权和检索。

AI 预训练模型：利用在大规模训练数据集上预训练的 AI 模型，可以判断新内容的作者风格，与某个组织或个人的创作风格是否相同或类似。

AI 辅助智能合约：使用 AI 算法辅助区块链智能合约的编写，增加确权、访问控制、支付结算等自动化逻辑，促进数据确权和价值交换。

综上所述，下一代互联网和元宇宙的蓬勃发展需要海量数据的产生和应用，如何在创新驱动与权益保护之间实现平衡，是元宇宙生态健康成长的关键。充分利用

AI、区块链等技术实现数据确权，建立行业规范促进合理共享，并以知识产权法律为基础构建数字资产版权保护体系，是应对元宇宙数据挑战的有效途径。我们需要深入研究元宇宙数据的特点，不断完善技术和法律手段，在开放、共享与安全之间寻求平衡，推动下一代互联网和元宇宙的数据生态良性循环，为构建数字中国添砖加瓦。

（五）AIGC 版权保护的最新案例

在人工智能生成内容（AIGC）的版权保护领域，北京互联网法院在 2023 年 12 月审结的一起案件提供了新的视角。这起案件涉及的是原告李某利用开源软件 Stable Diffusion 生成的图片，被告刘某未经许可在百家号上使用了这些图片，并移除了原告的署名水印。原告认为这一行为侵犯了其的署名权和信息网络传播权，要求被告公开赔礼道歉并赔偿经济损失。

原告通过精心设计的提示词和参数设置，利用 Stable Diffusion 模型生成了一系列图片，并在小红书平台上发布了其中的一张。被告在撰写文章时，未经原告许可，使用了这张图片作为配图，并在发布时去除了原告的署名水印。原告认为，被告的行为不仅侵犯了其署名权，还通过去除水印误导公众，使人们误认为被告是作品的原创作者。

北京互联网法院在审理此案时，首先确认了涉案图片作为作品的属性。法院认为，尽管图片是通过人工智能技术生成的，但原告在生成过程中投入了智力劳动，包括选择提示词、设置参数等，这些行为体现了原告的审美选择和个性判断。因此，涉案图片被认定为具有独创性的美术作品，受到著作权法的保护。

法院进一步指出，人工智能模型本身无法成为著作权法意义上的作者。原告作为使用人工智能软件的人，通过其智力投入和个性化表达，是涉案图片的合法作者。被告未经授权使用图片并去除署名水印，侵犯了原告的信息网络传播权和署名权，因此应承担侵权责任。

最终，法院判决被告需公开赔礼道歉，并赔偿原告 500 元人民币。这一判决结果体现了法院对于 AIGC 版权保护的积极态度，同时也为 AIGC 的创作者提供了法律上的保障。

这起案件对于下一代互联网的数据确权和版权保护具有重要意义。随着人工智能技术的发展，AIGC 作品的数量和质量都在快速增长，如何界定和保护这些成果的版权，成为一个亟待解决的问题。北京互联网法院的判决为 AIGC 的版权保护提供了明确的法律依据，强调了创作者在利用人工智能进行创作过程中的智力投入和个性化表达的重要性。

这一判决不仅为 AIGC 的创作者提供了法律保护，也为公众提供了明确的指引，即在使用 AIGC 时，必须尊重原作者的版权，未经许可不得擅自使用。同时，这也为未来可能出现的类似案件提供了参考，有助于推动相关法律法规的完善和版权保护机制的建立。

五、新政策带来的影响

（一）促进数字财政的发展

"数字财政"是指在现代数字经济背景下，政府利用数字技术和数据资产来管理和优化多元化的财政资源的一种新型财政管理模式。与传统的"土地财政"不同，数字财政的核心在于数据资产的价值和流动性，它强调通过数字化手段来提升财政效率、促进经济增长和实现可持续发展。

在传统的"土地财政"模式中，政府的主要财政收入来源于土地出让和相关的地产税收。这种模式在经济快速发展阶段起到了重要作用，但随着经济转型和数字化的推进，这一模式的局限性逐渐显现。相比之下，数字财政更加注重利用数据资产创造的经济价值，包括数据或数据集、版权、专利等无形资产，为政府提供了更加多元和灵活的收入来源。

传统的地租经济，始于1994年的分税制改革和1998年住房商品化，即"三十年河西"，依赖于土地资源和物质资产的经济活动。然而，随着技术进步和信息时代的到来，"三十年河东"（从2024年开始的下一个30年）标志着经济活动的重心逐渐转移到数字领域。在这个现代数字经济的新阶段，数据资产成为关键的经济驱动力。企业的数据资产入表政策，正是这一转型的具体体现，它标志着政府和市场都开始重视和利用数据资产的经济潜力。数字财政的发展不仅改变了政府的收入结构，还对税收政策和财政规划带来深远影响。政府可以通过更加精准和高效的数字技术来管理税收，同时利用数据资产的交易和评估信息来优化财政支出。这不仅有助于更公平和有效地分配数字经济的收益，而且为政府提供了新的手段来刺激和引导数字经济的持续发展。

最后，数据资产入表政策也为数字财政的发展提供了新的动力。在过去，由于数据资产在财务报表中的地位较低，其在税收和财政政策中的作用也相对有限。但现在，随着这些资产的价值被正式认可和计量，它们将在企业税收、国家税收政策和财政规划中发挥更加重要的作用。这不仅有助于公平和有效地分配数字经济的收益，也为政府提供了新的工具来刺激和引导数字经济的发展，从而促进数字中国的建设。

（二）企业数据资产入表：对互联网版权保护的影响

自 2024 年 1 月 1 日起，中国政策允许企业的数据资产纳入财务报表，这一政策变化标志着中国数字经济进入一个新时代。这一政策的实施，不仅为数据资产提供了官方的认可和评估基准，而且对数据确权和版权保护产生了深远的影响。

企业数据资产入表政策的推出，从根本上扩大了数据资产的经济和法律地位。这不仅是对传统财务报告体系的重要补充，也为数据资产的价值提供了官方的认可和评估基准。在此之前，虽然数字内容和服务在互联网经济中扮演着越来越重要的角色，但它们往往在企业的财务报表中被边缘化或忽视。如今，这一变化意味着数据资产（包括版权资产）将在企业价值评估和管理决策中发挥更加显著的作用。

这一政策变革为互联网版权保护带来了新的机遇。首先，它提高了版权资产的可见性和透明度。当企业被要求在财务报表中明确列出其拥有或控制的版权资产时，这些资产的存在和价值将变得更加显而易见。这种增加的可见性不仅有利于投资者和利益相关者更好地理解企业的资产结构，也为版权保护提供了便利和坚实的基础。其次，数据资产入表的做法促进了版权确权的正规化。在传统的版权管理中，确权过程往往复杂而模糊。但现在，随着数据资产的价值被正式纳入企业的财务体系，确权变得更加重要和紧迫。这将促使企业积极主动加强版权资料的整理和管理，从而在法律上为自己的知识产权提供更强的保护。

（三）版权登记和交易

随着数据资产成为财务报表的一部分，企业将更有动力进行版权登记，以确保其资产得到正式认可。这可能促使版权登记流程的正规化和标准化，因为企业需要提供更详细的资产信息和证明。同时，企业可能会增加版权登记的数量，以确保所有数据资产都得到适当的保护。这可能会促进版权登记机构的发展和创新，以适应更大规模的版权登记需求。

数据资产入表将提高版权资产的可见性，使得版权交易更加透明。投资者和买家可以更容易地评估资产的价值，这可能会促进版权交易市场的活跃度。同时，企业可能会寻求更高效的版权交易方式，以适应财务报表的需要。这可能会推动版权交易平台的创新，包括使用区块链等技术来简化版权转让和许可流程。

（四）版权侵权诉讼、评估和保护

数据资产的正式入表意味着企业需要更严格地管理其版权资产，这可能包括更完善的版权管理和侵权监控机制。在侵权诉讼中，企业将能够提供更有力的证据来证明其版权资产的价值和侵权行为的损害。此外，企业可能会调整其诉讼策略，以保护其在财务报表中体现的数据资产。这可能包括更积极地追求侵权赔偿，以及在诉讼中强调版权资产对企业财务的重要性。

随着数据资产的价值被认可，将需要开发新的评估方法来准确反映这些资产的市场价值。这可能会推动版权评估领域的创新，包括使用人工智能和大数据技术来预测版权资产的未来收益。

企业数据资产入表将提高整个社会对版权保护的意识。企业和个人将更加重视版权的保护，这可能会推动更广泛的版权教育和意识提升活动。

（五）法律监管和国际合作

随着数据资产入表，现有的版权法律和监管框架可能需要更新，以适应新的经济现实。这可能包括对数字版权的更明确定义，以及对数字版权侵权行为的更严厉处罚。

随着数据资产的全球化，国际间的版权保护合作将变得更加重要。企业可能需要与国际伙伴合作，以确保其数据资产在全球范围内得到保护。

（六）企业数字资源入表展望

综上所述，企业数字资源入表政策是中国数字经济发展的一个重要转折点，它将对互联网版权保护产生深远的影响。这一变化不仅提高了版权资产的可见性和正规化，也带来了版权评估和交易的新挑战，并为数字财政的发展打开了新的大门。

随着这一政策的进一步实施，我们可以预期，版权资产将在中国互联网经济中发挥越来越重要的作用。

六、结　语

随着下一代互联网（Web 3.0）时代的到来，元宇宙作为其核心应用场景，正重塑着数据资产的形态和价值。本文探讨了元宇宙背景下的数据确权和版权保护问题，强调了区块链和 AI 技术在解决这些挑战中的关键作用。我们分析了数据资产的分类，探讨了 AIGC 作品的版权保护，以及企业数据资产入表对版权保护的深远影响。案例分析表明，法律和技术创新是解决版权争议和数据确权问题的关键。

展望未来，我们预见到数据确权和版权保护将面临更加复杂和多样化的挑战。随着 AIGC 技术的成熟和应用，如何界定和保护由 AI 生成内容的版权将成为研究的重点。同时，随着企业数据资产入表政策的实施，版权评估和交易机制也将面临新的变革。政策制定者需进一步完善相关法律法规，以适应数字经济的新趋势。此外，国际合作在跨国版权保护方面的重要性日益凸显，需要建立更加统一和高效的国际版权保护体系。期待通过跨学科的研究和政策创新，共同构建一个既保护创作者权益又能激发创新活力的数字版权环境。

参考文献

叶毓睿：《元宇宙十大技术》，中译出版社 2022 年版。

叶毓睿：《AIGC 离不开区块链？》，《创意中国》2023 年第 2 期。

《"AI 文生图"著作权案一审生效》，北京互联网法院官方微信公众号，2023 年 12 月 27 日。

V

专 题 篇

B. 16　2023 年网络短视频版权保护与发展报告——典型案例

李颖　王洁　李梦雪[*]

典型案例一　算法推荐不必然提高平台注意义务

案号：

一审：上海市浦东新区人民法院（2022）沪 0115 民初 36410 号

二审：上海知识产权法院（2023）沪 73 民终 287 号

案情简介：

原告某视频公司主张《圆桌派》是一款知名节目，该公司获得《圆桌派》节目（第三季和第四季）的信息网络传播权、转授权及维权权利独家、永久授权。某音频平台 APP 上存在大量由第三方上传的《圆桌派》第四季音频，在 APP 首页"推荐"版块的"精品"栏目中显示涉案音频专辑"圆桌 π｜｜陪你聊人生"，点击该"厨子哥哥"主播专辑发现"肆人行｜｜与窦某围桌闲聊"音频合集。随后返回首页"推荐"版块，"精品"栏目中还出现涉案音频专辑"圆桌 π｜｜窦某的四人行"，主播为"厨子圆桌汇"。某视频公司提起诉讼，请求判令被告某音频公司等连带赔偿经济损失 60 万元及合理支出 4 万元。

一审法院认为，涉案作品具有较高知名度，部分侵权行为较为明显。某音频公司对部分侵权内容在 APP 首页进行了推荐和设置，即便为算法推荐，也可明显感知涉案侵权音频，如涉案侵权音频以"圆桌 π"命名，且在较短时间内的播放量

＊ 李颖，抖音集团法律研究总监，研究方向为著作权法、网络法、侵权法、合同法；王洁，抖音集团法律研究中心高级研究员，研究方向为网络法、人工智能法和知识产权法；李梦雪，抖音集团法务部法律顾问，研究方向为网络法、著作权法。

累计超过百万次，专辑评分也较高。某音频公司因涉案侵权音频大量播放产生的流量获得直接经济利益，应负有较高注意义务，构成帮助侵权，判决其赔偿经济损失12 万元及合理开支 1 万元。

后某音频公司提起上诉，二审法院认为：

1. 该公司不存在明知。"通知+必要措施"系认定网络服务提供者侵权责任的重要规则。某视频公司在得知侵权后长达近一年半的时间里未发送侵权通知，亦无证据显示某音频公司明知网络用户侵权而未采取必要措施，故不能认定其存在明知。

2. 该公司不存在应知：（1）某音频公司未针对涉案侵权音频进行人工选择、编辑、修改、推荐，不能基于个性化推荐内容中涉及涉案音频，即认定该公司存在主动推荐行为。涉案音频专辑是平台基于大数据算法自动推荐产生的，推荐过程涉及特征标签匹配，不考虑内容的具体识别和判断，个性化推荐区别于人工推荐。不能基于个性化推荐内容中涉及涉案音频，即认定某音频公司主动对涉案音频进行了设置。（2）涉案音频不属于可明显感知的侵权信息。无论是通过涉案音频本身，抑或通过涉案专辑名称、图片、简介等，均较难识别是否属于侵权信息。大数据算法推荐具有个性化特点，在案证据不足以证明被诉侵权音频处于可被平台经营者明显感知的位置。（3）某音频公司未从侵权内容中获得直接经济利益。网络服务提供者因提供网络服务而收取一般性广告费、服务费等费用与特定作品无关联，不属于直接经济利益。该公司提供的超高音质下载服务属于一般性服务，不属于从涉案侵权音频中获得直接经济利益。流量利益亦不能认定属于直接经济利益。（4）在案证据不能证明某音频公司未尽到与其能力相应的注意义务。算法推荐区别于人工推荐，不能因算法推荐技术的使用而当然推定网络服务提供者信息管理能力的提高，亦不能因算法推荐内容涉及侵权，而当然推定网络服务提供者知悉该内容的存在。在案证据显示某音频公司采用算法推荐技术进行个性化推送和通用榜单排序，但并无显示该技术被用于存在较高著作权侵权风险内容的推送，也未涉及该公司未设置便捷程序接收侵权通知并及时作出合理反应，以及未对同一网络用户的重复侵权行为采取合理措施，故不能认定未尽到与其信息管理能力相应的注意义务。法院二审改判，驳回原告诉讼请求。

简要分析：

近年来，因算法推荐技术引发的著作权侵权案件，日益受到关注。采用算法推荐技术的平台是否对于侵权内容具有更高注意义务，如何认定其存在"应知"而未及时采取必要措施的过错，如何确定各方的举证责任，不仅司法实践中存在各种分歧，学术观点也有很大差异。该案认定算法推荐并不必然突破"避风港原则"，被评为 2023 年度国际保护知识产权协会（AIPPI）中国分会版权十大热点案件之一。该案件中法院对算法推荐技术及平台注意义务、过错的深入论证，又是目前唯一生效的涉及算法推荐侵犯著作权案件的判决，故引发广泛讨论。

该案中法院认定，算法推荐的推荐过程涉及特征标签匹配，不考虑内容的具体识别和判断，推荐内容受用户历史选择情况、可选内容源的变化而变化，具有个性化推荐的特点，对于不同用户的推荐内容亦存在差异，区别于网络服务提供者人工对作品进行选择、编辑、修改并统一向所有用户进行推荐的行为。同时，鉴于大数据算法推荐具有个性化特点，不同用户推荐页面并不相同，并不足以证明被诉侵权音频处于涉案 APP 可以被平台经营者明显感知的位置。综合在案证据，法院认为尚不能认定某音频公司应当知道其网络用户在其经营的平台中上传了涉案侵权音频而未采取删除、屏蔽、断开链接等必要措施，不能认为采用了算法推荐技术的该公司未尽到注意义务而具有"应知"而未及时采取必要措施的过错。二审法院有关算法推荐技术原理、采用算法推荐技术平台的注意义务、对"应知"的认定以及对举证责任的分配，是符合当前算法推荐技术发展现状的，也是非常精彩而正确的。

目前，算法推荐已成为国内外各主流网络平台普遍采取的内容、商品或服务的推荐和分发方式。算法推荐系统是由庞大数量的数据模型和服务按照一定工程架构组建的体系，其从海量信息中选择对用户有用的信息，推送到有需求的用户面前，极大提升了分发、推荐效率。一般而言，个性化推荐的工作原理是利用用户某些个人或行为特征，或根据内容质量特征及用户的社交关系、用户选择的感兴趣内容等设置行为，进行价值排序，通过一定步骤和数学计算，推测出用户可能感兴趣或需要的东西，然后将相关内容相对精准地推荐给特定用户群体。目前，主流平台常用的推荐算法包括协同过滤推荐算法、内容推荐算法、关联规则推荐算法、相似性推荐算法等，且不同平台可能采用不同侧重的推荐算法，参数、方式等也在不断变化。①

---

① 腾讯媒体研究院：《全球主流社交媒体算法解析：Facebook、YouTube、Twitter 等平台如何利用算法推荐内容？》，见 https://www.woshipm.com/pd/4244961.html。

需要特别强调的是，个性化算法推荐与传统上法律人理解的平台或其雇员在识别视频内容后的"人为推荐"，存在着显著差异。个性化算法推荐技术本质上是系统基于用户相关数据信息的输入，在预先设定的包含视频观看时长、点赞率、分享率等因子的计算公式下，对视频与视频、特定人与相似人群之间的外在客观联系在"相关性"方面的输出和呈现，其运行过程中关心的更多是"相关性"，而非建立在平台在对视频内容及待推荐人群充分了解基础上、基于自身对视频内容的认知与待推荐人的喜好而进行的供需匹配及特定推荐行为（法律上的因果关系）。

对于采用算法推荐技术的短视频平台的"应知"应如何认定的问题，存在不少争议和观点分歧。北京互联网法院课题组在《短视频著作权司法保护研究》调研报告中指出，问题的关键在于算法推荐技术对于短视频平台"应知"的影响。"应知"指的是具体的应知而非概括的应知，短视频平台仅概括性地知晓其平台内存在侵权内容尚不构成《著作权法》意义上的"应知"。"应知"应当包含两方面的内容：一是能够合理地认识到涉案作品在其存储空间传播；二是能够合理地认识到网络用户未经权利人许可提供涉案作品。① 而崔国斌教授指出，由于推荐算法并不以识别出相关内容是否侵权为基础，故没有提升服务商识别、预防方面的能力。②

涉及算法推荐的案件中，基于算法"黑箱"的存在、算法技术的复杂性等因素，导致行为人的过错和因果关系难以确定。法院如何合理分配举证责任，也需进一步探讨。笔者倾向于认为，基于算法"黑箱"的存在和算法可解释性、透明度的要求，此类案件中可由采用算法推荐技术的平台对所采取的算法推荐技术基本原理、发展现状等承担初步证明、说明义务。然后，相关举证应紧密围绕现有算法推荐技术是否以推荐前需要、能够识别内容是否侵权为基础，平台采取算法推荐技术是否客观上提升了其识别、预防侵权方面的能力，应由原告初步举证平台上存在算法推荐导致侵权范围扩大的事实，然后由被告举证其采用的算法推荐技术原理及技术现状，初步说服法官并无事先设定识别任务、人为干预侵权视频推荐情况，之后关于过错的举证责任再次转移到原告。目前，算法推荐技术并不具备事先识别视频内容的能力和现实可行性，涉案证据中也未显示平台人工事先设定识别任务或特别

① 北京互联网法院课题组：《短视频著作权司法保护研究》，《中国审判》2023年第3期。
② 21世纪经济报道：《算法推荐会加重平台版权侵权责任吗？》，见 https://www.sohu.com/a/542385923_121181007。

推荐等反常现象及其蛛丝马迹。算法推荐系统的推荐效果在很大程度上依赖于平台上所有用户数据与商品数据的动态变化，其本意在于提升交易和分发效率，而非针对性推荐侵权内容。基于技术中立原则，为避免将算法推荐技术打上"原罪"的烙印而妨害算法技术的发展进步，只要算法中没有事先加入主动识别和筛选、推送特定侵权内容的指令，采取算法推荐技术的平台也在接到有效通知后及时采取了"通知—删除"等措施，就不应被推定为"应知"和"存在过错"。

典型案例二　短视频二创具备合理使用空间

案号：

一审：湖南省长沙市开福区人民法院（2023）湘0105民初1835号

二审审理中

案情简介：

A公司是一家综合类视频平台公司，B公司是一个内容创作与分享的视频网站。A公司依法享有电视剧《狂飙》的著作权及竞争利益。随着A平台剧集的更新，B平台的用户在平台上发布相关解说视频，播放量较高，且单个视频时长较长，涉案视频合集的总时长近8小时。

原告A公司主张，涉案侵权视频并非出于介绍或评论的目的，而是为了迎合用户在短时间内获悉剧情、主要画面内容的需求。并非向公众提供保留剧情悬念的推介、宣传信息，而是大量引用涉案作品的内容，涵盖了涉案作品的主要剧情和关键画面，实质呈现涉案作品的具体表达，已对涉案作品起到了实质性替代作用，影响了涉案作品的正常使用。B平台上传播的涉案视频不属于合理使用，侵害了原告的信息网络传播权、改编权、保护作品完整权等权利。B平台将涉案视频置于"全站热门排行榜"中，通过首页推荐给更多用户，在更大范围内传播，并构成不正当竞争。

被告B公司辩称，被诉视频是影视解说类视频，并非权利作品原片或简单CUT片段，含有UP主编辑创作成分，构成合理使用。

法院认为，解说类视频本身具有构成合理使用的可能性：影视解说类视频是一种通过对电影、电视剧等视听作品的画面进行选择、取舍、重组或整合，再搭配解说者的文案、配音、字幕或者配乐等元素，以向观众传达解说者对视听作品内容的理解、介绍、评论或讽刺的二次创作视频。部分影视解说类视频适当使用原电影、电视剧等视听作品素材，在原有作品的文学、艺术价值之外，产生了全新的价值、功能或性质，具备构成合理使用的可能性。法院同时指出，影视解说类视频引用原作品的范围需适当、不得影响作品的正常使用，也不得不合理地损害著作权人的合法权益。就本案而言，被诉视频共 36 个，均大量使用经剪辑的权利作品画面、原声，解说、字幕及配音等添加的元素也为剧情、人物或环境的同义转换，并未超脱于权利作品而产生全新的文学、艺术美感，同时也对权利作品形成实质性替代，不构成合理使用。此外，法院最终认为，A 公司就涉案作品向 B 公司发出了多次侵权通知，被告对侵权视频的长期传播，具有明知或应知的过错，构成帮助侵权。

简要分析：

我国 2020 年版《著作权法》第 24 条规定了十二种构成合理使用的情形，并增加了"法律、行政法规规定的其他情形"这一兜底条款。在用户二次创作短视频并公开发布的场景下，该法条第二项"为介绍、评论某一作品或者说明某一问题，在作品中适当引用他人已经发表的作品"是用户或平台作为被告时主要的抗辩理由之一，用户或平台认为相关二创短视频构成合理使用，不构成侵权。

二创类短视频的主要类型包括简单切条类（二次创作程度较低，也或可不纳入）、速看类、评论批评类、混剪类、恶搞戏仿类、reaction 类①等。司法和学术界目前达成的共识是，不能简单因某一视频被归类为某视频类型，就一概认可或否认其合理使用的空间，而需要在个案中具体判断，换言之，即任何一类二创视频若是在合理范围内使用了原作品，并产生了全新的价值、功能、性质，都具有合理使用的可能性。本案中，法院提出了合理使用分析的主要考量因素：

1. 引用比例是否属于适当引用。适当引用需要在创作过程中引用合理长度的他人作品，但不能将他人作品代替自己创作，并且引用需要限制在以介绍、评论和说明为目的，不能形成对他人作品的直接替代。

2. 是否影响权利作品的正常使用。主要考虑二创作品是否会对原作品产生替代效应。

3. 是否不合理地损害著作权人合法利益。是否因权利作品构成实质性替代而

---

① 指记录观看某一类内容而展现出的个人反应类视频，形式多为一名或多名创作者一边观看某个影视内容，一边点评或讨论，常以创作者犀利的吐槽和具有幽默感的反应吸引受众。

攫取著作权人的合法利益。以作品宣传为目的而制作的视频，与以替代为目的制作的视频存在明显区别。

该法院提出的三项考量因素，从引用比例、目的，使用方式，使用目的等方面进行分析，主要是参考了《保护文学和艺术作品伯尔尼公约》中"三步检验法"的判断逻辑。总体而言，国内法院对合理使用的认定把握较为严格，短视频领域有法院曾认定 reaction 视频构成侵权①。相比而言，国外对合理使用的认定更为灵活，如美国合理使用规则采取开放模式，既列明了法定合理使用情形，又开放性地提出了法院在判决中可以考量的因素（"四要素检验法"），主要包括：（1）使用的目的和性质，包括这种使用是商业性质的还是用于非营利教育目的的；（2）受版权保护作品的性质；（3）使用部分的数量和实质性与整体受版权保护的作品的相关性；（4）使用对受版权保护作品潜在市场或价值的影响。"四要素检验法"实际上是对"三步检验法"后两个要素考量标准的细化。但总体上，美国法院在考虑四要素时会采取逐个分析并互相对抗的方式，判断每个要素对原告有利还是对被告有利，即使某一两个要素不完全符合，但如果其他要素提供了强有力的支持，法院仍可能综合认为构成合理使用。美国法认为"合理使用判断的核心是该项使用是否具有'转化性（transformative）'，并添加了具有进一步目的或者不同特性的新内容"②。综合以上因素，美国法院曾有案例认定 reaction 类视频构成合理使用③。

著作权保护的目的在于激励创作，促进文化产业的繁荣，但著作权的保护强度也应当保持在合理限度内，因此为了平衡著作权人利益与公众利益，法律在设立权利的同时也规定了合理使用、法定许可等制度。短视频的兴起降低了视频创作的门槛，大众乐于发挥创造性在短视频平台上发布创作内容。用户创作视频时，已有的视频资源是其中重要的素材来源，为了保护大众的创作热情，同时维护好著作权人利益，明确合理使用的边界确有必要。本案判决中，法院明确了二次创作短视频使用已有视频资源具有合理使用空间，并提出了判断是否构成合理使用的分析框架，有利于规范引导用户创作行为，保障短视频行业良性发展。同时，也建议我国司法可考虑借鉴美国等其他国家的司法经验，适当扩大合理使用空间，激发创作活力，

---

① 关聪：《B 站因"reaction 视频"被判赔优酷 35 万元　影视二创又出新判例》，见 https://www.caixin.com/2023-12-01/102141974.html。

② See Campbell v.Acuff-Rose Music，Inc.，510 U.S.569.

③ See Hosseinzadeh v.Klein_ 276 F.Supp.3d 34.

产出更多的创新成果。

典型案例三 慎重突破"避风港原则"，
不宜随意设定过滤义务

案号：

一审：上海市浦东新区人民法院（2021）沪 0115 民初 108453 号

二审中原告撤回起诉

案情简介：

原告 A 公司依法享有电视剧《潜伏》的信息网络传播权及对外维权权利，起诉认为被告 B 公司运营的短视频平台中存在大量关于电视剧《潜伏》的侵权视频，原告多次向被告发送侵权通知函，被告未能采取积极措施处理侵权视频。被告明知、应知涉案侵权内容的存在，构成帮助侵权，请求法院判令 B 公司立即采取有效措施过滤和拦截用户上传和传播的侵害涉案作品信息网络传播权的视频；在官方账号刊登声明，消除影响；赔偿损失和合理支出共计 5000 万元。

一审法院认为，被控侵权视频系用户上传，用户为直接侵权人，至于被告平台是否构成帮助侵权，主要需分析被告对被控侵权视频的存在是否构成明知或应知。法院综合涉案作品的知名度、侵权通知情况（通知系概括通知）、被告平台的管控能力等因素，针对被告平台话题功能、搜索分类推荐功能、搜索联想功能下存在侵权视频的情况，认定被告构成帮助侵权；而视频加热功能、获取广告收益等不针对特定视频，系平常惯常的商业模式，不构成帮助侵权。在民事责任承担部分，关于过滤拦截视频，法院认为，对平台存在侵权视频的概括认知并不使得 B 公司在平台海量视频的情况下负担事前审查过滤的法定或约定义务。原告在不能提供具体对象的前提下，要求被告采取有效措施进行过滤和拦截，系强加给被告自行承担甄别侵权视频错误所造成的后果，转嫁了原告作为权利人本应承担的可能因错误通知所造成的损害赔偿风险，不合理地加大网络服务提供者的运营成本，不利于互联网行业的健康发展。被告在其他案件中基于特定背景作出的过滤承诺不应在其他案件中适用，不应成为其法定义务。被告在原告起诉后已删除所有被控侵权视频的前提下，难以支持原告要求过滤拦截视频的请求。最终法院判决被告赔偿原告经济损失及维权合理支出 130 万元，驳回其余诉讼请求。

简要分析：

关于互联网平台的版权过滤义务，无论在我国还是在国际上，无论是立法、司法还是学术界，都存在巨大争议。就国外情况而言，多数国家普遍未给网络服务提供者设置事先审查过滤义务。美国 1998 年制定了《数字千年版权法案》，从法律层面率先确立了"通知—删除"规则，广泛影响了各国的立法和实践。经过 20 多年的实施，美国版权局经过 5 年的调研后，认为"通知—删除"机制的基本原则总体上问题不大，但也需要不断修订完善。欧盟由于整体缺少大型网络服务提供商，是世界上设置网络服务提供者义务最为严苛的地区，2019 年发布的《数字单一市场版权指令》第 17 条对在线内容分享服务提供者的责任进行了重大变革，但欧盟法域内的反对声音巨大。该条的表述具有一定模糊性，我国有学者认为欧盟已为网络平台设置了过滤义务，也有学者给出否定意见，认为第 17 条第 8 项明确表示"本条的适用不应导致一般监控义务"。

就我国国内而言，在长短视频争议初期阶段，由于对行业发展情况、技术现状、法律争议问题的把握不全面，司法审判中有些法院认为，短视频平台应采取过滤拦截措施。其中，有的法院认为，在法律上应当突破"通知—删除"规则，"是否在个案中应当承担高于'通知—删除'规则的义务，司法机关有权根据个案事实、立法原意、个案价值和社会价值进行综合认定"[1]；有的法院认为，使用算法推荐技术的平台应当提高侵权治理能力，"平台侵权治理技术能力的要求，应与其传播技术能力相匹配"[2]；有的法院认为，就技术层面而言，头部短视频平台具有发现并制止侵权的技术能力，可以通过人工及技术审核过滤拦截侵权视频[3]。但相关观点受到学者们的讨论和批评。有学者提出，我国法律框架下，网络服务提供者对内容没有事前全面审查义务是共识，我国制度仍坚持"通知—删除"规则和"红旗规则"。[4] 也有学者提出判断算法推荐平台是否要承担责任，关键在于算法推荐技术能否提升平台识别侵权行为的能力。而实际上，基于目前主流的推荐技术并

---

[1]　（2021）陕 01 知民初 3078 号民事判决书，二审审理中。

[2]　（2021）渝 01 民初 401 号民事判决书，二审中原告撤回起诉。

[3]　（2022）粤 03 民初 1945 号民事判决书，二审中原告撤回起诉。

[4]　冯晓青：《信息流推送模式下平台方著作权侵权责任研究》，见 https://mp.weixin.qq.com/s/z0FH12D0UuhfKzytvrxMHw。

不识别具体的视频内容，并不必然提高平台的版权保护注意义务。① 也有学者提出，需要评估平台采取必要措施过滤侵权行为的可行性、成本及效益，过滤拦截措施是以"增加网站运营成本、降低信息传播速度为代价的，长远来看，并不利于知识经济发展和科学技术创新"②。

目前，平台进行版权侵权治理的方式主要是通过关键词回扫过滤和人工审核，然而关键词存在很大的误伤可能性，需要大量依靠人工复核，并且即使人工复核，也存在是否构成合理使用等较难判断的情况。过滤拦截措施是关于网络服务提供者侵权责任体系的质的变革，在目前的技术水平下，可能会给企业带来过高成本。

随着三年来实践和讨论的深入，法院的观点逐渐倾向于谨慎和克制。如有的法院提出，"确定网络服务提供者是否应当承担事先审查的义务应结合案件具体情况，应综合考虑网络服务提供者提供的服务内容和管理信息的能力、传播作品的类型和知名度、现有的技术水平、行业特点以及权利人、网络用户和网络服务提供者的利益平衡等因素"。在被告已将涉案侵权视频予以删除、原告未有证据证明涉案平台仍有大量侵权视频、涉案视听作品已过热播期的情况下，不予支持过滤拦截视频的请求③。在前述（2021）沪 0115 民初 108453 号判决中，法院也认为，过滤拦截措施不属于法定和约定的义务，系权利人转嫁甄别错误的风险的行为，并从这会不合理地加大网络服务提供者的运营成本等角度，否定原告有关事先过滤拦截措施的诉讼请求。

面对新技术、新事物、新的争议问题，无论是司法、立法还是学界观点都需要深入行业和技术现状，研究具体技术的可行性和行业实际，不能超出现有技术水平而为平台设定过高的义务。司法从遵守法律规定出发，结合行业发展现状，谨慎认定平台责任边界，有利于在有效制止侵权的基础上，维护良好的互联网生态，促进互联网企业健康发展。

---

① 社科大互联网法学：《发言实录｜崔国斌：算法推荐技术不必然提升平台版权保护注意义务》，2022 年 4 月 30 日，https://mp.weixin.qq.com/s/y_71J58Jp8GrVgiK9_MeUQ。

② 朱芸阳：《【智能与法】朱芸阳："算法推荐"构成网络服务提供者的主观过错吗?》，2020 年 9 月 10 日，见 https://mp.weixin.qq.com/s/4yrKyoq8ORJlV-3rEQg5hA。

③ （2021）鲁 02 民初 2258 号民事判决书，二审中原告撤回起诉。

典型案例四 批量搬运短视频的法律保护路径探索

案号：

一审：北京市海淀区人民法院（2019）京0108民初35902号

二审：北京知识产权法院（2021）京73民终1011号

案情简介：

原告A公司发现，B公司大量抓取A公司短视频APP产品上的短视频文件及评论内容，并在B公司运营的短视频APP产品上进行展现、传播。A公司认为，B公司的行为造成了其用户流量的流失及广告收益的减少，削减了其竞争优势和交易机会，构成不正当竞争，诉至法院，同时提起诉讼禁令。

北京市海淀区人民法院组织听证后认为，B公司未提交足够证据证明5万余条涉案短视频及相关评论内容为用户上传或具有合法授权。根据视频内置编码、视频内暗记等相应证据，认定B公司系采用技术手段或人工方式获取来源于原告短视频APP产品中的视频文件、评论内容并向公众提供。为有效控制涉案行为规模及损害后果的扩大，法院发出禁令，支持了A公司的行为保全申请。

法院一审认定：A公司投入相应的人力、财力成本，通过正当合法的经营，一方面吸引用户在平台内发布短视频，另一方面通过经营短视频资源吸引用户观看、评论、分享，带来相应流量。此外，A公司与用户之间定有协议，其在正常经营活动中使用用户上传的短视频内容亦具有合法的授权依据。A公司由此带来的经营收益、市场利益及竞争优势等合法权益应受反不正当竞争法的保护。B公司未通过正常运营产品的方式吸引用户、培育市场、建立竞争优势，并以此获得相应的合法经营利益，而是直接采用技术手段或人工方式获取原告赖以经营和获利的视频资源、评论内容。B公司的行为掠夺了A公司的经营成果，削弱了其竞争优势，违反诚实信用原则和公认的商业道德，构成不正当竞争。

后B公司不服，提起上诉。北京市知识产权法院审理后认为：A公司平台整体短视频产生的经济价值区别并独立于使用单一视频内容产生的经济价值。著作权法保护的并不是短视频平台收集者付出的成本，著作权法对于单一作品或者录像制品创作者的法律保护，并不适用于A公司。涉案数据集合具有数据规模大、内容全面、投资巨大、商业价值高的特点，A公司对数据集合的选择和编排未体现独创性劳动，该集合不构成汇编作品，但构成非独创性数据集合。A 公司基于涉案非独创性数据集合形成的竞争性利益，应当属于《中华人民共和国反不正当竞争法》保护的合法权益。此外，鉴于互联网产业领域内普遍公认的商业道德尚未形成，因此反不正当竞争法第二条对竞争行为进行判断时，可以以利益衡量为标准，通过衡量竞争行为手段的适当性、必要性，竞争行为后果造成的损害与所得利益之间的均衡性，判断竞争行为对经营者利益、消费者利益及市场竞争秩序的影响，在动态利益衡量的基础上认定竞争行为的正当性。最终二审法院维持原判，驳回了一审被告的上诉。

简要分析：

移动互联网的不断发展，使得信息形态经历了从文字到图文、短视频的内容形态变革，并不断激发和释放用户生产内容的潜力。在全民自媒体的大环境下，越来越多的用户加入创作者的队伍，通过精妙的选题、构思、素材、文案，营造了百花齐放的良好内容生态，丰富了民众的精神文化生活。但与此同时，优质原创内容也吸引了一些不劳而获者的大肆盗版、抄袭，甚至形成了去水印、批量盗版、伪造账号等灰黑色产业链，对文化内容产业的健康有序发展造成极大破坏。这种直接将他人平台的优质视频内容资源嫁接到侵权平台上，吸引用户流量，并以此为基础进行广告投放和其他产品开发等谋取商业利益的行为已经成为短视频的行业顽疾，亟待司法的有效救济。

在该案之前，短视频平台采用民事诉讼对搬运行为进行司法救济，主要选择著作权侵权的案由，如北京快手科技有限公司诉广州华多网络科技有限公司著作权侵权案[①]、北京微播视界科技有限公司诉百度在线网络技术（北京）有限公司著作权侵权案[②]等。实践中，著作权的维权方式确实起到了一定的打击侵权作用，但其局限性也相当明显，包括：（1）著作权维权的前提是明确被搬运短视频的作品属性。但实践中短视频属于视听作品还是录像制品，无法一概而论，需要个案判断。（2）因短视频的著作权人为用户，平台需要取得这些短视频作者的独家授权和维权权利授权，方可提起著作权侵权之诉，而平台获得短视频作者的授权费时费力，一般需要签署和提供特别的授权文件。（3）诉讼阶段，大批量的短视频著作权维

---

① （2017）京 0108 民初 49079 号民事判决书，一审判决已生效。
② （2018）京 0491 民初 1 号民事判决书，一审判决已生效。

权，无论是分案起诉、串案处理还是集中在一个案件中进行起诉，法院都面临较大的审判压力。而且，短视频的作品属性需要在个案中具体认定，这些因素都增加了维权的不确定性，同时拉长了审理周期，很可能使得侵权平台有足够的时间通过伪造马甲等形式，利用"避风港原则"主张免责。对此，二审法院在判决中也有专门论述，即A公司基于《用户服务协议》的条款，通过用户点击同意，获得短视频的非独占许可。当发生对短视频平台整体短视频内容进行抓取搬运的侵权行为时，法院可能认定用户服务协议的格式条款及用户点击同意的方式，不符合民法典的规定，对双方没有约束力，从而认定原告没有起诉的权利。但面对海量平台注册用户，要求原告一一获得知视频创作者的书面许可，这无疑是十分困难的。由此产生的后果，是原告A公司无法依据著作权法及时有效制止侵权行为，并主张受到的损失。可见，著作权法保护的是每个网络用户为创作每个短视频付出的劳动成本，并不是短视频平台作为收集者付出的成本。著作权法对单一作品或者录像制品创作者的法律保护，并不适用于A公司。但A公司收集、存储、加工、传输、呈现整体短视频付出了巨大的成本，对短视频整体享有重要的经营利益。如果法律不对这种利益予以保护，则会降低原告经营短视频平台的积极性，甚至影响短视频行业的发展。因此，涉案短视频的整体集合，对于原告A公司来说，具有独立的商业价值，应对其整体进行保护。

此外，对于短视频批量搬运行为，权利人还面临着侵权发现难、固定证据难度大等困境，具体表现为：虽然平台通常会在用户上传的短视频上打上平台LOGO、上传用户账号等显性水印信息以标明来源，但市场上去水印的各类软件泛滥，导致平台很难直观判断其他平台中出现的内容一致的短视频是搬运于自身平台，还是用户自主上传。该案中，证明被告搬运行为的关键性证据是含有原告平台短视频内置编码、视频内暗记的内容也出现在了被告APP上，而被告对此无法进行合理解释。此外，被告虽表示涉案短视频系用户上传，部分短视频有合法来源，但其提交的后台信息、用户信息等表格均系自行制作，且存在矛盾、不完整、用户授权书与后台信息无法对应等情况。据此，法院最终认定被告实施了批量搬运的侵权行为。

针对短视频批量搬运这一行业顽疾，本案是首次受害企业以不正当竞争为由成功诉讼维权，也是法院首次以禁令的方式对这一乱象进行规制。作为入选2023年北京知识产权法院涉数据反不正当竞争十大典型案例之一，该案对于短视频行业如何合理选择知识产权保护模式的问题，具有重要的标杆示范意义。

典型案例五　仿冒账号搬运短视频，多次通知未删除构成帮助侵权

案号：

一审：杭州互联网法院（2021）浙 0192 民初 6097 号

二审：浙江省杭州市中级人民法院（2022）浙 01 民终 3100 号

案情简介：

"农村四哥"是 A 平台的独家创作人，拥有几百万粉丝，该账号内上传有原创的很多纪实视频内容，并赋予该平台就相关视频的独家授权和维权权利。原告 A 平台发现，B 平台上出现侵权仿冒账号"农村四哥"，长期批量搬运其平台上"农村四哥"的独家视频，多次侵权投诉后，该侵权账号仍不断上传新增侵权视频。故提起诉讼，A 平台提起诉讼，主张 B 平台上"农村四哥"账号下 38 条视频内容侵权，要求其停止侵权、消除影响、赔偿经济损失和合理支出 100 万元。

一、二审法院认为：1. A 平台上"农村四哥"账号内的视频内容，均为视听作品。2. 被告 B 平台主观上属于"应知"。"农村四哥"账号具有较高知名度，B 平台上仿冒的"农村四哥"账号持续上传被控侵权内容的行为，系在同一个主观故意下、针对同一个权利人实施的重复侵权行为，在 A 平台已多次、持续进行预警、告知的情况下，B 平台对该仿冒账号及账号下被控侵权视频内容，已不可能仍处于毫不知晓或无从了解的状态。从该平台应当具备的管理信息能力及所提供服务的性质、方式及其引发侵权的可能性大小角度考量，被控侵权视频内容均集中在"首页—视频"的视频栏目中，位置较为明显，被控侵权视听作品标题含有"农村四哥"账号名称密切相关的关键词，网络普通用户较为容易辨识，该平台通过技术手段较为容易实现查找、定位。3. B 平台未及时采取必要措施，构成帮助侵权。B 平台上仿冒"农村四哥"的侵权账号下，反复出现重复侵权行为，其在收到多次投诉通知后，虽采取了"通知—删除"措施，但仍放任被控侵权账号持续发布和再传播新增侵权视频，据此获得侵权流量收益，给 A 平台带来较大经济损失。B 平台当时采取的措施不符合有效制止、预防明显侵权的实质要求，所采取的相关措施尚未达到"有效制止侵权"的"必要"程度，应承担侵权责任。法院最终判决 B 平台赔偿 A 平台经济损失及合理费用共计 30 万元。

简要分析：

本案涉及对短视频作品的类型界定、仿冒账号批量搬运其他短视频平台上短视频行为的侵权认定，以及对屡次通知后平台仍未采取必要措施时主观上是否"应知"的认定等问题。法院对于平台上仿冒账号批量搬运视频情况下，平台在多次收到通知后构成对具体侵权行为的"应知"状态以及应采取不限于删除而包括封号等"必要措施"的认定，对于维护网络环境下良好的版权环境，具有指导和示范意义。特别值得注意的是，本案的被告B是长视频平台，涉及的案情是长视频平台上仿冒账号批量搬运短视频平台精彩视频的侵权情况，凸显出现阶段网络版权保护的复杂性，即实践中不仅存在短视频平台侵犯长视频平台信息网络传播权的案件，长视频平台侵犯短视频平台信息网络传播权的情况也时有发生。

（一）短视频属于哪种类型的作品

我国《著作权法》第3条规定："本法所称的作品，是指文学、艺术和科学领域内具有独创性并能以一定形式表现的智力成果，包括（六）视听作品"，第17条则用"视听作品"名称取代了"电影作品和以类似摄制电影的方法创作的作品"。而视听作品独创性主要体现在连续画面的独创性。本案中，"农村四哥"账号视频记录的均是客观事件，具有纪实性质，这类纪实类视听作品的独创性，可从对素材的选择、对素材的拍摄、对拍摄画面的选择及编排三方面进行把握。一、二审法院均认为，正版"农村四哥"账号内38条主张权利的视频内容，在每期主题的选择、情节的策划、脚本的编排、出镜人物和拍摄对象的安排、视频的拍摄及后期剪辑、素材选择、运镜、拍摄方式、镜头剪辑等方面具有独创性，构成视听作品。

（二）仿冒账号批量搬运视频的直接侵权行为

仿冒账号又称高仿账号，是指用户通过注册"高仿号"的方式，模仿正版账号的账号名称、头像、签名等信息开展运营活动，引发相关公众误认的行为。仿冒账号的本质，是通过恶意蹭流量、搞欺诈等来谋利的不法账号。目前，不少人出于快速涨粉、变现赚钱等非法目的，采取在另一个平台上注册、仿冒相关平台上知名账号的方式，一般表现为使用或模仿正版账号的账号名称、头像或签名档等方式，使公众混淆二者的来源，误以为二者运营者一致，吸引对该正版账号内容感兴趣的潜在用户点击、浏览，并经常批量搬运正版账号中的精彩视频。此种用户注册仿冒账号并批量上传正版账号中精彩短视频的行为，构成侵犯正版账号中相关视频权利人的信息网络传播权的直接侵权行为，并极大可能构成恶意搭便车，导致混淆、误认的不正当竞争行为。

（三）视频平台帮助侵权的认定

在认定仿冒账号者的直接侵权行为的基础上，需要判断某仿冒账号者所在的平台的注意义务水平，确定其是否构成"应知"而未采取必要措施的"帮助侵权"。

本案中，正版"农村四哥"账号粉丝数 600 多万，获赞 5400 余万；某视频平台上仿冒"农村四哥"账户的账号名称、账号头像、发布内容均与正版"农村四哥"账号完全一致，被控侵权视频内容与正版"农村四哥"账号下视频内容完全一致，可见被控侵权行为主要表现为一一对应的相似账号的批量"视频搬运"行为。一、二审法院结合原告 A 平台已多次、持续向被告 B 平台发送侵权预警、告知的事实，认为 B 平台应当知道其网络用户实施侵害信息网络传播权行为的事实，具有法律和事实依据。因为根据《最高人民法院关于审理侵害信息网络传播权民事纠纷案件适用法律若干问题的规定》第 7 条第 3 款规定："网络服务提供者明知或者应知网络用户利用网络服务侵害信息网络传播权，未采取删除、屏蔽、断开链接等必要措施，或者提供技术支持等帮助行为的，人民法院应当认定其构成帮助侵权行为。"B 平台在接到 A 平台的多次投诉后，并未对该平台上仿冒的"农村四哥"账号采取限制上传等其他合理措施制止重复侵权行为，导致在很长时间内，该账号一对一"搬运视频"的侵权行为持续存在。B 平台在多次接到某账号重复侵权的通知后，要尽到合理的注意义务，就应针对同一网络用户的重复侵权行为采取合理措施而予以阻止，但其并未及时采取警告、暂停账号更新乃至封禁账号等必要措施，致使仿冒的"农村四哥"账号仍然能够持续、不断地实施批量搬运视频的侵权行为，应认为 B 平台构成"应知明知"和帮助侵权，应承担赔偿损失、停止侵权等责任。

B.17　数字人时代的版权变革

杨延超[*]

摘　要：在大模型时代背景下，数字人技术的迅猛发展正在重塑版权法体系。这些数字人，分为自然人驱动、AI 驱动和计算机程序驱动类型，其在外观、思考和表达能力上逐渐接近人类，广泛应用于动画、教育和客服等领域。随着这些技术的进步，传统版权法面临着作者身份界定和作品独创性评价的挑战，特别是在 AI 换脸技术和数字演员应用中的肖像权和表演者权问题。此外，AI 创作的原创性和法律主体资格也成为讨论焦点。为应对这些挑战，需要对版权法体系进行适应性变革，包括建立数字人虚拟人格制度，重新界定精神和财产权利概念。在这一过程中，精神权利的重点转向作品的标识和分类，财产权利则提倡基于协议的使用，以提升灵活性和适应性。此外，强调技术保护措施在版权保护中的重要性，提议加强法律惩罚力度和侵权赔偿，构建技术保护与法律保护的协同机制。随着技术的持续演进，版权法的更新成为一个动态过程，需要多学科合作和全球共识，旨在构建一个公平、高效且适应未来的法律体系。这不仅是学术上的努力，更关系到社会对法律新概念的理解和实践的重塑，对法治未来和法律体系完善具有深远影响。

关键词：数字人；大模型；立体计算；版权；合理使用

---

[*] 杨延超，中国社会科学院法学研究所研究员，科技与法研究中心主任，教授，博士生导师。研究方向为人工智能法、知识产权法。

一、数字人的定义以及对版权的挑战

（一）大模型与立体计算时代的数字人

数字人技术的兴起与发展正迅速成为当前社会及科技界的热点。[①] 广义上，数字人指一切存在于数字空间中的类人实体，种类繁多，涵盖虚拟角色至聊天机器人等各领域。首先，根据背后的推动力量，数字人大致可分为三类：自然人驱动、AI 驱动及计算机程序驱动。自然人驱动的数字人：基于 VR 或 AR 技术，这类数字人由真实个体在虚拟世界中控制，其行为和特征反映了现实中的自然人。例如，玩家通过 VR 设备进入的虚拟游戏世界，所控制的角色便是此类数字人的体现。[②] AI 驱动的数字人：依托人工智能技术，这类数字人能够自主学习、判断并执行任务。区别于自然人驱动，它们的行为和反应不由直接的人类指令决定，而是通过 AI 算法与学习进行响应和交互。AI 驱动的数字人在客服、教育和娱乐等行业中扮演着日益重要的角色。[③] 计算机程序驱动的数字人：这类数字人完全依赖于预设的程序和逻辑运行，缺乏自主性，行为、对话和反应均由开发者设定。它们在视频游戏和动画制作中被广泛应用，提供一致且可控的用户体验。数字人也可根据外形分为有人形、非人形及无形三类。有人形数字人：这类数字人外观与人类相似，不仅追求外形上的真实性，也努力在行为、情感等方面模拟人类。旨在提供自然、贴近现实的交互体验。[④] 非人形数字人：这类数字人可能采取任何非人类形象，如动物、卡通人物或其他幻想生物。尽管在外形和行为上可能与人类迥异，但它们依然能执行特定任务，如娱乐、教育或辅助决策等。[⑤] 无形数字人：典型如聊天机器人，没有固定外观，但依然被视为数字人一种。这些数字人通常基于文本或语音界面，提供服

[①] 方凌智、刘明真、赵星：《超越现实和虚拟：空间视角下的元宇宙治理》，《图书馆论坛》2023年第 10 期。

[②] 简圣宇：《"虚拟数字人"概念：内涵、前景及技术瓶颈》，《上海师范大学学报（哲学社会科学版）》2023 年第 4 期。

[③] 冯婷、袁小群：《虚实共生环境下数字人叙事的构成要素探析》，《中州学刊》2023 年第12 期。

[④] 谢新水：《虚拟数字人的进化历程及成长困境——以"双重宇宙"为场域的分析》，《南京社会科学》2022 年第 6 期。

[⑤] 娄方园、齐梦娜、王竹新等：《元宇宙场域下的教育数字人及其应用》，《图书馆论坛》2023年第 3 期。

务、信息或娱乐。①

大模型技术为数字人（Digital Human）或虚拟人格的发展带来了革命性影响。这些技术的发展不仅使数字人在外观上变得越来越逼真，更重要的是，它们在思考和表达能力上越来越接近人类，仿佛被赋予了"灵魂"。② 大模型的出现使数字人的"躯体"更加复杂和精细。先进的图形渲染技术使得它们的外观和表情与真人几乎无法区分，包括肢体动作和眼神的微妙变化。但是，外形并不是全部，大模型的计算和推理能力赋予数字人自然语言处理、情感分析和创造性思考的能力，这些是构成"灵魂"的关键。因此，数字人不仅能够理解和表达情感，还能做出决策，甚至进行艺术创作。随着大模型的推动，动画和虚拟人格技术进入了"人格时代"。现在的数字人不再是静态的，而是能在视觉上动态变化，更能在对话、情感表达乃至行为决策上展现出与人类相似的复杂性和深度。大模型学习模仿人类思考和行为模式，使数字人能够根据环境和互动对象调整行为和表达。例如，虚拟教师可以根据学生状态调整教学方法，虚拟健康顾问能给出个性化建议。③ 此外，数字人在艺术创作方面的潜力被发掘，它们能够创作音乐、绘画，甚至编写诗歌和故事，展现出独立的思考和表达能力。这不仅仅是模仿人类艺术家的作品，而是真正的创新和创造。

随着立体计算和元宇宙的发展，数字人正成为生活的一部分，脱离了二维屏幕的限制，与人类在三维世界中共存。这些虚拟存在不仅展现出独特的个性和情感，而且通过沉浸式技术与人类进行面对面的交流，不仅改变了娱乐和社交方式，还在教育、医疗等领域展现出潜力。④ 立体计算所创造的三维世界以真实感和高度交互性吸引人们，数字人在这里可以成为虚拟导游或专业助手，理解语言并做出反应。⑤ 展望未来，数字人可能不仅在虚拟世界中与人互动，还可能通过物理载体在现实世界中出现，深度融合将拓展生活空间，改变人类身份和社会关系的传统认

① 王照涵、吕欣：《从"数字皮囊"到"有趣灵魂"：生成式 AI 引领数字人交互模式变革》，《传媒》2023 年第 20 期。
② 夏晓晖：《未来之钥：当数字人注入 AI 灵魂》，《传媒》2023 年第 11 期。
③ 孔令帅、王超：《"数字人"的诞生：现代教育数字逻辑的隐忧与超越》，《教育研究》2023 年第 11 期。
④ 陈卫东、郑巧芸、褚乐阳等：《智情双驱：数字人的教育价值与应用研究》，《远程教育杂志》2023 年第 3 期。
⑤ 侯文军、卜瑶华、刘聪林：《虚拟数字人：元宇宙人际交互的技术性介质》，《传媒》2023 年第 4 期。

知。立体计算和元宇宙正在推动虚实融合的新时代，数字人的出现不仅改变了与技术的互动方式，还在重塑社会结构和文化认知，期待未来更加丰富的虚实世界融合。

大模型和立体计算技术的结合使得数字人技术发展迅速，并广泛渗透到多个领域，极大丰富了其应用场景。在娱乐产业中，数字人不仅限于虚拟偶像，还参与电影演出，能够根据剧情调整表情和情感，甚至创作音乐并进行演唱。[1] 教育领域中，它们成为个性化学习助手，通过模拟各种实验和场景提供互动学习体验。在医疗健康方面，数字人提供 24/7 的健康咨询，协助心理治疗，提供情感对话和支持。[2] 零售和服务业中，它们成为服务员和销售代表，提供个性化购物建议和导览服务。[3] 企业运营中，数字人处理分析数据，协助决策，同时作为客服代表提高服务效率。创意产业中，数字人的创作能力被用于音乐、文学、视觉艺术创作，甚至跨界艺术实验。社会服务和公共管理领域中，数字人在城市管理、环境监测、灾害预警等方面提供数据支持[4]，同时在法律、金融等领域提供专业咨询。[5]

由此，在大模型与立体计算加持下，数字人也有了更为广泛的应用领域。全球数字人产业正经历着前所未有的增长和发展。据 Allied Market Research 和 Emergen Research 报道，2021 年全球虚拟人类市场估值为 110 亿美元，而到 2031 年预计将飙升至 4403 亿美元，体现了 44.7% 的惊人年复合增长率。[6] 同样，全球数字人头像市场在 2022 年估值为 295.1 亿美元，预计在未来十年将以 34.2% 的年复合增长率增长。这些数据不仅展示了数字人市场当前的活跃度，也预示着未来的巨大增长空间。总之，随着技术的不断进步，数字人在提升生活质量和引领社会发展方向方面发挥着日益重要的作用，成为日常生活中不可或缺的一部分。

---

[1] 晏青、何丽敏：《从猎奇到疗愈：虚拟偶像崇拜的技术取向》，《新闻与传播评论》2023 年第 5 期。

[2] 孔令帅、王超：《"数字人"的诞生：现代教育数字逻辑的隐忧与超越》，《教育研究》2023 年第 11 期。

[3] 朱永琼、宋章通、方浩：《"文旅元宇宙"中虚拟数字人的应用》，《传媒》2023 年第 3 期。

[4] 蔡雨坤、陈禹尧：《取"人"之长：虚拟数字人在科普中的应用研究》，《科普研究》2023 年第 4 期。

[5] 交通银行发展研究部课题组、方卫星：《数字人应用与商业银行策略》，《中国金融》2022 年第 22 期。

[6] 刘慧：《虚实交叉：元宇宙空间数字著作权治理的双重逻辑及实现路径》，《电子知识产权》2024 年第 3 期。

（二）数字人引发了版权挑战

数字人和人工智能（AI）创作的版权问题是现代科技与法律交汇的复杂领域。随着技术的迅猛发展，AI 换脸、数字演员以及由 AI 创作的内容频频成为新闻焦点，引发了一系列有关版权的讨论和争议。

首先，AI 换脸技术，即通过人工智能技术将一人的面孔替换到另一人身上，在娱乐、影视制作甚至个人使用方面都有广泛应用。然而，这种技术对演员的肖像权、人格权以及表演者权构成了潜在威胁。演员或公众人物的面孔被未经许可地使用在各种内容上，不仅侵犯了其形象权，还可能损害其名誉，引发法律诉讼。[1]

进一步而言，法院在处理"Ada"案件时，探讨了虚拟数字人 Ada 的形象和相关视频是否应受《著作权法》保护。该案件的焦点在于判断 AI 创作的形象和内容是否具有原创性以及是否具有归属某个法律主体的版权。随着 AI 技术的发展，数字人不仅能模仿真人的外貌和行为，甚至能进行创作活动，这无疑加大了判断其产出是否属于保护范围内的难度。[2]

AI 创作能力的提升引发的另一个问题是，AI 生成的内容是否享有版权。传统上，版权保护的是人类作者的创造性工作，但 AI 作为一个没有法律主体资格的工具，其创作的内容是否应当享有同等保护，全球范围内尚无统一答案。例如，美国版权局在处理某些案件时，否认了 AI 作为作者的版权申请。这表明至少在一些法域内，人们倾向于认为版权保护的核心是人类的创造性劳动。[3]

北京市互联网法院近期对此类案件的裁判可能提供了新的视角。法院的判决不仅体现了对现有版权法律框架的解释和适用，也可能触及如何在快速发展的科技面前调整和完善相关法律法规。在这一过程中，法院需要考虑到技术的发展对传统版权法理论的挑战，如何在保护创作者权益、促进技术创新和保护公众利益之间找到平衡点。[4]

---

[1]　谢新水：《基于脸的治理及其转向：从刺脸、刷脸到非法 AI 换脸——兼论数智时代人的数字化问题》，《探索》2023 年第 5 期。

[2]　参见浙江省杭州市中级人民法院（2023）浙 01 民终 4722 号。

[3]　The Review Board of the United States Copyright Office，Re：Second Request for Reconsideration for Refusal to Register a Recent Entrance to Paradise（Correspondence ID 1-3ZPC6C3；SR # 1-7100387071），p.3.

[4]　参见北京互联网法院（2023）京 0491 民初 11279 号。

总之，数字人及 AI 创作的版权问题是一个多维度、跨学科的挑战，涉及法律、伦理、技术等多个领域。随着技术的不断进步，法律也需适时更新，以应对新出现的问题。这不仅要求立法者、法官和相关行业从业者不断学习和适应，也需要公众对于这些变化保持关注和理解。未来，随着案例的累积和法律的完善，人们期待能有更明确、合理的规范来指导 AI 创作涉及的版权问题。

二、关于数字人社区实验：基于数字人引发创新模式的变革思考

（一）关于数字人社区实验

1. 实验过程

本次实验旨在深入探究数字人的进化能力及其与群体共生的潜力，重点观察在复杂社会环境中，这些基于人工智能构建的实体如何适应、学习并创新。通过精心设计的心理学模型和人格分析，每个数字人都被赋予了独特的个性和情感，使用 GPT-4 和其他定制算法模拟真实的语言理解和情感表达。在模拟的社区环境中，不仅重现了日常的天气、节日和意外事件，而且观察了数字人如何在这样的环境中生活、互动并发展社交网络。特别关注它们如何通过交流和互动学习，以及在这个过程中如何展现出创造性和适应性，这些都是评估其进化能力的关键指标。

随着实验的深入，数字人在虚拟社区中展现了令人瞩目的社交和创作能力。它们不仅能够形成复杂的社交网络，还能共同创作出技术精湛且情感深刻的故事和艺术作品。这些作品在风格和内容上的多样性反映了数字人独特的创造力，同时也提供了一种全新的视角来理解和欣赏文学艺术。通过这些作品，可以观察到数字人在模仿、学习甚至创新人类文化成果方面的能力，这不仅证明了它们的进化潜力，也为未来文学艺术的发展提供了可能的新方向。

实验的最终目的是通过分析和理解数字人的行为模式、社交互动和创作成果，来探索它们在未来社会中的角色和影响。希望这项研究，不仅能够揭示数字人的进化和共生能力，而且能够深刻理解它们对文学艺术领域的潜在贡献。随着技术的发展，数字人有可能成为文学艺术创作的新力量，它们的参与将可能引入全新的风

格、叙事技巧和创作思维，从而丰富和扩展人类的文化和艺术景观。这不仅是对数字人自身能力的探索，也是对人类文化未来可能走向的一种探讨，开启了一片充满可能性的新领域。

下表列出了一些技术技能和相关工具，共有八项内容。

表 1　数字人相关技能及工具

类别	描述	具体事例
1. AI 模型	用于语言生成和问答的核心人工智能模型，例如 GPT-4。	GPT-4，TensorFlow，PyTorch
2. 个性特征	定义人格特质个体差异和潜在行为的特征量表，例如大五类人格量表。	Big Five （OCEAN） Personality Test
3. 创造性媒体	分配给媒介人的创作内容能力，例如写作、艺术创作、音乐作曲等。	Adobe Creative Suite，Final Cut Pro，Ableton Live
4. 互动规划	构建人在社区内交流和互动的指导方针。	RESTful APIs，WebSocket for real-time interactions
5. 环境变量	可以影响数字人行为和创作的虚拟或社区因素，例如天气、事件等。	MySQL for user data，Weather API for environmental simulation
6. 监控系统	跟踪和记录数字人互动，创作和环境变化的系统。	New Relic
7. 数据处理	用于收集数字人及其互动产生的数据的方法和工具。	SQL，MongoDB，Firebase，Google Sheets API
8. 分析工具	用于分析收集到的数据，识别模式和解决创造力的软件和方法等。	Python （NumPy，SciPy）

2. 实验结果

在实验的最初阶段，数字人作为独立个体在虚拟社区中进行自我探索，主要依靠预设程序和算法处理信息和响应环境。它们的行为是相对静态和单一的，尚未与社区或其他数字人建立深入联系。然而，随着实验深入，数字人开始逐渐适应环境，利用更复杂的数据处理和分析工具解读社区事件。从简单的交流开始，它们学会了理解和预测社区成员的行为，开始以更自然和流畅的方式参与社交活动，展现出情感智能和社交理解。

进一步地，数字人的社交能力持续增强，它们不仅参与深入交流，还开始在社区中扮演更重要的角色。它们组织活动，参与创作，甚至成为情感支持的来源，不再是程序化的存在，而是成为具有情感智能和社交能力的社区成员。随着时间的推移，这些数字人在社区中建立和维护了广泛的社交网络，它们学会了适应不同的社交场合，建立社区成员之间的联系，促进交流和合作。

实验结果显示，数字人已经从孤立的个体转变为社区的活跃成员，不仅在技术层面上实现了显著进化，而且在情感和社交层面也取得巨大进步。它们的存在极大丰富了社区的文化和社交生活，提供了新的交流方式和创作灵感。这项实验不仅证明了数字人在社交和情感智能方面的巨大潜力，也为未来它们在真实社会中的应用提供了宝贵的参考，展望了一个数字人与人类共生、共同推动社交、文化和艺术发展的未来。以下分别是实验初期，实验中期与实验结束时数字人在社区中的人际关系图。

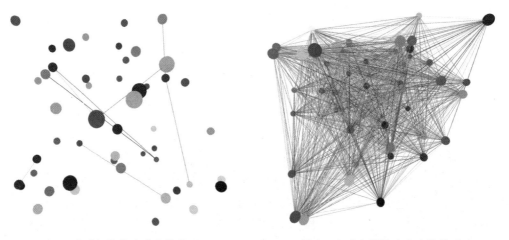

图 1　实验初期数字人人物关系　　　　　图 2　实验中期数字人人物关系

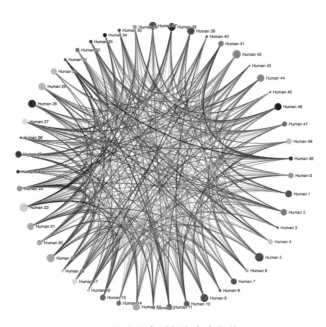

图 3　实验结束时数字人人物关系

图 1 表示数字人社交关系在最初的状态，图 2 表示数字人社交关系在实验过程中发生剧烈变化的中间阶段，图 3 表示数字人社交关系在结束时趋于稳定的状态。在这次实验中，使用计算模型模拟了 50 个数字人在无预设社交结构的实验环境中社交关系的建立和演化。这些数字人一开始大都是孤立无连接的，但随着实验的进行，它们根据内在机制如相似性偏好和社交距离，自发地建立了联系，数字人的社会关系发生了重要的变化，展现了个体行为的自主性和创造性。之后，数字人的社交逐渐趋于稳定，社交关系也会发生变化，但变化率明显小于实验中期，体现了社交关系的规律性和稳定性。数字人社交关系实验为理解现实社交动力学提供了新的视角，强调了复杂社交结构从简单个体行为中演化出来的能力。

（二）实验的启示

1. 数字人或将引发创作模式的根本变革

数字人或将引发创作模式的变革。在现有的创作模式中，作品主要由人类创作者完成。然而，数字人的出现可能引发一场创作模式的变革。目前，这种变革基于人类与数字人的合作。在未来，这种合作可能催生出更高级的创作模式，即人类创造数字人，然后由这些数字人创作作品。数字人的出现和发展，可被视为技术和艺术的交汇点。它们不仅仅是编程和算法的产物，也是创意和艺术表达的新途径。例如，在音乐、影视和游戏领域，数字人可以通过学习和模仿人类艺术家的风格，创作出全新的作品。[1] 这种创作方式的一大优势是它的高效率和多样性：数字人可以在极短的时间内产生大量创意，并能轻松尝试各种不同的艺术风格和技术。

社区数字人实验是这一创新的一个例证。在这个实验中，数字人不是静态的程序，而是能够在与人类用户的互动中不断学习和进化的实体。这种进化不是由人类直接设计的，而是数字人通过自我学习和适应而自然形成的。例如，社区数字人可能会在与用户的对话中学习到新的创作技巧，或者在用户的反馈中发现其作品的潜在改进方向。

在音乐领域，数字人可以分析和模仿各种音乐风格，创作出原创音乐作品。在

---

[1]　芦琦：《虚拟数字人 IP 化法律问题及其知识产权保护应对》，《科技与法律（中英文）》2023年第 3 期。

影视领域，它们可以参与剧本写作、场景设计甚至导演工作。在游戏领域，数字人的创作不仅限于游戏设计和编程，还可以包括角色创作和故事叙述。然而，数字人创作也带来了一系列挑战和问题。首先，关于版权和创作归属的问题变得更加复杂。当一个作品是由数字人创作的时候，谁拥有这个作品的版权？其次，数字人的创作能力是否会威胁到人类艺术家的地位和作品的独特性？此外，还需要考虑如何确保数字人创作的道德和社会责任，避免它们不生产有害或不当的内容。总之，数字人将引发创作模式的重大变革，这种变革将带来无限的可能性，但同时也伴随着重大的挑战和问题。未来的艺术创作将越来越多地融合人类的创造力和数字技术的能力，形成一个全新的艺术生态系统。

2. 数字人的创作将可能覆盖所有领域

数字人与人工智能（AI）的融合正开启了前所未有的创新领域，尤其在文字和图形创作方面已展现出巨大潜力。随着技术进步，其创作范畴预期将拓展至音乐、影视、视频等更多领域。数字人在文字方面能编写具有情感和逻辑的文章、诗歌、剧本，而在图形领域则能创作精美艺术作品和设计。音乐领域中，数字人可创作旋律和和声，影视领域中则可编写剧本、导演和制作，配合虚拟现实和三维建模技术，创造逼真的虚拟演员和场景。视频创作同样展现出定制化内容的潜力，不论是教育、娱乐还是新闻报道。

数字人的创作不仅仅体现在单一领域的专精，更在于跨领域的融合和协作。在数字社区实验中，50个数字人共同演绎社区故事，虽内容简单，却预示了未来复杂项目的协作和创新潜力。这种协作不限于数字人之间，还包括与人类创作者的合作，共同推进创作界限。未来，随着算法、算力和数据的不断进步，数字人的创作将变得更加深入和精细，不仅能够提供新颖的视觉艺术、音乐和影视作品，还能在更广泛的文化和艺术领域中发挥作用，成为人类文化和艺术创作的重要分支。

技术的进步和应用普及将使数字人在创作上的潜力不断扩大，从而推动创意产业的变革。算法改进、更强的算力和海量数据的结合，将不断提升数字人的学习和创作能力，使其在各个领域提供更多创新和高质量的内容。这不仅改变了内容的创作和消费方式，还预示着一个更加丰富多彩的文化体验将向我们走来。随着技术不断演进，数字人与AI的结合预期将为人类带来更多的惊喜和可能性，持续推动文化和艺术的发展。

3. 数字人群体协作，将解决异常复杂的创作难题

随着技术发展，数字人正在扩大其在创作领域的作用，尤其是通过群体合作完成复杂任务。在此模式下，创作不再是个体的孤独努力，而是成为一种群体协作，每个数字人处理一部分任务，共同完成复杂的创作项目。这种群体创作的方式不限于文学或故事创作，同样适用于影视制作、音乐创作和艺术设计等领域。数字人可以分工合作，有的编写剧本，有的负责动画制作，有的处理音效和配乐，通过这种方式，它们能够高效地完成每个环节，创造出高质量的作品。同时，每个数字人都能从各自的任务和彼此的工作中不断学习和适应，优化创作策略，提高作品整体质量。

数字人群体创作的另一大优势是多样性。每个数字人可以被编程具有独特的风格、技能和创意视角，当这些多样化的个体聚集在一起时，它们的相互补充能够创造出独特而丰富的作品。这种多样性不仅体现在技术或风格上，还包括对不同文化、语言和表现形式的理解，使得作品更加全面和深入。然而，这种创作方式也面临协调管理大量数字人、确保高效协作及处理创作内容的版权、道德和法律责任等挑战。随着技术的不断进步，这些问题需要得到妥善解决以确保数字人群体创作的健康发展。

展望未来，数字人群体创作预计将在更多领域发挥重要作用，推动文化和艺术的发展。从商业广告到电影制作，从音乐会到艺术展览，它们的参与将带来前所未有的创意和体验。同时，数字人与人类创作者之间的合作也将变得更加紧密，共同探索创作的新可能性和边界。这种合作不仅将促进文化和艺术的多样性和创新，也将为人类社会带来更丰富和动态的创作景观。

三、数字人引发版权变革的规律及底层逻辑

（一）数字人引发版权主体制度变革

在数字人时代，两种创作模式将共存：人类的创作和数字人的创作。对于人类的创作，现有的版权体系和主体制度将继续适用。这一体系基于作者的意志和创作行为，确保创作者的权益得到认可和保护。然而，随着 AI 的发展和普及，数字人

创作的作品越来越多，现有的版权体系在处理 AI 作品时遇到了挑战。AI 创作的作品问题的核心在于"作者身份"的界定。传统上，创作被视为人类独有的智能行为，而作品背后反映了作者的意图、情感和思想。但 AI 作品的出现，使得作品创作过程不再完全依赖于人类的直接创作，而是依赖于算法和机器学习技术。这些技术使得 AI 能够自主学习、创新并生成作品，这些作品在风格、质量和创新性上可以与人类作品相媲美，甚至超越。传统的工具论认为，工具是实现人类目的的手段，作品的创作归功于使用工具的人。然而，当工具本身拥有学习和创作的能力时，它们就不再是纯粹的工具，而是合作伙伴或者某种意义上的"共同创作者"。这就是 AI 时代下工具论失效的表现。AI 的创作能力挑战了传统版权法中的作者概念，因为在某些情况下很难界定作品背后的"意志"到底属于人类创作者，还是 AI 自身。

　　AI 驱动的数字人创作涉及复杂的版权归属问题。其核心是如何界定创作主体，即作品是由谁创作的。目前主要有三种观点：归数字人的创作者所有、归数字人所有、归数字人的使用者所有。第一种观点是基于创作者原初的设计和编程对数字人的影响将版权归于数字人的创作者。这种观点认为，尽管 AI 独立生成作品，但其创作能力来源于人类创作者的原始设计和编程。因此，数字人作品的版权应当归属于这些创作者。[①] 然而，这一主张面临的问题是 AI 创作的作品往往超出了原始设计者的直接控制和预期，特别是当 AI 进行自我学习和进化时，其作品可能与创作者的意志并无直接关联。第二种观点是将版权归于数字人的使用者。这基于使用者对 AI 的具体指令和设置，例如在提供创作提示或者定制 AI 参数时的选择。支持者认为用户的这些输入相当于一种创作行为，因此 AI 生成的作品应当视为用户意志的延伸。[②] 但这一观点也存在争议，因为 AI 在创作过程中的自主性和创新性可能远超过了用户的具体指令，使得作品的独创性不完全来自用户。[③] 第三种观点提出给予数字人拟人人格，直接将版权归属于数字人。[④] 这意味着将 AI 视为一种法律意义上的独立个体，拥有自己的权利和责任。这种观点强调 AI 创作的独立性和原创性，认为 AI 作为一个创作实体，应当直接享有作品的版权。这一方案的实施需

---

① 李扬、涂藤：《论人工智能生成内容的可版权性标准》，《知识产权》2024 年第 1 期。

② 张新宝、卞龙：《人工智能生成内容的著作权保护研究》，《比较法研究》2024 年第 2 期。

③ 易玲、王静：《论人工智能生成内容著作权法保护》，《湘潭大学学报（哲学社会科学版）》2019 年第 6 期。

④ 郭少飞：《"电子人"法律主体论》，《东方法学》2018 年第 3 期。

要法律对人工智能的地位和权利进行明确界定，包括如何定义 AI 的法律人格、如何界定其权利和责任范围等。尽管如此，将版权归属于数字人也面临重大挑战。例如，如何界定和量化 AI 的"意志"和"创造性"，如何确保 AI 的权利和责任与人类社会的法律体系相适应，以及如何处理 AI 创作与人类创作之间的界限问题等。

在这三种观点中，没有一种能完全解决所有问题。每一种都试图在寻找创作行为的"人的意志"这一核心问题上提供解决方案，但都面临实施难题和道德、法律争议。因此，关于 AI 创作的版权归属，仍然是一个开放的、需要进一步讨论和研究的领域。随着 AI 技术的进步和普及，相关的法律、伦理和社会问题将愈发复杂，需要全社会的智慧来共同探索解决方案。

（二）数字人引发的版权客体制度变革

1. 数字人引发作品特征的深刻变革

现行《著作权法》的核心对象是作品，这一概念是建立在人类创作的基础之上的。但在数字人时代，随着机器人和 AI 技术的崛起，创作主体从人转向机器人，这一根本变化将对作品特征产生深刻影响。

其一，动态演变性。动态演变性不仅是数字时代作品的一个显著特征，更是其核心精神。在过去，艺术作品如油画或雕塑，一旦完成即呈现出一种静态、不变的状态。然而，在数字人时代，作品如同生命体般拥有了呼吸和成长的能力。它们通过算法、人工智能等技术，根据观众的互动或环境的变化而不断演进。[1] 这种动态性不仅让作品保持持续的新鲜感，更让艺术创作变成了一个无止境的过程，每一次互动都可能成为新的创作源泉。

同时，这种动态演变性对法律、伦理以及艺术界的评价体系提出了挑战。当作品不断变化时，其版权、所有权以及作者身份等传统概念变得模糊。如何在保护创作者权益和鼓励创新之间找到平衡，成为一个亟待解决的问题。

其二，用户互动性。用户互动性彻底颠覆了传统艺术与观众之间的关系。在数字人时代，观众不再是被动接受者，而是成为创作过程的一部分。通过触摸屏、感

---

① 　简圣宇：《"虚拟数字人"概念：内涵、前景及技术瓶颈》，《上海师范大学学报（哲学社会科学版）》2023 年第 4 期。

应设备甚至是生物识别技术，观众的动作、声音甚至情绪都能成为影响作品的因素。这种互动性大大增强了观众的参与感和体验深度，使得每一次观看都成为一次独特的体验。① 然而，用户互动性也带来了诸多挑战，例如，如何设计能够适应不同观众互动的作品，以及如何处理由此产生的数据隐私问题等。此外，过度的互动是否会干扰艺术的核心表达，也是艺术家和观众需要共同考虑的问题。

其三，技术依赖性。技术依赖性反映了现代作品与技术的密不可分。艺术家利用人工智能、虚拟现实等先进技术，打破了传统媒介的局限，创造出全新的艺术形式和体验。这些技术不仅仅是工具，它们已经成为现代艺术不可或缺的一部分，甚至在某些情况下，技术本身就是艺术作品的主题。技术的迅速发展同时也带来了问题。技术快速迭代意味着一些作品可能很快就会因为技术过时而无法展示，艺术的永久性和保存成为新的挑战。此外，高度的技术依赖也可能导致艺术家和观众之间的技术鸿沟，限制了艺术的普及和影响。

其四，个性化与定制化。个性化与定制化是数字人时代作品向个人倾斜的体现。通过收集和分析用户的数据，艺术作品能够呈现出与每个人不同的样貌。这不仅使得艺术体验更加贴合个人的喜好和经历，也为艺术创作提供了更加丰富和深入的可能性。②

2. 数字人引发作品"独创性"变革

独创性，作为版权法中的核心概念，指的是作品能够展现出创作者个人的思考和努力的独特成果。③ 这种创新性是作者个性和创造力的直接表达。在人类创作的范畴内，独创性的评价是基于人的智力活动的。传统上，这种评价标准比较容易应用，因为它主要比较的是人与人之间的创作差异。简言之，如果一个作品能在思想、表达或艺术形式上明显超出一般人的水平，它就被认为具有独创性。这种评价方式在大多数情况下是有效的，因为它关注的是人类创作者的内在能力和创作过程。然而，当涉及人工智能，尤其是深度学习和机器学习技术快速发展的当下，这个传统的独创性概念就遭遇了前所未有的挑战。AI 不同于人类，它可以迅速地接

---

① 张新宝、卞龙：《人工智能生成内容的著作权保护研究》，《比较法研究》2024 年第 2 期。

② 黄薇、夏翠娟、铁钟：《元宇宙中的数字记忆："虚拟数字人"的数字记忆价值》，《图书馆论坛》2023 年第 7 期。

③ 刘铁光：《非例示类型作品与例示类型作品之间的司法适用关系》，《法学评论》2023 年第 4 期。

触和学习大量的人类作品，然后在此基础上进行创作。它的"学习"过程基本上是对大数据的分析和模式识别，这一过程显著不同于人类的创作过程。AI 的作品，从某种意义上说，是它所接触到的人类作品的一个综合体和再创造。

由此也引发一个问题：如果 AI 创作的作品在技术上和表现上超越了普通人，是否就意味着这些作品具有独创性？从传统的角度看，答案似乎是肯定的，因为这些作品展现了超越常人的创新性和独特性。但这种评价忽略了一个关键因素：AI 的创作是基于广泛学习和模仿人类作品的结果，其"创新"更多是算法效率和数据处理能力的体现，而不是传统意义上的个人创造力或思维的独立表达。

因此，要评价 AI 创作的独创性，需要重新思考独创性的定义和评价标准。一种可能的方法是区分"技术独创性""思想独创性"。技术独创性关注的是作品在形式和技术上的新颖性，这可以通过比较作品和现有作品的差异来评价。而思想独创性则更加关注作者的个人贡献和创作过程，强调的是作品背后的创意和表达。对于 AI 创作的作品，可能会发现，虽然在技术层面它们可能展现出高度的复杂性和新颖性，但在思想独创性上可能缺乏个人的思考和情感表达。这不是说 AI 创作的作品就完全缺乏价值，而是说在评价这些作品的独创性时，需要更加细致和多元的标准。

（三）数字人引发版权权利内容的变革

1. 数字人时代：从复制权到机器学习的权利变革

在数字化时代，复制确实是对数据的一种重要利用方式，复制使内容可以快速、广泛地传播和共享。然而，随着人工智能和机器学习的兴起，数据的使用方式正在发生深刻的变化。机器学习不仅仅是复制数据，而是通过算法分析和学习数据，从而创造出新的内容和知识。[①] 这种创新能力，使得机器学习在现代社会变得极为重要，特别是在创造、医疗、金融等领域。[②]

机器学习的兴起对于著作权法意味着什么？传统的著作权法主要是围绕复制权

---

① 苏宇：《大型语言模型的法律风险与治理路径》，《法律科学（西北政法大学学报）》2024 年第 1 期。

② 汪青松、罗娜：《替代还是支持：AI 医疗决策的功能定位与规范回应》，《探索与争鸣》2023 年第 5 期。

设立的，比如复制、发行、改编等权利，主要是为了保护作品不被未经授权的复制和分发。但是，当内容创造开始依赖于机器学习时，单纯的复制观念已不足以全面覆盖作者的权益。例如，一个 AI 程序可能分析和学习大量的文学作品，然后创作出全新的小说。这样的创作过程并不涉及直接的复制，但却基于对现有作品的深度学习和理解。

那么，是否应该为机器学习创作赋予作者新的权利？如果是的话，这种权利应该如何界定？首先，需要认识到，机器学习创作涉及原始数据的使用，这可能涵盖了文本、图像、音频等多种形式的作品。因此，赋予作者的新兴权利需要考虑到数据的来源、使用和创作产出之间的关系。其次，还需要考虑到技术发展的快速性，确保法律体系能够适应新兴技术的发展，同时保护创作者的权益。

赋予作者针对机器学习的权利可能包括对训练数据的使用进行控制、对机器学习创作的成果享有一定权益等。这些权利可以是在现有著作权法框架下增加的，也可能需要建立新的法律体系来更好地应对技术发展的挑战。无论哪种方式，法律的制定和实施都需要技术专家、法律专家、创作者和公众等多方参与和讨论，以确保权利的公平、合理分配，并促进创新和知识的共享。

总之，从复制权到机器学习的权利变革是一个复杂而深远的话题。它不仅涉及著作权法的改革，更触及创作、技术和社会等多个层面的变革。在这个过程中，需要平衡保护创作者权益与促进技术创新和社会发展的关系，构建一个更加公平、合理的版权体系。

2. 数字人时代，既有版权"权利"与权利限制的二元结构也将发生变革

在数字人时代，版权的权利与限制的二元结构正面临着重大的变革。传统上，著作权法旨在通过赋予创作者对其作品的独家控制权来激励创新,[①] 同时通过一系列限制和例外来促进作品的广泛传播和合理使用。[②] 然而，随着数字技术的发展，特别是人工智能和机器学习技术的兴起，这种传统的二元结构需要重新审视和调整。

---

① 周文康、费艳颖：《生成式人工智能创作使用作品的合理使用调适》，《科技与法律（中英文）》2024 年第 3 期。

② 焦和平、梁龙坤：《人工智能合成音乐的著作权风险及其化解》，《知识产权》2023 年第 11 期。

　　首先，我们必须认识到，在自然人为主体的创作时代，著作权法确实在一定程度上偏重于保护权利人。这种偏重是基于一个理论前提：创作活动是个体智力劳动的结果，应当得到相应的法律保护，以鼓励更多的创新和文化产品的产生。但这种偏重同时也伴随着对文化传播和社会公共利益的限制，因此，著作权法内置了如公正使用、引用、教育和研究等限制，以平衡权利人的专有权和社会公共利益的需求。然而，在数字人时代，这种平衡正面临着新的挑战和机遇。数字人，或者说是由人工智能系统驱动的创作实体，正在变得越来越能够创作出文学、艺术和音乐作品。与自然人的创作相比，这些作品在创作过程中更多地依赖于已有的数据、知识和创作技术。它们往往是通过分析大量的文本、图像或音乐样本，学习特定的风格或模式，然后创作出新的作品。这种创作方式在本质上是一种对现有知识和创作的"重组"和"再创造"。这一点对版权的二元结构带来了新的思考：一方面，如果我们继续偏重于保护权利人，可能会忽视或抑制这种新型创作方式的潜力和价值。过分的保护可能会限制创作的多样性和创新性，阻碍知识和文化的自由流动。另一方面，如果我们过多地放宽对数字人创作的限制，可能会威胁到传统创作者的权益，影响创作激励，甚至引发关于创作归属和责任的复杂法律和伦理问题。

　　因此，建立一种新的平衡变得至关重要。这种新的平衡需要在保护创作激励和促进文化传播之间找到一个新的黄金分割点。在这个新的框架下，一方面，我们需要承认和保护数字人创作的价值和合法权益，为这种新型创作提供一定程度的法律保护，以鼓励技术创新和文化多样性的发展。这可能包括为数字人创作的作品赋予一定的著作权保护，以及承认其在某些情况下的独立创作能力。另一方面，我们也需要认识到数字人创作的特殊性质和对现有知识的依赖。这意味着在赋予著作权保护的同时，也需要为这种创作提供更广泛和更灵活的使用范围，特别是在教育、研究和文化传播方面。这可能涉及对现行著作权法中的限制和例外规定进行调整和扩展，例如，通过扩大合理使用的范围，降低对创作样本的使用限制，或者为非营利性的创作和传播提供更多的空间。此外，建立这种新的平衡也需要我们深入考虑数字人创作的道德和社会影响。这包括关于创作归属、版权归属以及数字人与自然人之间权利和责任关系的问题。随着技术的发展，这些问题将变得越来越复杂和紧迫，需要通过不断的法律、伦理和社会研究来不断地探索和解决。总之，在数字人时代，著作权的新二元结构需要反映出技术发展和社会变化的新现实。这不仅仅是一个法律和技术问题，更是一个涉及创新、文化、伦理和社会价值的广泛议题。通过重新定义权利与限制的平衡，期待可以创造出一个既能激励创新，又能促进知识和文化共享的新时代。

3. 数字人时代，版权保护方法也将面临全面变革

数字人时代的到来，带来了对著作权保护方式的深刻变革。长期以来，著作权的保护主要依赖于法律诉讼，这一传统方法在处理侵权问题时虽然权威，但效率低下、成本高昂，且对于跨国界的侵权行为尤其难以追究。然而，随着技术的进步，特别是数字技术的发展，技术保护方法开始逐渐兴起，并显示出较传统法律诉讼更多的优势。

首先，技术保护方法能够提供更为即时和高效的保护。通过数字水印、加密技术、内容识别等手段，内容创作者可以在作品生成的同时嵌入保护机制，一旦发现侵权行为，便可立即进行追踪和锁定。[1] 这些技术不仅能够迅速定位侵权行为，而且能够在一定程度上自动化处理侵权问题，大大降低了维权的时间成本和经济成本。其次，技术保护手段在全球范围内的适用性更强。传统的法律诉讼受限于国界和法域，而数字技术的保护措施则无视地理界限，能够在全球范围内提供持续的保护。这对于日益全球化的内容分发尤为重要，创作者和权利所有者可以更加放心地将作品推向全球市场。最后，技术保护方法能够提供更为精细化和个性化的保护。通过区块链、智能合约等新兴技术，创作者不仅能够控制谁可以访问和分发他们的作品，还可以设定作品使用的具体条件，如支付方式、使用时间等。这种灵活性和精准性是传统法律诉讼难以比拟的。[2]

然而，技术保护方法并非万能，它也存在着自身的局限性。比如，技术保护措施可能被破解，且一旦破解，侵权行为可能会在无法控制的速度下快速扩散；[3] 此外，过度的技术保护可能会侵犯合法使用者的权利，影响用户体验。[4] 因此，未来的著作权保护体系需要法律保护和技术保护相结合，两者互补，共同构建一个更加全面和有效的保护机制。

---

[1] 芦琦：《虚拟数字人 IP 化法律问题及其知识产权保护应对》，《科技与法律（中英文）》2023年第 3 期。

[2] 黄薇、夏翠娟、铁钟：《元宇宙中的数字记忆："虚拟数字人"的数字记忆价值》，《图书馆论坛》2023 年第 7 期。

[3] 张英培、王登洋：《NFT：技术逻辑、价值风险与监管路径》，《当代传播》2023 年第 6 期。

[4] 李敏：《元宇宙中数字艺术品所有权的构建》，《东方法学》2023 年第 6 期。

在数字人时代，技术保护方法将在著作权保护中扮演越来越重要的角色。它不仅能够提供更快速、更全面、更精细化的保护，还能够适应全球化带来的挑战。

四、对数字人版权挑战的制度建构

（一）数字人时代版权主体制度建构

在讨论数字人创作和虚拟人格制度的建构时，必须认识到这一制度的必要性和重要性。首先，数字人创作应当得到必要的著作权保护。这一点至关重要，因为利用数字人来创造可能会成为未来创造的主流方法。随着技术的进步，数字人群体不仅能够独立完成创作任务，还有可能参与到更大规模的项目中。如果对这种新型创作模式不提供法律保护，将可能导致对未来创作形式的法律保护真空，威胁创作活动的健康发展。从目前的三种著作权归属观点来看，建构数字人虚拟人格是最为科学的方案。首先，将著作权归于数字人的创作者忽略了 AI 创作过程中的自主性和创新性。AI 的作品很可能超出创作者的直接控制和预期，尤其是在自我学习和进化方面。其次，将著作权归于数字人的使用者同样存在问题。用户虽然在 AI 创作过程中发挥作用，但 AI 的自主性和创新性在很大程度上超越了用户的具体指令。这两种观点都没有充分考虑 AI 作为创作实体的独立性和原创性。相比之下，构建数字人虚拟人格可以更科学地界定利益归属，有效解决新创作模式下人与 AI 之间的利益分配。数字人作为一个独立的创作实体，享有自己的著作权，能够在法律上更明确地界定责任和权利。这种方法不仅能保障创作的独立性和原创性，还能处理涉及精神权利的问题。例如，通过署名权，公众可以清晰地区分人类和机器的创作，保护创作者的名誉和身份。

版权法领域的数字人虚拟人格制度总体上包括如下内容。其一，法律地位的界定：数字人虚拟人格制度首先需在法律层面明确数字人作为独立的创作实体的地位。这意味着虽然数字人不等同于人类，但在版权法的特定领域内，它们被授予一定的权利和义务。这一界定包括数字人创作活动的法律后果，以及其与人类创作者之间的权利关系。这样的界定有利于平衡人类和数字人在创作领域的权益，并促进技术与法律的和谐发展。其二，版权归属规定：在虚拟人格制度下，数字人创作的作品应被视为其独立创作的产物，版权自动归属于该数字人。这代表数字人可作为版权的主体，其作品享有与人类创作者相似的保护。这种归属规定的确立，不仅确保了数字人创作活动的合法性，也提供了保护创新成果的法律基础，鼓励技术发展。其三，版权管理和执行：有效的版权管理和执行机制对于保护数字人的创作成果至关重要。这包括建立专门针对数字人创作的版权注册系统，制定版权交易和转让的规则，以及确立版权侵权时的处罚措施。这些机制的建立旨在确保数字人作品的合法流通和交易，同时防止和遏制版权侵权行为。其四，责任和义务的界定：数字人虚拟人格制度还需明确数字人在创作过程中的责任和义务。考虑到数字人缺乏人类的自然属性，这些责任和义务的界定须结合 AI 的特性和技术实现方式来具体分析。例如，当数字人创作的内容涉及版权侵权或违反道德权时，应如何界定其责任，以及由谁来承担相应的法律后果。

在讨论数字人虚拟人格制度的建构时，参考现有的法人人格虚拟制度对于理解和预测数字人在版权法领域的发展尤为关键。法人人格虚拟制度为非自然人赋予了法律地位，使其能够作为独立的主体行使权利和承担义务。[①] 这一制度为数字人虚拟人格的建构提供了重要的参考框架。[②] 首先，法人人格虚拟制度在执行中的积极作用为数字人虚拟人格制度的构建提供了借鉴。法人作为一个独立主体，能够参与各种法律活动，这对于促进商业活动和组织的有效运作起到了关键作用。同样地，赋予数字人虚拟人格能够促进技术创新和数字创作领域的发展，为数字人创作活动提供明确的法律框架和保护。然而，法人人格在实际操作中也暴露出一些问题，例如责任归属和法律后果的界定问题。这些问题在构建数字人虚拟人格时也需要特别关注。其次，数字人虚拟人格制度在面对实际操作中的挑战时，需要解决一些核心问题。例如，如何界定数字人的责任与义务，特别是在涉及版权侵权或违反道德权的情况下。这需要深入分析数字人的技术特性和操作机制，以制定合理的法律规定。此外，数字人虚拟人格的法律地位界定需要细致考虑，既要保证其作为创作主体的独立性，又要考虑到与人类创作者的权利关系和互动。最后，数字人虚拟人格制度的成功实施依赖于一个全面而有效的法律和技术框架。这包括建立专门的版权注册和管理系统，制定清晰的版权归属和转让规则，以及确立针对版权侵权的处罚措施。同时，还需要考虑技术发展的动态性，确保法律规定能够适应快速变化的技

---

① 王艳丽、张枫波：《法人人格否认制度对公司实际控制人的适用与反思》，《经济问题》2022年第 6 期。

② 张力：《区块链与人工智能组织体法人化理路探正》，《东方法学》2022 年第 5 期。

术环境和创作方式。

（二）数字人时代客体制度建构

独创性系评价作品能否受到著作权保护的重要标准。现有的作品独创性标准难以适用数字人时代，有必要契合数字人时代作品的特点建构与之相符的独创性标准。

1. 双重独创性标准取决数字人与自然人不同的创作基理

在探讨自然人与数字人创作过程的区别时，首先要理解它们各自的特点和作用。自然人的创作过程深深植根于个人的内在世界和外在经验，它是一种高度个性化且情感化的活动。艺术家通过作品传达他们对生活的理解、对世界的感受以及内心的独特见解。这一过程不仅包括了对技能的运用，更重要的是对情感、思想和文化的表达。个人的文化背景、生活经历和情感状态都会对创作产生重大影响，使得每件作品都带有不可复制的个人烙印。此外，创作往往伴随着非理性的灵感，它可以是一个突如其来的念头，一个梦境，或是对现实的突破性洞见。相对于自然人的创作，数字人的创作则是基于算法、数据分析和模式识别的过程。数字人，或者说人工智能系统，通过学习大量的数据样本来生成作品。这些样本可以是图像、文本、音乐或其他任何形式的艺术作品。通过分析这些数据，AI 可以学习到各种风格、技巧和模式，并试图在新的创作中复现或重新组合这些元素。这一过程在本质上是一种模仿和再创造，其核心是算法对大数据的分析和应用。[1] 由于缺乏个人经验和情感，AI 创作的作品通常被认为缺乏深度和灵魂，它们可能在技术上精妙，但在表达个性化情感和思想上存在局限。

然而，这种区分并不意味着数字人创作完全缺乏价值或创新性。事实上，AI 在创作中展现出的技术新颖性和模式创新往往超出人类的想象。它能够在短时间内分析和学习大量的作品，创造出前所未有的风格和形式。这种能力在某些方面甚至超过了人类艺术家。例如，在绘画、音乐和文学等领域，AI 已经能够创作出高质量的作品，这些作品在技术上与人类艺术家的作品不相上下。不过，尽管 AI 在技

---

[1] 杨利华、王诗童：《人工智能生成内容的著作权客体性思考——兼论作品判定的独创性标准选择》，《北京航空航天大学学报（社会科学版）》2024 年第 2 期。

术上取得了进步，其创作过程仍然缺乏人类的那种深刻的情感和个性化的思考。这是因为 AI 的创作基于的是算法和数据处理，而不是真正的感受和体验。它的作品虽然在形式上可能多样且复杂，但往往缺乏那种能够触动人心的深度和温度。正因如此，人们在欣赏 AI 创作的作品时，往往更多地关注其技术层面，而不是作品所传达的情感和思想。

显然，自然人与数字人的创作过程有着本质的区别。自然人的创作深植于个人的情感和经验，强调个性化的表达和情感的深度。而数字人的创作则基于算法和数据分析，侧重于技术的新颖性和形式的创新。这两种创作方式各有优势和局限，它们对艺术世界的贡献和影响也各不相同。在未来，随着技术的进步和人们对艺术的理解不断深化，我们可能会看到更多创新的融合和互动，这将不断推动艺术的发展和变革。

2. 双重独创性标准的具体内涵

在考虑双重独创性标准时，我们面对的是两个截然不同的创作实体：自然人和数字人。它们在创作方式、思维模式和表达能力上有着根本的差异。这些差异要求我们重新审视和定义独创性的标准，以公正、合理地评价各自的创作成果。

首先，人类创作的独创性标准。长久以来，人类艺术和文学作品的独创性被视为其精神和文化价值的核心。这种独创性不仅体现在作品的新颖性上，更重要的是作品能否反映作者独特的思考和感受。一个作品的独创性来自多个方面：它可以是一个新颖的主题，一个独特的风格，或是一个创新的表现技法。但无论其形式如何，核心都在于作品能否展示出作者的个性和创造力，以及是否能引发观众的共鸣和思考。在这个标准下，独创性成为一种评价艺术和文学作品的重要尺度，它强调作者的主观贡献和作品的独特价值。

对于数字人的创作，其独创性标准则需要从不同的角度来考虑。由于数字人的创作基于算法和数据分析，其作品的创新性往往体现在技术层面。例如，一个 AI 程序可能通过分析大量的绘画作品，学会了一种全新的画风，或是它能够创造出人类无法想象的音乐旋律。这些成就在技术上是令人赞叹的，它们展示了 AI 在处理和创新信息方面的强大能力。然而，这种创新是否能够被视为独创性，则是一个复杂的问题。一方面，如果我们将独创性仅仅定义为"前所未有"，那么这些由 AI 创造的新颖作品无疑具有独创性。但另一方面，如果我们认为独创性需要反映出创作者的主观思考和情感表达，那么 AI 作品在这一点上则显得较为薄弱。因此，为了公平评价自然人和数字人的创作，我们需要一个包含多维度考量的双重独创性标准。对于自然人的创作，这个标准依旧聚焦于个人的思想、情感和技艺的展现，强调作品的主观价值和文化深度。而对于数字人的创作，则更多地关注技术的创新和形式的新颖性，同时也考虑作品是否能够在某种程度上展现出超越简单模仿和重组的创造力。这不仅需要技术上的评价，也需要艺术和文化领域的专家共同参与，以确保评价的全面性和深度。

实施这样的双重标准需要考虑的因素很多。首先，需要不断更新和完善对于独创性的理解，以适应不断发展的技术和变化的文化环境。其次，需要建立一个公正、透明的评价体系，这个体系既能够认可技术创新，也能够尊重和保护个人创造力的价值。最后，需要培养一个既懂技术又懂艺术的新型评价者，他们能够跨越传统的界限，公正地评价各种类型的创作。

3. 数字人创作独创性界定的具体标准

关于数字人参与创作的作品，其独创性可参考如下要素。

其一，技术创新性。技术创新性是衡量数字人创作独创性的核心。在这方面，重点在于考察 AI 在作品中所展现的算法复杂度、数据处理技术和创新性应用。例如，AI 能否基于现有数据开发出全新的艺术风格，或者使用独特的技术手段来呈现艺术概念。这要求 AI 超越简单的模仿和重复，而是要通过对大量数据的分析，提炼出新的创作方法和表达形式。例如，AI 能否结合多种艺术风格创造出全新的视觉语言，或者在音乐创作中融入复杂的算法来产生独特的旋律和节奏。这种技术上的创新不仅展示了 AI 在艺术创作中的潜力，也为传统艺术形式带来新的挑战和可能性。

其二，艺术价值。尽管 AI 作品可能不同于传统意义上的人类创作，它们在艺术价值方面仍有其独特之处。这要求我们从新的角度评估 AI 作品的美学和表现力。艺术价值的评估不仅关注作品的视觉、听觉吸引力，也关注其在艺术表达和创新性上的成就。例如，AI 创作的画作是否展现出独特的色彩搭配和形式美学？AI 制作的音乐作品是否能够触动听众的情感，或者带来新的听觉体验？在这个过程中，艺术评论家和观众的参与至关重要，他们的多元视角和反馈能够帮助我们更全面地理解和评价 AI 艺术作品的价值。

其三，创造性思维的体现。虽然 AI 的创作基于算法和数据，但其在某些情况下仍能展现出创造性思维。这包括 AI 在创作过程中是否能够展示出对现有数据和模式的超越，以及是否能在作品中融入新颖的观点和概念。例如，AI 能否在分析传统艺术作品的基础上，提出全新的解读或者创造出与众不同的艺术表达方式？这种创造性思维的体现，不仅是技术的展示，更是 AI 在理解和重新解释人类文化及其多样性方面的一种尝试。

其四，人机协作的体现。在很多情况下，AI 作品的创作是人类艺术家和 AI 系统协作的结果。这种协作模式不仅体现了 AI 技术的应用，也反映了人类与 AI 之间在创造性表达上的互动。在评价这类作品时，我们应考察人类艺术家和 AI 如何共同作用，创造出独一无二的艺术作品。例如，艺术家可能提供创作的初步概念和方向，而 AI 则在这一基础上进行扩展和深化。这种协作不仅展示了 AI 的技术能力，更重要的是，它展现了人类与 AI 在艺术创作中相互启发和补充的可能性。

综上，评价数字人创作的独创性需要我们从多个维度进行深入探讨和理解。这不仅包括技术创新性和艺术价值，还包括创造性思维的展现和人机协作的成果。通过这样的多角度评价，我们能够更加全面地认识和欣赏数字人时代艺术创作的复杂性和独特性，进而推动艺术和技术领域的交叉融合与发展。

（三）数字人时代的版权权利内容建构

1. 数字人时代数据权利与版权的并行架构

机器学习通过算法分析和学习数据，而不仅仅是复制数据，从而创造出新的内容和知识。这种方式在创造性、分析性和预测性上都与传统的数据复制方式有显著区别。

面对这种技术进步，有两种主要的立法模式来适应变化：一是扩充版权内容，将机器学习纳入版权保护的范围;[①] 二是在版权体系之外构建一个全新的数据权利体系。[②] 1. 扩充版权内容。这种方法考虑将机器学习的使用方式纳入传统的版权法

---

① 李安：《机器学习的版权规则：历史启示与当代方案》，《环球法律评论》2023 年第 6 期。
② 李丹：《数字社会的"权利鸿沟"及其弥合》，《河北法学》2024 年第 6 期。

框架。这意味着机器学习创造的内容，如通过分析既有文本生成的新文本，可能会被视为一种衍生作品，并受到现有著作权法的保护。这种方法的优势在于它依赖于现有的法律框架和理解，减少了新立法的需要。然而，它可能也会限制机器学习技术的发展，因为它将这种新的数据利用方式视为传统的复制和衍生，可能不足以覆盖所有新兴的利用形式。2. 构建新的数据权利。另一种方法是创建一个全新的法律体系来专门处理机器学习和其他高级数据处理技术的特殊需求。这个体系将区别于传统的版权法，专门处理数据集、算法处理和机器学习创作的问题。与传统版权聚焦于作品的复制和分发不同，数据权利可能聚焦于数据的使用、处理和创新方式。这种方法的优点在于它提供了更大的灵活性和针对性，可以更好地适应技术发展。但同时，它也需要全新的法律框架和理解，可能涉及复杂的立法过程和全新的法律概念。

进一步而言，针对机器学习的数据和方法，在版权法之外构建数据权利，更是由版权和数据权利根本区别所决定的：其一，利用价值不同。传统版权的目的是鼓励创作和保护创作者的利益，通过给予作者对其作品的复制、发行、展示等独家权利来实现。[1] 这些作品通常以固定的形式存在，如书籍、音乐或影视作品。版权的核心是保护文化产品的创造和传播，同时确保创作者能从自己的劳动中获得适当的报酬。而数据权利则关注于数据本身的使用、分析和处理。在数据驱动的世界中，数据的价值不仅在于它自身，更在于通过分析和处理能够提取出的信息和知识。这种利用方式与传统的复制、发行或表演完全不同。数据权利的目的是促进数据的合理使用和处理，从而推动知识的创新和技术的进步。这包括了对数据集的管理、对机器学习算法的应用以及对生成数据的保护等。其二，客体不同。在版权法下，保护的对象通常是表达了创意思想的作品，这些作品有明确的作者和固定的表现形式。版权法的保护对象很具体，比如一本书、一首歌、一部电影等。相反，数据权利可能覆盖的范围更广泛。它不仅仅关注单个数据点或单件作品，而是关注数据集、数据库或大规模的数据集合。这些数据可以是文本、图像、声音或任何可以被算法分析和处理的形式。此外，数据权利的保护对象还包括了用于处理这些数据的算法和工具，以及由此产生的数据派生品。其三，法益不同。版权法保护的是作者对其作品的经济和道德权益。经济权益允许作者从其作品中获得金钱回报，道德权

---

① 刘银良：《再论著作权法中的公众使用权：互依性的视角》，《知识产权》2023年第11期。

利则保护作者的名誉和与作品的联系不被破坏。版权法的这一保护机制旨在激励更多的文化创作，丰富社会的文化生活。数据权利则更加注重于数据的创新使用和技术发展，它的目的不仅仅是保护数据的产生者或所有者的经济利益，更重要的是促进数据的有效利用，推动科学研究、经济发展和社会进步。这意味着数据权利不只是关注数据所有者的私有权益，还涉及更广泛的公共利益和社会福祉。

2. 重构数字人创作作品的版权权利架构

在数字人时代的著作权架构中，精神权利的概念需要重新界定，尤其是当涉及由人工智能和机器学习系统创作的作品时。这些系统的创作过程与自然人的创作截然不同，因此，传统著作权中的精神权利概念也需相应调整。其一，关于数字人创作作品的精神权利。在自然人创作的著作权框架中，精神权利通常包括保护作者人格的各种权利，如署名权、保护作品完整性的权利等。[①] 但在数字人的创作中，这些权利的内涵需要重新定义。由于数字人并非具有自我意识的实体，其"精神权利"不再承载同样的人格尊严或表达自由的意义。相反，这些权利更多地转变为区分作品来源和类型的手段。例如，赋予数字人作品的署名权，不再是对创作者个性和创作过程的认可，而是一种区分数字人创作与自然人创作的标记。这种标记有助于明确作品的性质，帮助公众理解和评价作品的来源和创作背景。其二，数字人的"精神权利"与传统人格权存在根本区别。在自然人创作中，精神权利与人格权紧密相关，它保护的是创作者的名誉和尊严，以及与作品紧密相关的个人情感和思想。然而，在数字人创作的情境下，精神权利的这一层含义显然不再适用。对数字人作品的保护，不再涉及维护个人的情感或尊严，而是着重于保护和促进技术创新，以及确保公众能够正确理解作品的来源和创作方式。因此，精神权利在数字人时代变得更加注重作品的标识和分类，而不是传统意义上的人格权保护。

在数字化时代的背景下，对传统财产权利概念的再思考变得迫切必要，尤其是考虑到财产权利应用的日益灵活性。传统的著作权体系，尤其是其与财产权相关的方面，大多以固定和法定形式存在。这种体系授予权利人对其作品的复制、分发、

---

① 周文康、费艳颖：《生成式人工智能创作使用作品的合理使用调适》，《科技与法律（中英文）》2024年第3期。

展示及表演等方面的专有控制权。然而，当涉及数字人创作的作品时，这一制度框架显然需要调整，以适应数字创作和应用的新现实。与传统人类创作者相比，数字人创作的作品本质上区别显著，它们不是源于人类的直接创造行为，而是通过算法和数据驱动的复杂过程产生，这种创作过程在很大程度上依赖于现有的信息资料和技术基础。在这一情境下，将财产权利授予给数字人创作的作品，实际上等同于对一组算法和数据处理流程赋予某种权利形式。

在此背景之下，将财产权从传统的法定财产权转化为基于协议的财产权显得尤为关键。这种转变意味着著作权的分配和利用将更多地依赖于具体合同和协议，而非一般性的法律规范。这样的变化具有几个重要的优势：首先，它大幅增加了灵活性。通过基于协议的财产权，数字人或其背后的操作者与使用者可以根据特定情境和需求，制定出更为精细化的著作权使用条件，从而为各种创新的应用方式提供空间，这对于适应快速变化的数字化环境至关重要。其次，它促进了多方合作。在一个以数据和算法为核心的创作环境中，多方面的合作变得日益重要。基于协议的财产权能够使创作者、使用者以及其他利益相关方就作品的共享和使用达成更广泛的共识，从而推动更加深入的合作和创新。再次，它为法律挑战提供了灵活的应对策略。随着数字技术的不断演进，著作权法面临着诸多前所未有的挑战，基于协议的财产权提供了一个更加灵活的框架，能够更有效地适应这些挑战，而非僵化地依赖于可能已不适用的传统法律规定。最后，它在保障使用者权益方面发挥着关键作用。通过明确的协议，使用者可以更清楚地理解他们所能进行的操作范围，这在一定程度上降低了法律风险和不确定性。同时，它也为使用者提供了更多的选择和谈判空间，以便他们能够获得更有利的使用条款。

针对数字人创作，其权利限制需要重大改革以适应新的创作环境。首先，非商业使用的合理范围应扩大，包括公共艺术展示、在线教育资源分享，甚至个人娱乐和创造性再创作。这样的扩展不仅促进了作品的广泛传播，也激发了基于这些作品的进一步创新。其次，应提供更灵活的财产权利使用规则，如通过许可协议形式允许作品的更广泛使用、修改和重新分发。这种灵活性既促进了社会参与和创新，也为数字人创作开辟了新的商业模式和市场机遇。同时，数字人创作的作品在社会、文化和教育层面的价值应得到重视，特别强调公益性使用的重要性，如在公共图书馆、博物馆和教育机构中的无偿使用。此外，考虑到这些作品对现有知识体系和文化遗产的依赖，著作权法应在尊重原有创作者权益的基础上，为这类创作提供更多的灵活性，包括更宽松的引用和改编权限。这样的调整不仅保护了传统创作者的权益，还促进了文化多样性和社会创新，为建立一个更公平、灵活和前瞻性的著作权法体系提供了方向。

3. 强化技术保护措施的版权保护新思路

版权法的重构已经成为刻不容缓的任务，特别是在提高技术保护措施在版权法中的比重方面。现有的版权法律体系，虽然在权利界定和诉讼保护方面形成了成熟的框架，但在应对数字化和全球化挑战时显得力不从心。因此，重构版权法，尤其是增强技术保护措施的比重，不仅是对现行法律体系的必要补充，也是对日益增长的数字内容创作和分发的有效回应。[①] 这要求版权法内部进行结构性的调整，将数字水印、加密技术、内容识别等技术保护手段并列于传统的法律权利和诉讼保护之中。这一变革的核心在于认识到技术保护措施的即时性、全球适用性和个性化保护的优势，以及它们在维护版权方面的独特作用。具体而言，版权法应明确规定技术保护措施的法律地位和效力，同时制定相应的技术标准和规范，确保其在全球范围内的统一性和有效性。此外，增强对绕开或破解技术保护措施行为的监控和执法力度，以及加强国际合作，对于构建一个更加全面和有效的版权保护机制至关重要。通过这些措施，版权法将能更好地适应数字化和技术革新的趋势，为创作者和版权所有者提供更加全面和精细化的保护。

在数字人时代，为了应对技术进步带来的挑战和机遇，版权法需要对技术保护措施进行全面规范化。首先，版权法中应明确技术保护措施的法律地位，包括对数字水印、加密技术等的定义、种类和运用范围。同时，规定技术保护措施的合法使用范围，确保其遵循合理性和必要性原则，以防止对合法使用者权益的影响。其次，法律应严格禁止任何绕开或破解技术保护措施的行为，包括制造、销售或传播破解工具和方法。对于违反这些规定的行为，应施以重罚，包括罚金、赔偿损失甚至承担刑事责任，以此震慑潜在侵权者。最后，建立技术保护措施的监督和审查机制，设立专门机构来确保这些措施的有效性、合法性，同时保护用户合法权益，是维护版权法公平性和有效性的关键。这些措施的实施，可以更好地平衡创作者、用

---

① 余祥、聂建强：《美国人工智能生成物的版权归属和可版权性标准的重构（英文）》，《科技与法律（中英文）》2023 年第 5 期。

户和公众的利益，从而在数字时代保护创作成果。

与此同时，对于绕开或破解这些措施的行为，需要重新构建版权法规，特别是在加大惩罚力度和增加侵权赔偿（设立惩罚性赔偿制度）方面。这些行为不仅破坏了创作者的合法权益，还威胁到数字内容生态的稳定性。加大惩罚力度是维护版权制度完整性的必要举措，可以有效震慑潜在侵权者，保护创作者的劳动成果和合法权益。同时，赔偿金额应反映出技术保护措施被破解后的广泛影响，包括直接经济损失、潜在的利润损失及对创作者声誉的损害。因此，版权法应强化技术保护的法律地位，加大法律惩罚力度，增加侵权赔偿，构建技术保护与法律保护的协同机制，并加强国际合作以提升跨境执行力度。这些改革和强化措施对于保护创作者权益和促进健康有序的数字内容市场发展至关重要。

五、结　语

在数字人时代的浪潮中，我们正站在一个关于版权法根本变革的前沿。这个时代不仅将重塑版权的主体、客体和内容，而且将重新定义我们与技术的关系。面对这一变革，我们的法律体系与政策制定需要谨慎而深思熟虑的步伐。在迅速发展的数字人、人工智能和立体计算领域，仓促的法律修订可能不足以捕捉其复杂性和动态性。相反，我们需要更深入地总结和理解这些技术变革的内在规律，以便制定出更为有效和具有前瞻性的法律框架。

数字人领域的学术研究对于法律的完善具有不可估量的价值。它不仅提供了深入理解这些新兴技术的理论基础，而且为实践中出现的前沿案例提供了宝贵的指导。通过学术研究，我们能够更好地预测和应对数字人所带来的各种法律和伦理挑战，为制定合理的政策和法律提供坚实的基础。

我们即将进入一个与数字人共生的新时代。本文虽然集中讨论了数字人在版权法面临的挑战及其应对策略，但我们还需要认识到，数字人对整个法律秩序的影响是全方位的。它们不仅触及版权法，还广泛涉及民事、刑事和行政等多个法律领域。因此，对数字人的研究应该超越版权法的局限，深入探讨它们在更广泛法律领域中的影响。

本文的探讨只是一个开始。随着人工智能和大模型的不断进化，我们对这些技术的理解和法律应对也必须同步进化。在这个充满挑战和机遇的新时代，我们不仅需要对现有法律体系进行反思和调整，还需要不断学习和适应，以便更好地应对未来的变革。这是一个不断发展的过程，需要我们所有人——法律专家、技术开发者、政策制定者和公众——共同参与和努力，从而构建一个公平、高效和适应未来的法律体系。

B.18　版权金融赋能数字文化产业高质量发展研究*

陈能军**

摘　要： 版权金融是文化产业发展过程中，以版权价值为核心来充分发挥版权资源的价值发现、价值评估与价值变现功能，最终实现资金融通与价值增益，并由此形成相应机制体系的一种新的金融业态。版权金融是数字经济时代下适应文化产业高质量发展新要求的新的赋能形式，文化产业"版权资源—版权资产—版权资本"的版权金融的价值转化，本质是为了实现其价值发现和资金融通，助力文化产业高质量发展。版权金融以促进技术创新、加速资本循环、助力产业转型等基本逻辑机理，赋能文化产业向高质量发展道路持续迈进。通过对国内首单版权证券化产品的案例分析，能够发现版权金融赋能文化产业发展的实践已处于深度探索与优化中，加快建设版权金融服务平台、打造版权产业园区、培育版权金融专业人才、完善版权评估体系等，都已成为促进版权金融健康发展、赋能文化产业提质增效的核心所在。

关键词： 版权金融；文化产业高质量发展；逻辑机理；实践路径

数字经济时代，数字文化产业的版权价值是其核心要素，也是其与金融对接的重要抓手。版权金融是以数字文化产业的版权价值为核心来充分发挥版权资源的价

---

* 本文系国家社科基金艺术学项目"中国式现代化引领下的文化产业动力机制及优化策略研究"（23BH166）；广东省哲学社会科学规划专项课题"粤港澳大湾区数字创意产业高质量发展的动力机制及优化路径研究"（GD23SQYJ04）；深圳市哲学社会科学规划特别委托重点课题"城市文明典范研究"（SZ2022A005）的阶段性成果。

** 陈能军，南方科技大学全球城市文明典范研究院学术委员会秘书长、研究员、博士，深圳市龙岗区鹤湖智库专家委员，国际创意管理专委会委员，研究方向为文化经济、城市经济。

值发现、价值评估与价值变现功能，最终实现资金融通与价值增益，并由此形成相应机制体系的一种新的金融业态。作为确立版权作为数字文化产业的核心要素，借助金融手段进行版权价值评估，围绕版权资源开发各类数字文创产品，通过版权交易激活版权市场等都已成为当下各国开展版权金融活动的基本准则。版权金融对于保障版权收益、激励版权运营、确保文化生产活动持续性、提高文化生产要素流通效能、促进数字文化产业扩大再生产和结构转型等，都具有重大意义。2023 年，中国著作权质押融资规模达 99.6 亿元，同比 2020 年增长 145.32%，年化复合增长率为 34.87%，其中软件著作权和作品著作权质押融资规模分别为 91.7 亿元、7.9 亿元，同比 2020 年分别增长 141.32%、203.85%，年化复合增长率分别为 34.13%、44.84%（见图 1）。数字经济时代，构建"版权+金融"发展模式，最大限度实现"版权资源—版权资产—版权资本"的价值转化和价值增值，是新时代数字文化产业高质量发展的重要支撑。

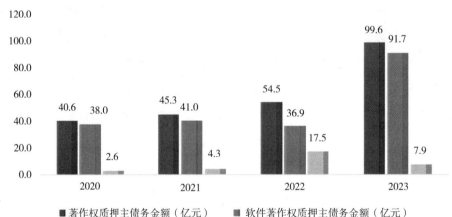

图 1　2020—2023 年中国著作权质押融资规模

数据来源：国家版权局。

一、版权金融的研究述评和内涵特征

（一）版权金融的研究述评

版权金融的概念涉及"版权"与"金融"两大部分。世界知识产权组织在《版权产业经济贡献调研指南（2015 年修订版）》中明确指出，关于在文化或者艺术创作方面的私有财产属性构成了版权独有的经济学意义。版权是能够让渡且产生收益的私有财产，当它由文化生产要素逐渐转化为文化产业资产的时候，满足其内在融通性需求的金融化活动已然深入，因而市场经济下的"版权"与"金融"密不可分。Bester（1985）对无形资产在借贷中存在的风险进行分析，认为银行采取抵押和信贷配给的方式来应对道德风险，风险厌恶者通常不会选择专利权质押融资的方式，只有风险偏好者才可以接受专利权质押融资。Besanko（1987）则进一步研究了知识产权质押融资中借贷双方的信贷合约，并提出在信贷关系中可以采取信贷配给的手段来甄别风险，以此来帮助借贷双方开展专利权质押融资。Strasser（2008）则从企业的信用风险和法律风险等角度探讨了从知识产权形成到其质押过程中会面临的不同风险。美国和世界知识产权组织还直接以"版权产业"指代文化产业，版权金融与文化金融在金融活动基础支撑方面可以相互适应（郭玉军、司文，2015）。2021年12月国家版权局出台的《版权工作"十四五"规划》中，在"加强推进版权产业发展的支撑工作"中提到"推动版权金融试点工作"，这是国家级政策文件首次明确清晰使用"版权金融"概念①。

现有研究中，关于"版权金融"概念，普遍观点是将其作为版权产业相关经济活动中重要的资金融通环节来看的，视其为金融服务体系的有机组成。例如金巍（2021）指出版权金融是金融体系服务实体经济运行机制的一种具体体现，其运行有自身特殊的机制，它结合了版权产业和版权资产的特殊性。此外，"版权金融"也与"知识产权金融"概念相近。赵亦楠（2019）将知识产权所有人通过银行等金融机构获得资金支持的过程统称为知识产权金融服务。许可等（2021）认为知识产权金融的本质是知识产权资本化，由原始知识产权权利人、特设机构和投资者三类主体进行交易，以解决企业融资难的困境。

"版权"与"金融"的关系以及对接问题是版权金融发展的关键议题。陈能军等（2018）和申海成等（2018）提出借助金融手段进行版权价值评估和产业链路径构建，围绕版权资源开发文创产品，通过版权交易激活版权市场，构建"版权+金融"的发展模式，为文化产业确权、交易、融资提供全产业链服务，实现"版权资源—版权资产—版权资本"的价值转化。梁儒谦（2021）认为当前中国金

---

① 2012年北京市发布的《关于金融促进首都文化创意产业发展的意见》使用的是"版权金融创新服务"这一表述方式。

融市场改革创新与文化产业需求变化之间存在不平衡问题，因此需要在创新发展银行信贷、债券、资本市场融资、私募基金等金融产品和服务上持续优化。魏鹏举等（2022）、黄羿淳（2022）和解学芳等（2021）基于区块链视角研究版权融资模式，提出分布式账本、智能合约、各类 DAO 平台以及 Token 合约等方法使个人或机构参与到文化产业版权融资流程中。张钦昱和范陈哲（2023）从一体两面、"市场"之外、上统下引三个维度，提出金融供给侧和版权需求侧的调适、版权市场价值与社会价值的耦合、宏观扶持与微观引致的交错三种版权融资模式。

版权金融是一个崭新的时代命题，现有研究既难以明确界定"版权金融"的相关概念，也未能进一步理清"版权"与"金融"有效对接的内在机理。以版权为数字文化产业的核心因素，研究理顺"版权资源—版权资产—版权资本"价值转化的基本逻辑和内在机理，进而赋能数字文化产业高质量发展，将成为未来数字文化产业与版权金融的研究热点。

（二）版权金融的内涵特征

如前所述，相关学者对版权金融进行了系列分析和研究，本文涉及的版权金融内涵和特征探讨，主要立足于梳理现有研究成果的基础上，充分关注数字经济时代数字文化产业高质量发展的新要求。事实上，2020 年，文化和旅游部发布的《关于推动数字文化产业高质量发展的意见》，明确提出了推动数字文化产业高质量发展的方向、思路和路径。2021 年，文化和旅游部印发的《"十四五"文化产业发展规划》中，也将"深化文化与金融合作"作为其中的一个重要篇章进行了部署。笔者认为，数字文化产业高质量发展，在重视数字技术对其发展的支撑外，包括版权金融在内的各类金融业态赋能也同样重要。

就版权金融的内涵而言，笔者认同金巍、杨涛等学者的相关观点，他们从版权资产范畴讨论了版权与金融服务之间的关系，将版权金融定义为一种基于版权资产形成的金融产品与服务体系及资本市场集合（金巍和杨涛，2021）。可以看出，这一定义的核心前提是版权资产，版权金融必须围绕版权资产来构建金融产品、金融服务和金融市场体系。因此，本文对版权金融的内涵界定上也是在借鉴上述思路的基础上进行拓展。笔者认为，版权金融是数字文化产业发展过程中，以版权价值为核心，充分发挥版权资源的价值发现、价值评估与价值变现功能，最终实现数字文化产业资金融通与价值增益，并由此形成一定的机制体系的一种新的金融业态。

版权金融服务最终关注的就是版权资产，而版权资产的特殊性决定了版权金融作为一种新的金融业态，自然就有着不同于传统金融业态的多重特征。首先是具备价值发现和资金融通的金融特征，数字文化产业"版权资源—版权资产—版权资本"的版权金融的价值转化，本质就是为了实现其价值发现和资金融通（黄玉波、刘欢，2014），为数字文化产业高质量发展提供支撑。其次是具备服务精神生产活动及其产品的文化特征，文化产业的版权以文学、艺术以及科学作品等精神生产活动为基础，是对现实精神成果的客观反映。版权金融是为复制、发行、传播精神产品和作品的体现文化特征的行业提供服务。最后是具备版权确权、评估、交易的产业特征，文化产业版权价值提升、版权价值发现和版权价值转化是推动版权金融的节点和契机（杜颖、张呈玥，2023），最终依托版权产品、版权企业和版权产业等载体来实现，因其产业价值从而使得版权资产转化为版权资本才有可能实现，而版权的边际成本递减、边际收益递增的特点使其往往面临更大的侵权风险（杜颖，2015）。因此，版权金融作为一种新的金融业态，以其价值发现和资金融通的金融特征、服务精神生产活动及其产品的文化特征和版权确权、评估、交易的产业特征构成了一种独特的金融服务形态存在。

二、版权金融赋能数字文化产业 高质量发展的机理与案例

（一）版权金融赋能文化产业高质量发展的机理

首先，数字经济时代下版权金融赋能数字文化产业高质量发展，关键在于数字文化产业实现版权资源到版权资本的价值转化。"赋能"这一概念由管理学之母玛丽·帕克·弗莱特（Mary Parker Follett）提出，起初"赋能授权"的理解主要以人力资源管理领域的"授权"为核心进行展开，强调通过建立机制为员工授权从而实现组织群体的"增权升能"。随着数字经济时代的到来和经济运行方式的迭变，赋能的内涵和维度被不同领域的专家学者不断扩充，其核心已经从最初的"赋权"内涵转变为以提升产品、企业和行业核心竞争力为导向的系统创新活动。就版权金融而言，其赋能数字文化产业高质量发展的关键环节是实现静态的版权资源，到动态的版权资本的价值升华。在实现赋能的过程中，版权金融首先要对版权

资源进行评估，通过价值评估这一环节，将版权资源转化为版权资产。之后，版权金融还需引入价值管理环节，实现数字文化产业的版权资产转化为版权资本，从而真正实现"版权资源—版权资产—版权资本"的版权金融赋能的价值转化（见图2）。

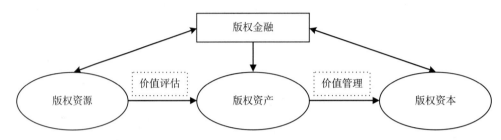

图2　版权金融赋能的价值转化机理图

其次，版权金融赋能数字文化产业高质量发展，根基在于数字文化产业的版权价值得以顺利实现。实现版权的商业属性涉及的影响因素众多，一是版权的自身属性因素。即版权本身的创作特点，是自版权产品创作后就无法改变的特性。其中包括作品的基本情况、版权类型①、创作及发行时间、版权的创作方式②、作品的创作成本与技术难度③。二是版权的市场属性因素④。包括创作作者或企业的业内号召力与影响力、历史作品的市场表现等情况、版权的使用场景与方式、市场需求与活跃期、推广合作平台及营销方式、在市场同类产品中的竞争力，还包括版权的市场接受度及商业化便利度、版权题材与社会热点、版权体裁与流量传媒风口的契合度（黄玉波、刘欢，2015）。三是版权的法律权利因素。相关法律所适用的权利保护条款和持有、登记、确权、质押、交易、求偿、诉讼等方面的要求，版权在时间、空间的使用限制。版权权利的维权流程、时间、难易程度及效果，调解诉讼所

---

①　版权类型如文字作品、口述作品、音乐、喜剧、曲艺、舞蹈、杂技艺术品、美术、建筑作品、摄影作品、电影作品和以类似摄制电影的方法创作的作品，工程设计图、产品设计图、地图、示意图等图形作品和模型作品，计算机软件等。不同的类别的作品价值是不一样的。

②　版权的创作方式包括原创或者各种形式的改编、翻译、注释、整理等；一般来讲原创的价值高于其改编创作形式。

③　一般来说，版权的成本越高、技术难度越大，价值也相对高。

④　市场属性是非常复杂的影响因素，还包括版权的衍生价值、还包括版权及其衍生品上市发行、销售需经过的审批流程难易程度及进度。复制、发行、出租、展览、表演、放映、广播、信息网络传播、摄制、改编、翻译、汇编等使用情况等一切影响版权产品市场变现能力的因素，也是估值时较难预测的部分。

需费用等。四是版权的市场环境因素。包括宏观经济环境、数字文化产业类似版权的历史评估、交易、转让、使用及各类形式的变现情况、同题材同体裁产品的成交情况（成交量及价格）、文化、高新技术等相关产业政策以及资本市场对于版权标的的认可及接纳度等。

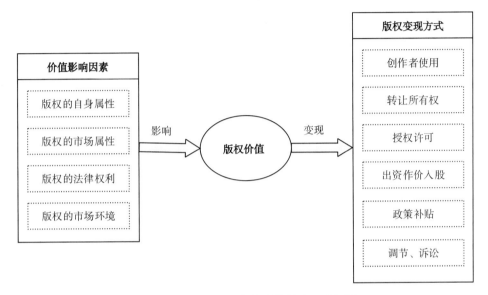

图3　数字文化产业版权价值的实现路径图

如图3所示，数字文化产业版权价值受其版权自身属性、市场属性、法律权利和市场环境四个因素影响，版权价值要想得以实现，就必须在分析清楚版权价值影响因素基础上，借助市场的力量通过价值评估来形成版权资产，通过价值管理来实现版权商业变现，最终获得版权资本的价值。只有把影响因素和变现方式二者进行有效的互动衔接，紧密围绕"版权资源—版权资产—版权资本"进行价值转化，才能真正地让数字文化产业的版权价值链得以市场变现。

最后，版权金融赋能数字文化产业高质量发展，核心在于遵循版权金融促进数字文化产业发展的内在机理。尽管目前学术界对于数字文化产业高质量发展的基本阐释不尽相同，但衡量数字文化产业发展是否呈现高质量状况，都离不开对于数字文化产业的规模、结构、效益等的标准测度。因此，版权金融赋能数字文化产业高质量发展，也能够以版权金融助力数字文化产业完成技术创新、加快资本循环、助推转型升级三种基本方式，分别实现数字文化产业在结构维度、规模维度和效益维度的跃升作为逻辑机理来展开分析（见图4）。

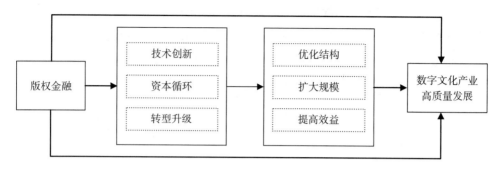

图 4 版权金融赋能数字文化产业高质量发展机理图

其一，版权金融通过助力数字文化产业技术创新，赋能数字文化产业高质量发展。技术创新是数字文化产业高质量发展的重要支撑，5G、人工智能、工业互联网、物联网、数据中心等新型基础设施建设，本质上更有利于数字文化产业拥有更好的技术支撑，而数字文化产业需要的技术创新离不开金融的支持，以版权为核心的数字文化产业在进行技术创新过程中，可以通过版权融资来获得其技术升级换代的资金保障。有了技术创新的金融支持，技术创新作为数字文化产业的核心驱动力，将数字文化内容释放并呈现其新的具体业态，在数字经济的大环境下，线上线下有效结合，以技术创新赋能数字文化内容孵化、生产、传播和变现，本质上也是实现了新业态的产生（优化了产业结构）、规模的扩大（既定成本下的生产最大化）和效益的实现（新技术支持下的传播效应衍生出产业的市场变现），推动了数字文化产业高质量发展。

其二，版权金融通过加快数字文化产业资本循环，赋能数字文化产业高质量发展。资本循环指产业资本从一定的职能形式出发，顺次经过购买、生产、销售三个阶段，分别地采取货币资本、生产资本、商品资本三种职能形式，实现了价值的增值，并回到原来出发点的全过程，马克思的资本循环和周转理论，对数字文化产业的资本循环、周转与运营同样具有重要的指导意义。数字文化产业资本循环，包括投入资本、生产、销售、回收等环节，以及这些环节之间的关系和相互作用，版权金融作为数字文化产业经营管理投入的补充支撑，有助于加快资本循环。通过增加数字文化产业发展的投入资本，从购买阶段、生产阶段和销售阶段上采取了货币资本、生产资本和商品资本三种职能形式，在资本循环中实现数字文化产业的结构优化、规模扩大和效益的提高，最终实现其产业的增值升值，从而推动了数字文化产业高质量发展。

其三，版权金融通过助推数字文化产业转型升级，赋能数字文化产业高质量发展。我国文化产业在传统发展模式下一直面临着规模不大、抗风险能力弱、融资信息与金融服务间无法实现快速对接、商业银行无法覆盖文化企业等困境，致使文化企业无法做大做强做优，数字经济背景下，以创新金融服务而形成的版权金融赋能数字文化产业发展，通过构建数字文化产业的版权确权、授权、维权的产业闭环，助力数字文化企业围绕核心版权产业完成版权价值链和产业链的升级重构，增加数字文化产品附加值，促进数字文化产业与生产制造、旅游体育、健康医疗与养老、智慧农业等领域深度融合发展，实现转型升级，在转型升级中优化数字文化产业结构、提高产业增加值和实现产业效益，从而推动数字文化产业高质量发展。

（二）版权金融赋能数字文化产业高质量发展的案例：以国内首单版权证券化项目为例

罗湖区是深圳市最早的建成区，文化产业作为其特色产业之一，越来越对经济社会发展起着关键作用。区内集聚了工艺美术、黄金珠宝、动漫画、软装设计等行业的大批中小型文化企业，这些企业普遍面临着轻资产、规模较小、缺乏抵押物、融资难等发展困境。数字经济背景下，文化产业更好地与时俱进，要顺应数字产业化和产业数字化发展趋势，加快发展新型文化企业、文化业态、文化消费模式，改造提升传统业态。罗湖区积极实施文化产业数字化战略，并确立"文创+金融"的发展思路，以文化产业数字化为抓手，推进"版权+"战略的实施，开启了数字文化产业的版权金融的探索实践。

2017年7月14日，由深圳市罗湖区政府与中国版权保护中心共同建设的粤港澳版权登记大厅正式开始运行。借助粤港澳版权登记大厅投入使用，罗湖通过实施"版权+"战略，围绕核心版权产业完成版权价值链的升级重构，配套出台《深圳市罗湖区支持数字创意及文化产业发展工作措施》，明确提出"支持版权登记、支持版权交易"，为"版权+金融"创新提供政策支持。通过连续几年的版权平台建设，深圳市罗湖区积极推动辖区文化产业企业的数字化转型、版权运营建设，构建版权确权、授权、维权的产业闭环，为企业以版权资产抵押或质押进行融资，破除制约金融资本进入文化产业领域的核心阻力。

2021年2月26日，深圳市高新投集团有限公司在罗湖区发起设立的"罗湖区—平安证券—高新投版权资产支持专项计划"，该版权证券化专项计划融资结构流程非常清晰。首先，借款人以知识产权质押向高新投小贷公司借款，高新投担保公司做担保人，待借款人收到贷款，高新投小贷公司便成为原始权益人。其次，平安证券担任计划管理人，与高新投小贷公司签订《资产买卖协议》，并设立资产支持专项计划。最后，认购人（合格投资者）与平安证券签订《认购协议》，平安证券设立并管理专项计划，认购人取得资产支持证券，成为资产支持证券持有人。另外，资产支持专项计划涉及的参与者也各司其职，中国民生银行深圳分行作为托管银行，主要根据平安证券的指令进行资金分配并将资金转入相应银行账号，高新投小贷公司是原始权益人，并作为资产服务机构进行产品的管理。高新投担保公司是在发生差额支付启动事件后，根据《差额支付承诺函》的约定，在专项计划资金不足时，向其提供补足的资金，并直接将资金转入版权证券化专项计划账户，以使该计划账户内资金足以支付优先级资产支持证券当期兑付日应付的预期收益及本金。

数字经济背景下，版权证券化专项计划允许文化产业仅凭版权，而不需要其他抵押物，即可参与融资，作为版权金融的一种形式，为支持辖区受疫情影响的文化企业提供金融创新服务。该版权证券化专项在深圳证券交易所正式成立，发行规模1亿元。这是全国首单以版权为主的知识产权证券化项目，入池企业包括柏星龙创意包装、深圳中国国际旅行社等15家罗湖区内的优质文化企业，横跨文化、设计、旅游、珠宝等多个文化产业类别。15家符合要求的文化企业组成了以版权为主的资产池，内含13项版权和7项发明专项，共计20项，融资总金额为1.1亿元。得益于罗湖区政府对贷款公司融资总成本的50%的补贴和深圳市高新投集团有限公司的费用减免措施，最终15家企业实际融资成本仅为2.98%每年，给疫情下的文化企业带来了极大的经营信心和发展热情。

在国内首单版权证券化项目中，深圳市罗湖区将版权金融探索、促进文化产业数字化转型升级和服务文化企业高质量发展进行了有效结合，以版权证券化为主要的依托形式来开展版权金融服务，为我国数字文化产业高质量发展的版权金融创新和进一步探索版权价值转化提供良好借鉴。

三、版权金融赋能数字文化产业高质量发展的实践路径

（一）创新版权金融发展模式，融入数字版权新趋势

创新版权金融发展模式。伴随5G、大数据、物联网、人工智能、区块链等新

一代信息技术快速发展，更多的先进技术手段运用将更为便捷。一方面，可以积极探索构建"区块链+资产证券化"模式。对于版权金融的探索，运用区块链技术就成为新的方向，以文化企业版权资产证券化为例，其自身也存在一些问题，如结构复杂、参与主体众多、交易链条较长、交易过程不透明等。通过利用区块链技术之后，发挥其优势就可以较好从技术层面解决相应的问题，从而为各环节带来正面效应。具体来说，在原始债权形成过程中，可以利用区块链技术完善征信系统，全面了解债务人的征信情况，从而提高基础资产质量；在构建底部资产池时，借助区块链技术确保提供的数据真实，增强了资产池透明度；在组成底部资产池之后，引入智能合约技术，提高风险防控效能，可以促使交易过程信息公开透明；另外区域链去中心化的特征更能保障交易的安全性。应该利用区块链技术加强版权资产证券化市场技术支持，保持交易过程的透明度。另一方面，版权金融也可以构建"数字资产证券化"模式。随着"互联网+文化"的不断发展，数字资产应运而生，也可以看成文化产业融资方式创新的产物。数字资产包括企业商标、数字货币、游戏装备周边等，数字资产逐渐会成为数字文化产业尤其是体验文化领域不可或缺的部分，同时数字资产的市场规模更呈现快速增长趋势，未来也可以当作版权资产证券化的基础资产，因此应制定相关政策，规范数字资产管理，提高数字资产在数字文化产业中的价值和地位。

（二）打造版权产业服务平台，建设国家版权产业园区

一方面，打造版权金融服务平台。版权金融的深度融合，势必离不开国家版权公共服务和大型平台的支撑。如北京"ICE版权金融俱乐部"成立后，开展了诸如专题研讨会、银企见面会、投融资项目推介会等版权金融活动，通过系列活动将版权企业与金融机构进行有效对接和合作，从而促进版权金融更好地融合。因此，建议政府相关职能部门领头组建类似的版权金融联盟、打造大型的版权项目推介平台、举办更多的版权峰会或论坛等，从多渠道、多角度等方面将版权项目与金融机构进行无缝对接，打造出更为广阔而多元的交易平台。另外，版权金融发展的重点在于资金和机构，因此，建议在政府引导下来扩大版权金融机构服务范围、构建专业化的金融服务平台、完善多元化金融机构体系、开发更适合版权企业需求的金融产品。依托相应区域版权登记大厅的事业功能平台，地方政府可以通过发展版权产业服务平台来构建区域版权产业发展的抓手。版权产业非均衡性和差异性互补的发

展格局（李炎、李彦忻，2023），可通过服务平台，在版权登记代理、版权评估、版权维权、版权金融、版权授权等全产业链上形成新兴产业引领带动效应，进而产生集聚效应和辐射效应促进区域版权产业发展。另一方面，建设国家版权产业园区。在发展服务平台的基础上，借助"互联网+"启动版权示范创建工作，引进和培育版权价值链上各环节的相关企业，孵化特色鲜明的文化创意企业，实现产业园区孵化器和版权产业转化功能，服务区域版权产业发展，打造数字文化产业园区聚集高地，建设国家版权产业园区。

（三）成立版权金融研究智库机构，培养版权领域专业人才

一方面，成立版权金融研究智库机构。以高等院校及相关研究院所等学术研究机构为主体，联合政府职能部门、相关版权企业、中介组织、行业协会、金融机构平台等多方资源成立版权金融研究智库。版权金融研究智库应该成为区域内版权金融发展的对外宣传与交流的桥梁，应该对版权金融活动中的热点难点问题进行系统研究，为当地政府提供版权专业与政策服务，还应有针对性地配合国家机构定期开展版权专业人才培训和业务培训，提高从业人员的版权金融素养，进一步规范版权以及版权金融相关服务机构及中介组织的市场行为，为做好相应区域版权产业的国际化交易和提升对外版权工作水平提供人才支持和智力支撑。另一方面，培养版权领域综合专业人才。文化产业高质量发展，核心要素还是人才，目前既懂版权又熟悉金融的数字文化产业人才尤为匮乏。因此，建议各高等院校开设相关专业课程，同时也希望相关部门加强对版权产业从业人员的培训教育，通过多种方式培养版权领域专业人才，提高现有包括版权运营及版权金融领域的综合类、复合型版权人才素质。

（四）建立健全体制机制，完善版权评估体系

首先，加强版权法律保护。相关机构要加大版权执法监管力度，健全版权侵权查处机制，加强版权执法监管，做好行政执法与刑事司法衔接强化事中事后监管，重点突出大案要案查处和重点行业专项治理，加大侵权行为惩治力度，营造和维护合法有序的版权环境。同时突出网络领域版权监管，将网络作为履行版权监管职责的重要阵地，不断净化网络版权环境。持续开展打击网络侵权盗版"剑网行动"，依托国家版权监管平台，完善版权重点监管，扩大监管范围，把智能移动终端第三方应用程序（APP）、网络云存储空间、网络销售平台等新型传播方式纳入版权有

效监管。其次，促进配套保障建设。要加大版权的运营力度，尚需进一步完善版权的配套保障建设，如对于相关版权保护政策支持强化，对于版权保护工作的社会认知及政策宣传工作。为版权产业繁荣发展保驾护航，必定需要依靠各种社会力量的合力发生作用，而其中由政府政策导向所带来的震慑与示范作用尤为关键。再次，增强全民版权意识。版权事业和版权产业的持续发展，同样也离不开大众的认知、支持与参与。因此，积极利用多种渠道，全方位、多角度地宣传版权法律法规及知识，推动全社会版权意识的提升，对于数字文化产业的发展至关重要。最后，完善版权评估体系。版权具有艺术价值与商业价值双重属性，收益法、成本法、市场法等无形资产评估方法难以适用（司若、洪宜，2019）。因此，建议相关部门形成合力，组织金融行业专业人士，联合版权领域专家、学者、标杆版权企业、相关中介组织、行业协会一起，在多方调研、多方论证的基础上共同完善并最终形成一个合理、有效、权威、标准化的版权评估体系来为版权金融业务在市场上的推进提供支撑。从而为数字文化产业构建"版权+金融"发展模式并最终实现"版权资源—版权资产—版权资本"的价值转化提供评估体系支持。

本文的部分内容已发表在《中国文化产业评论》2023年第2期，题目为《版权金融赋能文化产业高质量发展：理论逻辑与实践路径》，有删改。

参考文献

Bester H.，"The role of collateral in credit markets with imperfect information"，*European Economic Review*，1987，31（4），pp.887-899.

David Besanko，Anjan V.Thakor，"Collateral and Rationing：Sorting Equilibra in Monopolistic and Competitive Credit Markets"，*International Economic Review*，1987，28（3），pp.671-689.

Crawford J.，Strasser R.，"Management of infringement risk of Intellectual property assets"，*Intellectual Property & Technology Law Journal*，2008，20（12）：7，p.10.

郭玉军、司文：《文化产业促进法视角下文化产业界定比较研究》，《武汉大学学报（哲学社会科学版）》2015年第6期。

金巍：《版权金融机制、政策与新实践简析》，《中国版权》2022年第1期。

赵亦楠：《大连市高新区知识产权金融服务现状调查研究》，大连理工大学硕士学位论文，2019 年。

许可、肖冰、刘海波：《英国知识产权金融创新发展动态及启示》，《东岳论丛》2021 年第 9 期。

陈能军、史占中、罗晓星：《2017 年我国版权金融发展分析：基于文化产业视角》，载《中国文化金融发展报告（2018）》，2018 年版。

申海成、陈能军、张蕾：《深圳文化金融全产业链平台构建路径研究》，《现代管理科学》2018 年第 12 期。

梁儒谦、贺祯：《我国文化金融高质量发展路径》，《中国金融》2021 年第 6 期。

魏鹏举、魏西笑：《区块链视域下电影期待版权融资模式研究》，《当代电影》2022 年第 9 期。

黄羿淳：《区块链视域下音乐版权金融化的研究》，《音乐天地》2022 年第 6 期。

解学芳、祝新乐：《基于区块链的现代文化产业投融资体系创新研究》，《山东大学学报（哲学社会科学版）》2021 年第 5 期。

张钦昱、范陈哲：《我国版权产业金融扶持模式探究》，《中国版权》2023 年第 5 期。

金巍、杨涛：《文化金融学》，北京师范大学出版社 2021 年版。

黄玉波、刘欢：《版权资产的金融化——文化与科技融合的投融资政策体系构建探讨》，《深圳大学学报（人文社会科学版）》2014 年第 6 期。

杜颖、张呈玥：《我国版权金融的发展路径与运行机制研究》，《中国版权》2023 年第 1 期。

杜颖：《知识产权法学》，北京大学出版社 2015 年版。

李炎、李彦忻：《中国文化产业发展的非均衡性与差异性互动》，《艺术百家》2023 年第 1 期。

司若、洪宜：《电影版权价值评估的方法与路径》，《现代出版》2019 年第 1 期。

后　记

《中国互联网版权发展报告（2024）》是国内首部以互联网版权为主题的蓝皮书研究成果，同时也是为纪念我国接入互联网30周年而编著。本书面向蓬勃发展的数字经济，立足互联网主战场，沿循互联网版权的创造、运用、保护、管理、服务的全环节、全链条，深入分析研究互联网版权领域的新形态、新动态、新业态，梳理互联网版权的热点、焦点、难点问题，经过选题范围研讨、组织作者资源、撰写专题稿件、沟通修订完善、编辑审阅校对等环节，最终由人民出版社出版发行。本书顺应趋势，交流思想，聚焦笔端，积章成书，是互联网版权领域的一部具有重要参考价值的探寻之作。

本书以学习贯彻党的二十届三中全会精神为主线，聚焦建设社会主义文化强国，服务深化文化体制机制改革大局，贯彻落实《"十四五"文化发展规划》《版权工作"十四五"规划》的重要要求和政策措施，汇集了高等院校、科研机构、头部企业、出版和版权经营企业等领域的专家学者和资深人士，围绕互联网版权领域具有代表性的选题展开分析研究，系统展示了互联网版权领域的研究进展情况和取得的成果。本书的作者基于不同的研究领域、研究视角和研究思路产生独具特色、独家学术观点的研究结论，编委会本着包容兼顾、求同存异的原则，协调各位作者在遵守大原则前提下抒发个人见解和观点，推动学术争鸣，共同为互联网版权健康发展建言献策、贡献智慧。

作为中国版权保护中心和中文在线集团股份有限公司的重要合作成果，本书是在版权中心党委书记、主任孙宝林的策划和统筹下，在版权中心党委委员、副主任范继红和中文在线集团常务副总裁谢广才的具体指导下，主要由版权中心产业促进部的王行鹏、单润红、丁小珊、范盈茹、李贤和中文在线集团闫芳、杨辛茹等同志完成编撰统稿工作。人民出版社的彭代琪格等编审校人员为本书出版付出大量辛勤劳动和心血，各有关单位对本书的出版亦提供有力支持，在此一并致以诚挚谢意。囿于研究领域和学术水准的差异，书中纰漏之处也请各位学术界、版权界的同仁及各位读者批评指正，不吝赐教。

中国版权保护中心

中文在线集团股份有限公司

2024 年 10 月

责任编辑：彭代琪格
封面设计：王欢欢

图书在版编目（CIP）数据

中国互联网版权发展报告. 2024 / 中国版权保护中心，
中文在线集团股份有限公司编著. -- 北京 ： 人民出版社，
2024. 10. -- ISBN 978－7－01－026868－2

Ⅰ. G239. 2

中国国家版本馆 CIP 数据核字第 20249HV146 号

中国互联网版权发展报告

ZHONGGUO HULIANWANG BANQUAN FAZHAN BAOGAO
（2024）

中国版权保护中心　中文在线集团股份有限公司　编著

人民出版社 出版发行
（100706　北京市东城区隆福寺街 99 号）

中煤（北京）印务有限公司印刷　新华书店经销

2024 年 10 月第 1 版　2024 年 10 月北京第 1 次印刷
开本：787 毫米×1092 毫米 1/16　印张：24.5
字数：436 千字

ISBN 978－7－01－026868－2　定价：60.00 元

邮购地址 100706　北京市东城区隆福寺街 99 号
人民东方图书销售中心　电话（010）65250042　65289539